ドナルド・キーン著作集

The Collected Works
of
Donald Keene

Supplement

別巻

新潮社

ドナルド・キーン著作集　別巻　目次

ドナルド・キーン著作集◇別巻　補遺：日本を訳す／書誌

補遺：日本を訳す

日本人と日本文化を概観する

日本語と朝鮮語には類似点が多い

五、六年前から「日本人論」というような本が氾濫《はんらん》するようになった。日本人は他国民よりかなり自意識が強いのではないかと思われるほどだが、そこから受けた私の印象を述べたい。あるいは示唆《しさ》的なことにとどまるかも知れないが。

まず日本人について述べる場合、日本人はどこから来たか、あるいは何万年前から日本にいたかということが問題となるが、しかし日本の伝説を読んでも神武《じんむ》天皇の伝説を読んでも、どこかよそから来たという考え方が、昔の日本人にも現在の日本人にもかなり強い。もし一万年、二万年前に日本に住民がいたとすれば、大和《やまと》民族とは違う別の民族だったのではないかと一般に考えられている。もし日本人がほかの国、あるいは大変遠い国から日本列島に来たとすれば、どこから来たかが問題になる。

まず私達が調べる場合、一つの手掛りとして言葉がある。現在、日本語はほかの言葉と関連がないと思われている。あるいは、あったとしてもそれはまだはっきり証明できない。現在のところ証明できるのは、日本語と琉球の言葉は同じ系統であり、千年、いやもっと前、二つの国語は分れたが、もともと同じ言葉だったということだ。ほかには、朝鮮語、蒙古《もうこ》語、満洲《まんしゅう》語に似ている面がかなり多い。

少し朝鮮語を勉強した時に、あまりにも日本語に近いので驚いたことがある。まず言葉の順序はまったく同じだ。つまり主語、目的語、最後が動詞という順だ。たとえば日本語で「私はあなたを見てます」というのと順序は朝鮮語も同じだが、英語、中国語は「私は見てます、あなたを」で、日本語でこの語順でいってもわからないことはないが、普通とはかなり違う。

もう一つの特徴は、てにをはだ。「私は」「あなたを」の「は」と「を」は、日本語にも朝鮮語にも、ほかの同系統の言葉にもある。どの国の言葉が朝鮮語や日本語と関係があるか、学者間で相当議論されているが、まず蒙古語、トルコ語といった中央アジアの言葉と似ている面がある。

一番遠い国ではハンガリー、フィンランドの言葉も日本語にある意味では似ている。「大和ことば」の場合は濁音で始まる言葉はなかった。つまり「だ」とか「が」「ば」で始まる言葉は、今はもちろんあるが、もともとの「大和ことば」にはなかった。フィンランド語でも、辞書を引くと最初の文字はＡで各国と共通だが、最初に出てくる子音はＨで、Ｂ、Ｃ、Ｄ、Ｆ、Ｇの子音は外来語の単語の最初の文字として使われているだけだ。Ｃはもともとそういう国の言葉には不必要でＫを使う。Ｂ、Ｄ、Ｇは濁音ということで、ＡとＨの間にはＥ以外の文字で始まるフィンランド固有の語はない。おそらく上代の日本語も濁音については同じようなものだったと思われる。

すると日本人ははたして朝鮮半島から渡って来たのか、もっと遠い東南アジア、あるいはヨーロッパの北の方から渡って来たのか、それは私達には証明できない。日本語と朝鮮語はたしかに似ているけれども、似ていない面もかなりある。特に語彙《ごい》が違う。似ている語彙もあるが、似ていない語彙が圧倒的に多い。ある学者にいわせると朝鮮語と日本語が分れたのは四千年前だという。四千年前の記録はもちろん一つもないが、言語学者達の説のごとくその頃に二つの言葉は分れたとすれば、今のように違いのはっきりした性格に変わってくるだろう。私達が言葉から得られる知識は、日本語は一つの外国語だけから出来た言葉ではないということ。つまり朝鮮とか中央アジアの言葉だけではなく、もう一つ違う流れが、朝鮮、中央アジアの流れと合流して、現在の、または古い日本語として出来たということだ。

いろいろな民族が合流したように見える日本人

さて、日本人はどこから来たかということだ。日本人の顔、頭髪の色、目の色といった外面的な特徴が、日本人はどこから来たかの手掛りになるか、ならないか。ヨーロッパ諸国民と比べると日本人は不思議にも顔に同じような特徴がある。ヨーロッパで犯人指名手配の場合は必ず髪の色、目の色を詳しく書く。ヨーロッパのどこの国でも頭髪は黒い人もいれば茶の人もいる。赤も金髪もいる。しかし日本人の場合、犯人の描写で頭髪が黒いといっても効果はない。皆共通だからだ。しかし同じ日本人でもかなり違う顔とか、かなり違う特徴が目立つこともある。たとえば男性の場合、ひげの濃い人、薄い人でかなり違う。ヨーロッパの場合は皆同じようにひげが濃い。日本人は同じ家族で、あるいは兄弟で濃い、薄いがあり、同じ先祖であっても違うわけだ。

そういうことから考えると、日本人に必ず何か一つだけの系統があるとは考えられない。朝鮮人、中国人と比較すると、まず似ていることに最も気がつく。日本人と朝鮮人は全然違うという人もいるが、それは大体ジェスチュア、態度で区別しているのであって、もし顔の写真だけだったらなかなかわからない場合も多いのではないかと思う。日本人は中国人にも似ているが、そうかといって皆似ているかとなると、そうでもない。さらに日本人同士の間でも非常に違う特徴がかなり目立つ。たとえば同じ香川県出身の政治家で大平《おおひら》正芳《まさよし》さんと成田知巳《ともみ》さんの顔を考えてみると、同じ日本人かと思われるくらい顔が違う。政治家としてもかなり違うだろうが、しかし同じ日本人でも顔に相当違いがある。みんな同じような顔だと思ったら間違いだ。しかしヨーロッパ人からみるとやはり日本人は大体似ている。日本人の国民意識はそのために強いのかも知れない。ヨーロッパ人の小説を読むと女性の描写はいつも髪の色、目の色から始まるが、日本の古典的な小説は女性の髪のまげとか着物の柄《がら》とか外的なもの、生まれた時の特徴でなく後で付けたようなもので、或る美人を別の美人と区別する。

ともかく先に言葉について述べたが、顔とか肉体的なことからも、日本人は相当違う民族が合流したと考えられるのではないかと思う。

風土、景色と密接な日本の宗教

もう一つの手掛りになるのは宗教だ。どの国でももともとあった宗教があり、後でよそから別の宗教が入っても、古い宗教、その国独特の宗教がある場合が多い。ヨーロッパでは今は全般にキリスト教であり、昔の宗教の話をする場合は迷信だというが、しかしもともとからあった。日本の最も古来の宗教はいうまでもなく神道《しんとう》だが、神道という宗教はいろいろな意味でアジア大陸の宗教と非常に近い。特徴を二、三あげると、巫女《みこ》という存在がある。人間と神の世界との間に立って、神の意思や命令を人間に伝えるのが巫女の仕事だが、こういうことは日本にも朝鮮にも中央アジアにもある。そういうところから考えると、日本人の宗教は必ずしも日本だけの宗教ではない。

もう一つ、日本の宗教は神道だが、現世的だ。つまり八《や》百万《およろず》の神々は現世のいろいろな利益をもたらすのだが、人が死んでからは別に何もしてくれない。つまり日本人は非常に具合のいい解釈で、現世に関しては神道を信じ、あの世のことでは仏教を信じた。その方が得である——つまり、この世の中にいる間は子供や農産物が沢山できる、しかも死んでからは浄土に行けると。もともと日本には、浄土とか、死んでから極楽があるという考えはなかったようだ。

神道的な宗教は日本に限らないが、しかし別の意味では極めて日本的である。というのは、日本の風土、景色と密接な関係があるということだ。たとえば日本は瑞穂《みずほ》の国と呼ばれるが、日本の水は非常に日本人に愛されている。川や海がきれいだった。日本の古い歌にも海とか川が必ず出てくる。『万葉集《まんようしゅう》』には海、川に関係あることがたびたび出てくるが、中国人は水に対してそう愛着はなかった。むしろ海を嫌って、海を恐れていたし、川に関してもそうだった。日本の川と違って水もあまりきれいな色でなく、むしろ茶色だから、中国人はまず川とか海のことを詩の中であまり歌わなかった。

もう一つ日本の風土で、山は日本人にとって昔から現在まで非常に貴重なところで、神々の住むところ、特別に尊いところと思われていた。しかし平野の多い中国では山はそれほど大きな役目を果たしていなかった。

三番目にあげられるのは太陽である。各国とも太陽が照っている時は皆ありがたく思う。しかしインド人達は太陽を喜ぶところもあるが、恐れる場合がむしろ多い。つまり太陽は人命を奪うような存在である。あの暑さでインド人は太陽を嫌う。西洋の詩に恋人が自分の好きな女性のことを太陽のように美しいとかいうが、インドでは雨のように美しいという。インド人達にとっては、太陽よりも雨、曇った日の方がありがたい。それは日本とまるで違う。

水とか山とか太陽の関係で日本の宗教が出来たと考えられる。日本の風土と密接な関係があるわけだ。ただし日本の宗教にはかなり複雑な要素が多いと思う。日本独特のもの、日本の景色とか気候と密接な関係があるものもあれば、一方、大陸と共通のものもかなりみられる。

日本建築は南方系統では

四番目に取りあげたいのは、建築である。建築はどの国にもある。人間は雨が降る時、寒くなる時、家が欲しくなるが、日本の伝統的な建築は私にいわせると世界で一番きれいだと思う。しかしどう考えても日本の気候に合わないと思う。つまり日本の伝統的な家だと冬はとても寒い。私は京都で冬を数回過ごしたことがあるが、京都の家の中の寒さは何ともいえないものがある。むしろ外の方が暖かいくらいだ。日本文化の中心だった京都にどうして気候にぴったり合うような建築が出来なかったか。多分宗教的な意味もあったのではないか。つまり日本の家は小型でも、伊勢《いせ》神宮で認められるような建築と同じように出来ている。まず床《ゆか》が地面から上がっていることが特徴だ。東南アジアではどこに行っても床の上がった小さい建物、大きい建物が一般だ。北、つまり中国、中央アジアに行くと、床の上がった建築はまずない。となると日本の建築はずっと南から入ったのではないかと思われる。

私は十何年か前、マダガスカルに旅行したことがある。マダガスカルはインド洋の最も西、アフリカ大陸に近いところだが、そこの建築は日本の建築に不思議と似ていた。といって日本人がマダガスカルから来たとは思えないが、マダガスカルの建築も日本の建築もインドネシアの建築も皆似ているのではないかと思う。そういう建築は日本のような冬の寒い国に絶対向かない。特に京都よりも寒い金沢などで日本の伝統的な建築を建てると、とても寒さにかなわない。青森まで日本的な建築は一般にあるが、どう考えても熱帯地のために出来た建築だと思う。ともかく日本の建築は独特のものでありながら、やはり南方系統ではないかと思われる。

とすると、日本人はどこから来たか、非常に複雑になる。まず言葉とか宗教とかからみると北方、朝鮮、中央アジアの影響が強いようだが、建築の場合は南方のようだ。

ほかにどのような証拠があるかというといろいろあるけれども、発掘されたもので土器とか勾玉《まがたま》とかいうものは昔から日本にあったのだが、同じようなものは朝鮮半島でも発掘された。勾玉ほど日本的なものはないと思われるが、朝鮮にまったく同じものがあったとすれば、やはりずっと昔から日本人と朝鮮人は始終つき合っていたか、それとも同じ民族だったかもしれない。あるいは四千年前には日本とか朝鮮とかいう国家の観念がなく、日本人も自由に朝鮮に行ったり来たりしていたのではないかとも考えられる。ともかく発掘されたものだけを見ても北方系のものが非常に多い。

そういうふうにいろいろな点から日本の始まり、または日本人はどこから来たかを考えて来たが、何も結論らしい結論は出ない。ただ一つだけ指摘出来るのは、日本文化は一つのところから出たというわけではなく、いろいろなところから取り入れた要素があるということである。

余韻で訴え、奇数を喜ぶ

日本文化の始まりについての一番古い文献は中国人旅行者が書いたが、それは有名な『魏《ぎ》志《し》倭《わ》人伝《じんでん》』である。中国の旅行者が今から千八百年前、卑弥呼《ひみこ》という女王の統治する国を訪ねたが、彼はどこに行ったか。大和国《やまとのくに》とか邪馬《やま》台国《たいこく》とか、どこにあったかずっと論争が続いている。ある説によると九州だったとか、また近畿地方だったとか……。

さて中国人旅行者は日本人を見ていろいろ特徴をあげた。たとえば日本人は非常に清潔であるとか、礼儀正しいとか、現在と比較してあまり変わらないような様子が古い記録に残っている。それははたして「日本」というほどの文化であったかどうか疑問だが、あるいは特別な「村」だったかも知れないし、また同時にほかに違う「世界」がたくさんあったかも知れないが、日本文化の一つの始まりには違いない。そして記録の中に日本語も多少入っている。女王の名前は卑弥呼《ヒミコ》とか、卑弥呼《ヒメコ》とかいう名前だった。そのころから現在使用されている日本語によく似ている言葉はかなりあったと思う。または「大和ことば」そのままだったかも知れないと考えられる。

もう一つ、昔から現在まであまり変わらなかったことは——日本人は中国人や朝鮮人とかなり違う美学的な意識があった。それは発掘品から想像出来る。日本人の美意識は相当発達したもので、大体質素であって、美しさとか多彩の美で圧迫するよりもむしろ、余情とか余韻とかいうところで人々に訴えるという目的があった。

　もう一つ極めて日本的なところは、日本人は偶数より奇数の方を喜ぶ。これはあらゆる場合に認められる現象である。たとえば日本の典型的な詩歌である歌、短歌がそうだ。五、七、五、七、七というふうに書いてある。全部で三十一文字だ。それは奇数である。各行も五にしても七にしても奇数だし、歌全体も五つの行といった具合に、すべて奇数になっている。

　中国の漢詩も一行は五文字とか七文字とかで書かれているが、いつも偶数の行数である。四行、八行、十六行で、日本のように奇数の行数は殆んどないようだ。日本人はいつも偶数より奇数を喜ぶ傾向が強いが、中国人はむしろ偶数を喜んだ。中国の経典には四書があるが、そういうような場合、日本人は三つ、五つ、七つを喜ぶ。たとえば日本に七五《しちご》三《さん》というのがあるが、しかし八六四とは聞かない。日本人は物を贈る場合でもなるべく奇数にする。また均衡の取れたものより不均衡なものを喜ぶ。これは奇数と関係があると思う。

　中国のお寺の構造は真ん中に一本線を引いたら左右まったく同じだし、イラン美術も同様で、これの典型的なものが正倉院《しょうそういん》にも保存されている。織物の場合、真ん中に木があって左側に獅子が左に向って座り、右側にも獅子が右に向かって座っており、鏡に映ったように右と左がまったく同じだが、日本の美術の場合、それはない。日本人は寺を作る場合も町の都市計画をやる場合も、いつも右の方に傾くか、それとも左の方に傾くかで、まったく同じような均衡を取ることはない。それは日本的で、どんなに外国の影響を受けても絶対変わらなかった。

中国文化と仏教美術

　昔から日本には外国の影響があった。朝鮮半島と密接な交渉があったに違いないが、歴史始まって以来どんな影響があったかというと、最も重要な二つの影響は、文字と仏教だったと思う。

中国の文字を輸入することで、日本という国は中国文化圏の中に入ったわけだ。その文化圏の中には、ほかにベトナム、朝鮮もあって、その国々では中国の文字をそのまま使っていたが、中国文字は日本語に全然向いていなかった。むしろ中国文字で簡単に英語が書ける。日本語の場合、最も中国語と違う言葉だ。言葉の順序も違うし、てにをはもあり、といった先述の特徴は全部中国語と違っている。中国語は大体短音だけで、日本語のように〝暖かい〟といったような長い言葉はない。日本人は無理して中国の文字を取り入れたのだが、ほかに文字を知らなかったからだろう。しかし文字は中国文化と非常に深い関係があったから、文字を入れることにより、中国人とか中国文化ともいろいろ関係が出来たわけだ。

仏教が日本に入ったのは六世紀中頃だったが、仏教を取り入れることで日本人は中国だけでなくアジアと関係が出来た。インドで生まれた宗教だが、それが日本にまで及んだのは「普遍性」がある学問的な宗教だったからだろう。仏教を採用することによって、まず日本人の生活様式が変わった。奈良朝文化でまず頭に浮かんで来るのは、法隆寺《ほうりゅうじ》、唐招提寺《とうしょうだいじ》などの寺で、仏教でなければあり得ないような建物だった。日本の神道建築である伊勢《いせ》神宮《じんぐう》などはすばらしいものだと思うが、規模の大きさや建築の複雑さは全然違う。

もう一つは仏教美術だ。神道に美術らしい美術がないこともなかったが、少なかった。ところが仏教美術、つまり彫刻、絵画、またはいろいろお寺にあるようなアクセサリーも仏教と一緒に入り、日本人はこの仏教美術で自分達の美意識をさらに洗練させたと思う。

ほかに、雅楽《ががく》とか舞楽《ぶがく》とかいうような仏教的な舞台芸術も入った。

日本の文化史の特徴は、いつも〝刺激〟があったということである。たとえば文字の輸入で日本の文化は完全に変わった。仏教の輸入でも変わった。ほかに、たとえば中国の政治的統一で日本は相当ショックを受けた。中国が強くなると、日本人はそれに対応しなければならないと思ったわけだ。大化《たいか》の改新の原因は、中国が何百年ぶりかで統一されたから、日本人はそれに適切に応えなければならなかった、ということだ。

『万葉集』の動機は奈良文化の証明

奈良朝文化にもそういう反応がいろいろあった。たとえば日本に初めて国史が出来たのはご存じの通り『古事記《こじき》』で、出来た年は七一二年だった。わずか八年後の七二〇年に『日本書紀《にほんしょき》』が出来た。それは非常に不思議な現象だ。その時まで一度も国史がなかったのに、八年間に二度、全然違うような国史をなぜ書かなければならなかったか。もちろんその謎は解けていないが、私の想像では、『古事記』の文章が下手で中国人に見せたくなかったのではないか。それで『日本書紀』というりっぱな中国語で書かれた日本歴史を作り中国人に見せた。中国人はそれを読んだわけだ。その後に中国人によって書かれた日本の歴史などには『日本書紀』から得た知識が大分入っている。

しかしそれだけではなかった。なぜ『万葉集』が編纂されたかというと、いろいろ考えられるが、やはり日本に文化があることを中国人に証明したかったからだ。『万葉集』編纂の動機はそういうところにあったのではなかったかと私は思う。

もう一つはっきりした例として、『懐風藻《かいふうそう》』という漢詩集があるが、それを作った目的は、中国文化をマスターした証拠というか、中国人に少しも劣等感がないとか、中国文化を十分勉強したからこんなすばらしい漢詩を作れたとかいう証拠を示すことだった。漢詩人達がどうしてもいわなければならない深い感情に駆られたとか、どうしても書かなければならなかったというわけではなかった。むしろ自分達に教養があることを証明するためではなかったかと思う。

日本文化の危機

日本文化の一番の危機はその後だった。奈良朝が終って平安朝の始まる時が日本文化として最も危なかった。危ないというのはいろいろ意味があるが、ほかの中国文化系の国々の歴史をみるとその意味がわかると思う。というのは百年間、一世紀の間、日本人は日本語を書かなかったかも知れないのだ。日本語という言葉はただ仲間内で使うに過ぎなかった。何か大事なことを書く場合は中国語で書くという意識が相当強くなっていた。

朝鮮の場合、その傾向がさらに強かった。朝鮮の小説は漢文で書かれている。しかも舞台は朝鮮ではなく中国だ。つまり朝鮮人が小説を書く場合でも、朝鮮は中国に匹敵するような国でないから、舞台を中国にした。登場人物も全部中国人だ。ベトナムの場合もそうである。ベトナム文学をみるとほとんどの作品が中国のことを書いている。日本の場合もそうなる恐れが十分あった。しかし日本人は大体において一時期、短かい場合は二十年、長い間で百年くらい一生懸命ある方向に行き、その時期が終ってまた逆の方向へ行くということが非常に多い。特に近世以降がそうだった。

とにかく日本人は朝鮮人と違って、藤原とか源《みなもと》とか橘《たちばな》とかいう日本人ならではの名前をやめなかった。朝鮮人はもっと別の名前があったはずだが、今のように金《キム》とか朴《パク》とか中国風の名前ばかりだ。そして服装なども中国のものをそのまま取り入れた。中国文化に対して抵抗を示さなかったが、日本人はいつも或る程度まで抵抗していた。平安朝中期となるとその抵抗が強くなり、その現象はいろいろあるが、最もはっきりした現象が文学である。

平安文化独自の日記文学

『土佐日記《とさにっき》』を読むと、一番出だしのところで、紀貫之《きのつらゆき》は男でありながら女として日記を付けようというふうに書く。彼がどうして女として日記を付けるといったかというと、男として物を書く場合、当時は漢文で書くはずだったからだ。仮名文字は女文字であった。女の人として書く場合は日本語で書くが、男として書く時は漢文で書くはずだった。

紀貫之は思いきって日本語で書いた。彼は後に『古今集《こきんしゅう》』の編集もしたが、そのおかげで日本は危機から免れた。日本文学なり日本文化がその時から変わった。非常に日本的になったのである。

一番特徴的なのは日記文学だ。

中国にはまず日記文学はない。日記はあるが日記文学にはならない。どう違うかというと、日記は大抵の人が付けるものだが、たとえば「朝七時に起き、歯を磨き、顔を洗ってから朝ご飯をとった。そして会社へ出た」と書く。それは日記に違いないが、文学ではない。ところが『土佐日記』をはじめとして、日記文学の場合は、主観的に書かれている。文学的な意思があって、自分の頭の中にあること、自分の印象や人との関係について、または自分の想像や心配といったものが書かれている。これはおもに女性によって書かれたものだった。

日本の日記文学から物語への発展は割合簡単だったが、物語に二種類あった。いわゆる男性的物語と女性的物語である。

『竹取物語《たけとりものがたり》』のようなものは明らかに男性的物語である。かぐや姫の冒険がいろいろ書かれているけれども、かぐや姫のことを内面的に書くことは一つもない。日記文学にあるような特徴は『竹取物語』には全然出てこない。

『源氏物語《げんじものがたり》』をはじめ女流に書かれた物語には主観性が目立つ。それは日本文化の特徴になった。女性的であること、それは日本文化全体についてはいえないが、ほかの国の文化と比べると日本文化は女性的ではないかと思う。つまりほかの国の文学の場合、一番の傑作が女性によって書かれたことはない。日本文学だけだ。紫式部《むらさきしきぶ》が『源氏物語』を書いたことは日本文学を非常に特徴づけたわけである。

日本人はその時から日本文学について特別な愛着が出来た。日本の歌とか日本の物語について愛着が出て、中国と同じような文学を書く恐れはなくなった。

宮廷文化から封建文化へ

しかし平安朝末期になっていろいろ戦争が起こり、文学も文化もかなり変わった。宮廷文化から封建文化、武士の文化に移ったのだが、そのために変化も起こった。たとえば絵画の方面から平安朝文化をみると、典型的な作品は『源氏物語絵巻《えまき》』だろう。非常に鮮かな色で書かれているし、その美しさは何といっても女性的だが、そのあとの鎌倉文化の絵は墨絵《すみえ》がその伝統を作った。墨絵の美ももちろんあるが、どちらかというと男性的な美で、女性的な花のような美しさは封建時代に入って大分衰えた。

京都、鎌倉の二つの町を比較してみても、かなり変わっている。たとえば禅寺《ぜんでら》でも、京の南禅寺《なんぜんじ》と鎌倉の円覚寺《えんがくじ》の庭を比較すると、全然違う印象を受ける。つまり南禅寺の方には庭の美しさがあり、女性的な美とか山を適当に借景《しゃっけい》にするとかがあるが、それは円覚寺にはほとんどない。庭があっても殺風景なところがある。これが鎌倉文化の特徴になったし、日本文化全体の一つの流れにもなった。

日本の中世には戦争が起き人々は絶望することもあったが、その代わり一種の救いが出来た。つまり日本には中世まで典型的宗教はなかった。日本的な仏教はやはり浄土宗《じょうどしゅう》だった。浄土宗とか真宗《しんしゅう》の場合はどの人でも救われる。親鸞《しんらん》は「悪人でも救われる」と言った。善人ですら救われるのだから悪人が救われないことがあろうかという逆説的な言い方だったが、それは極めて日本的だった。一生に一度だけでも南無阿弥陀仏《なむあみだぶつ》と唱えたらそれで救われるという考え方は、日本の宗教の一つの特徴になった。古い仏教、学問的な仏教からはかなり変わってきた。

日本はヨーロッパと違って暗黒時代はなかった。日本で最も暗黒時代に近かったのは、おそらく戦国時代だっただろう。応仁《おうにん》の乱に始まった長い戦争がそうだったが、しかし応仁の乱の最中でも足利義政《あしかがよしまさ》公が、花《はな》の御所《ごしょ》や銀閣寺で酒盛りして連歌《れんが》を楽しんでいたから、文化がなくなったわけではない。その点ではヨーロッパとかなり違う。

徳川時代を象徴する儒教

しかし何といっても現代日本を形造ったのは、徳川時代だった。徳川時代の長い平和は世界史にもまず例のないものだ。その頃は幕府があって武士の政権だったが、全然戦争がなかった。その時から日本の、あらゆる現代的な面も現われてきた。

まずあげなければならないのは、儒教《じゅきょう》である。日本人が初めて儒教を知ったのは四世紀頃だったが、儒教が国家の宗教になったのは徳川時代に入ってからの現象だった。その儒教はまだ日本に強く健全な形で残っていると思う。その点では現在の中国と全然違う。今の中国では孔子《こうし》は悪魔のような存在になってしまった。孔子の言葉はむしろなるべく無視し背いた方が人間のためにいいと思われるようになったが、日本人はまだ儒教的であるというほかない。いろいろな例があげられるが、よく日本人は勤勉な国民だといわれており、私もまさにその通りだと思う。どうして勤勉か、どうしてそんなに働かなければならないか、どうしてそんなに仕事から満足感が得られるかというと、それは儒教と密接な関係にあるからにほかならない。

もう一つへんな例だが、大抵の先進国の場合、お金にゆとりが出来たら犯罪がふえる。アメリカ、西ドイツなどでは犯罪が非常に目立つようになったが、日本はどちらかというと減る一方だ。それはどういうわけか、もちろん私にはわからないが、儒教の影響ではないかと思う。そして犯人が捕まった場合、日本なら申しわけないというが、外国では申しわけないという言葉を聞いたことがない。むしろ犯人は自分がやったことを正しいとか、人を殺す十分な理由があったというが、日本の人殺しの場合、申しわけないというし、テレビに映る場合はなるべく顔を隠す。絶対人に自分の顔を見せたがらない。外国ではまったく平気で、自分の意思で行った犯罪だったら顔を知られても構わないが、日本の場合は顔というか面子《めんつ》というかを大事にする。これは明らかに儒教から影響を受けたものではないかと思う。

『曽根崎心中』と『ハムレット』が示す違い

もう一つ儒教の影響として認められるのは、人間は社会の中にある存在だということだ。つまりいつも人と接触している。人にどう自分の行為が解釈されるか、人が自分を見てどう思うかと絶えず日本人は意識している。ほかの国でももちろんないことはないが、日本ほどそういう観念が発達した国はほかにないと思う。日本はよく「恥の文化」だといわれるが、つまり恥をかくことは何よりも不愉快で、恥ずかしいことはなによりも悲しいということになる。これは儒教の影響にほかならない。

またやや変わった例だが、日本人が西洋人と違う例として、近松門左衛門《ちかまつもんざえもん》とシェイクスピアの戯曲を取り上げることが出来る。近松の戯曲の題名はいつも何かの事情から採られたもの、たとえば『曽根崎心中《そねざきしんじゅう》』は曽根崎というところであった心中の物語であるし、『博多小女郎浪枕《はかたこじょろうなみまくら》』や『女殺油地獄《おんなころしあぶらのじごく》』もある事情を説明している。しかしシェイクスピアの場合は人物名がほとんどだ。『ハムレット』、『マクベス』、『オセロ』、『リア王』とすべて人物の名前を採っている。西洋では人間が中心であり個人が中心であって、社会のことは無視してもよい。西洋の悲劇のもとは大体においてその個人の中にある矛盾だ。日本の悲劇の場合、個人と社会との間に出来た矛盾である。近松の悲劇は、もう少しお金に余裕があれば解決出来るような悲劇だった。たとえば『曽根崎心中』では、もし徳兵衛にもっとお金があればすべての問題は解決出来たのだが、ハムレットはどんなにお金があっても絶対解決出来ないような問題ばかりに直面していた。その点、日本人は社会と個人との摩擦、矛盾をよく描いた。

徳川時代のもう一つの特徴は、家族制度が完成したということだ。もちろんその前にも家族の意識は十分あったけれども、平安朝の日本の家族意識は現在の意識とはまるで違っていたと思う。平安朝の宮廷の殿上《てんじょう》人《びと》達は、まず夫婦が同じ屋根の下で生活していなかった。そんな場合の家族意識は現在のそれとずいぶん違うというほかない。

もう一つの日本人の特徴は、人を呼ぶ場合、苗字《みょうじ》で呼ぶことだ。まず名前でおとなを呼ぶことはない。西洋では親しくなると必ず名前で呼ぶが、どうして日本人だけ苗字に愛着を感じるかというと、それは家族制度と関係があると思う。儒教のもとで家族制度が出来たといってもよろしいかと思う。その前は家族はあっても家族制度はなかった。家族制度が一応出来てからは、明治時代に入ってどんなに西洋文化が入ってきても家族制度は強くなる一方だった。

遊廓と儒教

もう一つの影響は、極めて意外なことだが、儒教では夫婦の愛というものは禁じられていた。つまり夫婦間は恋愛とかそういう関係で結ばれたものではなかった。むしろ義務で結ばれていた。家族のために結婚し、家族のために子どもを産むのであって、愛情ということは儒教の本にあまり書かれていない。慈悲をもてとか相応に尊敬せよとかいうことはあったが、愛情とはどこにも出てこない。ということで、徳川時代の日本の男性たちはよそで愛情に代わるものを求めなければならなかった。それが遊廓《ゆうかく》である。遊廓に行けば愛情をいくらでも楽しめた。遊廓という制度は徳川時代に入って相当大きなものになった。皮肉にも、極めて道徳的であった儒教が遊廓を養成したのである。儒教がなければまず日本にあんなに遊廓が育ったとは思えない。

遊廓と密接な関係の芸術がある。その芸術とはまず画《え》の場合、浮世《うきよ》絵《え》だ。浮世絵はもともと遊廓の美人たちを描いた画であった。のちにそうではなく市井の美人や風景を描くようにもなったけれども、浮世絵の始まりは遊廓に住む女性たちを描くことだった。もう一つは歌舞伎《かぶき》だった。歌舞伎と遊廓は非常に近かった。同じような人が両方で活躍していた。そういうところから日本の近代美術とか近代芸術が生まれたわけだ。町人文化は大体遊廓から生まれたといってもいいだろう。

鎖国時代に生まれた島国根性

もう一つ大きな特徴があった。現在でも尾を引いているが、それは鎖国である。日本が鎖国になったのは徳川時代に入ってからで、しかも日本は鎖国という言葉は使っていなかった。鎖国なる言葉が出来たのはドイツ人エンゲルベルト・ケンペルの『日本志』の一部分である『鎖国論』をオランダ通詞《つうじ》の志筑忠雄《しづきただお》が訳した時だ。その翻訳が出来たのは十九世紀初め頃だった。

その時まで日本人は自分の国が鎖に縛られているという意識はまったくなかった。つまり日本はもともと中国や朝鮮と関係があり、西洋とは関係がなかったけれども、それはあくまでも日本人の意思の問題であり、西洋と関係したくなかったから関係しなかっただけで、鎖国のような考えではなかった。しかし鎖国は実際上あった。そして日本人の有名な島国根性がその時から出来た。

桃山時代、室町時代の日本人には島国根性はまったくなかった。外国人を見ても、当然同じ人間だというふうに思っていた。桃山時代の屏風絵《びょうぶえ》によく外国人が登場するが、それは鬼のような存在ではなく、ごく普通の人間だった。服装は日本人と違っていたが、あとのところは日本人と変わらないと思っていた。しかし鎖国時代に入ってから紅毛碧眼《こうもうへきがん》といった観念が生まれ、外国人は頭髪が赤く目が青く、「人間」とは違うと思われていた。

日本人は他の国民と違うという観念

私のことが日本の新聞に出る時、よく「青い目で見た日本文学」とかなんとか書かれるが、私の目は決して青くない。だが、必ずそう紹介される。こうして日本人は他の国民とは完全に違うという観念が生まれ、現在でもその意識は非常に強い。

たとえば小さな例だが、食べ物にある。よく日本の方は私に「日本食召し上がりますか」と聞く。私は二十三年前から毎年三分の一か半分くらいを日本で過ごしており、よく日本食を食べるのに、「食べますか」と聞かれるのだ。ところが中国人は絶対そういうことは言わない。私は少なくとも三十五年前から中国人と付き合っているが、一度も中国人に「中国料理、食べますか」と聞かれたことはない。つまり中国人の常識では、中国料理はおいしいから誰でも喜んで食べるはずだと思っているわけだ。日本人は、日本料理は日本人でなければまず味を理解出来ないだろうという建前だ。刺身にしても梅干にしても漬物にしても日本人でなければ食べられないという意識が非常に強い。

日本の文学でも同じような傾向があり、外国人にはたして理解出来るだろうかといつも心配されているようだ。コロンビア大学の私の研究室を訪ねる日本人の多くは、まず学生は何人いるか、これが第一の質問。第二はどういう動機で日本文学を勉強するようになったのか。そして三番目が、俳句《はいく》が理解できるか、だ。私は俳句はそんなにむずかしいとは思わない。もし一億人の日本人が皆俳句を理解出来るとすれば、ともかく大学を卒業したような外国人には理解出来るのではないかと思う。

しかし日本人には徳川時代から、外国のものと日本のものは全然違うという観念が非常にはっきりしてきた。昔の日本には唐《とう》の知恵に日本人の魂という考えがあった。中国人は頭がよくていろいろ新しいもの、文明的なものを発明したが、魂となると中国人より日本人が優れていると考えていた。

東洋道徳西洋芸

徳川末期、幕末となると、佐久間象山《さくましょうざん》は「東洋道徳西洋芸」ということを唱えたが、ここでいう芸とは技術のことである。西洋技術と東洋技術、つまり日本の技術とを比較すると、やはり当時の日本の技術よりも西洋の技術の方が上だった。だから日本人は実学、実用的なことを考えて西洋技術を採用することにした。ところが道徳となると東洋が優れていると思った。西洋技術と日本技術は客観的に比較出来た。どちらの方がよりよく動くか、つまり時計ならどちらがより正確に動くか比較出来る。しかし道徳の場合は客観的にそのよさを測ることは出来ないので、どうしても主観的なことになる。

そこで東洋道徳、儒教を含めての東洋道徳を、いつまでもそのまま保存するけれども、西洋の技術を取り入れてもいいということになった。それは明治時代の方針になった。明治時代になってから日本人はあらゆる西洋的な発明を取り入れた。これも日本的なことだ。というのは、インドのような国では初めて鉄道を作った時にそれを非常に嫌い、爆破によって壊したように、西洋的な技術を憎んでもいた。日本にも明治政府の洋化政策に反発した神風連《しんぷうれん》（敬神党《けいしんとう》）のように特別の人達がいたし、絶対西洋のマッチを使わなかったり電信柱の近くに寄らない人もいたが、しかし日本人の多くは平気でマッチ、鉄砲、機械といったものを取り入れ、全然抵抗しなかった。

ところが西洋の思想に対しては相当抵抗した。特に西洋の宗教に関しては、儒教または仏教の抵抗が相当強かった。キリスト教信者になった人でも自分は日本人だということを忘れたくなかった。いつも何かの形でキリスト教をも日本化しようと努力した。日本人はあらゆるものを取り入れ、新しいものハイカラなものを自分のものにしようとした。

西洋文化の流入

明治初期の日本人はつとめて洋服を着て、なるべく西洋風の食べ物を摂《と》った。

歌舞伎俳優の市川団十郎《いちかわだんじゅうろう》（九世）は刺身に塩をかけた。塩は西洋的で醬油は日本的だと思って塩をかけたのだという有名な話がある。団十郎の主導のもとで出来た活歴物《かつれきもの》と称される歌舞伎があって、なるべく正確に史実を採り入れようとした。また歌舞伎に散切物《ざんぎりもの》がはやった。登場する人物は洋服を着て髪の毛を短かくしたから散切物と呼ばれたが、劇中では必ず西洋の新しい発明とかそういうものが話題になっていた。人物たちは電報で犯人がどこにいるかなどと知らせていた。日本の一番伝統的な芸術の中にも西洋のものが相当入った。

食べ物の場合、日本人は初めて牛肉を食べるようになった。牛めしや牛鍋《ぎゅうなべ》・鋤焼《すきやき》が大変な勢いで日本全国に広まっていった。日本人は西洋のものに対して抵抗がないように思われるくらいだった。大体それが明治十八年か二十年まで続いた。

十八年は鹿鳴館《ろくめいかん》の時代と思われていた。この年には坪内逍遙《つぼうちしょうよう》の『小説神髄《しょうせつしんずい》』という文学論が出た。その中に、西洋の文学は未来の文学だが、今までのような日本の戯作《げさく》文学とか物語は現代の日本人の間に合わない、もう古いから捨てた方がいいと書かれてある。全般的に西洋のものを是認して日本のものを拒否するという傾向が非常に強くなった。愛知県にある明治村に行くと明治初期の建築が残っているが、それは純洋風で和室は一つもない。たとえば西郷従道《さいごうつぐみち》の邸宅は完全な洋館だ。

日清戦争と「中国」否定

だが、間もなく変わった。明治二十年になって「和洋折衷」の時代が始まった。つまり極端に走った日本人はまた元の方に戻った。洋服を着ていた人はまた和服に戻った。明治二十五、六年頃になると洋服を着ていたのは貴族だけで、ほかの日本人は皆和服に戻った。しかしまだ例外的に洋服を着る人もいたし、洋食を食べる人もいたが、極端に走ってからまた日本的なものへ戻ったのだ。

明治二十七―二十八年の日清戦争《にっしんせんそう》は近代日本初めての戦争で、国を挙げての外国との全面的な戦いは元寇《げんこう》以来のことだった。日本の完全勝利に終ったが、戦争の一番の意味は中国文化を初めて否定したことだった。その時まで、日本人はある程度まで中国文化に抵抗を感じても、全般的には中国のあらゆるものは日本のものより優れていると思っていたが、その時から日本人の中国観がガラリと変わり、中国や中国人を軽蔑するような傾向が強くなった。強い中国という印象も薄れ、日本の方が強いということになった——このようなところから日本の現代史が始まったのだろう。日本にはその時まである意味では中国崇拝が残っていたが、その時から外国を崇拝しなくなった。西洋に尊敬を払いはしても日本は強い国だという自意識が非常に強かったが、明治三十七―三十八年の日露戦争《にちろせんそう》のあと、そういう意識がもっと強くなった。

日本の未来を予言すると

以上、私は最近までの日本史を手短に述べたが、最後に予言という形で、現在までの文化の動向から未来の日本はどうなるかと考えてみた。

日本にはあらゆる可能性がある。一つは過去の文化を全般的に拒否しようとする可能性がある。今の日本の若者たちは昔の日本のことに興味がないようだ。着ているもの、考えていること、食べているもの、あらゆることが新しい。過去の日本の伝統をまったく無視しているようだ。嫌いというよりも、あったということも認めていないほどだ。ところがそういう人たちが四十歳位になると、やはり日本的なものに魅力があると発見する。いくら今のロック音楽を喜んでも、いくらジーパン姿で汚い服装を誇って自分は現代人だということを証明しても、四十代位になるとかなり違う姿になるだろうし、自分の生活様式についてもかなり違うものを求めるのではないかと思う。

もう一つの可能性は日本回帰ということだ。昔も日本回帰という現象は非常によくあった。谷崎潤一郎《たにざきじゅんいちろう》という小説家は、若いころ横浜で外国女性と踊ったりしてなるべく派手な服装をした。当時の日本人は赤いネクタイは締めなかったが、谷崎先生はいつも赤いネクタイをしていた。中年になって関西に移って、日本の伝統的な文化を発見し、関西のよさとか、『源氏物語』の現代語訳とか、いろいろ日本回帰をした。

そういうことは未来の日本人にも十分あると思う。そして一番の可能性としては「部分的な保存」ではないだろうか。日本の文化を完全には保存出来ないかもしれないが、それは趣味の問題よりも費用によるものではないかと思う。というのは、現在の日本人は仮に純和風の建物を建てようと思っても値段が高くて出来ない。木材の値段からいっても家具調度など日本の伝統的な建築に合うものを揃える費用からいっても殆《ほとん》どの人には不可能だから、部分的に、仮に和洋折衷の形でも、または茶室の形でも、日本の伝統的なものは残るだろうと思う。

日本文化は消えず

そしてもっと根本的なことは、日本語というものが、非常に特徴があるということである。日本語という言葉はあるいはほかの国の言葉と関係があるかも知れないが、しかし現在の日本語は独特のものであって、日本人が日本語を喋るかぎり、必ず日本の文化に相当はっきりした特徴が残ると思う。日本人の男性語、女性語の区別とか、または敬語と普通語の区別とか、そういう特徴は日本文化の特徴に極めて近いと思う。そういうところが残ったら、日本文化全般に相当特徴が残ると思う。

ということで結論からいうと、日本文化は形の変化の程度はわからないけれども、決して消えるはずはないと思う。私は約三十年前から日本語や日本文化を勉強して来たが、その多様性や複雑性に驚くほかないから、未来の学者たちも必ずといっていいくらい日本文化の優秀性と極めて深いおもしろい面に驚くのではないかと思う。

（一九七七年十月五日講演）

日本文化と女性

日本は昔から、男尊女卑の国として知られてきました。本当だとすれば、その胎動はいつから始まったのでしょうか。平安朝にはなかったようです。もし、清少納言《せいしょうなごん》に「あなたは男に劣っている」とか「あなたは無学だ」とかそういうようなことを言いましたら、清少納言は笑ったでしょう。私はその胎動が始まったのは、たぶん江戸時代ではなかったかと思います。この時代に儒学が盛んになり、良妻賢母という理想的な女性像ができました。その理想的な女性像は悪くない、非常に良いものですけれども、当時の儒学者達は、大変狭い意味でそれを理解しました。良妻とはどういう人かというと、いつも、まずものを言わない人ということだったのです。

近松門左衛門《ちかまつもんざえもん》が初めて浄瑠璃《じょうるり》を書くようになった頃、彼は一つの大変難しいことに直面しました。それは、実際上、普通の生活、特に町人の生活あるいは下級武士の生活をしているような女性は、ほとんどものを言わなかったのですが、しかしそうすると、芝居はどうにもならないわけです。もし登場人物が何も言わなかったらおもしろい芝居にならないから、彼は思いきって登場する女性たちが主人、旦那《だんな》さんと話せる場面を作りました。しかし、きっと当時はそれはたいへん珍しいことでした。ものを言わない女性、また、我慢する女性、そういう人が認められていました。極端な例ですが、近松の浄瑠璃に登場する女性は、無条件に夫の希望に従います。

『心中天網島《しんじゅうてんのあみじま》』という近松の傑作の中に登場するおさんという女性は、自分の主人である紙屋治兵衛《かみやじへえ》が小《こ》春《はる》という遊女と深い関係になったことを知ります。おさんは、もちろん文句などは一度も言いません。それどころか、治兵衛が小春を請《う》け出《だ》す（身《み》の代金《しろきん》を払って遊女などを年季の明けないうちにやめさせること。身請《みう》け）ことができるようになると、おさんは自分の着物を夫に渡して、それを売るように言うんです。そのお金で愛人の小春を請け出すことができると思っています。あんまりのことだと思って治兵衛がおさんに詫《わ》びを言うと、おさんはこう言うんです。「手足の爪をはがしてもみな夫への奉公、さあさあ早う小袖《こそで》を着替えて、にっこり笑うていかしゃんせ」と。

模範的な細君だと徳川時代の人は思っていましたけれども、今、私たちが読むと、きっとそういう女性と結婚していたら男性は退屈するだろうと思います。男性たちがよく遊郭へ遊びに行った理由の一つは、女性たちと話したかったからではないかと思います。自分の家の中ではなかなか会話ができなかったのです。おさんの言葉はもちろん芝居の台詞《せりふ》で、当時の女性たちは必ずしもそんなに寛容ではなかったでしょう。しかし、おさんは理想的な妻として描かれています。治兵衛は小春を請け出すことができても、決しておさんと別れたくなかったでしょう。徳川時代の男性は、かなりいい加減なものだったという印象を受けます。

おさんは我慢する女を担《にな》っていますが、夫を満足させることに一種の喜びがあったことに違いはないでしょう。そして、長い間我慢した江戸時代の女性は、息子が結婚した後、恐ろしい姑《しゅうとめ》として嫁に腹いせをすることで長年のフラストレーションを晴らすのを楽しみにしていました（笑）。今でもそういう伝統は残っていますが、日本の女性は文句を言う技術をだんだん覚えたんです（笑）。江戸時代は他の時代とかなり変わった面があると思いますが、江戸の人が作った理想の女性像は、割合に最近まで残っていました。

私が初めて日本に留学したのは昭和二十八年（一九五三）でした。その頃、ラジオの番組に出演するよう頼まれました。当時、外国人の留学生は少なかったので、私も日本・日本文化についていろいろ聞かれました。放送が始まる前に机の上に、一種の台本があることに気がつきました。開いてみると、アナウンサーの質問に対して、私の返事を予想して書いてありました。日本の女性をどう思いますかという質問に対して、私は、日本の女性は献身的で没我的であります、という風な返事をすることになっていました。そういう女性像は、日本的で必ずしも間違っていませんでしたが、そこに書かれた理想は、かなり消極的だと思いました。歴史的にいいますと、文学的に考えても宗教的に考えても教育学的に考えても、日本の女性は、むしろそうとう能動的であったと思われます。

　大昔からそうでした。

　日本の最も古い文献である『古事記《こじき》』では、八百万《やおよろず》の神々の中心的な存在は天照大神《あまてらすおおみかみ》ですが、もちろん女性です。仏教でも、観音菩薩《かんのんぼさつ》はもともとは男性の仏さんでしたが、日本では女性です。中国でできた観音様の彫刻の多くはひげを生やして男性的ですが、日本では女性の方が尊敬しやすかったのかもしれません。ほかの菩薩も、多くは女性的に見えます。勢至《せいし》菩薩も日光《にっこう》菩薩も月光《がっこう》菩薩も、いかにも女性的に見えます。本当は女性でもなく男性でもない中性の存在でしょうが、日本ではなるべく男性的な特徴を隠しています。この傾向がずっと続きました。また、近代の新興宗教の教主には女性が非常に多くいます。

　日本の女性に戦後まで投票権がなかったことは事実ですが、その代わり八人の女帝がいました。女性の天皇です。ごく短期間の即位者も含めた英国の女王とまったく同じ数です。フランスでは女帝は一度もありませんでした。日本の女性は、相対的に政治にも重要な役割をもっていたことが分かります。

　しかし、なんといっても、日本の女性の最もすばらしい業績は、文学の分野にあります。女性が書いた作品が、一国の文学の最高峰として認められている国は、日本だけでしょう。古代ギリシャやローマにも女性の詩人はいたのですが、ギリシャ文学の叙事詩、あるいは悲劇は全部男性によって書かれました。フランスでは女性による小説が早く発展しましたが、最も古い例は十七世紀です。十七世紀は、『源氏物語《げんじものがたり》』よりも六百年後のことです。そして、誰も十七世紀の女性が書いたフランス文学など読まないのです。英文学では、十八世紀まで優れた女流作家は見られません。中国文学の場合でも、有名な女流詩人も小説家も、近代以前はいなかったのです。

日本文学の場合、八世紀にできた『万葉集《まんようしゅう》』以来、女流歌人が文学に貢献し、男性の歌人に劣らないほどでした。平安朝になると、各ジャンルで女性が活躍しました。日本文学全般で最も高く評価されている作品である『源氏物語』は、言うまでもなく紫式部《むらさきしきぶ》という女性が書き、英国のシェイクスピアやイタリアのダンテと同じく、一国の文学を代表するような存在です。

随筆でも、最も優れた例は清少納言の『枕草子《まくらのそうし》』です。また、日本独特のジャンルである日記文学では、紫式部、道綱母《みちつなのはは》、孝標女《たかすえのむすめ》などが見事な作品を残しました。それだけでなく、女性が書いた文学が、男性の文学に大いに影響を及ぼしました。『万葉集』のますらおぶりが『古今集《こきんしゅう》』やそのあとのたおやめぶりに負けたといえます。『万葉集』にあるような、戦争を描写する長歌《ちょうか》が完全に消えました。あるいは、軍人が辺境に派遣された時の悲しい歌や陸奥国《むつのくに》に金が発見された喜びの長歌、王子または姫が亡くなったことを嘆く長歌などは、平安朝以降の勅撰集《ちょくせんしゅう》にはまったくありません。残ったのは、恋の歌や自然の美を観賞する歌ばかりだったといってもいいでしょう。

どうしてそうなったか、様々な説明ができます。『万葉集』と『古今集』との間に、日本の文学のいわゆる暗黒時代がありました。この間、西暦でいうと九世紀には、漢文と漢詩が主流でした。宮廷の男性たちは和歌より漢詩を作り、立派な漢文を作ったことで昇格した人が何人もいました。そういう男性は、日記も漢文で書きましたが、普通は、女性は漢文を習いませんでした。女性にふさわしくないと思われていたからです。そのため、宮廷の女性たちは漢字漢文をあまり使わなかった。むしろ、かなで和歌を詠《よ》みました。

そうすると男性が女性に手紙を送ろうと思ったら、女性に分かるようにかなで書く必要がありました。かなで書かれたものは「女手《おんなで》」と呼ばれ、漢文の文書は「男手《おとこで》」と呼ばれていました。宮廷の男たちは立派な漢文を書くことができましたが、多くの漢詩は中国の漢詩の焼き直しで、日本人として自分の体験または日本の風土を描くことは少なかったのです。それに反して、和歌を詠む時は母国語でしたので、女性でも男性でも、いつも自分の感情、あるいは日本の四季の美を細かいニュアンスで描写できました。

男性が和歌を女性に贈る時、一番の願いは、もちろん女性を喜ばすことでした。漢詩を書く時と違い、自分の学問を見せびらかす意思はありませんでした。暗黒時代の最も有名な歌人は、小野小町《おののこまち》とその愛人だったかもしれない在原業平《ありわらのなりひら》でした。業平の歌も小町の歌も『古今集』に入っていて、感情的で異色です。

『古今集』の編者たちの理想が、序文に書かれています。冒頭にある紀貫之《きのつらゆき》の序文は有名です。「やまとうたは、ひとのこゝろをたねとして、よろづのことの葉とぞなれりける」と。その通りですが、決して当たり前の発言ではありません。中国の詩、あるいはヨーロッパ諸国の詩は、必ずしも人の心を種としていませんでした。

ホメロスは『イリアス』を書いたとき、自分の心を書こうと思っていなかったはずです。偉大な英雄たちの生き方と死に方を述べるつもりだと、ホメロス自身が語りました。心を種とする歌は内向的になりがちで、『イリアス』と比べると、『古今集』の和歌は女性的であると言ってもいいでしょう。『古今集』よりずっと前にできた『古事記』の歌も、人の心を種とする例は少なかった。『万葉集』には、男性的な長歌と女性的な短歌と両方ありますが、『古今集』の頃から和歌はたいへん女性的になりました。人の心を種とする歌には、男女関係を描くものも多く見られます。『古今集』の序には「をとこ女のなかをもやはらげ、たけきものゝふのこゝろをも、なぐさむるは哥《うた》なり」とあります。当たり前と思う方がいるかもしれませんが、世界の詩歌《しいか》の観点から言うと、相当奇抜な意見でした。中国の詩人杜甫《とほ》でも李白《りはく》でも、男女の仲を和らげようと思ってはいませんでした。一番日本に影響を及ぼした白楽天《はくらくてん》にも、男女の恋の詩はきわめて少ないのです。そして杜甫は、猛《たけ》き武士の心を慰める詩は邪道だと思ったことでしょう。

平安朝の日本では、詩は女性的でしたので、歌を詠んで慰めを得た武士がいたかもしれません。『古今集』の歌人たちはどういうきっかけで和歌を詠むようになったか、序文に書いてあります。「春の朝《あした》に花の散るを見、秋の夕暮れに木《こ》の葉の落つるを聞き、あるは（あるいは）、年ごとに鏡の影に見ゆる雪と波とを嘆き」等々。これらは、非常に女性的なテーマだと言わざるを得ません。雪はもちろん白髪《しらが》のことで、波は皺《しわ》です。鏡に映った自分の顔を見て、年をとったことを嘆くのは女性でしょう。男性は鏡を見て白髪を発見した場合、必ずしも嘆かなかったでしょう。

　中国人の男性は、鏡に映った自分の白髪や皺を発見した時、むしろ喜んだかもしれません。まだ四十歳前後だった杜甫は、自分は老人だと強調することが多くて、「白髪はもうまばらになった」と何回も書いたのです。芭蕉《ばしょう》もあまり鏡を見なかったでしょうが、杜甫の崇拝者として「白髪《はくはつ》の恨《うらみ》を重《かさ》ぬといへ共《ども》、耳にふれていまだめ（目）に見ぬさかひ、若生《もしいき》て帰らばと、定《さだめ》なき頼みの末をかけ」、おくのほそ道に出かけました。杜甫や芭蕉と違い、白髪と皺は女性にとっては決定的な不運で、それについて歌を詠み嘆くのでした。白髪も皺も、時間が経つことに対する焦りを最も表わしたものです。

　花の散ることも木の葉が落ちることも、時が経っていることを知らせます。別の言葉で言うと、自分の美が刻々としおれています。女性が自分の美を心配することは当たり前ですが、平安朝の文学のもう一つの特徴は、男性の美しさが強調されていることです。光源氏《ひかるげんじ》は親切で頭が良いのですが、愛人たちはまず彼の美に惹《ひ》かれます。ハムレットが美男子であったかどうか、シェイクスピアは全然教えてくれません。ロミオはジュリエットの美に打たれるのですが、彼女はロミオの顔について一言も言いません（笑）。

　しかし、『源氏物語』あるいはそのあとに書かれた物語では、男の美が詳しく描写されています。主人公の顔が美しいと言うだけでは著者は満足せず、「光きらめくような美で女と見まがうほど美しい」などと書くようになりました。『源氏物語』もそのあとの文学も、女性の読者のために書かれたと思います。男性も読んだでしょうが、やはり「女手」で書かれた物語を読むことは、男らしくないと思われたようです。

　一方、男性が女性の身分で歌を詠むことがたびたびありました。たとえば、僧正遍昭《そうじょうへんじょう》という僧侶は、女の立場に立って次の和歌を詠みました。

我が宿は道もなきまで荒れにけりつれなき人を待つとせしまに

つれなき人は、決まって男性です。女性が待つ方です。男性が待つ中、なかなか女性が現れないというような詩歌は全くありません。この歌は、まずフィクションでしょう。遍昭は、詠み手の心情を女性の感情に見立てて詠んだのでしょう。女性の歌人が、自分を男性に見立てて歌を詠んだことはないと思います。

『古今集』以後の歌は、全部女性的だとは言えませんが、多くは男性的ではありません。

明治時代以降、新しい、たいへん男性的な歌が詠まれるようになりました。たとえば、与謝野鉄幹《よさのてっかん》の短歌に次のものがあります。


われ男《を》の子《こ》意気の子名の子つるぎの子詩の子恋の子あゝもだえの子

こういう歌は、きわめて非平安的でしょう。

平安朝の散文にも、似た傾向が見てとれます。『土佐日記《とさにっき》』の冒頭は、「男もすなる日記《にき》といふものを、女もしてみむとて、するなり」です。しかし、これを書いた紀貫之は男性でした。どうして男性らしく漢文で書かなかったか、貫之は説明しませんが、たぶん書きたかったのは自分の娘の死のことで、そのテーマはどうしても日本語でなければ思いが表わせないと思ったからでしょう。しかし、かなは女性が書くものだったので、彼は偽って、著者は女性だと書きました。

平安朝の宮廷は男女平等でした。清少納言は『枕草子』で男性たちをバカにすることがたびたびあり、劣等感はみじんもありませんでしたが、中世になって武士が政権を握ったあとは、平安朝のような男女平等はありませんでした。それにもかかわらず、北条政子《ほうじょうまさこ》のような女丈夫《じょじょうふ》や、『平家物語《へいけものがたり》』というたいへん男性的な物語に忘れられない女性が何人も登場します。巴御前《ともえごぜん》は、男性に負けないほど上手に戦う女性でした。室町時代の最も優れた芸術はお能《のう》だったのですが、女性を中心にする鬘物《かずらもの》は中でも高く評価され、女性のことを細かく伝えています。『松風《まつかぜ》』、『熊野《ゆや》』、『野宮《ののみや》』、『井筒《いづつ》』、『夕顔《ゆうがお》』などがそれで、室町時代の日本人からは『源氏物語』の世界はいかにも遠く、まねのできない至上の極楽のように思ったでしょうが、お能を見て、『源氏物語』は女性たちに近くなり、共感を招きました。

室町時代において女性の地位は高くなかったのですが、徳川時代の理想的な女性とは違い、まったく無口ではありませんでした。狂言《きょうげん》に出てくる女性は、夫より強い、怖がられるような存在でした。夫婦げんかの場合、妻がいつも勝ちました。これはもちろん当時の社会を如実に描いているとは言えませんが、封建時代であっても女性は決して男性の奴隷ではなかったことを物語ります。

確かに、夫が暴君のように妻をいじめることはあり、妻の意思では離婚できませんでした。当時、結婚して暴君と生活したくない女性は、相当いました。そのためか、中世のヨーロッパと同様に、尼《あま》になって寺院の中で一生を過ごす女性もかなりいました。尼さんが、時々、文学作品に登場しますが、著者の男性にあまり尊敬されていない例が多いようです。

しかし、最近の研究で分かったように、尼さんには優れた学者もいました。仏教について立派な本も書きました。インテリの女性にとって、尼さんになることは、我慢できない結婚からの唯一の逃げ道であったのです。戦国時代が終わって国が統一されたあとは、かなり自由な生活ができる女性もいました。有名な例ですが、出雲《いずも》大社《たいしゃ》の巫女《みこ》であった阿国《おくに》は、劇団を作って、歌舞伎《かぶき》の基礎を築きました。しかし、徳川幕府の設立とともに、儒学が国家宗教のように思われ、女性が社会に貢献することはそれ以前よりも限られてきました。

女性の歌人や俳人は確かにいましたし、芭蕉の弟子にも女性はいたのです。最も大事な弟子ではありませんでしたが。もう少し後に、加賀千代女《かがのちよじょ》（一七〇三―一七七五）は「朝顔につるべ取られてもらひ水」という、きわめて有名な俳句を作りました。同じ頃、教養のある家庭の娘たちはみんな歌を詠んでいて、女性の漢詩人も多数いました。この時代から女性の画家も活躍するようになりました。旗本の妻だった井《い》関隆子《せきたかこ》（一七八五―一八四四）の日記は、今から三十五年ほど前（一九七二年）に初めて発見され、当時の武士階級の女性の生活がたいへん写実的に描かれています。現在、井関隆子の名前は忘れられましたが、日記に添えられた絵などがたくさん残っています。幕末の尼だった大田《おおた》垣蓮月《がきれんげつ》（一七九一―一八七五）は、優れた歌人だったばかりでなく書画にも優れ、有名な富岡鉄斎《とみおかてっさい》に絵と和歌を教えて育てました。

同じように、徳川時代に活躍したまだ発見されていない女性がいるはずですが、なんと言っても徳川時代に最も目立ったのは芸者・遊女でした。主な都市が発展することで遊郭が栄え、お金を持っている町人たちは、そこを一種の社交界として楽しみました。当時の文学や浮世絵は、遊郭の女性の人格をかなり美化したでしょう。近松の浄瑠璃に登場する遊女はみんな純心で、愛する男性と喜んで心中しますが、そういう遊女がいることはいたのでしょう。そうでない遊女の方が多かったとは思いますが。

しかし、現代のオランダのアムステルダムの〝飾り窓〟と比較したら、遊郭は男性の欲望のはけ口として芸術的だったといえるでしょう。また、浮世絵の美術や歌舞伎は、遊郭と密接な関係にあったと認めざるを得ません。

ただし、町人の男性には遊郭で遊ぶ権利があっても、妻は夫でない男と関係をもったら、侮辱されたと感じた夫に殺される可能性がありました。近松にそういう作品もあります。

明治時代とともに、日本の女性解放が始まりました。明治四年に津田《つだ》梅子《うめこ》（一八六四―一九二九）が岩倉使節団と一緒にアメリカへ送られました。まだ七歳だった梅子には、もちろんアメリカを視察する能力はありませんでしたが、日本の政府が男性ばかりではなく女性をも海外へ送るのを決めたことは、新しい時代の始まりを物語っています。五人の娘が選ばれ、海外で十年間を過ごす計画でした。選ばれた女の子達の親は武士階級で、大事な娘が遠いアメリカへ派遣されることになかなか賛成しませんでしたが、しまいに、これは娘のために得難い経験になるだろうと納得しました。五人の若い女性にとって確かに有意義な海外滞在になり、津田梅子は、日本に帰ってから自分が創立した学校で、新しい教育を次の世代の女性たちに伝えようとしました。

一方、同じ頃、樋口一葉《ひぐちいちよう》（一八七二―一八九六）が短編小説を発表し始め、平安朝から冬眠していた女流文学が生き生きした形で目覚めました。これは一葉だけによる発展ではありませんでしたが、一葉がいなかったら女流文学の復活は、きっともっと時間がかかったでしょう。

また、現在、一葉と同じ時代の女流作家の文学を知っている人は専門家だけですが、『たけくらべ』、『にごりえ』、『十三夜《じゅうさんや》』などは作品としてまだ生きていて、映画、テレビドラマなどに使用されています。一葉は、女性らしく平安朝の女性たちのように日記などを平安朝の日本語でつけていました。また、井原西鶴《いはらさいかく》の影響も強く受けていました。

一方で、明治時代の啓蒙運動とも無関係ではなかったのです。一葉はヨーロッパの文学、特に、最高と認められていたドフトエフスキーの『罪《つみ》と罰《ばつ》』を日本語訳で読みました。その一葉が二十四歳で亡くなったことは、新しい日本の文学にとって痛手でした。生涯の最後の数カ月には、もはや小説を書き続ける体力は無くなったかわりに、一葉に傾倒する訪問者が立てつづけに会いに来ました。幸田露伴《こうだろはん》や泉鏡花《いずみきょうか》が訪問して、自分たちは一葉の弟子だというようになりました。男性の文学者にそういわれた女性は、鎌倉時代の阿仏尼《あぶつに》以来でしょう。

明治末期、大正、昭和前期を通して女流作家は活動しており、林芙美子《はやしふみこ》のような人気作家もいて、現在でもおもしろく読める小説も数多く発表しました。宇野千代《うのちよ》、野上彌生子《のがみやえこ》、岡本《おかもと》かの子、宮本百合子《みやもとゆりこ》、平林《ひらばやし》たい子などの小説家の作品には、同時代の男性作家に劣らない多様性があって、九百年ぶりで女性文学のすばらしさを見せていました。満洲《まんしゅう》事変や支那《しな》事変（日中戦争）の間、林芙美子や吉屋信子《よしやのぶこ》は中国へ渡って日本軍と一緒に歩きましたが、戦争はもともと男性がやるものですから、女性が書いた戦争文学はほとんどありません。林芙美子の『浮雲《うきぐも》』は、海外で戦争を経験した日本人と、彼らが戦後に日本に帰ってからの終戦直後の日本の生活がたいへん上手に書かれた小説です。

戦後になって、日本の女性の立場はずいぶん良くなったと言わなければなりません。私が初めて日本に留学して滞在していたころ、戦後に強くなったのはストッキングと女性だという冗談を何回も聞いたことがあります。その前、終戦直後に中国の青島《チンタオ》で初めてできた日本人の友人は決して封建的または暴君的な人物ではありませんでしたが、彼の家に何回お酒に呼ばれても一度も奥さんを紹介されませんでした（笑）。もちろん、いつもそこにいる女性は奥さんだろうと推測できましたが（笑）、私たちと一緒に食事を食べなかったし、会話に参加することも一度もありませんでした。私たちの話を聞くことはありましたが、そういう場合、敷居の向こうからでした。この話は一九四五年のことです。

八年後に京都に留学したとき、同じ友人の家に数ヵ月泊めてもらいましたが、その八年間で雰囲気は完全に変わっていました。友達の奥さんは私に話しかけることもあり、たいへん教養のある人だということが初めてわかりました。言うまでもなく、友達にも奥さんにも、その変化の説明を求めることはできませんでした。これは一例に過ぎず、大きな意味はないかもしれませんが、日本の女性は戦後五十年の間に大いに変わったことは間違いありません。

私が京都大学に留学した一九五三年ごろ、女子学生は全部あわせて三、四人ほどでした。現在、京都大学の学生の二割以上は女性です。それにもかかわらず偏見が残っています。十年ほど前に、別の国立大学の外部評価に参加したことがありますが、その大学に女子学生が少なからずいても、女性の教授、講師、助手はほとんどいなかった。しかし、この事情はすでに変わりつつあります。女性はあらゆる学問に優れていますから、教授に任命されるのは時間の問題に過ぎないと思います。

現代でも、女性は日本の文化と密接な関係があります。次から次へと迷信や障害物は外されてきました。やろうと思ったら女性が御輿《みこし》を担《かつ》ぐこともできます。宇宙飛行士にもなれます。スポーツなら、たとえばテニスの場合、日本の女性は男性よりも強いでしょう。女性社長はもう珍しくありません。女性は大臣や大使を何人も務めています。

しかし、もっと狭い意味の文化になると、女性がまだ十分認められていないような印象を受けます。確かに、女性が芥川《あくたがわ》賞やその他の出版社の文学賞を受賞したことはありますが、もしも女性がノーベル文学賞を受賞したら、人はどんなに驚くでしょう。戦後の日本文学というような本を見ても、女流作家の名は全然ないか、それとも、何かの運動に関わる一人としてしか出てきません。

芸術の中で女性が一番活躍しているのは音楽でしょう。現在一番人気のあるピアノやバイオリンの奏者は女性でしょう。しかし、ＮＨＫ交響楽団のメンバーには女性がまだ少ないのです。男性に理由を聞いたら、女の人にはお産があって子供の問題もあるというような返事しか聞けません。しかし、外国の交響楽団には女性のメンバーがたいへん目立つようになりました。

私に予言するような資格はありませんが、過去から続く制限や制約はだんだん消えていくだろうと思います。女性が男性ほどお鮨《すし》を上手に握れるかどうか分かりませんが、ともかく、これから女性は、ますます日本の文化を担《にな》うに違いないと思っています。

（二〇〇八年十月十八日講演）

私の『源氏物語』

私が初めて『源氏物語《げんじものがたり》』を知ったのは、一九四〇年（昭和十五年）、ニューヨークのタイムズスクエアにあった本屋ででした。

当時の私は大学生で、お金がない。しかし、タイムズスクエアの近くに行くごとにこの本屋に立ち寄っては、売れ残った本や掘り出し物を探していました。そんなある日、箱に入った二冊の本を見つけました。それは『源氏物語』のアーサー・ウエーリによる英訳本で、値段は四十九セント。その安さに驚きながら、家に持ち帰って読んでみると、そこにはまったく未知の世界が開けていたのです。

私の受けた教育では文学は西洋のものばかりで、日本に文学があるかどうかなど思ってもみませんでした。十一歳の時に貰った子供用の百科事典には、オランダ、フランス、日本の三国に関して挿絵《さしえ》が描かれた別冊がついていました。それによって、日本には太鼓橋があって、女性たちが綺麗な傘をさしていることを知りました。また、二、三の俳句も添えられていました。

朝顔につるべ取られてもらひ水

この句の英訳を読んで、いろいろ意味を考えてようやく理解できると、何だか嬉しくなったものです。おかげで、『源氏物語』の英訳を見つけるまでは、日本文学とは加賀千代女《かがのちよじょ》のいくつかの俳句だけだと思っていました。

『源氏物語』の何にそれほど感動したか。まず、そこには戦争がまったくないことでした。さらに、登場人物がまるで美のためだけに生きているように思えたことです。私はこの素晴らしい本の舞台となった時代や著者についてもっと知りたいと思うようになりました。私は決して『源氏物語』の専門家になったわけではありませんが、本日の講演の中で、自分が見つけたもの、そして、見つけなかったものについて語りたいと思います。

『源氏物語』とはどんな文学でしょうか。ちょうど千年前に書かれた本であり、日本文学の最高峰とも評される作品です。

五十四帖《じょう》もある長い物語ですが、五十四という数に意味があるのでしょうか。紫式部《むらさきしきぶ》はそれについて何も書き残していませんが、煩悩《ぼんのう》の数といわれる百八の半分が五十四ですから、そこに何か関係があるのかもしれません。『源氏物語』にははっきりと仏教の影響があります。その六百年後に書かれた井原西鶴《いはらさいかく》の『好色《こうしょく》一代男《いちだいおとこ》』も同じ五十四帖で『源氏物語』を意識したことは明らかですが、仏教の影響はまったくありません。

これら五十四帖の他にもう一つの巻《まき》が存在したが散逸したとする説があります。そう唱える評論家たちは、現存する『源氏物語』には主人公の光源氏《ひかるげんじ》が亡くなる場面がない、人物の生涯を物語る時には亡くなる描写が当然あるはずだ、と主張します。それは巻の名だけが残っている「雲隠《くもがくれ》」のことでしょう。この帖が光源氏の死を語るというわけですが、残念ながら十分な証拠があるとは言えません。推測に過ぎませんが、紫式部は光源氏の死を書くに忍びなかったのかもしれません。

紫式部が著者であることは常識ですが、疑問を呈する人も昔からいました。紫式部自身は宮廷の女官でしたが、中世の学者は、あのような偉大な作品が一人の女性に書き上げられるはずはないと信じ、紫式部に近い男性が書いたと推測して、父親の藤原為時《ふじわらのためとき》が著者であると結論づけました。為時が『源氏物語』の大部分を書き、細部を娘、すなわち紫式部に任せたという論法ですが、女性に対する偏見が弱まった現代に、この説を信じる人はおそらく一人もいないでしょう。

一方、「宇治十帖《うじじゅうじょう》」として知られる最後の十巻は、全体の調子が暗く、物語の前半とかなり違うので、紫式部ではなくもっと若い人が書いたという説が今でもあります。そして、その著者として最も挙げられたのは紫式部の娘、大弐三位《だいにのさんみ》でした。大弐三位の和歌は『百人一首《ひゃくにんいっしゅ》』に残っていますが、物語を書いた記録はなく、実《じつ》のある長編小説を書いたかどうかの証拠も不十分で、この説を支持する学者は少なくなりました。やはり、紫式部一人が『源氏物語』を書いたと考えて差し支えないでしょう。

紫式部はどのようなきっかけで『源氏物語』を書いたか。実はそれは不明のままです。ある伝説によると、石山寺《いしやまでら》に泊まった紫式部が、琵琶湖《びわこ》に美しく映える月光を見て興をそそられ、「須磨《すま》」の巻（第十二帖）の筆を進めたといわれています。須磨の風景は、多少、琵琶湖の景色に似ているかもしれませんが、長い物語の最初に、主人公の家系や幼年期に触れず、いきなり流刑地を描写するのは不自然ではないかと思います。しかしながら、この伝説のおかげで現在でも石山寺には「源氏の間」があり、紫式部が使ったといわれる硯《すずり》も大事に保存されています。そして、『源氏物語』の有名な註釈書『湖月抄《こげつしょう》』もあります。

別の伝説は、「若紫《わかむらさき》」（第五帖）が最初に書かれた巻で、紫式部は未婚の娘への参考として、理想の男性、光源氏を描いたとするものです。結婚の相手にはこんな男が良いという暗示であると。また、ある評論家は、最初に書かれた巻は「桐壺《きりつぼ》」（第一帖）であると言います。この説を支持する学者でも解釈は二通りに分かれ、作品全体の主要テーマがこの巻で見事に暗示されていると感嘆する人もいれば、これを書いた頃、紫式部はまだ未熟な作家で、読者に向かって寛大さを持って読んで欲しいと語っているという人などもいます。

私も推測を巡らせ、やや異なる背景を考えました。ある年、中宮《ちゅうぐう》の彰子《しょうし》は、古い物語を全部読んだが幼稚な作品ばかりだと周囲の女性に不満をもらしたことがあります。中宮はその後、すぐ近くに紫式部がいると気づきました。頭脳明晰で、男に劣らぬ教育を受け、その上、いつも面白い話を物語る女官です。やがて、中宮は紫式部に、自分にも楽しめる大人向けの小説を書いてくれないかと依頼し、それに応える形で紫式部は執筆を決意した……と私は思いたいのです。紫式部自身の体験や、人から聞いたさまざまな話、それにたぐいまれな想像力を駆使して『源氏物語』に着手したのではないか、と。

他の可能性ももちろん考えられます。中国文学に詳しい学者は、『源氏物語』は白楽天《はくらくてん》の『長恨歌《ちょうごんか》』の焼き直しに過ぎないと述べ、「桐壺」の冒頭には楊貴妃《ようきひ》と皇帝の愛にそっくりの話があると指摘します。司馬《しば》遷《せん》の『史記《しき》』からテーマを借りたという学者もいますが、彼らは『源氏物語』が『長恨歌』や『史記』とはまったく似ていないことを無視しています。中国文学を読んだ経験もある紫式部は漠然たる影響を受けたことを認めていますが、中国の文学が『源氏物語』の原型であったというほどの説得力はありません。

『源氏物語』のように非常に長い物語を書くにはどの位の時間がかかったかは正確には分かりませんが、少なくとも七、八年に及んだでしょう。二〇〇八年は『源氏物語』の千年紀とされていますが、実際のところ、具体的に何から千年を指しているかは不明です。紫式部の日記には、寛弘《かんこう》五年十一月（一〇〇八年）に一条《いちじょう》天皇と中宮彰子の前で『源氏物語』を朗読したと書かれています。しかし、その時点で『源氏物語』がどの程度、完成していたかは不明で、一部だけだったかもしれません。現存する文章全体を一条天皇の前で朗読したとはとても思えません。それには何週間もかかるでしょう。しかし、それでも一条天皇が『源氏物語』の朗読に耳を傾けたこと自体が注目すべき事実です。当時の宮廷の男性は仮名《かな》文字を軽蔑し、女性が仮名で書いた物語に興味を抱かず、もっぱら漢文と漢詩だけを読んでいました。一条天皇は周囲の宮廷女性から『源氏物語』の噂を聞いて興味を持ったのかもしれません。朗読を聞いた天皇が、緻密に描かれた物語を褒《ほ》め、この著者は漢籍の知識があり、日本紀《にほんぎ》すなわち『日本書紀《にほんしょき》』にも精通しているに違いないと語ったと、紫式部の日記には書かれています。天皇の言葉の意図は、この長い物語が歴史の本のようにしっかりと構成されているという意味でしょう。大体、『源氏物語』は『日本書紀』にまったく似ていません。しかし、この作品は絵空事ではなく、歴史家の文章を思わせるというのが、一条天皇が言わんとしたことではないでしょうか。そして天皇だけではなく、宮廷の男たちからも高い評価を得るようになっていきます。藤原道長《ふじわらのみちなが》は物語や文学を喜ぶ男ではありませんでしたが、写本《しゃほん》を作らせましたし、宮廷でもかなり広く読まれたことは疑いありません。

　しかし、道長のような財力をもたない人々にとっては、『源氏物語』を読むのはかなり困難でした。もちろん、本屋や図書館があるわけではありません。読みたければ誰かから写本を借りるしかないのですが、写本は貴重で、貸してくれる人はあまりいなかったでしょうし、そもそも限られた数の写本しかなかったはずです。借りることができた人は自分用の写本を作ることも可能でしたが、それも相当高価であったと想像されます。まず、筆記者を雇って適当な謝礼を払う必要がありました。また、当時の日本では紙は高価なもので、入手が困難で、その上に筆記者に何ヵ月分かそれ以上の生活費を払う必要もあったのです。完全な写しは相当な時間と金がかかったので、好きな巻だけを写させることもあったはずです。さらに写本を請け負った人の中には、まじめな人ばかりではなく、いい加減な人もいたので、現存する『源氏物語』の写本の中にはかなり誤りも含まれます。

『源氏物語』の読者の多くは当然ながら都の貴族で、二、三千人ばかりでしょう。地方へ派遣される受領《ずりょう》という長官は都の文化を任地に伝えることがありました。紫式部による『源氏物語』の朗読が行われた一〇〇八年から十二年後、上総《かずさ》に住んでいた菅原孝標《すがわらのたかすえ》という受領の娘が『更級日記《さらしなにっき》』を書き始めました。まだ十二歳でしたが、物語を趣味とする教養ある少女です。夢は都に行って無数にある物語を読むことでした。自分が住んでいる辺鄙《へんぴ》な田舎では、『源氏物語』もいくつかの巻しか読めず、他の部分を読んだ姉や継母《ままはは》から話を聞いていました。話し上手な姉や継母からいろいろと聞くうちに、若い娘の夢はふくらみ、彼女にとっては『源氏物語』の登場人物は現実に生きる存在となっていったのです。

　日記の冒頭、孝標の娘である十二歳の作者は、「あづまぢの道のはてよりも、なほ奥つかたに生《お》ひ出《い》でたる人」と片田舎で育つ自分を紹介し、こう語ります（以下、『更級日記』は現代語訳で引用）。

世の中に物語というものがあるというのを、なんとかして見たいものだと思いつつ、これということもない退屈な昼間や夜の団欒《だんらん》などに、姉・継母といった人たちが、あれこれのものがたりや、光源氏の有様など、ところどころ話すのを聞いていると、一層知りたさが増してくるのだが、……ひどくもどかしくなってくるままに、等身大の薬師《やくし》如来《にょらい》像を造って、手を洗い清めたりして、人の見ていない間にそっと仏間に入っては、「京に早く上らせて下さって、そこには物語が沢山あるそうですが、それをありたけお見せ下さい」と一生懸命、額を床につけてお祈り申し上げるうちに……

物語読みたさに薬師如来の等身大の像を造る十二歳とは、なみなみならぬ文学少女です。その祈りが通じたのか、翌年、家族全員で京都に移ることになるのです。そして、到着するやいなや、「物語を探して見せてよ、見せてよ」と母に詰め寄ります。一〇二〇年に上総を去った時から、宮仕えを求められた一〇三九年まで、物語を読む以外、何もしていなかったようですが、彼女は三十一歳になっていました。その間、『源氏物語』を繰り返し繰り返し読んでいたのですが、人の人生、殊に若い女性にとって最も大事な一時期を過ごす方法としては、やはり普通ではなかったようです。しかし、孝標女は決して不幸ではありませんでした。叔母から『源氏物語』五十四帖をすべて贈られ、初めて作品全体を読めるようになった時は、嬉しさのあまり、「后《きさき》の位《くらゐ》も何にかはせむ」（后の位さえ羨《うらや》ましくない）と思ったほどです。また、『源氏物語』を読みながら、いまだにまったく経験のない恋について考えるようになって、日記にこう記します。

このごろの世間の人は、十七、八歳から読経《どきょう》をし勤行《ごんぎょう》もするのだが、私はそういうことは心掛ける気にもなれない。ようやく考えつくことといえば、「非常に身分が高くて容貌風采も物語に出てくる光源氏などのようでいらっしゃる人を、年に一度でもいいから通わせ申し上げて、浮舟《うきふね》の女君《おんなぎみ》のように山里にひっそり住まわされていて、花、紅葉《もみじ》、月、雪をながめて、たいそう心細いような様子で、素晴らしいお手紙などを、ときどき待ってみたりなどしたいものだ」とばかり思い続け、将来本当にありそうなことに思っていました。

孝標女は、浮舟のようになりたいと夢みていました。浮舟といえば、『源氏物語』に描かれている女性たちの中でも最も不幸な存在です。つまり、孝標女の夢に共鳴するのは、光源氏の愛を得た紫《むらさき》の上《うえ》のように恵まれた愛ではなく、『源氏物語』でも随一の悲劇的な女性でした。そして、光源氏のような立派な男が年に一度でも訪れてくれれば、それで十分だと。そうして、花、紅葉、月、雪を共に眺められたら最高の悦びなのでしょう。孝標女はどれほど時が流れても、来る日も来る日も『源氏物語』に耽溺《たんでき》し、光源氏の世界に逃避していました。読書の邪魔をする求愛者が現れた形跡もありません。むろん、彼女はそれを意識していましたが、日記にはこのように記すだけでした。

私は今器量もよくないことだ。年頃になったら、顔かたちもこの上なくよく、髪も非常に長くなるだろう。光源氏の愛した夕顔《ゆうがお》や、宇治の大将の愛した浮舟の女君のようにきっとなっているだろう。

長年、そんなふうに思っていたのですが、やがてたわいない望みだったと悟ります。

また、光源氏が愛した夕顔や薫《かおる》が愛した浮舟は、常識的な基準でいえば幸せな女性ではありません。どうやら、孝標女はロマンチックな性格で、悲劇的な女性の運命に惹かれていたようです。彼女は『源氏物語』の他にもいろいろな物語を読みましたが、他の作品に登場する人物の名を一度も自分の日記の中に挙げていません。その一点を見ても、『源氏物語』は同じ平安朝の他の物語に比べ傑出していると言えるでしょう。

光源氏が愛した女は皆はっきりした個性がある女性ばかりですが、本当に幸福な女は一人もおらず、それぞれの悲しい運命に翻弄されます。源氏に愛された藤壺《ふじつぼ》は、彼の子供を産むのですが、つまりは主人である天皇を裏切る罪を犯すことになり、そのため尼となります。紫の上も源氏に愛されているのですが、源氏の他の女性との関係に絶えず悩み、ついには尼になろうとさえ思います。六条御息所《ろくじょうのみやすどころ》も源氏に愛されました。彼女も源氏を愛するあまりに、妻である葵《あおい》の上《うえ》、紫の上、女三宮《おんなさんのみや》の三人に対して、生霊《いきりょう》、そして死霊となって苦しめます。

葵の上は他の女性と違い、源氏を愛さず、また源氏も彼女を愛していません。しかし、葵の上が亡くなる時に初めて葵の美に気づきます。平凡な小説家なら、この夫婦がなぜ上手くいかなかったかを説明するでしょうが、お互いに対する冷たい態度が不可解とはいえ、それが人間であるとして、紫式部は二人の態度を説明しようとしません。『源氏物語』が現代においてなお古びることがないのは、著者にこのような洞察があるからです。

光源氏の周囲の女性たちははっきりした個性に彩られるため、読者が混同することなど考えられません。『源氏物語』以降の日本文学に、紫式部ほど個性のある人物を描く作家は明治時代までいなかったでしょう。近松門左衛門《ちかまつもんざえもん》の浄瑠璃《じょうるり》は文学としても歴史的な傑作ですが、近松が描く女性はそれぞれ異なる環境に身を置く以外は、根本的にみな同じと言えます。孝標女にとっては、自分が暮らす寂しい世界よりも、物語に描かれる源氏の世界の方がより身近に感じられたので、光源氏の女性関係を咎《とが》めるどころか、自分も同じように愛されたかったのです。

光源氏は確かに大勢の女性と関係を持ちました。しかし、モーツァルトのオペラ『ドン・ジョヴァンニ』に出る女たらしの主人公とは決定的に違います。そもそも光源氏は靡《なび》かせた女性の数には興味がなく、もちろん記録することもありません。そして、それぞれの女性にとっても彼は理想的な愛人でした。もし、光源氏が若い時に好きな女性と結婚して、その後、他の女性に興味を抱かなければ、この物語は成立せず、彼の一番の才能も後世に残っていなかったことになります。光源氏は決して打算的な女たらしではなく、恋愛関係が終わった後でも相手の女性を忘れず、新しい宮殿を建てる時には、昔の愛人のために部屋を造り、それぞれの女が最も好きな季節の花が楽しめる庭を造りました。一方、ドン・ジョヴァンニは女性を征服した後には、二度と会おうとせず、なるべく避けるのです。

紫式部の日記を読むと、宮廷の男性は物語に登場する人物とは違い、必ずしも行儀が良くなかったと分かります。酔っぱらった男が真夜中に騒ぎ、女の部屋に入ろうとすることも珍しくなかったのです。貴族たちの生活をもっと写実的に表そうとするなら、紫式部にはもちろん十分な材料がありましたが、なるべく美しい世界を描きたかったので、美しくないものは書きませんでした。実際、『源氏物語』ほど美しい小説は今後もまず出ないでしょう。自然の美しさはもちろん、人が住む家、着ている着物、書いた字も話し言葉も、すべてがたぐいまれな美に昇華されています。女性が手紙を書く時も、美しい紙を選ぶところから始まり、書く字の濃淡を考慮しながら、美しい歌を詠んで記し、間接的な情感の中に思いを託します。書いた後には、丁寧に手紙を折って、季節の花をつけ、綺麗な小姓に手紙を預けて相手の男性に贈ります。男性は手紙を待ちかねているのですが、いざ開けてみて、字が下手だったり、歌が陳腐であれば、相手の女性への関心を失います。

登場する人物は皆、美のために生きているという印象さえ受けますが、光源氏をはじめとして、彼らは何度も世の常なきを嘆き、地位を捨ててでも仏の道に入りたいと言うのです。光源氏が住んでいる世界は、私たちから見れば地上の極楽《ごくらく》ですが、登場人物にとっては、世界がどれほど美しかろうと仮のものに過ぎず、悲しみから逃れる方法は一つしかない。それは仏の道に入ることでした。むろん、光源氏は自分を頼る人が多く、到底世を捨てるわけにはいきません。物語の最後で以前よりも輝きを増したといわれますが、幾多の悲しみのせいで、もはや美も慰めではないのでした。

昔から『源氏物語』を仏教的に解釈することがたびたびありました。光源氏は父である天皇が再婚した藤壺と恋愛関係を結び、子供を作り、その罪の因果からか、光源氏の正妻の女三宮は柏木《かしわぎ》という男の子供を産みます。それで光源氏が懲罰を受けたという大変安易な説明ですが、これも放蕩な生活を戒めるとか、いかなる教訓的な意図を以て書かれたわけでもないのは明白です。

それでは紫式部はなぜ『源氏物語』を書いたのでしょうか。紫式部の明快な返答が、第二十五帖「螢《ほたる》」の一節に見いだせます。ある夏の日、光源氏が玉鬘《たまかずら》の部屋に行く場面です。玉鬘は五月雨《さみだれ》の退屈しのぎに何冊もの本をかたわらに置いて読書をしています。光源氏は笑い、女というものは作り事に過ぎない物語に夢中になる、だから騙《だま》されるのだ、と言います。しかし、すぐに思い直し、古い物語を読んでいなければ、どうして暑い夏を過ごせるか、また、物語は神代の頃から世にあったと意識するのです。

「日本紀などは、ただかたそばぞかし。これらにこそ道々《みちみち》しくくはしきことはあらめ」とて、笑ひたまふ。

「その人の上とて、ありのままに言ひ出づることこそなけれ、よきもあしきも、世に経《ふ》る人のありさまの、見るにも飽かず、聞くにもあまることを、後《のち》の世にも言ひ伝へさせまほしき節々《ふしぶし》を、心に籠《こ》めがたくて、言ひおきはじめたるなり」

物語とは、仏教でいう「方便」にあたるかもしれないと光源氏は言います。厳密には真実ではなくとも、苦痛なく真実に人を導く手段であり、悟りをもたらすという点で、仏陀《ぶつだ》の教えにかなうという意味です。光源氏のこの言葉を元に、中世の学者は『源氏物語』そのものを「方便」と見なしました。しかし、方便かどうかはともかく、紫式部の主張はまったく別のところにあると思います。一つの出来事に深く感動した作者は、その事柄がいずれ忘れ去られると思うと、それだけでいたたまれず、その経験を何とか記録しようという情熱に駆り立てられて、作品が生まれるはずだからです。

江戸時代の儒学者の多くは、『源氏物語』を無視するか、あるいは取り上げる場合でも不道徳な作品として片付けました。ただ、儒学者の一人、熊沢蕃山《くまざわばんざん》は『源氏物語』の読者として評価を与え、『源氏物語』を勧善懲悪を教える本として弁護したのです。「勧善懲悪」は徳川時代の文学、特に滝沢馬琴《たきざわばきん》の小説に色濃く描かれたものですが、『源氏物語』はやはりそれとは別の世界の本でしょう。一方、ある学者は『源氏物語』は政治的目的で書かれたと言います。紫式部が物語の主人公を源氏とすることによって、藤原家の摂関政治を間接的に批判したと。しかし、平安朝から今日までの間に『源氏物語』を読んだ人の中で、「やっぱり、源《みなもと》の方が偉い」と思った人が一人でもいたでしょうか。

紫式部が作品にどれほどの宗教的・政治的な思いを込めたかは不明ですが、光源氏を取り巻く世界を描く中で、自分が属する階級が抱く気持ちを無意識に織りこんだことは疑いありません。しかし、『源氏物語』に対して最も説得力を持った解釈を下したのは、本居宣長《もとおりのりなが》でした。宣長は宗教的側面や政治的な意味での重要性を否定し、『玉《たま》の小櫛《おぐし》』という論文の中で次のように書きました。

此《この》物語のおほむね、むかしより、説どもあれども、みな物語といふもののこゝろばへを、たづねずして、たゞよのつねの儒仏《じゅぶつ》などの書《ふみ》のおもむきをもて、論ぜられたるは、作りぬしの本意《ほい》にあらず。（中略）
物語にいへるよきあしきは、よのつねの儒仏などの書にいふ善悪とは、同じからざることあり。（中略）
さて物語は、物のあはれをしるを、むねとはしたるに、そのすぢにいたりては、儒仏の教へには、そむける事もおほきぞかし。そはまづ人の情《こころ》の、物に感ずる事には、善悪邪正さま〴〵ある中に、ことわりにたがへる事には、感ずまじきわざなれども、情《こころ》は、我ながらわが心にもまかせぬことありて、おのづからしのびがたきふし有《あり》て、感ずることあるもの也。源氏ノ君《きみ》のうへにていはば、空蟬《うつせみ》ノ君、朧月夜《おぼろづくよ》ノ君、藤《ふぢ》つぼの中宮《ちゅうぐう》などに心をかけて、逢給《あひたま》へるは、儒仏などの道にていはむには、よにうへもなき、いみじき不義悪行《あくぎやう》なれば、ほかにいかばかりのよき事あらむにても、よき人とはいひがたかるべきに、その不義悪行なるよしをば、さしもたてゝはいはずして、たゞそのあひだの、もののあはれのふかきかたを、かへ

す〱書《かき》のべて、源氏ノ君をば、むねとよき人の本《ほん》として、よき事のかぎりを、此君のうへに、とりあつめたる（後略）

さらに宣長は、『源氏物語』の作者の目的を、蓮《はす》の花を咲かせるために泥水を集めることにたとえて言います。

物語に不義なる恋を書《かけ》るも、そのにごれる泥《ひぢ》を、めでてにはあらず、物のあはれの花をさかせん料《しろ》ぞかし。

宣長の説が正しければ、紫式部には説教する気はなく、あくまで文学的な目的から『源氏物語』を書いたのであり、儒仏の経典との類似は単なる偶然でしょう。いずれにしても、それほど重視すべき点ではないと思います。

とは言うものの、紫式部の世界観は明らかに仏教的でした。この世の美を見つめながら、人はそれを更に高めることも出来る、しかし、人の力には限りがあり、やがては死が訪れる、その前に正しい道に入り、この世への執着を断ち切るべきだ、と。

『源氏物語』に内在する、このような思想を述べると、陰気に聞こえるでしょうが、この世がたとえ、かりそめのものであろうと、美しいことには変わりなく、世を憎むことは誤りでしょう。『源氏物語』を読み終えて記憶に残る多くの場面は、美しい瞬間や情景です。光源氏が初めて幼少の紫の上を垣間見る時、野宮《ののみや》へ出向いて六条御息所に逢う時、初めて須磨を見た時、そして踊りの場面など。もちろん悲しい場面も数多くありますし、六条御息所の生霊が葵の上を虐《しいた》げる一幕や、髭黒《ひげくろ》の妻が激情を見せるところもありますが、それでも『源氏物語』は世界の文学の中で最も美しい作品でしょう。

『源氏物語絵巻《えまき》』は国宝で、以後もこの物語にまつわる数多くの絵が描かれました。いずれも見事なものですが、私は『源氏物語』を描いた絵は物語と直接関係がないと感じます。絵巻に現れる男女はみな同じ顔をしており、紫の上と六条御息所の顔や姿すら区別できない程で、男の方も光源氏と柏木という哀れな男さえ区別できません。それは画家の誤解ではなく、単に美しい顔を描きたかっただけで、性格は問題ではなかったのです。「須磨」の美男美女が同じ顔であるように。

『源氏物語』に基づいた能《のう》や歌舞伎《かぶき》、映画も数多く存在します。当然ながら能が原作に一番忠実です。特に『野宮《ののみや》』の能は『源氏物語』に近い感じですが、直接関係のない『松風《まつかぜ》』という最高の能には、須磨の描写がそのまま引用され、結果として物語にもう一つの生命を与えています。

平安朝の日本は今日の日本とはすべての面で違いますが、『源氏物語』を理解することは決して難しくありません。もちろん、紫式部の日本語は現代人にとって一つの壁であり、特別な勉強をしなければ容易に読めません。しかし、それでも一般の人々の読むべきものだと思います。理想を言えば原文で読むに越したことはありませんが、現代語訳で読めばそれで良いのです。谷崎潤一郎や瀬《せ》戸内寂聴《とうちじゃくちょう》などの翻訳がありますが、現代語になればどうしても原文の美しさの一部は消えてしまうとはいえ、傑作には変わりなく、原文が持つ魅力のほとんどは翻訳にも生きています。のちのち原作をゆっくり読めば良いでしょう。

外国語訳で『源氏物語』を読んで感動する人も世界には数多くいます。英訳はすでに三種類が存在し、さらにもう一つの出版予定があります。多くの登山家がエヴェレストを目指すように、各国の日本文学研究家が、日本文学のエヴェレストを「征服」したいと思うのは当然でしょう。私自身は『源氏物語』の翻訳を手がけようと思ったことはありません。最初に『源氏物語』の翻訳を読んだのは世界が戦争に突き進む暗い時代のことでしたが、そんな中、私はその翻訳本に救われたからです。

一九四〇年、ヨーロッパでの戦争が拡大し、ドイツ軍がノルウェー、デンマーク、オランダ、ベルギー、フランスを占領し、秋にはロンドンの空爆が始まりました。反戦主義者だった私は新聞を読むことすら憂鬱になり、悩む一方でしたが、そんな頃、まったくの偶然に『源氏物語』を発見したことで救われたのです。戦争のない美しい文学に広がる世界に、心を癒《い》やされ、これが私を生涯の仕事へと導くのです。そして、癒やされたのは私一人ではありません。『源氏物語』は日本から世界への最高の賜物《たまもの》でしょう。

（二〇〇八年十一月一日講演）

平家と日本文学

『平家物語《へいけものがたり》』の冒頭にある有名な一節は、この長い作品全体を貫くテーマを美しい言葉で表しています。まず、無常《むじょう》というテーマが、序曲のように流れます。「祇園精舎《ぎをんしやうじや》の鐘の声、諸行無常《しよぎやうむじやう》の響《ひびき》あり」、次いで権力者の盛衰を主題とした文章に移ります。「娑羅《しやら》双樹《さうじゆ》の花の色、盛者必衰《じやうしやひつすい》の理《ことわり》をあらはす。おごれる人も久しからず、唯《ただ》春の夜の夢のごとし。たけき者も遂《つひ》にはほろびぬ、偏《ひとへ》に風の前の塵《ちり》に同じ」。これは権威を持つがゆえに将来の衰亡を恐れない人たちへの忠告として読まれます。全能であろうと、どれほど勇敢であろうと、人はいずれ滅び死ぬという運命からは逃れられない、風に吹かれる塵と同じ、と語っているのです。この二つの文には、中国の四六文《しろくぶん》からの影響が認められますが、強調されているのは必衰の理です。あらゆる人間にあてはまる盛衰の宿命を平家一族にあてはめて書かれたのが『平家物語』です。

『平家物語』は日本の叙事詩《じょじし》として扱われることがありますが、主人公の平清盛《たいらのきよもり》を叙事詩の主人公として見れば、相当変わっていると言わざるを得ません。一般の叙事詩では、主人公に欠点があっても、感心できるところがあるものですが、清盛には感心できるところは一つもなく、おごるばかりの暴君でした。清盛は天皇の私生児だった可能性があります。『平家物語』の中にこんな一節があります。「又ある人の申しけるは、清盛は忠盛《ただもり》が子にはあらず。まことは白河院《しらかはゐん》の皇子《わうじ》なり。その故《ゆゑ》は、去《さんぬ》る永久《えいきう》のころほひ（永久はだいたい十二世紀の初めころ）、祇園女御《ぎをんにようご》と聞えしさいはひ人《びと》（寵愛《ちょうあい》をうけた女性）おはしける。件《くだん》の女房《にょうばう》の住《すま》ひ所《どころ》は、東山《ひがしやま》の麓《ふもと》、祇園のほとりにてぞありける。白河院常《つね》は御幸《ごかう》なりけり」。『平家物語』の著者は噂が本当なのかどうかは語りません。

若い頃の清盛は当時の貴族にふさわしい芸術に親しんでいたようですが、『平家物語』の中では和歌《わか》や香《こう》合《あわ》せなどとは縁がなくなり、優雅な貴族だった清盛は、残酷な暴君となって、無謀な権力をふるうのです。たとえば、三百人の青年をスパイ活動へと駆り立てます。誰かが清盛の政治を批判すれば、その青年たちが実力行使に及びます。こう書いてあります。「其《その》家に乱入し、資材雑具《ざふぐ》を追捕《ついふく》し、其奴《そやつ》を搦《から》めとッて、六波《ろくは》羅《ら》へゐて参る。されば目に見、心に知るといへど、詞《ことば》にあらはれて申す者なし」。見たことであっても知っていることでも言えなくなってしまったのです。

また祇王《ぎおう》の話は、清盛が他人の気持ちを全く無視する例と言えるでしょう。清盛は祇王という白拍子《しらびょうし》（平安末期に起こった歌舞《かぶ》を舞う男装の遊女）を三年間、寵愛していましたが、十六歳の美しい仏御前《ほとけごぜん》という白拍子の踊りに魅せられると、祇王をあっさり追放します。祇王は二十一歳で尼になり、仏御前も後を追うように剃髪《ていはつ》して祇王と同じ尼寺に入ります。仏御前の温情と清盛の冷酷さが際立った話となっています。

人に死を命じることを何とも思わなかった清盛の性格ですから、その行動を作者が褒《ほ》めることはありません。それどころか、清盛の悪い部分を誇張するところがあります。たとえば、清盛の死去の描写は明らかに誇張されています。現代語訳です。「体内の熱いことは火を焚《た》いているようで、彼が休んでいるところから四、五間《けん》以内へ入る者は、熱くてたまらない。比叡山《ひえいざん》から千手井《せんじゅい》の水を汲み下ろし、石の浴槽に一杯に満たし、それに入ってお冷えになると、水が沸き上がって、間もなく湯になってしまった。もしかして助かるかもしれないと、筧《かけひ》の水を引いて身体に流しかけるが、石や鉄などの焼けたように水がほとばしって、身体に寄り付かない。ごくまれに身体にあたる水は、炎となって燃えたのだ。黒煙が御殿中に一杯になって、炎が渦巻いてあがった」。水が炎に見えたことは私はまだないのですが、よほど悪い人だったのでしょう。この誇張した描写は、普通の罪人ならともかく、その対象が清盛であるから同情を呼ばないのでしょう。むしろ、清盛の残酷な行為が公正に罰せられたと喜ぶ人がほとんどでしょう。『平家物語』に読者を酔わせる英雄がいるとすれば、明らかに清盛ではありません。

では源頼朝《みなもとのよりとも》はどうでしょうか。頼朝は源氏《げんじ》の最高司令官であり、平家との戦いの中心になった男ですが、『平家物語』の中ではあまり重要な役割を担っていません。頼朝がまだ子供だった頃、清盛はこの子供が自分の未来の敵になるのではと思い殺害を考えますが、継母の願いによって頼朝を助けます。頼朝は生涯その恩を忘れませんが、しかし、文覚上人《もんがくしょうにん》は頼朝に、誓約を破り、清盛を追放する源氏の軍を指揮せよと説得します。頼朝は司令官として有能ですが、脅威となりそうな相手には極めて厳しいのです。弟の義経《よしつね》が一《いち》の谷《たに》、屋島《やしま》、壇《だん》の浦《うら》の三つの重要な戦いで勝利を得た後、頼朝は中傷に心を動かされて義経を敵にするなど、英雄としてふさわしくない面が感じられます。

　義経こそは『平家物語』のヒーローと言えるでしょう。ただ、作者は義経の業績を好意的に描写しますが、人物像はあいまいなままです。『平家物語』の軍人の中で一番知られた義経ですが、それは『平家物語』によってではなく、『義経記《ぎけいき》』などの伝説のおかげでしょう。英国の文学者アイヴァン・モリスは著書『高貴《こうき》なる敗北《はいぼく》』の中で、義経を日本的英雄として書いています。日本的英雄とはどういうものかというと、若い頃に絶頂を極めるものの最後は悲劇で終わる存在で、モリスは、ヤマトタケルノミコトから西郷隆盛《さいごうたかもり》まで例をたくさん挙げますが、義経もここに並ぶとしています。

　ともかく、『平家物語』はヨーロッパにおける叙事詩とは違い、ヒーローである義経の勝利では終わりません。冒頭に書かれた通り、平家の滅亡を描いた物語であり、義経の勝利を讃えた話ではないのです。清盛の孫である安徳天皇《あんとくてんのう》は壇の浦で溺死《できし》し、清盛の曾孫《ひまご》で平家の嫡流《ちゃくりゅう》として最後に残った僧侶の六代《ろくだい》は頼朝の命令で死刑に処せられます。「六代は僧侶だが、心の中にあるものを誰が分かるだろう」と頼朝は言って命令を下します。清盛の娘である建礼門院《けんれいもんいん》は壇の浦で身投げをはかりましたが、助けられ、その後、尼となってわびしく落ちぶれた庵《いおり》で余生を送ります。この建礼門院の死去によって平家盛衰の物語は終わりを告げます。

平家栄華の時代は、物語の最初に比較的簡単に述べられていますが、このあたりからすでに見られる清盛の傲慢《ごうまん》な行為が、平家を滅亡へと導く足がかりとなっているのです。これこそが『平家物語』のテーマですが、同時に私は読者そして文学者として、このテーマとは直接つながりのない人物にも惹かれています。作者はダンテと同じように、わずかな描写で忘れがたい人物を表現しています。

滝口《たきぐち》と横笛《よこぶえ》の愛は、ダンテの『神曲《しんきょく》』にあるパオロとフランチェスカの話に劣らぬほど、簡潔な言葉で完璧に述べられています。また、この両作品は後世の小説家・劇作家によって、長編小説あるいは五幕の戯曲として生まれ変わったことも付け加えておかなければなりません。

平敦盛《たいらのあつもり》の一節は特に短い章ですが、読者の心から永遠に消えないでしょう。敦盛の性格を表す描写は少なくとも、敦盛の言葉は忘れられません。熊谷直実《くまがいなおざね》が敵の敦盛を馬から落として地面に身体を押しつけ兜《かぶと》を押し上げると、十六歳の若者が現れます。たまたま同じ日の戦いで自分の息子で同じ年頃の小次郎《こじろう》が負傷して大変なショックを受けたことを思い出し、この青年が死んだと聞けば両親はどれほど嘆くかと想像した直実は、青年を助けようとします。丁寧な言葉で青年に名を聞くのですが、青年はぶっきらぼうな返事しかしません。「名のらずとも頸《くび》をとッて人に問へ。見知らうずるぞ」。人に顔を見せたら誰だとわかるだろう（そんな身分の者だ）と言うのです。やがて自分の味方の源氏の軍勢が近づき、直実は若者をもはや助けられないことを悟り、青年に死後の供養を約束しますが、相手は少しも感謝しないのです。感謝するどころか、「ただとく〳〵頸をとれ」というばかりです。ついに直実は泣く泣く首を切り、武士に生まれなければこんなことはなかったのにと嘆きます。そして鎧《よろい》を脱がすと、腰に横笛を見つけるのです。直実は再び衝撃を受け、源氏の軍勢には戦場に笛を携える風流人がいるだろうかと訝《いぶか》るのです。

『平家物語』をヨーロッパの叙事詩と比較する学者がいますが、古代ギリシャやローマの英雄には、武者に生まれたことを嘆く者はいなかったと思います。敵を殺すことを嘆くのも極めて珍しい。のちに直実は、若者の首を義経に差し出し、それが平家の長老、平経盛《たいらのつねもり》の子、敦盛であることを知ります。笛はかつて鳥羽院《とばいん》から敦盛の祖父、忠盛に贈られた物でしたが、このエピソードに見られる劇的な対照は見事です。直実が東《とう》国《ごく》の無骨者《ぶこつもの》で、すでに初老の武士であるのに対し、敦盛は都の貴族で、直実は喉元に刀を突きつけながらも、礼節を保ち、うやうやしく話しかけます。しかし、敦盛の答えはそっけなく、未開の奥地からやって来た相手に軽蔑を投げかけるかのようです。平家もかつては勇猛な武士の集団でした。しかし、今では都の貴族の流儀を取り入れ、敦盛の笛に象徴される宮廷文化を体現する側に回ったのです。直実は勝利の喜びにひたるどころか、武士ゆえに人を殺さざるを得なかったことを嘆き、ついには出家《しゅっけ》の決意を固めます。

敦盛と熊谷直実について『平家物語』はこれ以上何も語りませんが、この話は後世、さまざまに脚色されて舞台で演じられることになりました。人形浄瑠璃《にんぎょうじょうるり》や歌舞伎《かぶき》の『一谷嫩軍記《いちのたにふたばぐんき》』の三段目「熊谷陣屋《くまがいじんや》」では、劇作家は新しい人物を作っただけではなく、実は直実は敦盛の首ではなく自分の息子の首を切ったとしており、首実検《くびじっけん》の場面はこの長い歌舞伎の中でも傑出した見せ場として知られています。

平忠度《たいらのただのり》のエピソードも、これほどではありませんが、やはり感動的です。薩摩守《さつまのかみ》忠度は平家の者ですが、源氏が占領した都に忍び入ります。五条《ごじょう》に住む藤原俊成《ふじわらのしゅんぜい》卿にどうしても会いたいのです。邸宅に着いてみると「門戸を閉ぢて開かず。忠度と名のり給へば、落人《おちうど》帰り来たりとて、その内騒ぎ合へり」。遂に俊成に会えるのですが、彼から習った和歌も戦争のために詠めなくなったと語りながら訪問の意図を口にします。「この二三年は京都のさわぎ、国々の乱《みだれ》……常に参り寄ることも候《さうら》はず。……撰集《せんじふ》のあるべき由《よし》承り候ひしかば、生涯の面目《めんぼく》に一首なりとも、御恩《ごおん》をかうぶらうど存じて候ひしに、やがて世の乱いできて、其沙汰《さた》なく候条《さうらふでう》、ただ一身の嘆《なげき》と存ずる候。世しづまり候ひなば、勅撰《ちょくせん》の御沙汰候はんずらむ。是《これ》に候巻物《まきもの》のうちにさりぬべきもの候はば、一首なりとも御恩を蒙《かうぶ》ッて、草の陰にてもうれしと存じ候はば、遠き御まもりでこそ候はんずれ」。自分の歌を集めた一巻を渡し、一首でも勅撰集に入れてもらえれば非常に嬉しいと言うのです。「哀れもことに思ひ知られて、感涙おさへがたう候へ」と言われて忠度は喜び、「今は西海《さいかい》の浪の底に沈まば沈め、山野《さんや》にかばねをさらさばさらせ。浮世に思ひおく事候はず。さらば暇《いとま》申して」と答えて馬に乗り、西に向かいます。その後、俊成は『千載集《せんざいしゅう》』を撰《えら》ぶ時、忠度のこの巻物の一首「さざなみや志賀《しが》の都はあれにしをむかしながらの山ざくらかな」を加えます。「さりぬべき（撰ばれてよい）歌いくらもありけれども、勅勘《ちょくかん》の人（勅命によって勘当された人）なれば、名字をばあらはされず」。大変いい歌だが、当時の源氏政権にとっては犯罪人なので困ると思って、読人知《よみびとし》らずとして歌を載せています。

忠度の最期の場所は一の谷でした。岡部《おかべ》六野《ろくや》太《た》に殺されたのです。六野太は言います。「いかなる人でましまし候ぞ。名のらせ給へ」。忠度は「是《これ》はみかたぞ」と答えますが、見ると歯を黒く染めている――つまり貴族の風俗をしている平家の人だと分かります。そうすると敵ですので、六野太は「武芸にも歌《か》道《どう》にも達者にておはしつる」と言われている忠度と戦って殺します。そういうところは『平家物語』でむしろ非常に目立つ。義経とか清盛とは違う人物が出ているところです。これらの人物は『平家物語』の中心人物とはあまりつながりがありませんが、すばらしく描かれています。

話は短いですが俊寛《しゅんかん》のことはもっと詳しく書かれています。源平《げんぺい》の戦争のきっかけは、左大将《さだいしょう》への就任を望んでいた大納言藤原成親《だいなごんふじわらのなりちか》が清盛に無視されたのを恨んでのことです。東山の麓にある鹿《しし》ヶ谷《たに》の俊寛の山荘に同志が集まり、平家討滅の策が練られます。反平家の立場を取る作者も成親のこの陰謀には明らかに否定的です。敦盛、忠度、実盛《さねもり》も鹿ヶ谷の陰謀を良く思っていません。中心人物の俊寛は僧侶でしたが、捕えられた後、成親の息子丹波少将成経《たんばのしょうしょうなりつね》や平判官康頼入道《へいはんがんやすよりにゅうどう》と共に鬼界ヶ島《きかいがしま》（この島は現在の鹿児島県の硫黄島《いおうじま》でしょう）に追放されます。俊寛は他の二人と違い、帰国を神に祈ることはありません。やがて中宮《ちゅうぐう》お産の折に大赦があるものの、清盛は成経と康頼だけを助け、俊寛を許さず、彼は一人島に残されます。二人は俊寛の釈放に尽力すると言うのですが、俊寛は彼らの言葉が信じられません。悩んだ俊寛は何とか船に乗ろうと康頼の袖にすがりますが、赦免の使いはそれを拒みます。やがて船は動き出し、俊寛は力つきてしまうのですが、一人島に取り残される彼には同情の念が募ります。一方で、近松門左衛門《ちかまつもんざえもん》がこれを人形浄瑠璃にした

『平家女護島《へいけにょごのしま》』第二段の結末では、俊寛にも赦免が与えられるのですが、成経を愛する島の女性に乗船の権利を譲り、都を目指す船に手を振ると改作されています。元々は見事な悲劇でしたが、時代が変わると悲劇も質が変わり、いわばお涙頂戴のメロドラマになってしまいます。

俊寛は、もう一度『平家物語』に登場します。二人の流人《るにん》が都に帰ってからです。俊寛が幼い頃から可愛がっていた有王《ありおう》という名の若者がいました。有王は鬼界ヶ島から人が戻ったと聞いて、鳥羽《とば》まで俊寛を探しに行くのですが、まだ島に残されたままだと知り、ついには島へ行こうと決心します。大変苦労してやっとのことで島に着いて対面すると、俊寛は、「髪は空《そら》さまへおひあがり、よろづの藻《も》くづとりついて、おどろをいただいたるがごとし。つぎ目あらはれて、皮ゆたひ、身に着たる物は、絹布《きぬぬの》のわきも見えず。片手にはあらめを拾ひもち、片手には網うどに魚をもらうてもち、歩むやうにはしけれども、はかもゆかず、よろ〳〵として出《い》できたり」という様子で、彼が俊寛だと有王には信じられませんが、俊寛は「是《これ》こそそよ」、自分こそそれだよとだけ言って気絶します。これは俊寛の死の直前になります。

作者は大体において平家に同情的で、源氏の勝利よりも平家の敗北が物語の中心ですが、巧みに描写される中でも平重盛《たいらのしげもり》には特別な思いが寄せられています。彼は仏教的な信心と儒教的な道徳心を重ねて父親の清盛の激しい性格に対峙しますが、成功しません。中でもこの親子の最も激しい対立は、清盛が自分を裏切ったとして後白河院《ごしらかわいん》を責め、島流しにしようとする場面です。すでに出家した清盛ですが、ここでは腹巻の上に鎧をつけているような格好で、一門の公卿《くぎょう》と殿上人《てんじょうびと》の多くも鎧を着ています。その中で、重盛だけは烏帽《えぼ》子《し》直衣《のうし》に指貫《さしぬき》という宮廷の格好でやって来ます。重盛はまた教訓を述べるだろうと清盛は思うのですが、息子とはいえ、仏教の五戒《ごかい》を守り、慈悲にあふれ、儒教の徳目《とくもく》である五常《ごじょう》を乱さない人物だと思うと、腹巻のまま対面できないと感じ、あわてて法衣《ほうえ》を着ます。案の定、重盛は長い教訓を述べて、後白河院を守るよう強く主張します。仏教、儒教だけではなく、神道をも持ち出すのです。「天照大神《てんせうだいじん》の御子孫、国の主《あるじ》として……、朝《てう》の政《まつりごと》をつかさどり給ひしよりこのかた、太政大臣《だいじやうだいじん》の官に至る人の、甲冑《かつちう》をよろふ事、礼儀を背《そむ》くにあらずや」と言い、父親の鎧を非難します。さらに「世に四恩《しおん》候。天地の恩、国王の恩、父母《ぶも》の恩、衆《しゅ》生《じゃう》の恩、是《これ》なり。其《その》なかに尤《もっと》も重きは朝恩《てうおん》なり」と重盛は父親に言います。清盛は息子の教訓に気圧《けお》されて、後白河院を島流しにしませんでした。

清盛の五男であった平重衡《たいらのしげひら》は、最も父に似ていました。奈良の炎上は重衡の命令で、当然評判も悪いのです。そして奈良の陥落のときにいろいろひどい場面がありまして、僧侶たちは大仏殿《だいぶつでん》の二階に千人が上ります。「かたきのつづくをのぼせじとて、橋をば引きてンげり。猛火《みやうくわ》はまさしうおしかけたり。をめきさけぶ声、焦熱、大焦熱、無《む》間《けん》阿《あ》毘《び》のほのほの底の罪人も、これには過ぎじとぞ見えし」。何と残忍な、ひどい最期でしょう。しかもこれはお坊さんのことで、たいへん残酷な話になります。しかし重衡は後悔して、自分は命令に従っただけだと言い、今は剃髪《ていはつ》して自分の残る人生を仏に捧げたい、自分のような悪人にも救いはあるかと法然上人《ほうねんしょうにん》に尋ねます。法然は長い答えを与えて、重衡に念仏《ねんぶつ》を唱えよと命じ、阿弥陀仏《あみだぶつ》の浄土《じょうど》でなら再生できると教えながら、自ら重衡の頭を剃ります。そして重衡は僧侶になります。ここで作者の態度が大きく変わったように見えます。頼朝が正反対のことを言うからです。彼は重衡を殺すよう命じます。

ここで、人物像から離れて、鎌倉時代に書かれたこの『平家物語』の文学的価値を見てみましょう。言うまでもなく、この作品は日本文学の傑作であるのみならず、日本語で書かれた作品としても最も優れた一編です。と言うのは、平安朝の作家が書いたのは日本語というよりは「大和ことば」だったからです。『平家物語』は、漢語を使用することで、叙情的で流れるような「大和ことば」に新たな強さと豊穣さを与えました。現代の読者があまり苦労しないで『平家物語』を読めるのは、『源氏物語《げんじものがたり》』とぜんぜん違うからです。この新しい文体は、私が最初に述べた冒頭の一節から始まりますが、そこで使われる言葉には二つの流れがあって、「大和ことば」と中国からきた熟語が混じります。それは英語にもあって、アングロサクソン語の中にフランス語が合わさって英語になる過程によく似ています。「祇園精舎の鐘の声、諸行無常の響あり。

沙羅双樹の花の色、盛者必衰の理をあらはす」。その中で「祇園精舎」「諸行無常」「沙羅双樹」「盛者必衰」はすべて中国からきた言葉で、日本語になったものです。

この文章は詩歌《しいか》ではありませんが、音楽的な詩と言えるでしょう。琵琶《びわ》の伴奏で語った法師《ほうし》は自由に母音を引っ張ることがよくありますが、場合によって、意味より音を強調する。『平家物語』で面白味が薄れるところは、日本の人物や出来事を中国のものと比較する箇所でしょう。冒頭のすぐ後にこんな文句があります。「遠く異朝《いてう》をとぶらへば、秦《しん》の趙高《てうかう》、漢《かん》の王莽《わうまう》、梁《りやう》の周伊《しうい》、唐《たう》の禄山《ろくさん》、是等は皆旧主先皇《せんくわう》の政《まつりごと》にもしたがはず」。中国の歴史に詳しければ、清盛の傍若無人な行いをよりよく理解できます。こういう例が挙げてあるから清盛がどういう人間だったかわかる。現在の読者は、漢の王莽がどういう人だったか、梁の朱异《しゅい》（周伊は正しくはこちら）がどういった人だったかよく知らないからわかりにくいですが、言葉の意味を忘れて言葉の音楽的効果をふまえますと、こういうところも非常に大事であって、省略すべきものではありません。それは清盛の祖先を語る時にも見られます。「其先祖を尋ぬれば、桓武《くわんむ》天皇第五の皇子、一品式部卿葛《いつぽんしきぶきやうかづら》原親王《はらのしんわう》、九代の後胤《こういん》、讃岐守正盛《さぬきのかみまさもり》が孫《そん》、刑部卿忠盛朝臣《ぎやうぶきやうただもりのあツそん》の嫡男なり」と聞いても私たちには容易にわかりませんが、意味はわからなくても音楽的に立派で、清盛にはどんなに偉い祖先があったかということが感じられます。母音を伸ばし、子音をはっきり発音すると、たとえば「式部卿」のような言葉の意味よりも、その重みで聞く人を感動させます。琵琶の伴奏もありますが、音楽よりも言葉が響くのです。

『平家物語』がいつ出来たかは不明です。十四世紀の覚一《かくいち》という琵琶法師が書いたと一般に言われますが、覚一より以前にも平家と源氏の戦いを述べた文章があり、それが何回も追加されて増えていきました。そのため、異本《いほん》も極めて多いのです。ある頃は『源平盛衰記《げんぺいせいすいき》』が原作と思われていました。現在はそうは思われていませんが、十九世紀の終わりにウィリアム・G・アストンという英国の外交官が『日本文学史《にほんぶんがくし》』を書いた時には、『平家物語』は『源平盛衰記』の亜流に過ぎないと記しました。

また、能《のう》と浄瑠璃でも『平家物語』のエピソードは数多く取り上げられています。世阿彌《ぜあみ》の能では、『敦《あつ》盛《もり》』、『忠度《ただのり》』、『実盛《さねもり》』、『頼政《よりまさ》』、『清経《きよつね》』といった二番目物《にばんめもの》（修羅物《しゅらもの》）は、直接『平家物語』を原作としています。修羅物は戦争の激しさが極めて鮮やかに描かれています。四番目物《よばんめもの》の『俊寛《しゅんかん》』（作者不詳）は特に原作に近くなっています。一方、浄瑠璃の劇作家は原作に忠実である必要を認めず、むしろ新奇な工夫で観客を驚かせようとしました。『一谷嫩軍記』は相当、原作を歪曲しましたが、日本演劇の第一人者は次のようにこの浄瑠璃を評価しています。「中世以来、様々な形でせめぎ合いを続けて来た叙情詩《じょじょうし》とドラマの最終到達点を、高度な芸術的完成において示す記念碑的作品である」と。

『平家物語』の影響は演劇にとどまらず、戦争のさまざまな場面が絵画にも残されています。中でも絵《え》巻物《まきもの》は演劇に最も近い。絵巻物をみると軍人たちの動きがだんだん目の前に現れてくるかのようです。屏風《びょうぶ》も、今日この会場でみられる屏風も、素晴らしいものがあります。『平家物語』は『源氏物語』のようには人間の心の動きを描きませんでしたが、躍動する人間像を素晴らしい描写で表し、世界の戦争文学の中でも高い地位が与えられているのです。

（二〇〇九年十一月十四日講演）

能の普遍性

能《のう》を観た最初の外国人は誰だったかわからないが、時期は十六世紀——つまり室町時代の末期——であっただろう。当時のポルトガル人やスペイン人の伝道師の書翰《しょかん》の中には、日本人は非常に演劇を好む国民だというくだりがあり、日本人の演劇趣向を利用して聖書を題材にした戯曲を作り、教会の中で上演したこともそういった手紙の中に記録されている。このような「キリスト教能」は現在残っていないが、シテ、ワキ、地謡《じうたい》などの能の様式を取り入れながら、アダムとエバ、洪水、イエスの聖誕などを題材にしていたらしい。日本人の信者は道を歩く時でも「キリスト教能」を謡《うた》う習慣があったと記されている。しかし、能そのものについては何も書かれていない。桃山時代の屏風《びょうぶ》を見ると、芸能が上演されるような場所に外国人が出入りしていたことがわかり、また、能を観た可能性も大いにあるが、たぶん能よりも華やかな歌舞伎《かぶき》に惹かれただろう。ともかく、外国人の能鑑賞は明治期までなかったと言ってもいい。

明治時代になって数人の外国人が能に深く感心し、謡《うたい》の稽古《けいこ》をした。中でもアメリカ人のエドワード・モース（Edward Morse）という動物学者と、アーネスト・フェノロサ（Ernest Fenollosa）という美術研究家は最も有名である。この二人の学者がどれぐらい謡を覚えたかは不明である。抜粋しか覚えられなかったという説があるが、それはどうでもいいことである。音楽家でもなく役者でもなかった学者が、時間をかけて、日本人にとってもむずかしい勉強をかなり長く続けたことは、われわれの注目に価する。能の何にそれほど惹かれたのだろうか。フェノロサの十数曲の完訳または部分的英訳を読めばわかるが、能の文学的価値を高く評価している。

ところが、フェノロサの能びいきは当時の外国人を代表するようなものではなかった。明治三十二年（一八九九）に刊行されたイギリス人ウィリアム・G・アストン（William George Aston）の『日本文学史《にほんぶんがくし》』は欧米人としては先駆的な研究であり、近年まで英語で書かれた唯一の日本文学史だったので、代々の英米人の日本研究家に読まれていたが、能に関する見解は当てにならない。「能は古典的な詩歌《しいか》であるとは考えられない。明快さ、秩序、一貫性、上品さに欠けすぎているので〝古典的〟という称号に価しない……戯曲としても価値が少ない。取り上げるほどの事件展開もなく、演劇としての効果や適切さはほとんど考えられていない」というのだ。同時代の英国の外交官で日本通で知られるリーズデール男爵（Algernon Bertram Freeman-Mitford）も能を「全く不可解」なものと片付けている。

モースやフェノロサのように能を評価する外国人はどちらかといえば少なく、能を観て退屈する外国人のほうが圧倒的に多かったし、現在でも、能に対する理解が相当高まったとはいえ、退屈する外国人のほうがまだ多い。しかし、考えてみると、日本人の場合でも同じことが言えそうである。百万人の日本人が謡や仕《し》舞《まい》の稽古をしているそうだが、九千万人は一度も能を観たことがなく、観たとしても、外国人に負けないほど退屈してしまうだろう。

非民主主義的芸術であるという非難はまだ耳に入らないが、確かに、能は映画やテレビと違い、すべての人を喜ばすような芸術ではない。この点では（しかも、この点に限らず）能は二十世紀の前衛的芸術と共通面が多い。「わからない」と言って理解する努力を惜しむ人が多いが、一部の人は難解と言われている芸術から他のものに見出せない快感を得ていることも事実である。

私は子供だった頃、オペラの良さを理解できず、「オペラを見に行く人は実は見て貰うために歌劇場へ行く」という俗悪な常識を信じ、歌劇場へ行かない自分は所謂《いわゆる》〝オペラファン〟よりも遥かに率直な人間だと誇っていた。現在の私はオペラが大好きであり、中学生の頃の自分の発言を恥ずかしく思い出すが、電子音楽を鑑賞できる時は来るだろうか。現在の私は寛容になったためか、電子音楽やポップアートなどの私の嫌いな芸術を楽しんでいる人たちの誠意は疑わない。理解しているという人を信じたほうがよさそうである。

能の場合でも同じだと思う。私は能の美しさを理解していると思うが、能を観てから感想を聞かれると、「面白かった」とか「感激した」とかいうような素人臭い表現しかできず、扇の使い方や足の運び方などについて詳しい分析ができる専門家をうらやましく思う。能を観た時に、美しい言葉が音楽になったり動作になったりしたと感心したことがあるが、すばらしい文学だということを忘れてしまうことはない。というと、私は演技としての能、舞《まい》としての能に鈍感であると思われるかも知れないが、もちろんそのようなことはない。だが、文学者として、能の文学的なすばらしさに特に感心することは事実である。謡の稽古をしたことがあるし、能とは違うが狂言師《きょうげんし》として同じ能舞台に出たこともある。要するに、能にはさまざまの要素があり、観る人の性格または才能によってそのどれかに惹かれることは当然であろう。

しかし、私のような大学教授が謡の稽古をすることを理解できない日本人がいるようである。日本人の英文学者が英米に留学する場合、シェイクスピアの戯曲を暗記したり、舞台に立ったりすることはまずないし、ミュージカルに出ることもない。外国人の日本文学者が何故そのような余計な勉強をして時間をつぶすのか、疑問を抱き不思議がる日本人がいても無理もない。

日本の数々の伝統芸術の共通の特徴は、素人《しろうと》を参加させることだといってもよかろう。オペラを観て感激する人は少なくないが、自分自身がオペラを歌ったり、声楽を習ったりする人は稀にしかいない。オペラを一生懸命に習っても、声の素質がよくなければどうにもならない。能の場合、老若男女を問わず、誰でも一応謡をこなせる。そればかりではない。名人の中にも実にひどい声の能楽師《のうがくし》がいるが、声の本来の美しさよりも、表現の細かさや定義しにくい〝位《くらい》〟によって高く評価される。仕舞の場合も似たり寄ったりである。

バレエの踊り子は七、八年の苦しい練習をしても必ず上手になるとは言えないが、素人でも半年ぐらいの稽古をすれば、『羽衣《はごろも》』の仕舞でも一応さまになる。

言うまでもなく、素人の謡や仕舞は本物の能楽師のそれとは同日の談ではないが、俳句《はいく》や短歌《たんか》を楽しむ素人と同様、自分の中に潜んでいる芸術に対する憧れのはけ口として謡や仕舞を楽しむようである。終戦後、俳句を〝第二芸術〟として軽蔑する傾向があり、俳句を作ることを諦めた人がかなりいたが、現在は第一芸術か第二芸術かということは問題にならず、俳句の人口は増える一方である。

日本語または外国語で俳句や短歌を詠んだ外国人は百年ほど前からいた。俳句の五、七、五を守るか、季《き》語《ご》や切《き》れ字《じ》をどうするか、と日本人が外国人の俳句についてよく聞くが、これはどうでもいいことではないかと思う。つまり、誰でも一応使える詩型であるから、ソネットなどの西洋の詩型をこなせない人でも俳句を作れる。第二芸術ほどありがたいものはない。

モースやフェノロサが謡の稽古を始めた理由はよくわからないが、オペラを歌えず、流行歌のつまらない歌詞や旋律に飽き足りなかったので、外国人でも歌える偉大な謡曲に惹かれたのではないかと思う。その上、日本文化を正しく理解しようと思えば、何かの形でそれに参加しなければならないと思ったのだろう。

私が狂言の稽古を始めたのもそのような理由からであったが、華道《かどう》、茶《ちゃ》の湯《ゆ》、尺八《しゃくはち》、落語《らくご》、書道《しょどう》等の日本の伝統芸術を習っている外国人には似た心境があるだろう。華道の名人になるのは無理だろうが、日本人のお華の先生から覚えた知識を活用したら、花を花瓶に突っ込む西洋風の〝花道〟より遥かに美しい効果を収めることは不可能ではない。そして華道（または弓道や香道《こうどう》等）という特定の伝統芸術は、日本文化全般をよりよく理解する一つの方法であることは確かである。

能に夢中になる外国人は案外多い。昭和三十二年（一九五七）のペンクラブ大会の時、外国人の代表たちに『船弁慶《ふなべんけい》』を見せたが、終わってから日本人の新聞記者たちがたかって、「退屈したでしょう」という調子の質問を外国人に投げかけた。「いいえ、感激しました」と言う代表は何人もいたが、記者たちは彼らの発言を信じなかったらしい。外国人にわかる筈がないという先入観があったからである。確かに、退屈する人もいただろうが、一生の思い出として忘れない代表もかなりいただろう。

二十年ほど前に、知人の能楽師の依頼を引き受け、私は一時興行師になり、能の一行をアメリカへ招待して、三十六回ほどアメリカとメキシコで上演して貰ったことがある。多くの場合、大学の講堂で行われたが、南部の山に囲まれた小さい大学でも好評であり、日本のことをほとんど知らない学生でも熱心に観劇してくれた。私は能楽師たちに〝外国人向け〟という考えを完全に捨て、日本で上演する時と全く同じようにやって貰いたいとお願いしたが、その通りにやってくれたのである。上演した曲には『通小町《かよいこまち》』『井筒《いづつ》』『隅田川《すみだがわ》』『清経《きよつね》』などがあったが、渡米の直前に、ある能評論家が『清経』は難しすぎるのではないかと言い、それに同調する専門家もいた。が、私が見たかぎり、五、六曲の中でアメリカ人に一番深い印象を与えたのは『清経』であった。コロンビア大学での上演の時、『清経』を観てからアラビア語の教授が話しかけてきたが、戦時中、オランダ軍人としてジャワで日本の捕虜になり、いろいろいじめられたので、日本によいものがあるとは思えなかったそうである。ところが、『清経』を観て日本のすばらしい文化を否定できなくなったと語ってくれた。彼の言葉を聞いた私の喜びがどんなに大きかったかは、読者のご想像にまかせたい。

この例が示すように、能は以前は日本だけの芸術であったが、今はそうではない。能が好きだと言う外国人を信じたほうがいいと思う。彼らの理解の程度、または伝統の解釈には問題があろうが、日本人がヴェルディやワグナーの歌劇を歌う今日、過去の文化が現在のすべての人の遺産であるのと同様、能もだんだん世界の能になりつつある。そして日本人のオペラ歌手の中にはイタリアやドイツの〝本場の音〟を出す歌手よりも優れた芸術家が何人もいる。

将来は能を日本人よりも上手に演じる外国人が現れるかも知れない。それが実現したら、能の普遍性の何よりの証拠になるだろう。

（一九八三年九月発表）

外国から見た『おくのほそ道』

「外国から見た『おくのほそ道』」の話をしようと思ったら、どうしても四十六、七年前のことに戻ります。というのは、私はその年初めて『おくのほそ道』に出会ったからです。それより少し前、戦時中に日本語を覚えました。三年間ほど、日本軍が戦地に残した書類の翻訳をやったり、あるいは日本軍の捕虜の尋問もしていましたから、日本語の理解力に相当の自信がありました。それでニューヨークのコロンビア大学の大学院に戻って、私の師であった角田柳作《つのだりゅうさく》先生のもとで日本文学を専攻することにしました。

私は、実は日本文学をほとんど知りませんでした。知っていたのは平安朝の文学の一部分だけだったと言ってもよいくらいでした。アーサー・ウエーリという英国人が『源氏物語』の全訳と『枕草子』の部分的な翻訳をおやりになったことがありまして、その翻訳は実に素晴らしいものだと思っていたのです。ところが、私は日本の徳川時代の文学をほとんど知りませんでした。芭蕉《ばしょう》の名前は知っていたし、「古池や蛙《かはづ》飛びこむ水の音」も知っていました。しかし『おくのほそ道』という作品が世界にあることを聞いたことは一度もありませんでした。

それで、受講生は四人だったか五人だったか、はっきり覚えていないのですが、角田先生の選択で『おくのほそ道』の勉強を始めました。私は今でもその最初の晩をよく覚えています。とても辛いことだったからです。つまり、自分は日本語に相当自信があったのに、全然わからなかったのです。とても難しい文章だと思いました。特に最初の俳句、

草の戸も住み替《かは》る代《よ》ぞ雛《ひな》の家

の翻訳の苦労を今でも忘れません。

まず、「草の戸」という言葉があって、それは草でできた戸、つまり草でできたドアということだろうが、変だなと思いました。そういうドアがあるはずがないのです。調べたら、「戸」という言葉に家の意味もある。草の家だったらありそうなことですけれども、果たして日本にそういう家があっただろうか、南太平洋とかハワイとか、そういうところにはあったでしょうけれども、日本にはありそうもないものだと思いました。また、「雛の家」という言葉にも大変困りました。おひなさまとかひな祭りを聞いたことがなかったのです。日本軍の書類にひな祭りのことはほとんど出てきませんでした。それでまた辞書を引くと、「雛」は一種の人形だと書いてあって、『人形《にんぎょう》の家《いえ》』か、なるほどイプセンの芝居があるなと思いました。しかし、どう考えても芭蕉はイプセンを知らなかったはずです。そうすると何の意味だろうか、かわいらしい小さな家とか、そういう意味ではないのかと思いました。次に、「住み替る」の主語は何であるのか、誰が住み替わっているか、どこにも書いてないじゃないかと思って、とても苦労して、芭蕉は難し過ぎるという結論に達しました。

しかし、この句は恐らく日本人にとってもかなりわかりにくい句ではないかと思います。十年程前に出た註釈書に、こういう説明があります。「わびしい草庵も、自分の次の住人がもう替り住んで、時もひな祭りの頃、さすがに自分のような世捨て人とは異なり、ひなを飾った家になっていることよ」と。かなり長い説明ですね。要するに、日本人なら誰でも意味がわかる俳句ではないと思います。芭蕉は難しいのです。

もう一つ、俳句についての苦労をまだ覚えています。

眉《まゆ》掃《はき》を俤《おもかげ》にして紅《べ》粉《に》の花

という句です。平安朝の貴族が眉を剃《そ》って額に眉を描いたということを、私はその時すでに知っていたに違いないと思いますが、「掃く」という言葉を辞書で引くと、「掃く」は塗りつけることと書いてありました。それで、眉掃きで濃く眉を描くというふうに解釈しました。しかしそうすると、その眉掃きは真っ黒であるはずです。紅の花に黒いのがあるだろうかと不思議に思いました。本当は、眉掃きは化粧のときに眉についた白粉《おしろい》を払う小さな刷毛《はけ》のことだそうですが、そういうような解釈の苦労はいくらでもありました。『おくのほそ道』の最後の句である「蛤《はまぐり》のふたみに別れ行く秋ぞ」という句も、私はまったくわからなかったのです。

しかし、苦労は決して俳句に限ったことではありませんでした。散文にもわかりにくいところが結構ありました。

呉《ご》天《てん》に白髪《はくはつ》の恨みを重ぬといへども、耳にふれていまだ目に見ぬさかひ、もし生きて帰らばと定めなき頼みの末をかけ、その日やうやう草加《さうか》といふ宿《しゅく》にたどり着きにけり。

どう考えても不完全な文章です。現代語訳の一例を読みますと、「もし生きて帰ることができたら幸せではあるまいか、当てにもならないことを頼みにして歩みを続け」とありますが、しかし原文には「幸せではあるまいか」や「歩みを続け」はないんです。言うまでもないことですけれども、省略は俳文《はいぶん》の魅力です。しかし、同時に、日本語の魅力だとも思っています。

現在でも日本人は大体最後まで言わないことが多いですね。たとえば、テレビやラジオの番組の最後にアナウンサーが「ではこの辺で」と言いますが、この辺って何？　もうあとはわかっているから言わなくてもいいと思っているのでしょうけれども、外国人で初めて聞くような人はちょっと困るんじゃないかと思います。

もう一つ私がわからなかったのは歌枕《うたまくら》でした。私が使っていたテキストは有朋堂文庫本《ゆうほうどうぶんこ》だったのです。あらゆるテキスト本の中でこれが一番悪いと思います。しかしコロンビア大学の図書館にはそれ以外になかったので、仕方がありませんでした。有朋堂文庫本の特徴は、知りたいことを決して教えてくれない代わりに、知りたくないことをたっぷり教えてくれることです。たとえば「江戸」が出てくると、必ず「現代の東京」と丁寧に教えてくれますが、さすがにそれを知らない人はあまりいないと思います。

歌枕に戻れば『おくのほそ道』の中の、

それより野田の玉川・沖の石を訪《たづ》ぬ。末《すゑ》の松山は、寺を造りて末松山《まつしょうざん》といふ。

何でもないような文章ですが、読んだときは、きっとどこかで知識を得ていたのか、「末の松山」は歌枕で、歌人がよく歌に詠《よ》んだ地名だということがわかりました。しかし、末の松山だけではなく、野田の玉川も沖の石も歌枕だということを知りませんでした。たとえば、野田の玉川の場合、歌枕として知られる六つの玉川の一つでした。それを詠んだ能因法師《のういんほうし》の歌は『新古今集』に載っています。「夕《ゆふ》されば潮風越して陸《みち》奥《のく》の野田の玉川千鳥《ちどり》鳴くなり」。また沖の石については、『百人一首』の中に出ています。二条院讃岐《にじょういんのさぬき》の「わが袖は潮干《しほひ》に見えぬ沖の石の人こそ知らね乾く間もなし」です。要するに『おくのほそ道』は、日本文学の中心から生まれた作品です。ただの紀行文ではなく、連綿と続く日本文学をその材料として使ったもので、日本文学の花みたいなものだと私はだんだんわかってきました。

私自身が初めて日本に留学したのは昭和二十八年でしたが、昭和三十年に『おくのほそ道』旅行に出かけました。ぜひとも自分の目で芭蕉の見た土地を確かめたいと思っていたからです。また、私にとっていろいろ謎がありましたから、見たらその謎が解けるのではないかという期待もありました。

たとえばこういう文章があります。「雄島《をじま》が磯《いそ》は地つづきて海に出《い》でたる島なり」。私は何回も読んで、これはおかしいと思いました。つまり「雄島が磯」が地続きだったら島ではないからです。島として失格になります。現代語訳にもこう書いてあります。「雄島の磯は陸から地続きで、海に突き出た島である」。しかし、現代語訳をした学者は註をつけたのです。註には、「事実は地続きではない」。そうすると芭蕉は嘘つきだということになります。どういうことかよくわかりませんでしたが、雄島は松島にあるのでそこまで行ってみたら、橋があったのです。地続きとは橋のことかもしれないと思うようになりました。ともかく「地つづきて」をそのまま読んだら間違いだとしか言えないのです。

また、外国人として日本文学の翻訳をやる場合、実際起った出来事を取り扱う文学を訳すときは、昔の日本の陰暦から陽暦すなわち西洋のカレンダーに直します。なぜなら、昔の日本語で、「三月」と言うよりも「弥生《やよい》」の方がきれいに聞こえるように、陰暦をそのまま英語で言うと「サード・マンス」となって全然きれいではないのです。「マーチ」の方がきれいだということになります。それも陽暦に直す一つの理由ですが、しかし、『おくのほそ道』の場合はそうするには困難があります。

弥生も末の七日、あけぼのの空朧々《ろうろう》として、月は有明《ありあけ》にて光をさまれるものから、富士の峰幽《かす》かに見えて、上野《うへの》・谷中《やなか》の花のこずゑ、またいつかはと心ぼそし。

と、出立《しゅったつ》の日のことが書かれています。弥生の桜はごく自然です。誰でも弥生と桜の関連を知っています。しかし、調べてみると、この年は閏年《うるうどし》で年十三ヵ月にするため一月が二回ありました。そうすると、翻訳の際に、出立した日である三月二十七日を陽暦に直すと五月の半ば頃（in mid-May）になります。しかし、どう考えても五月の中頃に桜が咲いているわけがないのです。それでは芭蕉は嘘をついていたのかということになりますが、あるいは上野・谷中の花が有名だから、また見ることを楽しみにしているという意味だったかもしれません。そういう問題は翻訳に付きものなのです。

　さらに、もっと基本的な問題があります。西洋の常識から言うと、『おくのほそ道』の著者は不明であると言えます。もちろん芭蕉です。しかし『おくのほそ道』を読む時、ほかに何も知識がなければ、著者が芭蕉であることはわからないんです。つまり、著者は、「私、芭蕉と申します」とは、一度も言いません。それらしいことも書かない。自分の紹介はまったくないんです。道連れである弟子の曽良《そら》については簡単な紹介がありますけれども、著者自身についてはほとんど何も書いていないのです。外国人の読者は、誰がどういう動機でそういう長い旅に出かけたかということを知りたいのですが、芭蕉は言わないんです。いや、言わないというのは誤りです。彼は「かりそめに思ひたちて」とか、あるいは「片雲《へんうん》の風にさそはれて」としか書きませんでした。片雲の風に誘われたためだけでは、遠い遠いところまでの苦しい旅に出かける理由としては不十分でしょう。

　また、『おくのほそ道』の後ろの方に書かれていますけれども、芭蕉には持病があって病人同然だったということがわかります。そういう人が『おくのほそ道』のような非常に長い旅に出かけるとなると、またいつ病気になるかわからないので、大変な不安を感じていたはずです。もちろん曽良と一緒でしたし、曽良は芭蕉を助ける人物として紹介されていますが、曽良と一緒であっても相当の不安を感じたはずです。けれども芭蕉は、「耳にふれていまだ目に見ぬさかひ」に魅力を感じたということだけで、旅に出かけたのです。

　専門家によると、芭蕉が『おくのほそ道』の旅行に出かけたのは、多分、西行《さいぎょう》が亡くなってからちょうど五百年だったからで、芭蕉は西行と関係のある場所を自分の目で見たかったのだろうと言われていますが、それについても何も書いてありません。動機は、非常に軽いもの、まったく週末旅行に行くときの動機のように紹介されています。

そういうふうに、外国人が読んだらいろいろ疑問が湧《わ》くんです。しかし、現在は英語訳が幾種類もあります。私が初めて『おくのほそ道』を読んだ時には翻訳はありませんでした。英語訳、フランス語訳、ドイツ語訳、何もありませんでしたが、現在はかなりあります。ただ、決定的な翻訳は残念ながらありません。多分どんなに時間がたっても、そういう決定的な翻訳はできそうもないと思います。というのは、日本語の曖《あい》昧《まい》さとか、日本語が二重の意味を持つところを、英語では適当に表現できないからだと私は思っています。

たとえば一番冒頭にある文章です。「月日《つきひ》は百代《はくたい》の過客《くわかく》にして、行きかふ年もまた旅人なり」の「月日」を問題にしたいと思います。月日は歳月という意味、つまり時間という意味なのか、それとも月と日という意味なのか、またはある英語への翻訳がそうなっているようにお月さまとお日さまと考えた方がいいのか。あるいは芭蕉の頭の中では、二番目、三番目の意味も含まれていたかもしれないのです。

また、外国にないようなものがいろいろ出てきます。たとえば「これを矢立《やたて》の初めとして、行く道なほ進まず」。私は「矢立」は万年筆の一種だろうかと思っていた時代がありました。墨壺《すみつぼ》のついた筒に筆を入れて携帯できるようになっているもののことで、「矢立の初め」で旅の最初の一句を意味しています。

もっと困ったのは「このしろ」という魚です。「このしろといふ魚《うを》を禁ず」と書いてあります。なぜ「禁ず」かというと、註によると、焼くと人を焼くにおいがするとして、室《むろ》の八《や》島《しま》明神（大神《おおみわ》神社）では忌《い》んだというんです。それはこの神社だけのことでしょうか。つまり、本当に人を焼くにおいがするのなら、それが好きなところなどそもそもあるのでしょうか。あるいは試してみたでしょうか、人を焼くにおいと「このしろ」を焼くにおいは同じようなものかと。そういう残酷な話はやめましょう。しかし、また辞書を引くとほかにも意味がありました。江戸時代には、武士は「このしろ」、つまり「この城」を食うということに通じるのを忌み嫌って、食べない習慣があったのです。つまり、「このしろ」を食べたら自分の城が食われる。そういう心配があったから食べなかったのです。逆にめでたい意味もありました。たとえば子供が生まれた時に、胞衣《えな》と「このしろ」を地に埋めると子が無事に成長する、という意味があったようです。いろいろありますから、先の一文を訳す時にどう考えたらいいかわからないのです。

同様に、「夏山に足駄《あしだ》を拝む首途《かどで》かな」の句。これは、修験道《しゅげんどう》の開祖 役行者《えんのぎょうじゃ》に関わる句ですが、まず外国人は役行者を知らないはずです。また、足駄がどんなものか説明してもなかなかわからないのです。あるいは「この口付《くちづき》の男《をのこ》、『短冊《たんじやく》得させよ』と乞ふ。やさしきことを望みはべるものかなと」とありますが、しかし、どう考えても馬を引っ張っていく馬子《まご》が短冊に句を書いてほしいと望んだはずがないのです。芭蕉先生サインしてくださいませんかとは言ったかもしれません。しかし、短冊を知っていたはずがないと私は思っています。

　とにかく、日本の歴史を知らない外国人は苦労します。那須八幡《なすはちまん》を訪ねたくだりは、「与市宗高《よいちむねたか》（那須与一）扇《あふぎ》の的《まと》を射し時、『別《べつ》しては、わが国の氏神、正八幡《しやうはちまん》』と誓ひしも、この神社にてはべると聞けば」となっています。もちろん、外国語訳の場合、脚註をつけてもいいし、あるいは本文の中に、これは『平家物語』に出てくる話で、どういう情況であって、壇ノ浦とはどこかなどと、全部書き入れることもできますけれども、そうすると『おくのほそ道』の文学的な良さが完全に消えてしまいます。

　あるいは「さても、義臣すぐってこの城にこもり、功名一時《こうみやういちじ》の草むらとなる」。これは高館《たかだち》の話です。日本人の読者ならさほどわかりにくくないんでしょうけれども、義経のことを知らない外国人はとても困るんです。また、私のような翻訳者の場合は「すぐって」という言葉にひっかかります。つまり、義経が義臣を選んでこの城にこもったという意味か、それとも、現代語訳にあるように、より優れた義勇の侍たちがこの高館にこもり華々しく戦ったのか、どっちの方が正しいかと。日本人の読者なら、「すぐって」は四段活用の「選《すぐ》る」にしてもあるいは下二段活用の「優《すぐ》る」にしても、大して意味は違わないのですけれども、翻訳者は気の毒です。こういう場合、どちらなのかはっきりと決めなければならないんです。そして、そういう時には何の助けもありません。

ここまで私は、外国から見た『おくのほそ道』について、翻訳者がどんなに苦労するかとか、そういう話ばかりしてまいりましたけれども、『おくのほそ道』を愛する外国人もかなりいるということも付け加えなければならないでしょう。『おくのほそ道』コースを歩いた外国人は相当いるんです。それだけではなくて、たとえば英国の若い女性が自分の体験に基づいて『おくのほそ道』の映画を作りました。たどったのは途中の月山《がっさん》までですけれども、寄った場所の思い出話もいろいろ交えながら作った映画です。あるいは、アメリカ人の作曲家は『おくのほそ道』に基づいたいくつかの曲を作曲しました。『おくのほそ道』のどこにそれほど魅《ひ》かれるのかというと、まず、日本人と変わらないような鑑賞からくるのが普通です。つまり、日本人が感心するのと同じように、冒頭の描写とか、松島とか、象潟《きさかた》とか、そういうところは外国人にとっても大変美しいのです。

私自身にとっては、一番深く感じるところは、むしろ多賀城《たがじょう》の壺碑《つぼのいしぶみ》のくだりに出てくる散文のようなところです。壺碑に書いてある文句は、「この城、神亀《じんき》元年、按察使《あぜち》鎮守府《ちんじゅふの》将軍大野朝臣《おほののあそん》東人《あづまひと》の置くところなり」などで、全然おもしろくありません。しかし、その個所の芭蕉の文章は素晴らしいのです。

昔より詠み置ける歌枕、多く語り伝ふといへども、山崩《くづ》れ川流れて道あらたまり、石は埋《うづも》れて土にかくれ、木は老いて若木《わかき》にかはれば、時移り代《よ》変じて、その跡たしかならぬことのみを、ここに至りて疑ひなき千歳《せんざい》の記念《かたみ》、いま眼前に古人の心を閲《けみ》す。行脚《あんぎや》の一徳、存命《ぞんめい》の悦び、羈旅《きりよ》の労《らう》を忘れて、泪《なみだ》も落つるばかりなり。

芭蕉は千年程前に書かれた碑に感動しました。しかしそこに彫ってある言葉によって感動したのではなかったのです。『おくのほそ道』のもう少し後のところでは、芭蕉は杜甫《とほ》の有名な詩句を引用しています。「国破れて山河あり、城《じやう》春にして草青みたり」と。しかし、多賀城の碑を見たとき、国や山や川よりも残るものがあると、芭蕉は発見しました。人間の言葉です。あるいは文字になった言葉と言った方がいいかもしれません。そういう言葉は川よりも山よりも長く残ると書いてあるわけです。

　芭蕉が『おくのほそ道』を書いてから三百年がたったのです。江戸の近くでは芭蕉が知っていた山の大部分が削られ、川の流れも変わりました。また、川が完全に埋もれて見えなくなりました。象潟で芭蕉が見た島々は、地震の結果、島でなくなりました。『おくのほそ道』コースに変わっていないものがあるとすれば、せいぜい出羽《でわ》三山《さんざん》ぐらいなものでしょう。しかし、未来には月山高級分譲地ができるかもしれません。

　しかし、どんなに時間がたっても一つだけ変わらないものがあります。それは間違いなく『おくのほそ道』です。日本のすべての山が平らにされても絶対形を変えないものです。日本で読んでも外国で読んでも価値が変わらないんです。もちろん、どんなに素晴らしい翻訳であっても、原文の美しさを部分的に失うに決まっています。残念ですが。しかしそれでも、美しさの残っている部分はかなり多いに違いありません。『おくのほそ道』は世界文学に永遠に残る宝物であると私は信じています。

（一九九三年九月二十六日講演）

近松を英訳して

二、三年前のある日のこと、京都府立図書館で友人を待っていたとき、ふと側《そば》に岩波書店《いわなみしょてん》の古典文学大系本の在ることに気附いた。そこで、暇つぶしに、その中で何の本が一番読まれているか当ててみようと思った。『浮世《うきよ》風呂《ぶろ》』や『膝栗毛《ひざくりげ》』はきっとよく読まれているだろうと思って本を調べてみると、やはり相当汚れていたので、私の予想に間違いはなかったようであった。『西鶴集《さいかくしゅう》』も適当に汚れていたし、『万葉集《まんようしゅう》』や『方丈記《ほうじょうき》』も案外手《て》垢《あか》で黒くなっていた。が、残念ながら『近松浄瑠璃集《ちかまつじょうるりしゅう》』は真新しく見え、清潔そのものであった。

この現象を認めたとき、私はもちろん大いにがっかりした。西洋人に近松を紹介するなら、どうしても日本の最も優れた劇作家としてでなければなるまい（日本で無視されている劇作家として紹介すれば、外国人も日本人を真似て近松を無視する恐れが十二分にあろうからである）。しかし、あれほど混んでいる図書館に『近松浄瑠璃集』に興味を持つ人がほとんどいないことを知った私は、私の英訳本も紙魚《しみ》の他に誰をも喜ばせないだろうと思う他はなかった。

が、翻訳というものは原作の影法師に過ぎないといっても、原文にない特性を持っている。翻訳では原文の美しさや余情がだいぶ少なくなることは争えないが、原文のむずかしさは相当減る。一例をあげれば、私は近松の浄瑠璃を一種の芝居として訳したので、冒頭に登場人物、場所、時間をはっきり掲げた。これらは作品を最後まで読めば自然に分るけれども、読者の予備知識として前に置くと便利だと私は思ったのである。

芝居として訳すと、もう一つよい事には、誰が何を言っているか、という根本的な問題が解決される。これらは西洋戯曲の定石《じょうせき》であるが、浄瑠璃の上演の場合には、太夫《たゆう》の声（荒い軍人の声か、優しい二枚目の声か、甲高《かんだか》い女性の声か）で人物の性や性格が区別されるので、浄瑠璃を読むときは、誰が何を言っているのか、なかなか見当がつかないことが多い。

たとえば、『心中天網島《しんじゅうてんのあみじま》』の最後の場面に、「ア、せくまい〳〵早う〳〵」（日本古典文学大系『近松浄瑠璃集』上巻三八六頁）と書いてあるが、全部小春《こはる》の詞《ことば》か、「せくまい〳〵」は治兵衛《じへえ》の詞か、専門家たちにさえ定めがたい。日本語としてはどちらでもいいかも知れないが、英訳となると、どうしても小春曰《いわ》く、治兵衛曰く、と区別しなければならない。このように詞と人物を適切に一致させることは訳者にとって勇気の要る仕事であるが、読者は助かるだろう。

日本語を英語に訳すと、日本語ではしばしば省かれている主語を英語では補わなければならない。そうすると確かに詩的効果の一部は消えてしまうが、その代り、日本人にとっても分り易くなる。たとえば、『鑓《やり》の権三重帷子《ごんざかさねかたびら》』に次のようなセリフがある。

殊《こと》に此の乳母《うば》が働《はたらき》で一夜の枕を交《かは》させた。その礼に権三様より雪駄《せきだ》一足銀一両。是《これ》が証拠。（同。上巻二六七—二六八頁）

ここで問題となるのは、権三が誰に雪駄《せった》などをやったかということである。

大抵の註釈者はこの点をなるべく曖昧にしている。たとえば、「殊にこの乳母がはたらきで、一夜の枕をかわさせた。その礼に権三さまより雪駄一足銀一両、これが証拠じゃ」という風に。この「現代語訳」は全く役に立たない。「殊にこの乳母の骨折《ほねおり》で一夜の枕も交させまして、そのお礼に権三様から雪駄一足銀一両を下さったのが何よりの証拠」のほうなら確かに現代語訳であるが、こちらの訳者は権三が雪駄を乳母にくれたように匂わせている。もう一つの現代語訳には、「そのお礼として、権三様から雪駄一足銀一両をお雪《ゆき》様へお贈りなされた」と載っていて、雪駄を受けた人をはっきりとお雪（権三の恋人）と定めている。

私はこの三番目の説にどうも満足できなかった。なぜなら、侍の妹と枕を交してから雪駄を贈るのはおかしいと思ったからであった。しまいに、近松の専門家——大阪市立大学の森修《もりしゅう》教授——と相談して、権三は雪駄を乳母に贈ったと訳すことにした。要するに、日本語の有名な曖昧さは日本人にとっても当惑の種になるもので、私の英訳を読む日本人は、現代語訳を読むよりも原作の意味をよく摑《つか》むこともあろう。私の英訳を更に日本語に直したら面白いかも知れない。

ともかく、現代語訳をやるときは、曖昧なところを原文のままにしておいても何ら差し支えはないけれども、英訳の場合にはそんなことは絶対に出来ない。またいろいろな語の単数と複数を区別することにも随分時間をかけた。しかし、一番苦労したのは、翻訳に一種の統一を与えることであった。つまり、文句が一つ一つの独立した表現として終らないで、統一した意義のある文章になるように相当努力した。たとえば、『冥途《めいど》の飛脚《ひきゃく》』の中之巻に次のような文句がある。

青編笠《あをあみがさ》の、紅葉《もみぢ》して、炭火ほのめく夕《ゆふべ》まで思ひ〳〵の恋風や、恋と哀《あはれ》は種一つ、梅芳《かんば》しく松高き、位《くらゐ》は、よしや引締めてあはれ深きは見世《みせ》女郎《ぢよらう》。（同。上巻一六九頁。引用文の句点を読点に替えた）

これはかなり理解しにくい文章であるが、特に「恋と哀は種一つ」の後と先との結びが不明である。註によると「恋しいといとしいは、もと同じ心から」という意味になっているが、この文章の中に果してそんな意味があろうか。私は仕方がなくまた日本人の専門家と相談した上、「遊女の位を問わず、客に見せる愛情と理解は本質的に一つである」という風に訳した。これは言うまでもなく大胆な解釈であるが、たとえこの解釈が誤っていても全体の意味を摑もうとする努力によったもので、無難なちぎれちぎれの解釈に不満を抱いたためである。

残念ながら、私の英訳にも誤りがあるに違いない。三冊の註釈書を並べてみると、同じ語や句や文章についてそれぞれ互いに全然違う説を載せている場合も珍しくない。私の翻訳にあやしい所があったら、それらのせいにしてもいいと思う。しかし、解釈の相違による上等な誤りの他に、もっと愚劣な誤りもある。本が出来あがったとき、日本人の友人に見せると、『女殺油地獄《おんなごろしあぶらのじごく》』の挿絵《さしえ》に実川延二郎《えんじろう》の写真が載っていたが、実川はジツカワと読むべきだ、サネカワではないと教えられた。その上、同じ浄瑠璃の人物でお吉というのがあるが、私は別に何とも考えないでオキチと読んだが、オヨシではないかと尋ねられた。友人の批評を聞けば聞くほど憂鬱になった。学問的な書評はまだ出ていないが、出ればきっと私の翻訳を槍玉にあげる人もいるだろうと思うと、私はますます悲しくなる。

しかし、実は、私は誤りよりも芝居としての面白さを一番気にしている。もし外国人の読者が『心中天網島』などを読んで、「なるほど、日本人には面白いだろうが、日本のことをあまり知らないわれわれには十分その意味が理解できない」と言ったら、私の英訳は失敗だと言わねばなるまい。日本独特のもの（障子《しょうじ》、下駄《げた》など）や考え方（義理人情等々）があっても、何か普遍性のあるテーマが西洋の読者たちの心に訴えるだろう。もし彼らが馴れていない物事に引っかかるようなことがあれば、きっと翻訳が悪いと言うに違いない。

私の英訳が失敗に終ったら、その失敗を近松の作品のせいにしないで、英訳がよくないと主張したいが、もちろんもう一つの説明があり得る。京都府立図書館で『近松浄瑠璃集』があまり読まれていないのは、即ち近松の作品にもう現代の読者に興味を持たせる力がなくなっているからだとも考えられる。若い世代が近松を読まないことを嘆くような教育者は大抵、若い世代が日本古来の封建的関係を解せない事実をあげる。日本人にさえ分らない昔の日本なら、外国人に分る筈がない。しかし、私はこの説明を信じない。

確かに、若い世代は近松の文学をあまり喜ばないが、これは徳川時代の社会的事情が理解できないためではなくて、近松の文章が非常に読みにくいからであると思う。日本の若い世代は帝制ロシアの歴史や宗教問題をあまり知らなくても、ドストエフスキーの小説を日本語訳で読んで深く感心するようだ。もしも近松の現代語訳――今まで出た現代語訳と違って、生きている現代語で自由自在に近松の文章を生かすもの――が刊行されたら、案外読まれるのではないかと思う。

もしこの想像が間違っていなければ、あるいは私の英訳には原文よりも広い読者層に訴える可能性がありそうだ。私の英訳はもちろん現代語訳であって、なるべく外国語の臭みがないように努力したから、読者に特別の教養がなくても容易に読めると思う。その上、英訳さえよく出来ていたら、近松の浄瑠璃を十分味わえると思う。日本の封建時代は現代の西洋と大変違っているが、ギリシャの昔は現代の西洋ともっと違っているのに、ギリシャの戯曲は今でも読まれている。

近松の本質的な価値についてはいろいろ議論がなされ得る。シェイクスピア以下の西洋の劇作家と比べたら、たしかに近松には変化が乏しい。『曽根崎心中《そねざきしんじゅう》』は『心中天網島』によく似ているし、『堀川波鼓《ほりかわなみのつづみ》』は『鑓の権三』と大体同じ形をとっている。登場人物にもシェイクスピアのそれらに見られるような個性がなく、治兵衛は決してハムレットやマクベスのような主人公に及ばない。が、その及ばないところに近松の魅力があって、私たちに親密感を与える。

ハムレットは確かにすばらしい人物であるが、現代の世界にはハムレットのような人物はおそらくいないだろう。それに反して、治兵衛のような人物はどこの国にもざらにいる。事情は形が違っても、治兵衛の悩みはわれわれの悩みに近く、毎朝の新聞に治兵衛らしい人間の自殺事件などが載っている。近松を読むと、不馴れな昔の社会を越えて、われわれの姿が見えるような気がする。私はそう信じているので近松の英訳をやることにした。

（一九六二年七月発表）

翻訳について

私も翻訳を語るときの慣例にならって「翻訳者は反逆者なり」（traduttore traditore）という諺《ことわざ》の引用から話をはじめたいが、一般に翻訳は果して可能であるか、とくに日本語の英訳は可能であるかという問題はむずかしい。第一に和本の原本そのもので読むのと活字の本で読むのとでも印象は違うし（例「黄《き》表紙《びょうし》」）、初版本で読むのと、文庫本、ローマ字本で読むのとでも原作の味は違ってくる。翻訳不可能論者は、日本に存在して外国に存在しないもの（例「白足《しろた》袋《び》」「うどん」）をとりだして意地悪く閉口させることがあるが、これらが原作の中心テーマをなすことはなく、もしそうなら翻訳をやめればすむことである。

もっとむずかしいのは、日本と外国ともに普遍性があって、しかもニュアンスが異なる言葉である。夏目《なつめ》漱石《そうせき》の『こゝろ』をマインドかハートか決めるのは困難なので、翻訳はみな「Kokoro」となっている。「男」という言葉もそうで、日本語では「男が銀行に入った」などと抽象的な「人間」の意味に使うし、「男」にこだわり過ぎた英語ではおかしくきこえることがある。また「無理しないで下さい」「ただ今！」「いらっしゃい！」「勿体ない」「ありがたい（あのお坊さんのお説教はありがたかった）」「遊ぶ」なども英語にそのまま訳しがたいものである。

このように翻訳不可能の証拠はいくらでもでてくるが、翻訳を否定すると、聖書の英語訳も否定されることになり、キリスト教も存在できなくなってくる。私は高校生の頃にドストエフスキーなどを英語で読んで感銘をうけたが、もし英訳がなかったらそのぶんだけ私の人生は貧しいものになったろうと思う。悪い翻訳でもないよりはマシだと私は思っている。

さて、日本では古典文学の現代語訳というのもさかんである。これは、日本語といっても『源氏物語《げんじものがたり》』の日本語と今日の朝日新聞の日本語とは全く違ったものなのに、長い間まるで日本語は一つしかないように扱われてきたことがその原因だと思われる。実はラテン語と現代イタリア語ほどの差があるといっていい。だから谷崎潤一郎《たにざきじゅんいちろう》も源氏の現代語訳の必要を感じたのであろう。

私は外国文学の日本語訳はしていないが、これはその逆の作業よりやさしいと思う。日本語自体包容力があるし、訳しにくいものはそのまま外国語で残しておいても日本の読者は文句を言わないことが多い。ところが英語国民の読者は、全部訳さないと承知しない。日米関係がこれほど密接でも、キモノ、サムライ、ショーグンなどの言葉がアメリカに入ったのはやっと十九世紀であり、二十世紀の日本語となるとほとんど入っていない。また、日本の読者は翻訳調をあまりきらわないのだが、日本語の直訳英語は英語読者にはたいへんきらわれるということがある。

日本語の翻訳で一番むずかしいのは、やはり俳句《はいく》である。そもそも詩の翻訳がむずかしいことは、アメリカ詩人フロストが「詩の翻訳で、なくなるものは詩だけである」と言ったくらいで、翻訳すると詩の情緒は完全に消えてしまう。詩のうちで俳句がとくにむずかしいのは、日本独特のもの、野菜、地名などが大きな役割を演じることが第一だが、独特でなくても困る句が多い。芭蕉《ばしょう》の『野《の》ざらし紀行《きこう》』のなかの、

道のべの木槿《むくげ》は馬にくはれけり

の句は、どんな頭の悪い外国人にも判るのだが、翻訳して「馬が花をたべてしまった」とやると、実にツマ

ラナクなってしまう。

十九世紀のチェンバレンはこれを、

The mallow flower by the road
was eaten by a passing horse.

と訳したが、正確そのものであっても、これを詩だと感ずる人はまずないだろう。詩の翻訳は緊張がなければならないのだ。私もこれを訳してみた。

The rose of Sharon
By the side of the road——
Devoured by my horse.

むろんこの訳に満足していないが、myを入れたのと、roadの次にダッシュをおいてwasを省いたところが、チェンバレンより対立・驚きがあって良くなっているのではないかと思う。むくげをSharonとしたのは自分でも疑問に思うが。

また「辛崎《からさき》の松は花より朧《おぼろ》にて」の句もむずかしい。

枯《かれ》朶《えだ》に烏《からす》のとまりけり秋の暮

を訳したとき、枯枝一本に烏一羽がとまっていると訳したが、この句にあわせて描いた英《はなぶさ》一蝶《いっちょう》の絵をみると、八羽の鳥を何本もの枝にとまらせてあった。単数か複数かは英訳者には頭痛の種である。「秋の暮」も、晩秋という意味に解されているが、「ある秋の日の暮方《くれがた》」ともとれる。しかし「晩秋」としても、真昼間ならまたイメージはこわれるので、ここは二重の意味にとって「晩秋の暮方」と解釈せざるをえない。

和歌《わか》のほうは、俳句とくらべるとはるかにやりやすい。しかし正岡子規《まさおかしき》の「瓶《かめ》にさす藤の花房短かければ畳の上にとどかざりけり」のような歌は、理解はだれでもできるが、病床に久しく伏せっている作者が寝たまま藤の花をながめている感じが出ないと、面白味はなくなる。

和歌・俳句で苦心するのは、内容よりも言葉の美しさ、全体の調子、しらべを伝えることである。理性的に書かれた詩は割合やさしく、『万葉集《まんようしゅう》』などは訳しやすいほうである。また、謡曲《ようきょく》も割合やさしい。日本人は劇として謡曲を見るが、詩として私は扱いたい。いかに和歌や古典の引用が多くても、謡曲そのものはむしろ英語の現代詩に近い。だからT・S・エリオットあたりが訳すといいのだが。能にはエズラ・パウンドの訳がある。だが、これは一部は見事でも、残りの大部分はでたらめで、原文となにも関係がない。関係がなくても魅力はあるのだが。

私も今年の春、学生たちと謡曲集を訳したが、大変評判がよく、ニューヨーク・タイムズは、ホメロスを読むようだとほめてくれて、私はとてもうれしかった。一番ほめられたのは『関寺小町《せきでらこまち》』の翻訳である。これは日本ではほとんど上演されていないが、私は日本文学の中で詩として傑作の一つだと思っている。とにかく謡曲の文はふしぎに二十世紀の私たちに訴える力がある。

私は浄瑠璃《じょうるり》も翻訳したが、これは謡曲よりも数倍むずかしかった。とくに紙屋治兵衛《かみやじへえ》の小春《こはる》への恋慕の描写は困難であって、原文に「からい」文句があっても、英語では「甘く」訳さねばならなかった。また、心中の場面で「せくまい〳〵早う〳〵」とあるが、治兵衛の言葉か小春の言葉か判らないのである。研究家の解釈も二つに分れている。

新しい文学にもむつかしさはいくつかある。『細雪《ささめゆき》』の関西弁をアメリカ南部方言でやるわけにはいかないし、とくに原文で東京弁と関西弁を誇張して使いわけているところなど、面白さは英訳では消えてしまう。私は泉鏡花《いずみきょうか》が好きだが、『湯島詣《ゆしまもうで》』にしろ『註文帳《ちゅうもんちょう》』にしろ、自分だけ楽しむことにして、翻訳はしないことにしている。「洗髪《あらいがみ》」などという言葉をどうして外国の読者に判らせることができよう。むろん古い英語で訳せば情緒を出すことができないわけではない。しかしこれは大変苦労の多い仕事で、アイヴァン・モリスは『好色五人女《こうしょくごにんおんな》』を十七世紀から十八世紀終りの英語で訳したが、一語一語、オクスフォード英語辞典でたしかめてやったと言われる。また『おくのほそ道』をアーサー・ウエーリはエドワード七世時代の英語で訳している。この二つは割合成功していて、モリスのものなどダニエル・デフォーの文章を読んでいる印象をあたえる。しかし一般的には英語は、わずか五十年前の英語でも、いま読むと非常にイヤ味を感じさせるのである。

そのほか英語では繰り返しをきらうが、日本語はこの点寛容で、三島由紀夫《みしまゆきお》のある作には「媚態《びたい》」という言葉が頻繁にでてくるし、古文では「いみじき」「云ふ」などの繰返しが多く、べつの英訳語をさがす苦労が大変である。

最後に翻訳の目的について一言《いちごん》すると、第一は教養ある外国人に訴えて、知的刺戟をあたえるということにあると思う。しかし翻訳の成功の可能性と翻訳者自身の好き嫌いの問題はしばしば矛盾するので、いずれにしても日本文学の翻訳は困難な仕事である。

（一九七一年十二月十三日発表）

私の日本住居論

日本文学の英訳をする場合、小説の登場人物の心境や戯曲の人物のセリフはそれほど訳しにくいものではない。というのは、普遍性のある感情や発言でなかったら、そもそもその作品を訳す意義が何もないからである。人間の感情の表現は国によって確かに違っているが、その内容は大同小異の場合が圧倒的に多い。ところが、生活様式という次元となると、訳者の苦労は相当募る傾向がある。この点における翻訳の困難さは、日本人の暮らしの特殊性を反映していると同時に、欧米諸国の生活様式が日本でよく知られているのに対し、外国では日本の暮らし方がほとんど知られていないことを物語っている。

たとえば、日本の小説に四畳半の部屋が描写されている場合、良心的な訳者は大いに困る。日本の読者なら——仮に東京のマンションの生活しか知らない読者でも——頭の中で四畳半の部屋の大きさだけでなく、その雰囲気が何となくわかるであろう。また、さまざまな連想もあるに違いない。茶室の四畳半でも、永井《ながい》荷《か》風《ふう》の小説に出るような四畳半でも想像ができる。訳者が澄ました顔をして four and one-half mat room と訳した場合、よっぽど日本のことに詳しい外国人読者でなければ連想は何一つ湧かず、意味さえなかなか捕えられないと思う。欧米では一部屋何畳と表現せず、また、それらしい考え方もない。海外の日本料理屋の和室の畳の上で食事をとったことのある欧米人でさえ、自分が食事した部屋の畳の数に気がつかないであろう。そのような体験のない読者は無論全くわからないだろう。

また、良心的な訳者が四畳半は何平方メートルというふうに訳したら、欧米の読者は別のことで当惑する。つまり、「そのような小さい部屋は何の役に立つのだろう。ベッドもらくに入らないし、窮屈で堪らない」と言うのではないかと思う。日本の家を兎《うさぎ》小屋になぞらえた英国人は、四畳半の小ぢんまりした雰囲気に明らかに感心しなかったようである。日本では裕福な人でも小さい部屋を喜ぶが、広々とした部屋に馴れている欧米人には納得できない。逆に、日本人はだだっ広い部屋に落ち着かないようである。ある年の夏、日本人夫妻がニューヨークの私の住居を借りたことがあるが、後で聞いたところによると、広いアパートの一番小さい部屋——大体四畳半の大きさ——で会話することが多く、河に面した眺めのよい応接間はあまり利用しなかったそうである。海外で暮らすような日本人でも四畳半の温かい雰囲気を求める。ニューヨークの暑い夏の間でもそうである。

日本人がどうして小さい部屋になじむか、いろいろ説明ができるが、荷風の『妾宅《しょうたく》』という小説を読むと、頷《うなず》ける一種の解釈が載っている。小説の主人公は荷風によく似ており、暗く湿った小宅に住みながら、昔の日本人もこのような家に住んでいたのだと満足している。彼が一番好きなのは冬、とりわけ冬の夕暮れで、猫をひざに抱いて炬燵《こたつ》に入り、これが先祖代々の過ごしてきた冬なのだと一人で合点している。「日本文化の過去の誇りを残した人々は、皆おのれと同じやうな此の日本の家の寒さを知つてゐたのだ」と荷風は語る。

現代の日本人は、荷風ほど冬の寒さを楽しまないだろうが、炬燵に入ることを懐かしがるようである。炬燵といえば、翻訳できない日本の家庭器具の一つである。確かにスペインの南部で炬燵のような設備を見たことがあるが、スペイン語の名前を覚えていないし、覚えていたとしても英米の読者にはわからないだろう。冬が短いためか、スペインの南部の家には暖房らしい暖房がなく、夜になると、家族の人達が床まで垂れ下がる毛糸のテーブルクロスを掛けた食卓の周囲に腰をかけ、足をテーブルクロスの中につっこみ、電気ストーヴで足先を温める。これは一家の団欒《だんらん》を促進するし、また、荷風のように昔のスペイン人の思い出にふける人もいると思うが、いくら足が温かくなったとしても、背中が冷える。その点では炬燵と共通している。

世界を見渡して、最も美しくしかも最も非能率的な暖房は、英国のマントルピースであろう。私は英国で五回も冬を過ごしたことがあるが、暖炉の思い出はいろいろある。まず、火を熾《おこ》すことが大変である。冬の朝、指が凍って自由に動かせない状態で、古新聞と薪《まき》と石炭を準備して火を付けるが、火が石炭まで移るかどうかいつも不安であった。火がうまく移っていく場合、何とも言えない美しい光景だと感じるが、部屋全体は相変わらず冷たく感じられ、火の中に飛び込まなければ身体が温かくならない（私の上着の袖はみな焦げてしまった）。ということで、英国を離れて京都で冬を過ごすようになった時、私は京都の名物である底冷えを何とも思わず、火鉢《ひばち》という最新式の暖房を大いに喜んだものである。

火鉢といえば、同じように翻訳できない言葉だと思う。確かに現在の英語辞典には hibachi が見られるようになったが、バーベキューの炉という意味しかなく、家の中で hibachi の火にあたると訳したら、不思議がる読者が多いのではないかと思う。火鉢を囲んで京都の冬を数回過ごしたことがある私には、炭の匂いが懐かしく、陶器の色や手触りもよく覚えている。ガスストーヴには何も愛情を感じないが、現在使っている。

三十年前の京都ではまだ占領時代のことが時々話題になり、アメリカ人がガスストーヴを長時間使って暑い部屋の中でアイスクリームを食べたという話を聞いて、皆がびっくりしたことがあるが、正直に言って私はあまりびっくりしなかった。ニューヨークの私の家でも真冬にアイスクリームを楽しむことが時々あった。が、私はいつの間にか日本人――当時の日本人――の驚きを理解できるようになり、冬には冬の楽しみがあるから夏の楽しみと混同しないほうがよいことを悟った。

昔の風流な日本人は、「造化《ぞうか》にしたがひて四時《しじ》を友とす」という芭蕉《ばしょう》の名言が指摘している通り、天地自然にのっとり、四季の移り変わりを友としていたが、現在でも日本人の多くは欧米人よりも、四季の移り変わりばかりでなくその日その日の天候に深い関心を示す。「お暑うございます」という挨拶《あいさつ》を初めて聞いた時、私はかなり驚いた。暑い時、暑さにふれないほうが親切ではないかと考えたり、うだっている相手を慰めるために何か涼しくなるような話題を提供したほうがよいのではと思ったりしたことがあるが、私のような考えは明らかに天地自然にのっとらないものであった。私は日本人の四季に対する敏感さにまだ十分馴染《なじ》んでいないようである。たとえば、手紙の冒頭に置く季節の挨拶に全然興味がない。天候の異変の場合はまだよいが、便箋に印刷されているような模範的な挨拶を書く必要があるだろうかと思いながら、「さて」で始まる節へ飛ぶことが多い（因《ちな》みに言うと、私と何も関係のない会社が私の益々の健勝について慶びの挨拶を述べてくれても、特にありがたく思わないことを白状したい）。このような挨拶は日本人の四季感よりも礼儀作法を反映していると思うが、こういう挨拶が大企業の商業通信に残っているのは日本だけの現象であろう。

　冷房も暖房もあまり発達していなかった時代の日本人は、仕方なく四季を友とする他はなかったが、夏でも十二単衣《じゅうにひとえ》を着る官女や、冬でも火の気のない部屋で暮らしていた貧乏な庶民は気の毒であった。どちらかというと、昔の日本人は冬に強く、夏に弱かったようである。『徒然草《つれづれぐさ》』の第五十五段で兼好法師《けんこうほうし》は次のような見解を述べている。「家の作りやうは、夏をむねとすべし。冬はいかなる所にも住まる。暑き頃わろき住居は、堪へ難き事なり」。確かに、京都という暑いところで夏を過ごすのはつらい。京都の暑さをよく知っていた兼好法師が夏向きの家を勧めているのはそういう理由からだったかも知れない。現に、日本の伝統的な建築は東南アジアの家を思わせるような涼しさを取り入れたものになっている。

　京都の寒い冬もよく知っている兼好だが、「冬はいかなる所にも住まる」とあっさり判断した。日本の住居は中国や朝鮮にあるような床の暖炉を採用しなかった（北海道を開拓し始めた頃、初めのうちは極寒に挑んで純和風建築の家で過ごそうとした人が多かった）。が、現在の日本人はむしろ夏に強くなって冬に弱いという印象を受ける。冷房の普及のせいか、西日を嫌わず陽当たりのよいマンションを求めるようである。

　このような趣味または生活ぶりの変化は案外早いものである。十年ほど日本を離れて外国から帰ってきた日本人が皆、「浦島太郎になったような気がする」と言うのは、日常生活が早いテンポで変化していることを教える。私の東京の住居は大変綺麗な庭園に面している。大部分の男たちと違い、一日中自分の家の中で勉強しているので、庭園の緑は私にとって極めて大切である。ところが、私が住むマンションが建つ二年ほど前に庭園の反対側にもう一棟のもっと大きいマンションが出来た。そのマンションは当時の日本人の常識に沿って南向きに建っているので、マンションの多くの部屋から西側にある庭園が全然見えない。幸い、私のマンションが建った時点では、南向きの家を勧める伝統よりも景色を重んじていた。

外国の雑誌で日本のことを紹介する場合、家具が全然置かれていない和室のカラー写真を載せる。床《とこ》の間《ま》にかかっている軸、古い花瓶にさしてある一輪の花、青い畳に落ち着いた色の座蒲団などは決して嘘ではないが、現在の日本人の多くはこのような部屋に暮らしていない。六畳の部屋にピアノまたはダブルベッドが置いてある部屋は最も典型的かも知れないが、カラー写真には向かない。日本人の日常生活は日毎に欧米人の生活様式に近づいてきているが、日本人の意識のどこか深いところに、荷風が表現した「先祖代々」の暮らしの夢が残っており、四畳半、炬燵、火鉢など、昔の生活を味わいたいと感じていると信じたい。そうでなかったら日本の伝統的な暮らし方は長く続かないだろう。

（一九八三年六月十日発表）

訳し難いもの

私は中学校で生物学、高校で物理学、大学で天文学を勉強したが、とうの昔に忘れてしまったので、自然科学となると門外漢であると言う他ない。しかし、正直に言って、生物学、物理学、天文学を完全に忘れて不便を感じたことは一度もない。確かに、星がまたたいている夜、大空を眺めて、傍《そば》に立っている人たちに数々の星座を指差して一つ一つ名称を教えることができたら楽しいだろうと思うが、私が天文学を勉強した時には星座の名称を一つも教えて貰わず、数学と化学を合わせたような少しも楽しくない授業であった。

私の職業からいえば、現在の私に一番欠けている自然科学の知識は、鳥類学《ちょうるいがく》と植物学であろう。つまり、日本文学には鳥や植物がたびたび登場するが、動物や星などはそれほど出てこないし、出たとしても外国のものと変わらないので、翻訳するのに特に困難な問題はない。これに反して鳥や植物の場合、日本と外国との間に共通したものはほとんどない。

和歌《わか》文学を読むと、鶯《うぐいす》と時鳥《ほととぎす》（杜鵑、子規、不如帰などとも書く）が実によく歌われている。昔の日本にも他の鳥はいた筈だが、歌人には無視されがちであった。鶯の場合、bush warbler とか song thrush のような英訳にすることが多いが、鳥類学的に正しいかどうかよくわからない。時鳥となると、もっと複雑である。和英辞書を引くと cuckoo となっているが、これは明らかに誤りである。cuckoo は郭公《かっこう》のことで、鳴き声は時鳥と全然違う。三十年ほど前に私は京都に住んでいたが、近くに時鳥が多かったので、鳴き声をよく覚えた。「ゲンコウデキタカ」という催促を思わせるような声であり、郭公のようには聞こえなかった。鶯をnightingaleと訳すこともあるが、nightingaleは夜しか鳴かないと聞いているのに、鶯は結構昼間でも鳴く。そうすると、日本で最も愛されている鳥の名称をどう訳したらいいか、ということになるが、残念ながら私には名案がない。鳥類学者に助け船を出して下さる方はないだろうか。

しかし、鳥の名称の翻訳はまだしも簡単である。鶯と時鳥の他に歌われた鳥はまずないから、目白《めじろ》などの翻訳語は心配しなくてもいい。が、植物となると種類が無数にあるし、よく文学にも登場する。秋の七草《ななくさ》の名を訳そうとすると、汚らしいラテン語かそれとも誰も聞いたことのない英語になる。藤袴《ふじばかま》という美しい日本語は、Eupatorium fortunei《エウパトーリウム フォルトゥネイ》という学名になるか、それともagueweed《エイギューウイード》（文字通り訳せば瘧草《おこりぐさ》）になるが、どちらでも困る。女郎花《おみなえし》はもっと運が悪く、Patrinia scabiosaefolia《パトリニア スカビオーセフォリア》という親しみにくいラテン語の学名しかない。萩《はぎ》――雨にぬれてやさしくうなずく萩――は、Lespedeza bicolor《レスペデーザ ビコロル》という悪女のような存在に変貌する。日本文学の英訳は何という非人情な過程であろう。

日本の植物の英訳で頭を痛めたことは何回もあるが、中でも三島由紀夫の小説『宴《うたげ》のあと』の体験が一番忘れがたい。この小説は古典文学と違い、外国とあまり変わらない現代の日本の生活を描いているので、訳し難《にく》くないと思ったが、案外むずかしかった。一流の料亭の献立が三回も出てくるが、三回とも苦労した。たとえば、前菜として「土筆《つくし》胡麻《ごま》あへ、小川燻製《くんせい》、吹木《ふき》東寺《とうじ》巻《まき》、穴子《あなご》白煮《しらに》、小鯛笹巻寿《こだいささまきず》し」となっているが、私にはよくわからない。続く吸物《すいもの》は「梅仕立、大星、浅月、木ノ目」となっているが、星や月を食べたことのない私は味を知らないので閉口した。その頃、三島さんは生きていたので直接本人に説明してもらったが、三島さんは笑って、「自分にもわからない。料亭に最高級の献立を教えてくれるように頼み、その通りに書いただけです」と教えてくれた。着物の柄《がら》の描写にも私にはわからないところがあったが、三島さんに聞いたらまた大笑いをして、「全部母から教えて貰った」と白状した。

しかし、食べ物や着物の柄の翻訳の場合はごまかすことができる。外国人の読者で日本料理に詳しくて着物の柄に通暁している人は至って少ない。が、植物となると、かなりの知識を持っている読者がいるに違いない。『宴のあと』の最後に、荒れ果てた庭のすばらしい描写がある。その中に「枝を思ふさま伸ばした車《しゃ》輪梅《りんばい》は、紫の実をつけてゐた」と書いてある。車輪梅を辞書で引いたら Rhaphiolepis《ラフィオレピス》 umbellata《ウンベラータ》 としか出ていなかった。三島さんの美しい文章の英訳にこのような堅苦しい専門語はどうしても使えないと思い、いろいろ考えたあげくの果て、ニューヨーク植物園に電話をかけ、ラフィオレピス・ウンベラータに他の名前はないかと聞いてみた。二十分ほど待たされてから電話の人が「ためになるかどうかわかりませんが、エドラフィオレピス・ウンベラータとも言います」と教えてくれた。そこで紫の実をつけるさまざまの木を調べて独断的に英訳の名前をつけた。が、次の行に「生垣《いけがき》の満天星《どうだん》の紅葉はさかりであつた」となっている。もう植物名と戦う勇気がなくなってしまっていたので、満天星の正確な英訳を考えもしなかった。誰か親切な植物学者が指導してくれたらどんなに助かっただろう（車輪梅については、のちに Yeddo-hawthorn《エドホーソーン》〔江戸《えど》山査子《さんざし》か〕という名前があることがわかった）。

翻訳にもう一つ、もっと厄介な面がある。鳥、植物にさまざまの連想があるが、国によって違っている。たとえば、梟《ふくろう》は古代ギリシャでは知恵の象徴であったが、インドでは「梟のように馬鹿だ」という表現がある。西洋では蛾《が》はいつも光にひかれるので詩人の象徴のように思われ喜ばれているが、日本では大の男でも蛾を見ると怖くなって逃げる。逆に、日本の子供は蜻蛉《とんぼ》と遊ぶことを楽しむが、西洋の子供は蜻蛉を見ると怖がって逃げてしまう。

植物の場合でも、日本には昔から茨《いばら》があったが、棘《とげ》が多いから嫌われ、文学にまず出てこない。しかし、蓬《よもぎ》のような目ぼしくない植物がたびたび出てくる。西洋ではまさに逆である。「蓼《たで》食う虫も好《す》き好《ず》き」ということになるが、一体、蓼をどう訳したらいいか、植物学者にうとい私にはわからない。

（一九八五年十二月発表）

日本文学史について

私は十三年前から日本文学通史を書きはじめました。その困難さを予想できていたら決して書きはじめなかったでしょう。二十年前からコロンビア大学で日本文学史を講じていましたし、その前から日本の過去の文学も現代の文学も読んでいたので書けるだろうと思ったのです。

常識的に古代から『古事記《こじき》』、『日本書紀《にほんしょき》』の順に書き進めましたが、平安朝末になって私の知らない、また註釈本のない疑古《ぎこ》小説が出てきました。私は苦労して疑古小説を勉強しました。人は苦労するとその苦労を他人《ひと》に伝えたくなるものなのでしょうか。私は『源氏物語《げんじものがたり》』より、より詳しく疑古小説のあらすじなどを書きました。『源氏』には英訳があって広く知られていますが、疑古小説には英訳はないので、『源氏』とどう違うか、平安朝の文学から何を採ったかなどを詳しく書きました。

このような経験の中で私は一つの選択を迫られました。学生に話しかけるような会話体の調子に文学史の文体を統一するか、もっと学問的に書くか、つまり『源氏物語』『枕草子《まくらのそうし》』『土佐日記《とさにっき》』については疑古小説より詳しくしっかりした記述をするか、いずれかを選ばねばなりませんでした。

私は後者の道を選びましたが、書いてゆくうちにもっとよい文学史を書きたいという欲が出てきました。ためらった末に、執筆の順番を変え、一番自信のある近世文学から書きはじめることにしました。私は若い頃に近松門左衛門《ちかまつもんざえもん》の『国性爺合戦《こくせんやかっせん》』を博士論文にしました。その後に近松の英訳集、また芭蕉《ばしょう》その他の近世文学の英訳をやったので、日本文学史では最初に近世を書き、ついで近代・現代、最後に上代《じょうだい》・中古《ちゅうこ》・中世を書こうと思ったのです。

書きはじめるといろいろな問題にぶつかりました。まず何巻本になるかの問題があります。私は英語で書かれた外国文学の歴史を調べました。中国文学史一巻、イタリア文学史一巻、ロシア文学史一巻、です。私は私の日本文学史を二巻にしようと思いました。その場合、どこで分けるかが問題です。以前、私は『日本《にほん》文学選集《ぶんがくせんしゅう》』を二巻本で出しました。その時は明治より前と、明治以降に分けました。しかし、近世を先に刊行したらどうなりますか（笑）。そのあとで上代・中古・中世と近代・現代を一冊にすることは出来ません。出版社に頼んで三巻本にすることを承諾してもらいました（笑）。その後、近代の執筆に移ったら、また問題が起こりました。近代はジャンル別——小説、詩（和歌《わか》、俳句《はいく》を含む）、戯曲——に書くことにして、深い理由もなく詩から書き始めました。ところが、現代詩だけで二百頁分の原稿が出来上り、続いて短歌七十頁、現代俳句七十頁、現代戯曲百頁、……また本ができました（笑）。しかたなく四巻本になりました。ことによったら五巻本になって出版社が破産するのではないか（笑）と思われます。

しかし、私は日本文学史を書きます。三十何年も前から現在まで学んだすべての知識を注ぎ込んで。もちろん私の欠点もさらけ出すことになるでしょう。

私の日本文学史は、はじめは学生にむかってしゃべるような調子で書きましたが、だんだん文体が変わってもっと真面目な真剣な文学史になりつつあります。

日本文学史をなぜ英語で書かなければならないか、という問題が何よりも最初に浮かんできます。これは非常に簡単に説明できます。英文の日本文学史は、私以前には八十年前に英国の外交官でウィリアム・G・アストン（一八四一—一九一一）という大変頭脳のすぐれた人が書いただけです。それは一巻本で明治三十年頃に出版されました。アストンの執筆の苦労は大変なものだったと思います。当時は丁寧な註釈本、活字本がありませんでした。彼は木版本《もくはんぽん》を使って勉強したのです。木版本ではひらがなの「さ」でも「す」でもいろいろの字体がありました。また、くずされた漢字を読まなければなりません。彼が残したノートがケンブリッジ大学の図書館に保存されていますが、それを見ると、どんなに時間をかけ苦心して勉強したかよく分ります。

ところが現在は、残念なことに、彼の『日本文学史』は何の役にも立たない。アストンはこの日本文学史を執筆した時には人々が永遠に読んでくれるだろうと思ったに違いない。私も日本文学史の書き手として同じ心境です（笑）。

彼の『日本文学史』は困ります。まず彼は予言者ではありませんから、明治三十年以後の文学については書いてありません。今日、明治三十年以後の文学を無視するわけにはいきません。また、彼は『源平盛衰《げんぺいせいすい》記《き》』は傑作であるが、『平家物語《へいけものがたり》』はつまらない改作にすぎない、とるに足りない価値のないものである、中世の日本のことを知るには『源平盛衰記』が一番よいと言っています。私は賛成ではありませんが、そこまではまあよいとしましょう。

アストンは、能《のう》は、劇・芝居でもなければ詩でもない、荒唐無稽のものである、何の価値もなく読むに及ばないものであると書いています。私は能の翻訳経験者としてこの意見には絶対に賛成できません。

また、アストンは英国ビクトリア朝の人で、日記をつけていなかったので私生活は分りませんが、公の立場はきちんとしていて礼儀正しかった。彼は井《い》原西鶴《はらさいかく》のことを書く場合に、尾籠《びろう》すぎてその本の名前も挙げられないと言いました。過去の人は女性も読むかも知れないと考えて「好色――」といった表現を気にしたのです。

作家をほめる場合についても私はアストンに同意できません。彼は日本の作家の中で第一の作家は滝沢馬《たきざわば》琴《きん》であったと言っています。これは日本人の間でも当時は珍しくなかった意見です。坪内逍遥《つぼうちしょうよう》も若い時はそう考えたことでしょう。しかし私は馬琴を読んで、それほどの作家とは感じません。私が楽しんで読める作家ではありません。

アストンは私の先輩ですが、現在、私は学生に彼の日本文学史をすすめることはできません。役に立たない珍しい文献にすぎません。

そこで私は自分が英語で新しい日本文学史を書こうと決意しました。

文学史として何が一番重要か。何よりも「事実」であると私は思います。事実を無視することは出来ません。芭蕉の生年、没年はもちろん、西鶴の小説の名前も必ず挙げなければなりません。ところが、日本文学の場合はその事実を正しく捕えることがむずかしい。外国文学の場合は他にいろいろむずかしい問題があっても、特に「発音」については問題ありません。

日本文学の場合は発音についてだけ考えても、どれほど多くの困難があることでしょうか。漢詩人の「菅《かん》茶山」は「チャザン」でしょうか、「サザン」でしょうか。私は「チャザン」にしましたが、間違っているかもしれません。

芥川龍之介《あくたがわりゅうのすけ》の父親の名前「新原」は「ニイハラ」か「シンバラ」か。私は調査の末に『芥川龍之介の父』と題した本をみつけました。これで分ったと思ったら、その本のどこにも「新原」の発音が書いてない（笑）。電話帳で調べようとしましたが、東京の電話帳にサ行とナ行がどんなに多いか（笑）。

たまたま大岡昇平《おおおかしょうへい》さんの解説の中に丁寧に「シンバラ」と仮名がふってあり、もう一つの関係ある書物の索引のサ行に「新原」がありました。私は「シンバラ」と読んで一編の随筆を書きました。ところが、その後、龍之介の長男の芥川比呂志《ひろし》さんから電話があり、「ニイハラが正しい」と教えて下さったのです。このように発音の分らない場合はどうしたらよいのでしょう。日本語で書くなら仮名をふらないという横着も出来ますが、英語ではそうはいかないのです。

新原さんの場合はまだしも分っても、徳川時代のことは調査困難です。特に小説とか浄瑠璃《じょうるり》、歌舞伎《かぶき》の題名の発音は分りません。辞典、索引があっても発音が分らなければ引くことが出来ません。たとえば『艶容女舞衣』を「ハデスガタオンナマイギヌ」と読むのはむずかしい。その読み方を知るのが、あるいは日本文学鑑賞の楽しみなのかも知れませんが、しかし、日本文学史執筆の楽しみではありません。

「世阿彌」は長い間「セアミ」と読まれていました。戦後になって「ゼアミ」になりました。英語で書くと両者は全く違います。「セアミ」と覚えた外国人、戦前に学んだ外国人は、私の本の索引を調べて「S」の一覧に「Seami」がみつからず、「世阿彌」について何も書いていないと思うでしょう。

もう一つ困るのは、作品の作者が分らない場合があることです。世阿彌の書いた論文の中に作品名が出てきてその作者名が書かれていない場合、世阿彌の作品であるかどうか、確実には分りません。また『松風《まつかぜ》』の場合、観阿《かんあ》彌《み》の作品に手を入れたということになっていますが、観阿彌作と言うべきか世阿彌作と言うべきか不明です。こんな簡単なこともなかなか分らない。また合作の場合は、たとえば『仮名手本《かなでほん》忠臣蔵《ちゅうしんぐら》』の第三段の作者は、竹田《たけだ》出雲《いずも》か三好《みよし》松洛《しょうらく》か並木《なみき》千柳《せんりゅう》か、学者の説によって違うのです。

以上述べた「事実」についてすべて正しく書かれても、それだけではつまらない。「私」という作者が存在しなければなりません。事実ばかりだったら電話帳みたいなものになります。電話帳には間違いはないが楽しんで読む人は少ないと思います。個人が、事実の背後に立っていなければ誰も読んでくれないと思う。私は思いきって自分の意見を私の本の中に織り込もうとしました。場合によっては間違っているかも知れない。私より遥かに詳しい専門家と意見がくい違うかもしれない。しかし、結局は私の本、私が責任を持つ本です。文句のある人は、生きている間はいくらでも聴きますからどしどし意見を言って下さい。事実ばかり羅列された無味乾燥さには私は耐えられない。どうしても私の意見を本の中に入れなければならないと思いました。

その一方で、他の学者の意見が私と違う場合はその学者の意見も紹介しました。極端な例を挙げますと、私は夏目《なつめ》漱石《そうせき》の晩年の作品は嫌いです。ですからそういう意見を言うと、大抵の人は憤激して、『道草《みちくさ》』と『明暗《めいあん》』は日本文学の最高峰だと言って私を責めます。しかし、私は嫌いですから、そのことを隠してほめたり、または毒にも薬にもならない意見を述べたりすれば私の本ではなくなります。そこでまず私の意見を述べ、また他の学者の意見もつけ加えることにしました。

次に深さと広さのいずれを選択するかという問題があります。芭蕉について八十頁書いて弟子に十頁をあてるか、芭蕉は三十頁ですませてあと多くの弟子に頁を使うかという選択です。西鶴と八文字屋本《はちもんじやぼん》についても同様の問題がありました。

私は大体において深さの方を選びました。頁数からいうと芭蕉の伝記、その俳風《はいふう》である蕉風《しょうふう》について突込んで書き、弟子のことは芭蕉との関係だけしか書きませんでした。すべての弟子のことを詳しく書こうと思ったら五巻どころか十巻にも二十巻にもなって出版してくれる出版社がありません（笑）。私はいろんな人のことを書くより中心的な存在、つまり西鶴、芭蕉、近松、与謝蕪村《よさぶそん》といった人に力を入れておいて、他の人についても簡単に言及することにしたのです。

次に問題になるのは読者に何をどこまで期待出来るかということでした。英文の本なので、欧米の読者が日本についてどういう基礎的知識を持っているかを考えねばなりません。理想的に言えば、日本文学史について書く場合もその前提として日本文化史を書かなければならない。文学は文化の一部にすぎない。しかし、日本文化史を書こうと思えば私の原稿は倍くらいになります。また、百歳まで生きていても書けるかどうか分らない。ですので文化史については、たとえば江戸時代に仏教と神道との矛盾をどう処理したか、あとから起こった仏教は果たして伝統的な仏教とどんな風に関係しているかなどについては書きませんでした。

私は読者になるべく親切であるようにつとめました。索引も工夫して語彙《ごい》索引をつけました。日本人の読者は徳川時代のことを知りたいと思えばその種の本を簡単に入手出来ます。欧米の読者はそういうわけにいきませんので、彼らの便宜をはかって歴史的背景について簡単な説明や註をつけました。

「註」について想い出されるのは、私がはじめて日本文学について学ぶとき使った有朋堂文庫《ゆうほうどうぶんこ》です。有朋堂文庫ほど不親切なものはありません。知りたくないことの註、「江戸」―「今の東京」、「孔子《こうし》様」―「支那《しな》」

の哲学者」（笑）はたくさんあっても、近松の道行《みちゆき》の註がない。皆読めるからという常識があったのでしょうか。岩波書店《いわなみしょてん》の「日本古典文学大系」の中にも、『源氏物語』―「平安朝の小説」（笑）、「著者は紫式部《むらさきしきぶ》」（笑）という註があります。『徒然草《つれづれぐさ》』も同じようにていねいに説明されています。こんなことは全国民が分っているのではないでしょうか。私の日本文学史の日本語訳が出版されることになった時、私は翻訳者である親友徳岡孝夫《とくおかたかお》氏に相談して、分りにくいところに現代語訳、あるいはていねいな註を付けることを頼みました。その方が一般の人に対して親切なのではないでしょうか。

私は英文版でもその日本語訳でも、多くの人々に読んでほしいと思いました。しかし、一般の人々というのは一体どういう〝動物〟なのでしょうか。誰も自分のことを一般の人だとは思いません（笑）。私はそういう一般の人々、いわば空想上の動物を相手に心配し執筆しているのでしょうか。日本文学を専門にやっていなくても文学が好きで日本に関心がある読者に私は期待しています。しかし、そのような読者がどのくらいいるか分らない。外国では日本と違って出版部数をなかなか教えてくれません。実はそういう読者は一人もいないのかも知れないと、私はハラハラしています。

また、日本の読者と外国人の読者との違いにも注意せねばなりませんでした。外国人は日本文学を翻訳で読みます。日本人は原文を読みます。原文にはそれぞれ違う作者の文体があり、時代によっても文体が変わりますが、翻訳となると、全部が同じような文体になります。原文を読んだ方がよいに決まっていますが、時々翻訳は原文よりも面白いのです。漢詩の翻訳の場合、特にそうです。原文で読むといかにも古くさい生気のない作品が、翻訳では実にいきいきしたすばらしい作品となる場合があります。その反対に、すばらしい和歌や俳句が英訳となるとどこがいいのか誰にも分らない場合があります。芭蕉の、

道のべの木槿《むくげ》は馬にくはれけり

を、英語をご存じの方は翻訳してみて下さい。木槿が馬に喰われた、それだけのことです(笑)。この句の面白さは「けり」にあります。馬は自分の乗っている馬でなければならない。芭蕉の乗っている馬が頭をさげてそこに咲いている木槿をたべてしまった。その時の芭蕉の驚きが「けり」で表わされているのです。しかも「けり」の翻訳は不可能です。いろいろ工夫しても、「!!」を書いても、同じような効果をあげることは出来ません。

この場合、私は思いきって読者に、これは傑作であると(笑)押しつけました。信じてくれない人は気の毒です。

近代文学の評価の場合でも、翻訳を読む欧米の読者と原文を読む日本人とでは判断が違います。たとえば漱石、森鷗外《もりおうがい》、谷崎潤一郎《たにざきじゅんいちろう》をすぐれている順に並べなさいと言われた場合、日本人なら漱石、鷗外、潤一郎、または、鷗外、漱石、潤一郎の順にあげるでしょう。潤一郎を第一位とする日本人は少ないでしょう。ところが外国人は百パーセントまで潤一郎、漱石、鷗外の順に並べるのではないかと思います。要するに鷗外の文体のよさとか、過去の封建時代についての該博な知識とか、ヨーロッパと初めて接触した明治時代の人間としての魅力とかは外国人には分らないのです。

ですから、外国人の読者を頭におく場合はどうしても、鷗外または漱石より谷崎潤一郎のことを書かねばならなくなるのです。

私の日本文学についての予備知識についていえば、二十何年前から翻訳、論文を書いてきています。日本文学を楽しく鑑賞しはじめたのは三十年前からです。しかし、原稿を書いてみると、一度も読んだことのない作家が近代・現代文学の中にあったし、過去の文学の場合にもたくさんありました。その場合、私はどうしたらよいか。理想から言えば近松のことを書く場合には『近松全集』十二巻を全部読まなければなりません。ところが『近松全集』は大正の終わり頃から出版されたものですが、註がありませんので、初期のものはあまり読んでいません。もし私が『近松全集』を全部読もうとすると、一体いつ近松のことを書けるかということになります。この一生でなかなか書けないのではないか。

芭蕉と西鶴の場合は全部読みました。芭蕉の場合は全部読んでも大したことはない。西鶴の場合は幸い『定本西鶴全集』がありますから読めます。ところが西鶴は読めても八文字屋本は読めない。その場合は日本人の推薦したもの、たとえば八文字屋自笑《じしょう》の一番の傑作だけを読みました。

十分時間があってすべての作品を読めれば、今まで日本人があまり取り上げなかった作品の中にも傑作を発見できるかも知れませんが、私にはそれほど時間の余裕がありませんでした。

もう一つ、どこからどこまで書くかという問題がありました。「どこから」は簡単で『古事記』からと決まっています。「どこまで」については、私は戦後のことは書きたくなかった。まだ絶対的価値が決まっていないから。しかし、ほぼ明治百年にあたる一九六八年まで書くことにしました。この年は川端康成《かわばたやすなり》がノーベル文学賞を受賞して、日本現代文学が初めて世界文学の檜舞台に登場した年です。この年までに知られていなかった作家のことは書かないことにしました。

次にどういう風に書くかの問題があります。年代順に年譜風に書くことも考えられますが、これは面白くなく、文学をつかまえるには不親切な方法です。私は二つの方法をとりました。その一つは作家ごとにまとめる方法、一つはジャンルごとにまとめる方法です。近松、芭蕉、西鶴などの一流作家は作家としてまとめ、芭蕉の弟子、後期の浄瑠璃《じょうるり》、後期の俳諧《はいかい》の場合は一種の運動として取り扱いました。そういうわけで一茶《いっさ》などのために一章を設けることはしませんでした。

作品の筋書きを書くべきかどうかの問題もありました。『源氏物語』の場合は皆知っていますから必要ありません。しかし『妹背山婦女庭訓《いもせやまおんなていきん》』を読んでいる読者はごく一部です。それで筋書きを書きましたが、書いてしまってから面白くないことが分りました。筋が複雑で人物が多すぎてこれでは楽しんで読む読者はいません。どうしたらよいか。編集者は巻末の附録に入れたら、という意見を述べました。私はその意見に従い、小説、歌舞伎《かぶき》、浄瑠璃のあらすじを最後に全部まとめて記しました。

また外国人は日本人の名前を覚えきれないので、人物名はなるべく彼、彼女、主人公などを使うようにしましたが、これが日本語版となると逆に人物名があった方が分りやすい。彼、彼女、主人公というより、直接人物名を書いた方が読みやすい。その点でも英語の原文と日本語訳とは違います。

最終的に決定的な問題は、私ひとりでどうしてこんな大きな仕事を引き受けたかということです。常識的に考えると各時代の専門家が日本に何人もいますから、分担したらよい文学史が出来ます。英文学史でも一人で通史を書くような無鉄砲な人はいない。大体自分の専門を書くのが常識的書き方です。ところが、何人かで分担した文学史は、統一性を欠いています。筆者によって文章が異なり、また、専門と専門との間に隙間があります。風はよく通るんですが……（笑）。隙間を埋めてくれる編集者がいなければ永遠に隙間のままです。私が重要な作家を落としたとすれば、確かに私の不勉強のせいですが、しかしこれまでのような風通しのよい文学史の場合と違って私個人が責任を負います。委員会によって作った文学史とは違います。

以上、いろいろ述べましたが、最後に、私が日本文学史を書こうと思ったのは、何よりも自分の教育のためであると白状しなければなりません。私は二十何年も前から日本文学史を授業してきましたので、その間、私の勉強したことを全部書きたいと思いました。どういう喜びがあったか、またどういう幻滅があったか、を書きたかったのです。

独りで書いたので、説明の不十分なところもあり、間違いもありますが、私という人間が本の中に出ているのではないかと思います。私はどんな本を読んでもその中に作家を感じないと寂しいと感じてきましたから、きっと私の日本文学史には私が現われていると思います。それがつまらない人間と判断されても仕方ありません。

外国人として長い間、日本文学を読み、愛してきた人間の、世界に対する一つの遺産として読んでいただければ何よりと存じます。

（一九七七年十月一日講演）

日本人の美意識と日本語の魅力

日本語の曖昧性

私が初めて『源氏物語《げんじものがたり》』に出会ったのは、日米開戦を一年後に控えた一九四〇年、大学三年生で十八歳のときでした。タイムズスクエアの本屋に、アーサー・ウエーリ英訳の『源氏物語』が積んであったのです。日本のことは何も知りませんでしたが、値段が非常に安かったので、ともかくその本を買いました。今思えば、あまり理想主義者とは言い難い動機から、私は日本文学に出会ったのです。

そして、その英訳の素晴らしさに驚き、夢中で読みました。戦争の暗く重苦しい世界から逃避するように、私は『源氏物語』の世界に入り込みました。原文はどんなに素晴らしいだろう、原文を読みたい。そう思った私は、日米開戦の翌年、四二年にアメリカ海軍の日本語学校に入学し、日本語の勉強を始めました。

たしかに、外国人にとって日本語は難しい国語です。

英語は、古英語（Old English）であるアングロサクソン語とフランス語が合流してできた言葉であり、日本語は元々あった「大和《やまと》ことば」と漢語が一緒になったもので、英語も日本語も系統の違う二つの国語が一緒になったという共通の背景を持っています。したがって、英語と日本語は共に語彙《ごい》が非常に豊富な国語です。

しかし、アングロサクソン語は、現代人は全く読むことができません。それにひきかえ古い日本語である「大和ことば」は今も使われて、特に短歌《たんか》では、現代の歌人でもほとんど漢語の熟語を使わないで、なるべく「大和ことば」を使うようにしています。

「大和ことば」は、滑らかな流れるような叙情《じょじょう》が感じられ、多くの人はそこに日本語の美しさを感じとります。『源氏物語』は切れ目のない長い文章が特徴の一つになっていますが、この長い文章が、伝統的な日本語の流れるような美しさを印象付けているのです。

文章が長いという日本語の伝統は今も多少は残されていますが、言葉は時代の要請に応じて変化します。現代の日本語は、新聞に代表されるように、熟語がたくさん使われています。文章も短くなり、「……である」と言い切る文体や体言止めが随所に使われています。これらの傾向は明らかに明治時代以降の外国語の影響でしょうが、決してきれいな日本語（「大和ことば」としての）とは言えません。そういう意味で、伝統的な日本語の美しさを守っているのは歌人ということになるでしょう。

誰でも知っている日本語の特徴の一つは、主語を省いたり、文章を完全に終わらせないでおくといった曖《あい》昧《まい》さにあります。フランスには、明瞭ならざるはフランス語に非ず、という諺《ことわざ》がありますが、日本語の場合は、明快にして直截《ちょくせつ》的なものは日本語ではなく、むしろ漠然としている中に日本語の神秘性があり、その曖昧な漠然とした中に、日本人の伝統的な美意識を暗示する、なにか簡素で優雅なものが見つかるのです。

『源氏物語』の冒頭は、「いづれの御時《おほんとき》にか、女御《にょうご》・更衣《かうい》あまたさぶらひ給《たま》ひけるなかに……」で始まりますが、紫式部《むらさきしきぶ》は、それを何時《いつ》とも何人とも明示せずに、あの素晴らしい小説を書き出しています。

私の非常に好きな句に、

枯《かれ》朶《えだ》に烏のとまりけり秋の暮

というのがあります。これは芭蕉《ばしょう》の有名な句ですが、何羽の烏が何本の枯枝にとまっていたのでしょうか。私は烏が一羽、一本の枯枝にとまっていると解釈していましたが、この句を題材に描かれた絵を見ると、たくさんの烏があちこちの枯枝にとまっています。別な絵では、一羽の烏が一本の枝にとまっています。また「秋の暮」は、晩秋と、ある秋の日の夕暮れの二つの意味に取れます。私は晩秋の淋しい雰囲気が出てこそこの句のよさがあると思いますが、日本語の場合、数量や日時は曖昧なのです。この曖昧性のおかげで、この句には日本人の美意識に関連したある暗示が浮かびます。薄墨色《うすずみいろ》の暮色《ぼしょく》の中、一羽の黒い烏が枯枝にじっと止まっている風景。これは日本の無数の詩人が愛した、あの寂々《じゃくじゃく》とした美、また枯山水《かれさんすい》の枯淡《こたん》、日本家屋の白木の美しさにも通じるものではないでしょうか。

日本語の美しさや魅力は、曖昧さからくる暗示力に大きく依存しているのです。

この曖昧性は古典文学に限ったことではなく、今に至るも日本語の特徴です。私が日本語で文章を書きはじめたころ、日本人の友人がよく私の文章を直してくれました。私が「三日間病気でした」と書くと、彼は「三日ほど病気でした」と直すのでした。

日本人はしばしば「……であろう」とか「……しないこともない」とか語尾を曖昧にして、暗示的に文を結びます。ところが西洋人は、「である」か「でない」かのどちらかを聞きたがるのです。

日本語の難しさ

日本語は、世界の国語の中で最も難しい部類に入ります。日本語を学ぶ外国人が特に苦労するのは、複雑な表記法です。

日本の当用漢字は約千八百ありますが、それ以外に人名や地名という固有名詞があり、固有名詞には当用漢字にない漢字がたくさん含まれています。日本語を勉強しはじめたころ、私は漢字に非常に憧れを持ち、まるで切手の収集をするように、珍しい漢字、画数の多い漢字を覚えるのが楽しみでした。現在の日本の若い人は、漢字を書くのに辞書を手放せないといいますが、確かに漢字は難しく、しかも一つの漢字にいくつもの発音があります。

「生」という漢字は、「生《い》きる」「生《しょう》じる」「生《は》える」「生《う》まれる」「生業《なりわい》」「生立《おいた》ち」「生《き》そば」「生《なま》ビール」などと、調べてみると二十ほどの読み方があるのです。こんなことは中国語にもありません。中国語は一般的には一つの漢字に一つの発音です。この読み方の多様さには外国人は大変苦労します。

実は、私は鎌倉末期の『竹《たけ》むきが記《き》』という日記を付けた日野《ひの》名子の発音に迷っています。「名子」は、「メイシ」なのか、「ミョウシ」と読むのか、それとも「ナコ」だったのだろうか。これはもう、冥界《めいかい》に行って本人に聞くしかないでしょう。

明治以前の本にある変体仮名《へんたいがな》も面倒なものです。また、木版で印刷された古い本は、楷書だけでなく行書や草書で書かれています。それを読むのもひと苦労です。

さらに外国人に分からないのは敬語の使い分けです。たとえば、「食べる」は、目上の人に対しては「召し上がる」、友人同士では「食べる」、犬には「食《く》わせる」と、相手によって使い方が変わります。英語にはそれが全くありません。

手紙文の解読には本当に苦労します。日本人の手紙は、伝達という目的だけでなく、書き手の人格をも盛りこもうとして実に見事な文字で書かれてあります。それが達筆すぎて、外国人には（日本人にも）読めない場合が非常に多いのです。

さらに日本を研究テーマにする学者にとって不便なことは、日本の本にはほとんど索引がないことです。したがって、資料探しには、全ての文献に目を通すという、膨大な時間を費やすことになります。ヨーロッパの本にはたいてい索引が付いていますし、イギリスの本には少なくとも三百年前から索引が付けられています。これは非常に便利なものです。日本語の勉強には、他の国語にはない問題にも直面しなければならないのです。

このきわめて珍しい特徴を持つ日本語が外国人に理解できるのだろうか、日本の古典の英訳は可能なのか、と日本人は訝《いぶか》るようです。それに対して、私は、日本文学を広く世界に普及させたいという情熱があって、研究に十分な時間をかければ、ほとんどの作品は翻訳可能です、と答えます。

しかし、いかに磨かれた表現でも人の心に訴えてくるものが少ない作品の翻訳は、大変な苦労が伴います。人間味あふれる作品は、それほど難しいことではありません。古典が生まれた昔の日本は、現在のアメリカや英国と全然違うけれども、そこに描かれた人の感情、心の深いところにある繊細さは永遠に変わらないし、国によって違うこともないからです。日本文学の強い個性が、同時に日本文学の普遍性でもあります。この普遍性があるから、海外でも日本文学は高く評価されるのです。

日本語を学び、やがて日本語で講義をし、日本語で原稿を書くようになって今日まで、胸が熱くなるほどの長い時間が経ちました。その間の私の一番の仕事は、『日本文学《にほんぶんがく》の歴史《れきし》』全十八巻（中央公論社刊）を書いたことです。これには二十五、六年の歳月を要しましたが、『日本文学の歴史』は世界に対する私の遺言であると思っています。

日本語は難しい国語です。しかし、それを学ぶに苦痛を感じたことは一度もありませんでした。きわめて楽しく、おもしろく、夢中で勉強しました。もし、私が文学者でなく、政治家や経済人になっていたら、ここまで日本語のおもしろさを知ることができたでしょうか。

私にとって、日本語は外国語ではないのです。

（一九九八年八月発表）

古くして新しきもの——日本の文化に思う

日本への憂い

昔から外国人が日本を訪ねまして、自分たちが見たもの聞いたことについて、感想とかそういうものを書いてきましたが、一番古いのはもう千八百年ほど前のものです。ある中国人が、名前はわからないんですけれども、日本を見て、まあ日本と申しましても邪馬台国《やまたいこく》というところに行きまして、そこでいろいろなものを見ましたが、当時の中国人としての信条は、文化は中心にだけあるというものでした。中華思想というんですけれども、中国の周囲にいるのは野蛮人ばかりで、北狄《ほくてき》、南蛮《なんばん》、東夷《とうい》、西戎《せいじゅう》と、それぞれ違った名前で呼んでいましたが、それらはみんな野蛮人だという。ところが日本を訪ねた中国人は、そういう先入観があっても、日本人を見てちょっと違う反応を示しました。

二つのことを指摘したんです。一つは、日本人は清潔である。もう一つは、日本人は礼儀正しいということです。それは大変すばらしい着眼でした。現在でも外国人が日本を訪ねた場合、日本人の美徳として必ずこの二つを挙げるのです。千八百年前からちっとも変わっていません。しかし、そこには一種の矛盾がありました。要するに野蛮人でありながら美徳があるということは一種の矛盾のように思われます。そして、それ以来、外国人が日本に来ましてさまざまな観点から日本の矛盾を感じています。これから挙げるいろいろな例からも、それは言えると思います。

たとえば日本に古くて美しいお寺があることに感心する。どんな外国人でも、建築にそれほど関心のないような人でも、日本のお寺の美しさに驚きます。法隆寺をはじめとしてすばらしい建築があり、庭園も、見るべき所蔵品などもあります。それに非常に感心します。それは最高にほめてもよろしいのですが、しかし、境内《けいだい》に駐車場があったり、むかし大変きれいだったお寺のすぐ側《そば》に近代建築が建っていたりして、全然調和しないのです。あるいは中に入ると、すばらしい美術とともに見るべきではないようなものもあります。ごく下手な絵とか彫刻とか、そういうものを見て、日本人の美的センスはなくなったのだろうかと思う外国人は多数います。

あるいは外国人が日本を見て、すばらしい景色に感心します。本当に山とか川とか、どこを見てもきれいだと感じるのですけれども、しかしここでもまた同じような矛盾があります。私個人の話で恐縮ですが、初めて松島《まつしま》を見たのは昭和三十年（一九五五）でした。非常にきれいでした。私はその旅行の一つの準備として『おくのほそ道』を読んでいましたから、芭蕉《ばしょう》の見たものを自分の目で確認できて、本当にすばらしい体験でした。まず瑞巌寺《ずいがんじ》に入って、私が着いたときちょうど二本の大きな梅の木が満開でした。白梅《はくばい》と紅梅《こうばい》がすばらしいものでした。私は本当にそれが忘れられないんです。ところが十年ほど前に行ったときにはちょっと違うことになっていたのです。

瑞巌寺に入りましたら、あっちこっちでガイドさんがマイクを使って人々に説明していました。またみんなが冗談を言い合ったりしていて、すごくやかましいところでした。しまいには、もうここにいられないと思いました。本当にもっと長くいると気が狂うのではないかと心配しました。それで逃げたのです。海岸まで逃げてほっとしました。そのとき足もとから「次の遊覧船は……」といった声が聞こえてきました。見たら拡声器が並んでいたのです。私はもう、どこでもいいから音が聞こえないところへ行きたいと思いました。

そういうふうに日本の従来のすばらしいものが汚されたという感じがよくあります。

　あるいは、日本の料亭へ行く人は昔から現在までその美しさに感心します。まずお座敷がきれいですし、床《とこ》の間《ま》があって、きれいな掛け軸もあって、生け花もあって、またちょっと外を見たらきれいな庭があります。まもなく仲居《なかい》さんが来て、彼女もきれいな服装をしています。文句一つありません。食べ物もおいしいです。大変楽しいのですが、しかし最後はちょっと問題があります。それは勘定です。勘定を見てびっくり仰天するんです。信じられないと外国人は言うんですよ。確かにおいしかったです、確かに楽しかったですけれども、一人八万円はちょっと高すぎる（笑）。外国でどんなに贅沢《ぜいたく》しようと思っても、パリの一番高いところへ行っても、そこで最高のいいワインを飲んでも、そんな値段にはならないんです。決してならない、なるはずがないんです。ですから、外国人は日本でその値段におどろきます。ここにも一種の矛盾があります。

　似たような矛盾なんですけれども、外国人が日本に来ると必ずと言ってもいいぐらい日本の女性の着物に感心します。あるいはどうしてすべての女性が着物を着ていないかとか、着物の方がどんなきれいな洋服を着るよりもきれいなのに、どうしてわからないかとか、そういうふうなことを言うんですが、しかし、そういうことを言う人は値段を知らないんです（笑）。知っていたら、やはり無理だということがわかるはずですが、そういうふうな矛盾があります。

　また、礼儀正しさは今でも本当にあります。他の国とくらべると日本人はたしかに礼儀正しいし、親切です。しかしだんだん変わりつつあるような気がします。たとえばこういうことがありました。ちょうど二週間前ですが、私は佐賀県で講演しました。泊まったホテルは現代的でしたが、和風建築で、中に入ったら畳の部屋ばかりでした。私は夕方入りまして、食事を食べてからいつ床《とこ》を敷いてくれるかと思っていたのですが、いくら待ってもだれも来ない。しまいにフロントの人に電話をかけたら、「お客さまのやるべきことだ」と言われました。それはちょっと意外だったです。将来はそういうことが多くなるんじゃないかと私は予想します。女中《じょちゅう》さんの数も少ないので、客が自分でやるべきことになるんだろうと。

かつて、十年前のことですが、中国を旅行しました。歩いて自分の靴がほこりっぽくなりまして、なにかきれいにするものはないかと、きわめて下手な中国語でメイドさんに頼んだんですが、「自分でやればいい」と言われました。そういうことはあるいは世界万国共通になるんじゃないかともうかがわれます。要するに日本には大変美しいものがあるけれども、それを否定するような要素も増えつつあります。

一般の外国人は日本に来て、それほど長く滞在することはありません。そして、観光客など多くは日本からきわめていい印象を受けます。そうでない人は実に少ないと思います。しかし、もしもそういう外国人が日本語が読めたらどういうことになるか。つまり日本の新聞が読めたら同じ印象を受けるかどうかが問題になります。

日本人はもちろん新聞を毎日見ていますから驚かないんですけれども、外国人が日本に来ると、日本人はみな親切で自分の国よりも丁寧だなとか、または自分の国より子どもが親たちに対して礼儀正しいとか、全然自分の国と違うと思いたがるのです。一種の理想として、自分の国にもそれが昔あったかも知れないけれども今はないから、日本ではまだその理想的な関係が続いていると信じたいのです。ところが新聞を読むと、子どもが母親を殺したとか、父親が子どもを殺したとか、毎日のように新聞に出ています。そういうことを読んだ外国人はどう考えたらいいかわからなくなるでしょう。

人を殺す話だけではありません。たとえば登校拒否のような現象もあります。以前の日本では想像もできないことだらけです。私は多くの記録を読んできましたが、昔はそういう現象はありませんでした。明治時代から日本人は争って学校へ行きたがったのです。子どもたちは学校がいつから始まるかと待ちかねていたのです。しかし、いまは学校へいくことを嫌っているのです。

あるいは学級崩壊という恐ろしい現象があります。それは他の国にはあまりない風潮です。少しはありますけれども、しかし、新聞の記事になるのは日本の方が多いでしょう。私の知人で自分の子どもが十五歳か十六歳になったので少し働きたいという女性が、どこかの小学校か中学校に勤めたのですが、子どもたちがあんまり怖いから続けたくない、やめたいと言い出しました。普通に見かけるのは非常に素直な子どもたちで、とてもかわいらしいのですが、新聞の記事を信用するなら——あるいは新聞記事は事実を誇張しているかもしれませんし、誤った形で伝えている可能性もあれば、より興味を引くようにするために事実を多少変えているかもしれませんが——ともかく外国人が日本の新聞を見たら、自分の見ている世界と全然違う世界も日本にあるということが初めてわかるでしょう。

　最近、日本人からも私にとって全く意外な発言を聞くことがときどきあります。以前だったら、もっと努力しようとか、日本は世界一になるだろうとか、それを信じている人が私の友人には多かった。しかし二、三年前から、日本はだめだとか、どんなことがあっても日本は立ち直らないのじゃないかとか、そういうふうな話をする人が随分増えました。以前は、特にバブル時代には日本人は大変自信があって、あるいは自信がありすぎてと言えるでしょうか、自分たちのお金でなんでも買えると。実際、日本は世界でなんでも買っていたんです。それはうそではありませんでした。そういう事実から考えますと、いまの日本人に自信を失った面があることは意外です。

　いまは一種の自虐性があると思います。実は日本はそんなにひどい状態ではないけれども、現在の悪い状態を楽しんでいる。楽しむというのはあるいは変かもしれませんが、そういうふうな印象を受けることがあります。しかし、客観的に考えますと、日本はまだ大変いい国です。私は世界をかなり見てきましたけれども、ある意味では、日本はおそらく世界で一番住みよい国ではないかと思います。

　日本人は現在日本を否定している。日本はだめだからどこか外国へ、スペインのような生活費の安いところへ行って、そこで自分の最後の時を過ごそうかと考える。しかし、考えてみると、新聞には大きく出ていても、日本は犯罪が少ない方です。夜の二時に東京の住まいから外出しても、全然緊張しません。恐ろしいことがあるだろうとは絶対思わない。何時にどこへ行っても全く平気です。

しかし、多くの外国ではそうはいかない。午前二時に一人で暗いところを歩いていても、何もないかもしれません。多くの場合はそうでしょうが、しかし、潜在的な恐怖感があります。それを抑えながら、なるべく二人で歩くとか、あるいは明るいところを歩くとか、そういうことが必要ですけれども、日本の場合はそういう心配は無用だと思います。そういう意味では日本はまだ秩序が守られているということです。日本人がそれを感じているかどうかわかりませんが、外国人として私はそれを深く感じています。

また、いまの若い人たちが丁寧な言葉を使わないとか、無礼な発言をするとか、それは事実かもしれませんけれども、しかし、それはわずかな人たちのことで、多くの日本人はそうではありません。いろいろ矛盾といいましょうか、それはありますが、何が望ましいか、日本人は何をこれから望んでいるかということが大きな問題です。

その意味でも教育はこれからの日本の一番大きな問題ではないかと思います。他国の生徒と比較したら、日本の生徒の成績はいいのです。たとえば数学の場合は、外国の同じ程度の中学生よりも日本人の方が上です。しかし、比較できない場合はどうか。たとえば日本語の場合、あるいは日本の歴史や文学の場合はどうかということになると、私はあまり自信をもって返事ができないのです。

二、三年前に全く信じられないような経験がありました。東京大学で外部評価がありまして、つまり東大関係者でない人、東大出身でない人がある学部を見て報告するのです。私は国語、国史の外部評価を担当しました。すると、東京大学の大学院に、日本人の学生がいなかったのです。国語の学生でどういう人がいたかというと、韓国人と中国人がほとんどで、ヨーロッパ人とアメリカ人が少し。日本人は一人もいませんでした。信じられないことです。日本人はそれほど日本語そのもの、あるいは日本文学、日本歴史に関心がないのかと私は思いました。これはたまたまのことだったかもしれません。しかし、私が見たかぎりそうなんです。

また、ちょうど一週間前、私は慶應《けいおう》大学で講演しました。講演のあと、四、五人の学生が私ともっとゆっくり話がしたいと言いました。私は喜んで一緒にお茶を飲んだんですが、一人は国文学をやっている若い女性でした。「友達に自分が国文学をやっていると言うと、みんな笑うんです。あれは一番やさしいでしょうとか、あるいはあまりためにならないでしょうとか。だれ一人、賛成しないんです。だれ一人、いいことをやっていると言ってくれないんです」と彼女は言いました。そして私に、外国人の私に、「国文学を勉強する値打ちはありますか」と訊いたのです。それは私にとって全く意外なことでした。

さらに、正しい日本語ということもあまり問題にされていないんです。もちろん問題にしている人もいます。中学校の先生とか、そういう人は大変問題にしていますけれども、多くの人は、自分は日本人だから当然自分のしゃべっていることはそれでいいのだと思うのでしょう。しかし、心配する余地はあると思います。心配する人に、たとえば作家の丸谷《まるや》才一《さいいち》さんがいます。彼は頑張って旧仮名《きゅうかな》づかいを使っています。なぜ旧仮名をつかうかというと、やはり日本語の歴史、日本語という言葉を大事にしているからです。私は旧仮名づかいのほうがいいとは申しません。もう遅いです。もし四十年前でしたらまだ可能性がありました。もう遅いし、絶望的な実験だと思いますけれども、しかし、丸谷さんがやっていることは尊敬しています。彼はやはり、いい日本語があると思っています。これが正しい日本語、あるいは正しくない日本語と言える人なのです。

たとえば私が谷崎《たにざき》潤一郎《じゅんいちろう》賞の選考委員の一人であったときに、丸谷さんもその一人だったのですが、丸谷さんはある小説家の日本語を問題にしました。「何々を触って」と書いてありました。丸谷さんは「何々に触って」という意味で「こういう日本語を使う人は日本語を知らぬ人だ」と言っていました。いまの日本人の多くはあまり国語を考えていないのです。またそれを問題にする人でも、たとえば悪いのは外来語の氾濫《はんらん》だと言うのですが、それはとんでもない間違いだと思います。外来語は人気があるのです。広告によく出るのです。でも、すぐ捨てられるのです。それは日本語そのものとほとんど関係がありません。日本語の上になにかつけているだけです。ちょうどアメリカのケーキの上になにか甘いものをつけるように、外来語を日本語につけたに過ぎないのです。
調べたら、たとえば日本の新聞に何パーセント外来語が出ているかというと、大体三パーセント。これらは若い外来語です。あとの九七パーセントは「大和ことば」か漢字熟語です。問題は外来語ではなく、日本人の無関心にあると言っていいでしょう。汚い日本語、日本語らしくない日本語でもいいと、「私がこうしゃべっているんだからこれでいいだろう」と、そういう態度を多くの日本人は認めてしまっているわけです。

美しい自然と季節感

では、古くていい日本のものが今でもあるのかということになります。たとえば食べ物。日本人は確かにハンバーグが好きだし、ケンタッキー・フライドチキンとかも食べていますが、しかし、ご馳走《ちそう》という場合はそういうものを指していない。ご馳走の場合はやはり、しかるべき部屋でお刺身《さしみ》とか焼き魚とかを食べる。要するに日本食がいまでも日本人にとってご馳走です。一番食べたいものです。外国に長くいるような日本人はその外国の料理よりも日本の料理を求めるのです。

私の知人がある会社の仕事でパリへ行ったんです。彼は大きな会社の人で、いいホテルに泊まっていたし、食堂でなんでも注文できましたが、毎日自分の部屋でインスタントラーメンを食べていました。それを聞いて私は、なにか悲しく感じました。インスタントラーメンよりおいしいものがいっぱいあります。探せばパリにはなんでもあるはずですけれども、しかし、その人はどっちがおいしいとか、どっちがまずいとか考えていなかった。ただ自分が食べたいものを探しただけです。そして、彼はそのときインスタントラーメンがいいと思った。おにぎりがあったら、より嬉しかったでしょうが。とにかく日本料理が昔も今も日本人にとって一番おいしい食べ物だと思います。

日本の料理には中国から入ったものがたくさんあります。皆さんご存知のように、醤油《しょうゆ》とか豆腐とかはもともと中国のもので、しかし、現在日本料理になくては淋《さび》しいものです。ただ、日本人は中華料理が好きでも、毎日は食べたくない。私はあるとき日本人のツアーの副団長として中国へ行きました。三週間ぐらい毎日三食とも中華料理でしたが、そのとき日本人は、「脂っぽいものはもう充分だ」とか、そういうことを言って、どこからかわかりませんが、日本の食べ物を出してきました。やはり慣れ親しんでいる日本料理が一番よかったのです。

もう一つ日本に古代から現在まであるものは、食べ物とは全く違うんですが、食べ物とも関係があります。それは季節感です。日本人において非常に発達したものです。食べ物と関係ないと思えますが、非常に関係があるんです。つまり季節感があって、その時期にどういうものを食べるかを決める。今は一年中苺《いちご》が食べられ、苺は春のものでなく冬のものになりました。ハウスでできた苺が普通で、野生の、あるいは自然にできた苺とは季節が違うんです。しかし、日本人は大昔から季節に非常に敏感で、そしてそれは日本文化に非常に大事なものであると思います。

たとえば日本の代々の勅撰集《ちょくせんしゅう》がありますが、『古今集《こきんしゅう》』以来、そこに採られている和歌《わか》がどのように並べられているかというと、それは季節によってです。春二巻、夏一巻、秋二巻、冬一巻、そういうふうになっています。私の知っているかぎり、他の国に詩歌《しいか》のそういう並べ方はないんです。他の国ではだいたい作者、詩人によって作品をまとめてある。あるいは年代順の配列もあります。しかし、季節によって並べることはほとんどないんです。

もっと不思議な例があります。演劇の場合でも季節感が非常に鋭いんです。お能《のう》の場合は決定的です。もし『野宮《ののみや》』のような能を春に上演しますと、どうも合わない。気持ちが出ない、おかしいというような感じがするんです。そういうふうに演劇の場合でも季節感が大変すぐれているし、決定的だと考えられます。西洋では全く問題外です。多くの作品は季節は書いてありません。あまり寒くないだろうとか、あまり暑くないはずだとか、そういうような感じはします。非常に暑ければ『ハムレット』は公演できなかったでしょう。逆に雪がその年大変降っていてハムレットは自分の宮殿の中で暮らさねばならなかったとか、そういうようなことは外国の演劇の場合考えられないのですけれども、日本の場合はごく普通に考えられています。なんでも季節感が非常に重要です。

そして、それと関連して日本の自然があります。日本人は本当に自分の国の自然を愛しています。ならばそもそも自分の国の自然を嫌う国民がいるかということになりますが、もちろんいないんです。スイス人は山の多いことを喜びます。オランダ人は山のないことを喜びます。同じように自分の国が一番いいと思いたがることはありますけれども、しかし、日本の場合はちょっと特別です。要するに外国人も同じような意見なのです。外国人が日本に来て、自分の国を忘れるほどです。自分の国にこれほどきれいな景色はないと思えます。それは日本のいたるところに見られます。富士山は一番有名です。外国人が富士山の美を讃えると、日本人はよく外国人をばかにします。「富士山、芸者ガールが好きですか」というふうに訊くんですけれども、しかし、素直に富士山をほめてもいいと私は思っています。そして、日本のきれいなところはまだ残っています。

私の友人のひとりは、日本のどこが一番いいかと思って、わからないから鹿児島まで歩きました。そして、徳島県と高知県の県境、あの辺は海岸線が自然で、海の家とかそういうものが全くなく、きれいな島が見えるし、本当にすばらしいところだという結論に達しました。以前はそういうところがもっともっとたくさんありました。今は景色のいい海岸に高速道路があったりして、自然の美を否定するようなものも多いですけれども、しかし、今でもまだすばらしいところがあります。

川端康成《かわばたやすなり》がノーベル文学賞を受賞したときにスウェーデンで講演しましたが、あのときの講演の題は、文学ではなく、『美《うつく》しい日本《にっぽん》の私《わたし》』でした。それほど日本の美しさは川端先生にとって大切でした。決定的でした。戦争が終わったときに川端先生は、戦争の間、「私は日本人の中で一番苦労が少なかった。いいところの鎌倉《かまくら》に住んで、食べ物に困ることもなかった。余生をどうするかというと、日本の美を書く」というふうに言ったんです。そして、日本の美の中には日本の美人も入っていました。

とにかく昔から日本には美があって、今も残っています。しかし、今のうちになにかしなければ、その美が消える可能性があります。たとえば、いたるところに分譲地ができてどうなるかということです。ずいぶん前の話ですが、新聞に一ページ大の広告が載りました。軽井沢の広告でした。そして川端先生がこの美を守るべきだと書いていました。先生は本気でそれを書いたと思いますけれども、しかし、その広告の目的は違っていて、分譲地を売ることだったのです。せっかくの美を壊すことだったのです。

幸いなことに、日本人が昔から現在まで一番好んでいる建築は日本建築、日本の家屋です。大抵の日本人は充分なお金があったら日本風の家、木材建築の家に住みたい。そこに適当な広さの庭があればなおさらよく、純和風が無理ならそれに近いものでいいから落ち着ける部屋がほしいと思っていますが、しかし、それは現在非常に実現しにくいので、多くの人はマンションに住んでいます。しかし、マンションはそもそもいつからできたものかというと、あれはオリンピックの頃でした。それ以前、私の知っているかぎり東京にいまのようなマンションはなかったのです。いまは日本のどこにいっても何階建てかのマンションが建っているんですが、私はそれは喜ばしいことではないと思い、なんらかの形で日本人が今でも愛している日本の建築が実現できたらいいと思います。

少なくともマンションに和風の雰囲気があってほしい。日本人は畳の上での生活が好きです。小さい部屋が好きです。私は何回もニューヨークの私の家をしばらくニューヨークにいる日本人の学者に貸したことがあります。そして、そのたびにほぼ同じ話を聞きました。私の家は応接間が大きくてハドソン河に面しており、いい景色です。ほかに食堂もあります。寝室も二つあります。しかし、日本人が一番好きだと言う部屋は、一番小さい部屋でした。もともと女中部屋だったのです。そこが一番暖かい気持ちになるというのです。そこが一番日本的な雰囲気があるんです。あるいは日本人を含む何人かの客がきて、そしてアメリカ人の客が帰ったあとで残った日本人は靴を脱いで絨毯《じゅうたん》の上に座り、友達同士で日本の雰囲気をつくる、そういうことが何回もありました。そういう昔からある日本の建築は、いまでも人気があると思います。なんらかの方法でそれを保存してほしいと願っています。

日本人の遺産

私は文学が専門ですから、ここから少し文学の話をしようと思います。

一つ不安があります。私はこれまでの日本文学の教え方は基本的に間違っていると思います。多くの人は入学試験を終えると、二度と古典文学を読まないようです。読む場合もありますが、特別の場合です。現代語訳で読めるような場合です。『源氏物語《げんじものがたり》』を原文で最後まで読んだ人は非常に少ないと思いますけれども、たとえば瀬《せ》戸内寂聴《とうちじゃくちょう》さんの現代語訳だったら百万部以上売れたのです。ですから、日本人が『源氏物語』を嫌っているということではないんです。むしろ日本人にとってどんな小説よりもおもしろく読めるはずです。しかし、原文は難しくて読まないのです。

私がもしこれから文部大臣になるとすれば——なりませんから安心してください（笑）——国語、国文学の教育はまず現代語訳でやるべきだと言います。特別な人、特別に国文学に関心があって、自分の一生の仕事を国文学にしようと考えている人は原文で読むべきだと思いますが、そうでない人がどうして古語《こご》に苦労しなければならないのかという問題があります。

あるとき東京の外国人記者クラブで講演しました。その中で『源氏物語』の話をしまして、すばらしい文学であり、私にとって非常に大切だ、私にとって救いになった時代もあった、戦争の始まる頃だった、などなど、私が『源氏物語』をいろいろほめてから質疑応答がありました。外国人記者クラブでしたけれども一人の日本人が手を挙げて質問しました。「われわれ日本人は『源氏物語』を読んで、非常に退屈だと思っています。どうして先生はほめるのでしょうか」と。私は全く返す言葉がないという気持ちでした。そして、しまいにこう返事をしました。「あなたはお気の毒です」と。なぜ気の毒だと思うかと言えば、受験勉強の一環として『源氏物語』を勉強して、「ここは『ぞ』と書いてある」、「係り結びだから」とか、そういうことばかり教えられたら、確かに『源氏物語』を楽しめることはないと思います。

どうしても現代語訳でなければわからない、言葉はわかっても、そのよさが、文学としてのよさがわかりにくいということがあります。現在外国には、日本よりも『源氏物語』の翻訳書が多いかもしれません。外国では現代の英訳、現代のフランス語訳、現代のドイツ語訳で読んでいますから、結果として、全然苦労しないですばらしい物語を読めています。日本人は大変苦労していやいやながら『源氏物語』を読むようですが、しかし日本文学は日本人にとって大変な遺産です。それをないがしろにするのはよくないと思います。どうしても日本人は日本文学を知るべきだと思いますけれども、受験勉強以外では読まないと聞いて本当に私は残念に感じています。

日本文学にはいろいろおもしろい特徴がありますが、その一つは短歌《たんか》です。短歌は現代の用語で、もともと歌とも言うし和歌とも言います。少なくとも千年、千数百年前から日本で詠《よ》まれてきました。日本人はその長い間、たとえば漢詩《かんし》とか俳句《はいく》とかいろいろありますけれども、短歌を忘れたことはないのです。いつもそれが中心だったのです。そして現在でも続いています。私はすべての外国文学を読んでいるわけではないですけれども、外国に同じような例は全くないと思います。つまり、一つの詩型が千年以上前から残っていて、それが今でも日本人にとって意味があること——これは全く不思議なことです。私はそれを大事にしなければならないと思います。

短歌は仮名で書けば三十一文字しかない、あるいは俳句は十七文字しかないので、どうしても暗示に頼らなければならないんです。ただ淡々と自分の見たものを詠んだのだったら、たいした短歌にならないし、俳句にも絶対ならない。どうしても暗示的な面がなければならないんです。そして、その暗示的なことが日本人の一つの特徴だと思います。短歌や俳句だけでなくあらゆる面で、直感的にわかったもの、あるいは直感的に見てそのよさがわかったものを捉えて表現するのは、日本独特だと思います。そういう潜在的な技能があって、美しく表現しているんです。日本の西洋音楽でも、たとえば武満徹《たけみつとおる》さんの音楽はいまや古典になっています。世界的に認められています。しかし、武満徹さんの音楽はどちらかというと暗示的です。写実的とか説明的な音楽ではなくて、一部分だけ言って、あとは聴く人の耳、聴く人の心にまかせているんです。それが武満さんの音楽です。そしてそれは短歌と共通だと思うんです。

　絵画でも、日本は写実的な絵よりも、暗示的な絵の方がすぐれています。昔から日本の掛け軸は、説明的でも写実的でもない線を描いて、それが山だとか、秋の山だとか、秋の夕方の山だとか、特に日本人が見るときに、そういうふうに感じさせることができます。そういう面は日本人に大昔からあったのです。そして現代にも残っています。現代的にそれを発揮できます。日本人がやろうと思えば、他の民族ができないようなことができます。そういう面で日本人は理解が早いと言いましょうか。あるいは半分だけ言って、あとは他人が補うということもあります。

　これはあまりいい例ではないんですけれども、たとえばテレビやラジオ番組の最後で「では、このへんで……」と言うんです。「このへんでなに？」とはだれも訊かないのです。言わなくてもわかるから言わない。

　私が初めて留学したのは京都でしたが、最初の体験の一つが忘れられないんです。ある店へ行って、ほしいものを伝えると、女性の店員が、「ちょっとないんですけど」と言ったのです。私はちょっと待ちました。「ちょっとないんですけど、隣へ行けばある」ということなのか、「来週来ていただければあります」と言われるのかと。でも待っても待ってもなにも続きがなかったのです。それはいかにも日本的な表現だと思います。言わなくてもいいようなことは言わない。それは現実の生活には非常に大切ですが、自然科学の場合にはむしろ欠点でしょう。

　日本語におもしろい言葉があります。腹芸《はらげい》です。腹芸は、言葉で人に伝えないのです。別に言葉にしなくてもなんとなく伝わるような面が日本語そのものにあります。そして日本語は日本人にとって一番大事なものだと私は思っています。他のものを捨てても日本語を大事にしなくてはならないと思います。日本語は他の言葉、他の国語と違うんです。他の国語よりいいとか優れているとか言っているのではないんです。すべての国語にいいところがあります。すべての国語に他の国語にないようなおもしろさがあります。しかし、日本人は国語をもっともっと大事にしなければならないと思います。今は危機です。もし今ここで注意しなければ、どんな日本語ができあがってしまうかわかりません。

　昔の話ですが、はっきり言うと昭和三十年（一九五五）ですが、私は台湾へ行きました。当時の台湾では大抵の人が日本語を話せました。しかし、その日本語は日本での日本語とちょっと違っていました。敬語がなかったのです。私はそれを知りませんでした。当時、汽車に乗ると窓から煤煙《ばいえん》が入ることがありました。トンネルに入るときに、隣の人に「今度のトンネルは長いですか」と訊いたら、「長いよ」と言われました。あるいは私たちが帰るとき宿の女中さんは「チップちょうだいよ」と言いました。私はこれが未来の日本語だと思いました。幸いにまだ日本語はそうはなっていません。

　いまでも日本語はきれいな言葉で、まだ敬語が残っています。敬語のない日本語は考えられないと思います。

　日本人には遺産がいろいろあります。いくつか申し上げましたが、中でも日本語は一番大切で、古くからあって、また未来にもっと発展する可能性があります。以前には外国人が日本語を覚えることはまずなかった。私の時代より前は日本語を知っている外国人は数えるほどでした。確かに日常的に日本語を使う人はいました。買い物の場合の日本語はできたんですけれども、日本語の原文で古典文学も現代文学も読めるような人はほとんどいなかったのです。現在は全然違います。世界中に日本語学校があります。その中には、日本語を覚えて得意になるためとか、日本人の団体が来たときにガイドさんができるようにとか、その程度のものもあります。あるいは商売に便利だろうとか、店の看板を日本語にできると日本人の客が来るからとか。

しかし、それは別として、本当に日本に深い関心がある人がかなり増えましたので、これから日本語は世界的な国語になります。

以前は日本だけの国語で、そして日本語という「城壁」の中で日本人は生活して、外国人が中を見ることはできないと思っていました。いまは外国人が中を見ることができるようになりましたから、日本語の良さは大事な問題です。

私はどちらかというと楽天的ですけれども、しかし、私も相当な歳ですから、未来は知ることができないのです。予言者の資格はありませんが、しかし、私はこのすばらしい日本語が、以前から長く残っている文化が、未来も発展していくように願っています。

（二〇〇一年十月十四日講演）

なぜ、いま「日本国籍」を取得するか

私は米海軍に属していた一九四五年に初めて日本の土を踏んで以来、日本という国、日本人を愛し続けて来ました。日本国籍については以前から考えていましたが、三月十一日（二〇一一年）の東日本大震災によって真剣な決意へと変わりました。テレビに映る震災の様子は本当に衝撃でした。ＮＨＫもこの時ばかりはアメリカで無料で報道番組を放映したので、アメリカにいても、日本と同じく、三陸を襲う漆黒《しっこく》の津波がずっと映し出されていたのです。黒い津波が人間や自動車、建物を押し流す様は目を覆《おお》いたくなる恐ろしさでした。日本に住んでいると日常的に地震を経験しますが、これほどの規模は未経験で、想像をはるかに超える津波にも非常なショックを受けました。しかし、目を背けてはならないと自分に言い聞かせ、津波の映像を見続けました。東北の人々、それに私の知人は無事なのか、あるいは日本に留学して初めて訪れた中尊寺《ちゅうそんじ》は無事だろうかと思いを馳《は》せながら、その悲惨な光景をずっと見ていました。

その後、福島で原発事故が起き、放射能の被害を怖れた外国人が続々と日本から逃げて行くニュースに接した時には怒りを感じました。本当にけしからんと。同時に、私はそんな外国人とは違うと明確な形で日本のみなさんに示したいと思ったのです。私は三十年前から日本の永住権を持っていますから、ひとたび入国

すればそのまま日本に滞在も出来るし、また、「日本は世界一素晴らしい国だ」といった趣旨の論文を発表することも可能ですが、しかし、それだけでは不十分だという意識が徐々に芽生え、ついには日本国籍を申請しようという決意へと至るのです。

今年の一月に腎臓《じんぞう》の機能低下に発した重症の痛風を患《わずら》い、三週間、東京で入院しました。最初は深刻な容態が続き、懸念した周囲の人々は私が寝たきりになるか車イスかと真顔で語っていたそうです。幸い、医師や看護師の尽力で回復しましたが、自分にはあとどれぐらいの時間が残されているか、残る生涯をどこでどう過ごすべきか、真剣に再考して、余生を過ごすのは日本だと心から思ったのです。

「よくぞ決意してくれた」

今日（六月十八日）、私は八十九歳になりましたが、これまで有意義な人生を送ってこられたのもひとえに日本のみなさんのおかげです。多くの友人はもちろん、病気に際して献身的な治療にあたってくれた病院の方々、そして民間の団体、政府が私に贈ってくれたさまざまな賞や勲章の数々に対しても、何とか感謝の気持ちを示したいと、長年思って来ました。国籍を取得したいという気持ちの裏側には、日本に対する長年の感謝の念があるのです。私の決断に驚く人もいましたが、反対する人はいませんでした。むしろ、「よくぞ決意してくれた」という反応が大半でした。

今回、これだけの大惨事に見舞われながら、大きな混乱も生まれず、粛々《しゅくしゅく》と落ち着いた行動を取り続けた日本人の態度は、世界中の知るところとなっています。災害に乗じて略奪が起きる国も多いのですが、日本ではそういうことは一切なく、世界の人々は日本人をあらためて見直したと言えるでしょう。

今回の件で思い出したのが、一昨年出版した『日本人《にほんじん》の戦争《せんそう》』（文藝春秋）で紹介した作家・高見順《たかみじゅん》の日記です。高見順は太平洋戦争の末期に中国の青島《チンタオ》から戻って来たあと、上野《うえの》駅で列車を待つ日本人がみな整然と並んで落ち着いており、中国人と違って大騒ぎしないことに驚き、その様子を日記の中で讃えています。中国滞在中に人々が列車の駅で我先にと押し合いわめき合う姿を目《ま》の当たりにしていたからです。そんな中国人と上野駅で見た日本人を比較して、彼はこう記しています。

私の眼に、いつか涙が湧いていた。いとしさ、愛情で胸がいっぱいだった。私はこうした人々と共に生き、共に死にたいと思った。否、私も、——私は今は罹災民《りさいみん》ではないが、こうした人々の内のひとりなのだ。（中略）そして心から日本を愛し信じている庶民の、私もひとりだった。

このように謙虚で落ち着いた日本人の振る舞いは、今も変わらぬ国民的な美徳だと思います。私も高見順とまったく同じ気持ちを抱いたのです。

阪神《はんしん》・淡路《あわじ》大震災（一九九五年）やインドネシアのスマトラ沖地震（二〇〇四年）、昨年の中米ハイチの地震でも多くの方が犠牲になり、アメリカ人も大きな悲しみを抱きました。しかし、それにも増して東日本大震災に対するアメリカ国内での受け止め方はかなり特別なものでした。日本を知る人、訪れたことのある人だけではなく、日本にあまり興味のない人までもが、総じて日本人のために何かしたいと考え、寄付などの援助活動を行ったのです。私ももちろん少し寄付させていただきました。ニューヨークのど真ん中にあるタイムズスクエアには、日本語で「がんばれ、日本」という看板も出ていました。アメリカではこれまでにないほど親日感情が高まったと言えるでしょう。

『日本文学の歴史』（中央公論社）の執筆を開始した一九七六年頃から、一年の三分の二を東京で過ごし残りをニューヨークで過ごす生活を始め、やがて定年を迎えた後もコロンビア大学で名誉教授として約二十年間、日本文学の授業を続けました。今年の四月二十六日の最終講義で、五十六年にわたる教授生活にもピリオドを打ちました。今は晴れやかな気持ちでいっぱいです。もう授業がないので、学生や同僚に会う喜びはないのですが、存分に好きな研究に打ち込める別の喜びを感じています。現在、雑誌「新潮」で正岡子《まさおかし》規《き》について連載し研究を続けていますが、先日、友人から平賀《ひらが》源内《げんない》の研究をしないかとの提案を受けました。源内は拙作『日《に》本人《ほんじん》の西洋発見《せいようはっけん》』（中公文庫）でも取り上げたことがありますが、大変、面白い人物です。四国の彼の家も訪ねたことがありました。しかし、子規の時もそうでしたが、まず、相当な資料を読み込まなければなりません。『子規全集』二十五巻を通読しましたが、新たな対象が何であろうと、どんな視点で執筆すればよいか熟考することが欠かせません。この作業段階がなかなか大変ですから、新しい研究として定めても、すぐに書き始めることにはならないでしょう。これまで『明治《めいじ》天皇《てんのう》』（新潮社）、『足利義政《あしかがよしまさ》と銀閣寺《ぎんかくじ》』（中央公論新社）、『渡辺崋《わたなべか》山《ざん》』（新潮社）などの伝記を書いてきましたが、他には石川《いしかわ》啄木《たくぼく》にも大きな関心があります。平賀源内と石川啄木を同時に書くのも面白いかも、とさえ思っています。

締めくくりとなった今季の講義は、十一人の学生に能《のう》の五つの謡曲《ようきょく》を原文で読ませました。まずは一番やさしい『船弁慶《ふなべんけい》』から始め、ついで『班女《はんじょ》』『熊野《ゆや》』『野宮《ののみや》』『松風《まつかぜ》』と徐々に難度の高いものを取り上げました。若い学生にとって決して簡単に理解できるものではなく、それぞれが苦労しながらも、詩句の美しさに打たれて、深く感動していました。日本の古典文学を心から愛している学生たちですから。

最終講義のあと、意外な驚きがありました。学生たちが私の退官記念にと小切手を贈ってくれたのです。花束よりもずっと実用的でした。私は以前から図書館に特別の関心がありましたが、それを知る学生たちが、私が好きな本を買って寄贈出来るようにと、お金を集めて小切手にしてくれたのです。これには本当に感激しました。本さえあれば、日本文学に関心を抱く後世の人々にも受け継がれて行くのですから。

思えば日本人や日本文学との縁は不思議な偶然の積み重ねとしか言いようのないものです。戦時中、日本語を共に学んだ仲間も、戦後には多くが中国語や他の分野に流れ、日本語から離れて行きました。当時の常識では、日本が立ち直るには少なくとも五十年はかかると目され、これからは中国だという見方が強かったのです。私もなぜ日本語を続けるのかと散々言われましたが、しかし、あえて日本語を選びました。その後の日本文化研究の発展を思うと、私は実に幸運だったと思います。

三島さんの伊勢エビ

日本文学との決定的な出会いは『源氏物語《げんじものがたり》』でした。ヨーロッパでの戦線が日増しに悪化する中で、タイムズスクエアの本屋で安価に売られていたアーサー・ウエーリの訳本を見つけ、何となく手に取ったのが、すべての始まりです。私は、その美しさに取《と》り憑《つ》かれたのです。この日本語の世界を堪能《たんのう》したいとの思いが募り、やがては角田柳作《つのだりゅうさく》先生に師事して、日本文学を学ぶようになりました。先生は明治生まれの学者でしたから、漢文も古典も自在に読めました。非常に熱心な方で、芭蕉《ばしょう》の『おくのほそ道』から西鶴《さいかく》の『好色五《こうしょくご》人女《にんおんな》』まで、さまざまな古典文学を紹介してくださいました。戦時中、海軍日本語学校で日本語を学んだ私ですが、『源氏物語』となると、たった一行を理解するにも一日がかりとなることがありました。しかし、辛いとは全く感じず、それどころか漢字を覚えるのも大好きで、新しい字を覚えるたびに、何か一つの宝石を手に入れた、そんな感覚を得たものです。

憧れの日本の地を初めて踏んだのは一九四五年十二月。東京は焼け野原でしたが、日本に来られたこと自体が大感激でした。わずか一週間しか滞在できませんでしたが、東京だけではなく、鎌倉《かまくら》、日光《にっこう》へも足を伸ばしました。その後、再び日本に戻ったのは一九五三年、奨学金を得て京都大学に二年間留学した時です。親友のオーティス・ケーリ君の紹介で今熊野《いまくまの》にあった下宿に入りました。下宿といっても飛騨高山《ひだたかやま》から京都に移築された国宝級の家で、奥村綾子《おくむらあやこ》さんという方のお宅でした。ここで一生の友となる永井道雄《ながいみちお》さんと知り合ったのも私には重要な出来事でした。永井さんから中央公論社社長の嶋中鵬二《しまなかほうじ》さんを紹介され、さらに嶋中さんを介して三島由紀夫《みしまゆきお》、安部公房《あべこうぼう》、吉田健一《よしだけんいち》など、日本の素晴らしい作家の知己を得たのです。本当に楽しく、かつ大事な一時期でした。

中でも三島さんはよく食事に誘ってくれました。コロンビア大学から一年間の休暇を得て東京の原宿《はらじゅく》にアパートを借りていた年には、一人で寂しければいつでも夕食を一緒にしようと言ってくれました。彼が自決する数カ月前に三島さん一家が夏を過ごす伊豆《いず》の下田《しもだ》に招待されたこともあります。この時には英国人のヘンリー・スコット・ストークス氏と一緒でした。三人しかいないのに、三島さんは五人前の伊勢エビを頼み、さらに二人前を追加して七人前の食べ物が並ぶ、そんな夜でした。誰も知らなかったのですが、すでにこの世を去る決意を固めていた三島さんは、私たちとの最後の晩餐を精一杯華やかなものにしたかったのです。

来日当初から私は狂言《きょうげん》の稽古《けいこ》に打ち込み、また、近松門左衛門《ちかまつもんざえもん》の研究もしていました。自分も何か演じてみたいと思い、二世茂山千之丞《しげやませんのじょう》さんから狂言を習い、一九五六年には武智鉄二《たけちてつじ》さんの演出で『千鳥《ちどり》』の太郎《たろう》冠者《かじゃ》を演じたこともあります。その後は能も短期間ですが特訓しました。人間国宝になられた金春《こんぱる》流の櫻間《さくらま》道雄《みちお》さんが一対一で教えてくださったのです。最初は『船弁慶』。しかし、あまり面白くなくて、『熊野』を希望しました。三島さんから素晴らしいと聞いていたからです。ワキの平宗盛《たいらのむねもり》にヨーロッパのルネッサンス時代の暴君を彷彿《ほうふつ》とさせる雰囲気があるので三島さんは大好きだったのです。この頃、私は母から病気がちだとの知らせを受けていましたので、アメリカへ戻る時期を早めることにしました。時間の余裕があまりない中、もっときれいな曲の『熊野』に進みたいと櫻間さんにお願いすると「それは幼稚園から大学に行くようなものですよ」と笑われましたが、それでも熱心に教えてくださいました。

能との縁は続きます。一九六六年に『能』という本を出したのをきっかけに、各流派の能楽師《のうがくし》に声をかけて「アメリカで能を見せよう」と提案し、アメリカの興行師にかけあったのですが、「日本人でも寝てしまう能の公演に、アメリカ人が耐えられると思うか」と拒絶されました。そこで、自分で道を切り開こうと、日本語学科を擁する各大学に能の公演をやらないかと手紙を書いたのです。私の計画は成功し、能楽師の一団や囃子《はやし》方《かた》の人々をアメリカ、メキシコに連れて行き、合計三十六回もの公演を実現させました。もっとも、満足の行く舞台を作ることが出来なかった場所もありましたが、当時、海外の劇団はアメリカの南部まではあまり行かなかったので、行く先々で大変な歓迎と感謝を受けました。

私はコロンビア大学では、年によって能や近松、芭蕉などの講義を代わるがわるおこなってきましたが、いずれも大好きで、語っていくうちに自分で興奮してしまうのです。そして、その興奮が学生にも伝染して彼らも興奮する。私にとって大切なのは学生たちに情熱を伝えることです。知識というものは書物の中にあるのです。学生自身が知識を身につけたいと思えば、自然に本を読み、何かを探すようになります。その源となるのが、知識に対する情熱であり、その情熱を伝えることこそが教師の役目なのです。私はなるべく美しい古典作品を学生に紹介し伝授することを心がけてきたつもりです。これは本を正せば角田柳作先生の影響です。角田先生はたくさんの参考資料を腕に抱えて教室にやってきて本当に情熱的な授業を展開されました。先生のおかげで私がより深く日本文学や日本文化に入りこめたのは疑いありません。

東北は必ず復興する

京都に留学していた一九五五年の五月に初めて東北に行きました。谷崎潤一郎《たにざきじゅんいちろう》先生のお宅に呼ばれた時、これから「おくのほそ道」に行きますと言ったところ、「東北は嫌い」と応えられたのです。「どうして嫌いですか」と聞くと、「土が黒いから」と言われました。私はかねてより芭蕉が歩いた道を自分でも辿《たど》ろうと思っていたので、まずはバスと汽車を乗り継ぎ、白河《しらかわ》の関《せき》から東北に入り、金沢《かなざわ》を通って小松《こまつ》まで行きました。とにかく芭蕉が歩んだ道を訪ねようと。東北の春は大変遅く、五月に桜と梅が同時に咲くと知ったのも大きな驚きでした。伊達《だて》家とゆかりのある瑞巌寺《ずいがんじ》も白梅と紅梅が満開で、かなたに見える山には雪が積もり、頭に描いていた「日本的」な景色に出会った感激を今でも忘れません。途中で立ち寄った平泉《ひらいずみ》の中尊寺でも素晴らしい経験がありました。戦後まだ十年の時点で、一般の日本人は旅行に出る余裕がなく、観光客もまばらでした。すると寺の住職は金色堂《こんじきどう》を案内してくれただけではなく、国宝の金銅華鬘《こんどうけまん》も拝観させてくれたのです。写真まで撮らせてもらって。その時の写真は今も大切に取ってあります。

最初は、谷崎先生の一言が頭にあったためか、東北の印象は必ずしも良くありませんでしたが、実際に訪れてみて、素晴らしいところだと思いました。後年、東北大学で教鞭を執ることにもなりました。今回、日本に帰ったら中尊寺には必ず行きたいと思っています。それに松島《まつしま》にも。私は『おくのほそ道』の英訳を手がけるとともに、「紅毛《こうもう》おくのほそ道」という紀行文も発表していますが、中尊寺と松島は、いずれも「おくのほそ道」における重要な場所であるだけでなく、私にとっても大切な場所なのです。

このたび東北は大きな悲劇に見舞われましたが、私は決して絶望していません。これは私が終戦直後の東京を見たことと関係があるでしょう。終戦から四ヵ月後、中国から厚木《あつぎ》に降り立ち、廃墟と化した東京を目の当たりにしました。普通なら都心に近づくにつれて建物が増えるはずなのに、中心部に近いほど建物が少なく、残ったものといえば煙突や蔵だけでした。それほど惨澹たる状況だったのです。しかし、ご存知のように東京は短期間で見事に復興しました。現在の東北が置かれた状況は違いますが、必ずや復興すると思います。多くの問題はあるでしょうが、私は東北には、そして日本には明るい未来があると信じています。

日本永住が目前に迫ってきましたが、特に不安や興奮はありません。再び大きな地震が起きるかも知れないし、テロやその他、予想もしなかった事件もあるでしょう。しかし、不安ばかりを抱いて未来に向かうことも出来ません。もし百歳まで生きたとしても、あと十一年です。私が住んでいるのは東京都北区にある旧古河《ふるかわ》庭園に面したマンションで、もう三十五年になります。界隈の人々もみなさん親切で言うことはありません。帰国したら、まず自宅の回りを散歩して、皆さんに「お元気ですか」と挨拶したい気分です。アメリカの友人とあまり会えなくなるのは寂しいし、何よりも大好きなメトロポリタン・オペラを頻繁に見られなくなるのは残念ですが、日本に永住する喜びの方が勝っているのです。

日本名は「ドナルド・キーン」で

そして帰国と同時に日本国籍を申請するつもりです。日本名は「ドナルド・キーン」で登録します。すでに六十年前から自分の名をカタカナで書いていますし、何の違和感もありません。昔、三島由紀夫さんと書簡のやり取りをしていた頃、互いにふざけて「魅死魔幽鬼夫」や「奇因」などと書いて送ったりしていました。他にも鬼怒川《きぬがわ》の「鬼怒」に四国の「鳴門《なると》」を続けて「鬼怒（キーン）怒鳴門（ドナルド）」の当て字を思いついたこともあります。これらは戦時中ずっと考えていた名前ですが、なかなかユーモアがあって面白いでしょう。時々、私の名前を漢字で考案してくれる日本人もいますが、今となっては特に珍しくは感じませんね。

いよいよニューヨークから東京へ引っ越す準備をしなければなりません。大変な作業になるでしょう。東京のマンションはニューヨークの家よりはるかに狭いので、数千冊に及ぶ文学書、美術書の一部は北区の図書館に寄贈するつもりです。必要に応じて図書館に出向けばよいわけですし、皆さんにも読んでいただけるので一石二鳥ではないでしょうか。北区の図書館は新しくてきれいですが、外国語の本は少ないので、英語やフランス語の本があれば、ちょっと特徴が生まれて面白い図書館になると思います。

これから日本がどのような方向を目指すべきか、一言では言えません。電力の問題も避けて通れませんが、原発をなくすのが一番、安全だと思います。現在の日本はこれまでの消費的なあり方を清算し、新時代に向かう一種の耐乏生活を受け入れるか、それを拒絶したあげく将来さらなる環境破壊に直面するかの選択を迫られている気がします。日本人は何としても先祖代々受け継いできた美しい土地、国土を守っていかねばなりません。森が消滅し水が涸《か》れれば「美しい国・日本」はただの伝説になってしまいます。しかし、日本人持ち前の忍耐力を以《もっ》てすれば、不可能ではないはずです。また一方では進取の気性に富んだ日本人も数多く存在します。太陽光や風力など、色々な側面での開発が進展していくと信じています。

今、日本では文学部に人気がないそうです。確かに十数年前、ある大学院の外部評価に参加した時も、日本文学、日本語学、日本史などを専攻している学生には、何と日本人が一人もいませんでした。いたのは韓国人や中国人、それに多少の西洋人です。これはあるいは一時的な現象かもしれませんが、それでも残念なことと言わざるを得ません。

日本語で書かれた古典文学は本当に素晴らしいものです。単に日本にとどまらず、世界の財産です。学生たちに近松門左衛門の『冥途《めいど》の飛脚《ひきゃく》』を読ませると、日本語の美しさに感嘆するのです。その日本文学も漠然たる知識としてもつだけではなく、実際に読まなければ意味がありません。読んで、その美しさを知ること。いったん入学試験が終われば二度と読まないというのでは、まさに日本の文化や歴史を裏切る国家的損失と言えるでしょう。日本の人はもっと自国の文化を大切にし、その良さを十分知る必要があります。それは決して国粋的になれと言うのではありません。外国の文化に目を向けると同時に、まずは日本人として日本の文化を知るべきだということ。そして日本の新しい世代は、より良い日本を作る使命があるのです。

私にとっては日本人の生活流儀や礼儀作法は、すでに異国のものではなく、自らの生き方に浸透しているので、日本にいる方が落ち着くのです。アメリカが嫌いになったわけではありません。しかし、身体の大きなアメリカ人と一緒にいると、なんとなく自分は違う世界に属する人間だと感じます。レストランや公共の場で大きな声で話すアメリカ人も苦手です。とにかく、そんな些細《ささい》な点から重要案件の一つ一つを見ても、私は日本のやり方に親しみを感じます。そんな私が日本人になろうというのもまったく自然な成り行きなのです。

私は日本人が新しい日本を作るようにと祈っていますし、日本人には必ずそれが出来ると信じています。

（二〇一一年八月発表）

『方丈記』は語る

私が初めて教鞭を執ったのは一九四八（昭和二十三）年、イギリスのケンブリッジ大学ででした。そこで学生たちに原文で読ませるのに選んだのが、大好きな鴨長明《かものちょうめい》の『方丈記《ほうじょうき》』です。なぜなら、『方丈記』は書き出しに象徴される美しい文体で、外国人にとってもわかりやすい日本語で綴られているからです。文法の基礎さえ覚えれば、読みにくくありません。

次に、内容が極めておもしろい。大火があり、辻風《つじかぜ》や大地震が起こり、人々は飢饉《ききん》で苦しめられる。そして遷都《せんと》もある。それらが実際に目撃した人によって生々しく語られています。のちに吉田《よしだ》兼好《けんこう》の『徒然草《つれづれぐさ》』も教えましたが、『方丈記』ほどはうまくいきませんでした。事件がないからです。私はケンブリッジ大学で五年、アメリカのコロンビア大学で五十六年間、『方丈記』を教えましたから、最も多く『方丈記』を読んでいる人間のひとりでしょう。

不思議なことに、災害を記録した日本の古典文学は、『方丈記』以外にほとんど見当たりません。その理由のひとつに、平安朝の文学の影響があるでしょう。つまり、『源氏物語《げんじものがたり》』のような典雅な内容ならともかく、悲惨で恐ろしい出来事は文学の題材にふさわしくない、と考えられたのかもしれません。その意味で、『方丈記』は自然がもたらす災難を描いた、稀有《けう》で貴重な記録文学です。

鴨長明は五つの災難を例に引きながら、世の「無常《むじょう》」を説きます。仏教の基本的教えである物事の儚《はかな》さを強調するのです。序文の終わり近くに「主《あるじ》と栖《すみか》と、無常を争ふさま」とあるように、無常の隠喩《いんゆ》として家が繰り返し使われています。だんだん小さくなる長明の家がそれで、最後は方丈の庵《いおり》です。家具も持ち物も最小限。その閑居にさえ愛着を抱いてしまう自分がいると反省し、長明は念仏《ねんぶつ》を唱えることしかできないのです。

無常観を美意識に昇華した日本人

無常はいいことか、悪いことか。無常とは、同じ状態は続かないということです。移り変わることを喜ぶ場合もあれば、非常に残念に思う場合もあるでしょう。たとえば、古代エジプト人やギリシャ人は神殿を造る時、不変性を求めて石を使いました。ところが日本の場合は木造で、とりわけ伊《い》勢《せ》神宮《じんぐう》は二十年に一度は造り替えることを前提にしています。

桜は、どうしてこれほど日本人に愛されるのでしょうか。もちろん美しいことは確かですが、桃や梅の花の美しさを凌《しの》ぐというほどではありません。それは束《つか》の間《ま》の美、桜は三日だけの美しさだからです。陶器を例にとれば、一本のヒビが入れば外国人は捨てるでしょう。しかし、日本人は金《きん》などで接ぎ、ヒビを活かしつつ大切にするのです。

花は散り、形あるものは壊れる。何事もいつまでもは続かない。まさに無常です。しかし、移ろうものに美を見いだし、美学にまで昇華させたのは、日本人だけではないでしょうか。ケンブリッジ大学やコロンビア大学の学生たちは、無常観を頭では理解できても、日常生活にまでその考えが及ぶことはないようでした。

『方丈記』といえば、東日本大震災を思い出します。私は三十五年ほど前に東北大学で教えていたこともあれば、松尾《まつお》芭蕉《ばしょう》の『おくのほそ道』を辿る旅をしたこともあり、東北には格別の思いを抱いています。震災は悲しい出来事でしたが、日本は天変地異を過去に何度も繰り返し経験してきました。

応仁《おうにん》の乱《らん》で焼けた京都を考えてみてください。日本の都、日本の文化の中心である京都の何もかもが焼失したのです。しかし、その後、短期間で東山《ひがしやま》文化が花開きました。今も息づく「日本の心」の基礎ともいうべきものです。畳が敷き詰められた座敷に、床《とこ》の間《ま》があって生け花が飾られ、墨絵が掛かり、そこから庭が見える。東山文化から生まれた書院造《しょいんづく》りは、日本伝統の建築様式となりました。

江戸時代の天明《てんめい》年間（一七八一―八九）の飢饉では百万人近くが飢え死にしましたが、その後に明治維新を迎えます。さらに、何よりも被害が大きかったのは太平洋戦争でしょう。戦後、悲惨な状況から日本がきわめて短期間で復興を遂げたのは周知の通りです。

絶望することはありません。『方丈記』に記録されているような災難はいつの世にも起こりますが、常に日本は蘇《よみがえ》り、新たな文化が生まれました。日本人にはそれができます。


（二〇一三年三月発表）

解題

本巻には、「補遺」として、日本文学を「世界文学」の地位にまで高めた著者の七十有余年に亘る学究の日々の中で、日本語の難しさと美しさ、日本文化のかけがえのなさを述べた講演とエッセイ十五編を、「日本を訳す」との総題を付して収める。うち十二編は自著に未収録である。

「日本人と日本文化を概観する」
〔講　演〕第54回全国労務管理者大会（高知市）、一九七七・一〇・五
〔初　出〕関西経協（関西経営者協会、第32巻第1号）一九七八・一
＊初題「日本人と文化の特質――日本人と文化の原点を探る」を、本著作集収録にあたり改題した。

「日本文化と女性」
〔講　演〕大妻学院創立一〇〇周年記念学術講演会（東京・大妻講堂）、二〇〇八・一〇・一八
〔初　出〕『日本文化と女性：大妻学院創立一〇〇周年記念学術講演会講演録』大妻学院、二〇〇八・一一・二〇

「私の『源氏物語』」
〔講　演〕源氏物語千年紀記念式典講演（京都国際会議場）、二〇〇八・一一・一
〔初　出〕『源氏物語国際フォーラム集成：源氏物語千年紀記念』京都・源氏物語千年紀委員会編、二〇〇九・三・三〇
＊源氏物語千年紀記念式典には天皇、皇后が出席。十一月一日を「古典の日」とする宣言がなされた。

「平家と日本文学」
〔講　演〕行吉学園創立七〇周年記念：神戸女子大学古典芸能研究センター特別講演会「平家の魅力を神戸から」、二〇〇九・

一一・一四
［初　出］神戸女子大学古典芸能研究センター紀要（第3号）、二〇一〇・三・三一
［初収録］『平家の魅力を神戸から』神戸女子大学古典芸能研究センター、二〇一〇・一一・一一

「能の普遍性」
［初　出］月刊文化財（文化庁、第240号）、一九八三・九（初題：「世界の中の能」）
［初　刊］『二つの母国に生きて』ドナルド・キーン著、朝日選書321、一九八七・一・二〇
［文庫版］朝日文庫、二〇一五・九・三〇

「外国から見た『おくのほそ道』」
［講　演］奥の細道サミット記念講演（草加市文化会館）、一九九三・九・二六
［初　出］『ドナルド・キーン「おくのほそ道」を語る：第七回奥の細道文学賞受賞作品集』草加市自治文化部文化観光課編、草加市、二〇一四・二・一

「近松を英訳して」
［初　出］図書（岩波書店、第156号）、一九六二・七
［初収録］『エッセイの贈りもの・2：『図書』1938-1998』岩波書店編集部編、岩波書店、一九九九・四・二三

「翻訳について」
［初　出］教養学部報（東京大学、第183号）、一九七一・一二・一三
［初収録］『東京大学「教養学部報」精選集：「自分の才能が知りたい」ほか教養に関する論考』東京大学出版会、二〇一六・四・二八

「私の日本住居論」

〔初　出〕『日本人：住まいの文化誌』ミサワホーム総合研究所出版制作室、一九八三・六・一〇（初題「日本人：暮らしの特殊性」）

〔初　刊〕『二つの母国に生きて』ドナルド・キーン著、朝日選書321、一九八七・一・二〇

〔文庫版〕朝日文庫、二〇一五・九・三〇

「訳し難いもの」

〔初　出〕Newton（教育社、第5巻第13号）、一九八五・一二（初題：「自然へのまなざし：自然科学と文学の翻訳」）

〔初　刊〕『二つの母国に生きて』ドナルド・キーン著、朝日選書321、一九八七・一・二〇

〔文庫版〕朝日文庫、二〇一五・九・三〇

「日本文学史について」

〔講　演〕国文学研究資料館公開講演会（東京・品川・国文学研究資料館）、一九七七・一〇・一

〔初　出〕国文学研究資料館報（第10号）、一九七八・三

＊『日本文学史』英文版は以下の四巻にまとめられた（刊行順）。

World Within Walls: Japanese Literature of the Pre-Modern Era, 1600-1867. New York: Holt, Rinehart and Winston, 1976. xiii, 606p.; 24cm.

Dawn to the West: Japanese Literature of the Modern Era, Vol.1: Fiction. New York : Holt, Rinehart and Winston, 1984. xiii, 1327p.; 24cm.

Dawn to the West: Japanese Literature of the Modern Era, Vol.2: Poetry, Drama, Criticism. New York: Holt, Rinehart, and Winston, 1984. xvi, 698p.; 24cm.

Seeds in the Heart: Japanese Literature from Earliest Times to the Late Sixteenth Century. New York: Henry Holt and Company, 1993. xvi, 1265p.; 24cm.

「日本人の美意識と日本語の魅力」
［初　出］季刊ＣＥＬ（Culture, Energy and Life、大阪ガスエネルギー・文化研究所、第46号）、一九九八・八（特集：日本および日本人の再発見 日本の源郷）

「古くして新しきもの――日本の文化に思う」
［講　演］成田山学園成田幼稚園創立五〇周年記念、二〇〇一・一〇・一四
［初　出］『古くして新しきもの――日本の文化におもう』寝屋川市：成田山学園、二〇〇二・五・五
＊成田幼稚園園長は西崎照明《にしざきしょうみょう》で、京都大学留学時代に書を習って以来親しく交わった。

「なぜ、いま「日本国籍」を取得するか」
［初　出］文藝春秋（第89巻第9号）、二〇一一・八
［再　録］文藝春秋（第90巻第5号、臨時増刊号）、二〇一二・三
＊翌二〇一二年三月八日、「キーン　ドナルド」名で日本国籍を取得。同年八月、評伝『正岡子規』を、二〇一六年二月、評伝『石川啄木』を、ともに新潮社より刊行した。
＊文中にある「紅毛おくのほそ道」は、本著作集第八巻所収。

「『方丈記』は語る」
［初　出］サライ（小学館、第25巻第3号）、二〇一三・三

（書誌作成：ドナルド・キーン著作集編集室）

作品名索引

※一部、作品の形態や著者などをカッコ内に記した。

人名索引

※一部、作中人物も採った。雅号、法号のみで示した人物もある。

ら

り

る

れ

ろ

ゆ

よ

め

も

や

み

む

へ

ひ

ふ

は

と

ち

さ

こ

き

か

う

あ

II　作品名総索引

を

読み不明

み

む

ま

ふ

に

な

と

ち

た

せ

そ

さ

う

い

あ

I　人名総索引

- 本著作集の各巻末に収めた「人名索引」「作品名索引」を一括した。「01」「02」……「15」「16」の数字は、巻数を示す（「16」は「別巻」）。該当ページは、各巻末の「人名索引」「作品名索引」を参照されたい（12巻、13巻の索引は、14巻末に併せて収録している）。

- 「人名索引」では、一部、作中人物も採っている。雅号、法号のみで示した人物もある。外国の人名で本文中には姓のみで記されているものについては、適宜、名を補った。

- 「韶子（あきこ）内親王」「李垠（イ・ウン）」「伊禰（シーボルトの娘）」などのように、難しい読みや関係性、別称などを、カッコ内に註記した。

- 「作品名索引」では、作品の形態や媒体の種類、同名の作品がある場合は著者・筆者名、難読作品名にはその読みを、カッコ内に註記した。

- この「総索引」は、書籍における索引の価値と必要性を訴え続けたドナルド・キーンの強い思いを酌んで作成した。

■著作集総索引■

■ドナルド・キーン著作集　別巻　補遺：日本を訳す／書誌　2020.02.24 刊／ 468P

■ドナルド・キーン著作集　第十五巻　正岡子規　石川啄木　2018.10.25 刊／573P

■ドナルド・キーン著作集　第十二巻　明治天皇〔上〕 2015.07.25刊／413P

■ドナルド・キーン著作集　第十一巻　日本人の西洋発見　2014.12.25刊／525P

■ドナルド・キーン著作集　第四巻　思い出の作家たち　2012.06.25 刊／636P

■著作集総目次■

vol.4,: Social Cultural and Intellectual Factors, 1931-1945. edited by Antony Best. London, New York: Routledge, 2011.
▷Japanese Literature and Politics in the 1930s. ←*Dawn to the West.* 1984

Memoir of Forgetting the Capital. by Jun'ichirō Tanizaki, translated Amy Vladeck Heinrich. New York: Columbia University Press, 2011.03.
▷Foreword.
＊谷崎潤一郎『都わすれの記』(2010) 英訳版序文.

Finding Wisdom in East Asian Classics. edited by Wm. Theodore de Bary. New York: Columbia University Press, 2011.
▷Kenkō's Essays in idleness, Matsuo Bashō, Chikamatsu.

The Columbia Anthology of Modern Japanese Drama. New York: Columbia University Press, 2014.
▷The Man Who Turned into a Stick. by Abe Kōbō. ←*The Man Who Turned into a Stick.* 1975

The Routledge Intermediate to Advanced Japanese Reader: A Genre-Based Approach to Reading as a Social Practice(『ジャンル別日本語：日本をクリティカルに読む』). by Noriko Iwasaki and yuri Kumagai. London, New York: Routledge, 2016.
▷訳し難いもの(初出＝1985.12).

The Tales of Ise. translated by Peter MacMillan. Penguin Books, 2016.12.
▷Foreword.
＊『伊勢物語』英訳版序文.

Carmen Blacker: Scholar of Japanese Religion, Myth and Folklore: Writings and Reflections. edited by Hugh Cortazzi. England: Sainsbury Institute for the Study of Japanese Arts and Cultures, Renaissance Books, 2017.
▷Remembering Carmen Blacker.

Civil Society and Postwar Pacific Basin Reconciliation. edited by Yasuko Claremont. London : Routledge, 2018.
▷Introduction: from enemy to friend.

tion to Occupation, 1868-1945. edited by J. Thomas Rimer and Van C. Gessel. New York: Columbia University Press, 2005.
▷Tanka and Haiku: Wakayama Bokusui, Poetry in Traditional Forme: Kitahara Hakushū, Ogiwara Seisensui, Fiction: Takeda Rintarō: The Lot of Dire Misfortune (Daikyō no Kuji).
＊translated ＝若山牧水「幾山河」，北原白秋「桐の花」，荻原井泉水「自由律俳句」（以上 *Dawn to the West.* 1984 より），武田麟太郎「大凶の籤」.

Mishima on Stage: The Black Lizard and Other Plays. edited and with an introduction by Laurence Kominz. Ann Arbor, Michigan: Center for Japanese Studies, The University of Michigan, 2007.
▷Foreword: Mishima's Kabuki Plays, Busu（共訳,「附子」）.

Traditional Japanese Literature: An Anthology, Beginnings to 1600. edited with introductions and commentary by Haruo Shirane. New York : Columbia University Press, 2007.
▷The Tale of the Bamboo Cutter. ←*The Tale of the Bamboo Cutter.* 1956, Essays in Idleness. ←*Essays in Idleness.* 1967

One Hundred Poets, One Poem Each: A Translation of the Ogura Hyakunin Isshu. by Peter MacMillan. New York: Columbia University Press, 2008.
▷Foreword.
＊『小倉百人一首』英訳版序文.

Kamaitachi. photographs by Eikoh Hosoe, performance by Tatsumi Hijikata, introduction by Shuzo Takiguchi, poem by Toyoichiro Miyoshi. New York: Aperture, 2009.01.
▷Preface.
＊和文・和訳版＝細江英公写真『鎌鼬』2009.11.01.

And the River Flowed as a Raft of Corpses: The Poetry of Yamaguchi Tsutomu, Survivor of both Hiroshima and Nagasaki. compiled, translated, and edited by Chad Diehl. New York : Excogitating Over Coffee Pub., 2010.
▷Foreword.
＊山口彊歌集『人間筏』英訳版序文.

Imperial Japan and the World, 1931-1945, Critical Concepts in Asian Studies,

2001.04.25-07.15.
▷The Reign of Emperor Meiji, Emperor Meiji and His Times.

Births and Rebirths in Japanese Art: Essays Celebrating the Inauguration of the Sainsbury Institute for the Study of Japanese Arts and Cultures. edited by Nicole Coolidge Rousmaniere. Leiden, Netherlands: Hotei Pub., 2001.
▷The First Emperor of Modern Japan.

Firenze, Il Giappone El'Asia Orientale: Atti del Convegno Internazionale di Studi, Firenze, 25-27 marzo 1999. a cura di Adriana Boscaro e Maurizio Bossi. Firenze: Leo S. Olschki, 2001.
▷The First Japanese Tourist in Italy.
＊1999年3月25-27日, フィレンチェにおける日本・東アジア国際会議講演録.

The Paper Door and Other Stories. by Shiga Naoya, translated by Lane Dunlop. New York: Columbia University Press, 2001.
▷Preface to the New Edition.
＊志賀直哉「障子」他の英訳版に寄せた序文.

Masterful Illusions: Japanese Prints in the Anne van Biema Collection. by Ann Yonemura, contributions by Donald Keene, et al., Seattle: University of Washington Press, 2002.09.
▷Kabuki.
＊Catalogue of an Exhibition Held at the Arthur M. Sackler Gallery, Smithsonian Institution, Washington, D. C., Sept.15, 2002-Jan.19, 2003.

Noriyasu Tsuchiya: Beauty and Strength. New York: Pucker Gallery, Boston, 2003.05.17.
▽ The Ceramics of Noriyasu Tsuchiya.
＊Exhibition dates: 17 May 2003-23 June 2003.

Koten, Lecturas cruzadas Jápon-América Latina. Universidad del Rosario, 2005.
▽ Un Orientalista descabellado.
＊国際交流基金における講演（lecture: 2002.10). 和訳＝オクタビオ・パス著『太陽の石』2014.03.31所収「常軌を逸した東洋通」.

The Columbia Anthology of Modern Japanese Literature, Vol. 1: From Restora-

Meiji Japan: Political, Economic and Social History, 1868-1912. vol. 3: The Mature Meiji State. edited by Peter Kornicki. London : Routledge, 1998.
▷The Sino-Japanese War of 1894-95 and Its Cultural Effects in Japan. ←*Landscapes and Portraits.* 1971

Fifty Years of Japanese at Cambridge 1948-98: A Chronicle with Reminiscences. compiled and edited by Richard Bowring. Cambridge, U. K.: Faculty of Oriental Studies, University of Cambridge, 1998.
▷Reminiscences of Cambridge.

Traditional Japanese Theater: an anthology of plays. edited by Karen Brazell. New York: Columbia University Press, 1998.
▷Dōjōji, The Battles of Coxinga, The Love Suicides at Amijima (Shinjū Ten no Amijima), by Chikamatsu Monzaemon, At the Farmhouse, by Takeda, Miyoshi and Namiki. ←*Twenty Plays of the Nō Theatre.* 1970, etc.

A Tanizaki Feast: The International Symposium in Venice. edited by Adriana Boscaro and Anthony Hood Chambers. Ann Arbor, Michigan: Center for Japanese Studies, University of Michigan, 1998.
▷The Plays of Tanizaki.
＊『谷崎潤一郎国際シンポジウム』1997.07.10 の英文版.

Japanese Studies: Over the Past Century & New Directions for the 21st Century (25th Anniversary of Middlebury Japanese School). Middlebury Japanese School, 2000.
▷Americans as Linguists.
＊lecture, Symposium of the Middlebury Japanese School, 1995.

The Poetry of Our World: An International Anthology of Contemporary Poetry. edited by Jeffery Paine. New York: Harper-Collins Publishers, 2000.
▷Japan, After the Tea Ceremony, Beyond the Geisha's Charms: Modern Japanese Literature.
〔再刊本〕New York: Perennial edition published, 2001.

Japan at the Dawn of the Modern Age: Woodblock Prints from the Meiji Era, 1868-1912. Selections from the Jean S. and Frederic A. Sharf Collection at the Museum of Fine Arts. Boston: MFA Publications of the Museum of Fine Arts,

A Poet's Anthology: The Range of Japanese Poetry. by Ōoka Makoto, translated by Janine Beichman. Santa Fe. N. M.: Katydid Books, Honolulu. HI: Distributed by University of Hawaii Press, 1994.
▷Preface.
＊大岡信『折々のうた』英訳版に寄せた序文.

The Temple of the Golden Pavilion. by Yukio Mishima, translated by Ivan Morris. London: David Campbell, 1994.
▷Introduction.
＊三島由紀夫『金閣寺』英訳版に寄せた序文.

Japanese Aesthetics and Culture: a reader. edited by Nancy G. Hume. Albany, New York: State University of New York Press, 1995.
▷Japanese Aesthetics. ←*The Pleasures of Japanese Literature.* 1988, Feminine Sensibility in the Heian Era. ←*Landscapes and Portraits.* 1971

Eyewitness to History: The First Americans in Postwar Asia. edited by Otis Cary, Tokyo: Kodansha International, 1995. ←*War-Wasted Asia.* 1975
▷Afterword.

Partings at Dawn: An Anthology of Japanese Gay Literature (12th-20th Century). edited by Stephen D. Miller. San Francisco: Gay Sunshine Press, 1996.
▷Onnagata: Mishima Yukio. ←*Death in Midsummer.* 1966

『三島由紀夫研究』叶渭渠，千叶宣一，唐納徳・金編. 北京：升明出版社，1996.05.
▷三島由紀夫与日本美. →*Five Modern Japanese Novelists.* 2003 →『思い出の作家たち』2005 →④

The Oxford Book of Japanese Short Stories. edited by Theodore W. Goossen. Oxford, New York: Oxford University Press, 1997.
▷Onnagata: Mishima Yukio. ←*Death in Midsummer.* 1966

Bunraku: The Love Suicides at Sonezaki. by Chikamatsu Monzaemon. 近松門左衛門国際シンポジウム, New York: Mito Kikaku Corporation and Peter Grilli, 1997.10.25-27.
▷The Love Suicides at Sonezaki. ←*Major Plays of Chikamatsu.* 1961

▷Japanese Aesthetics. ←*Landscapes and Portraits.* 1971

Self-Righting Lamp: selected poems. by Maruyama Kaoru, translated by Robert Epp. Michigan: Oakland University, Katydid Books, 1990.
▷Foreword.
＊丸山薫英訳版詩集に寄せた序文.

Approaches to the Asian Classics. edited by Wm. Theodore de Bary and Irene Bloom. New York: Columbia University Press, 1990.
▷Kenko: Essays in Idleness. ←*Essays in Idleness.* 1967

The Colors of Poetry: Essays in Classic Japanese Verse. by Ōoka Makoto, translated by Takako U. Lento, Thomas V. Lento. Michigan: Oakland University, Katydid Books, 1991.
▷Preface.
＊大岡信『日本の色』(1976) 英訳版に寄せた序文.

Translation East and West: A Cross-Cultural Approach. vol.5. edited by Cornelia N. Moore, Lucy Lower. Hawaii, Honolulu: College of Languages, Linguistics and Literature, University of Hawaii and the East-West Center, 1992.
▷Introduction: Translation and Comparative Literature.

Competition and Collaboration: Hereditary Schools in Japanese Culture. Boston, Mass.: Trustees of the Isabella Stewart Gardner Museum, 1993.
▷The Iemoto System: Nō and Kyōgen. →*The Blue-Eyed Tarōkaja.* 1996

Kitahara Hakushū: His Life and Poetry. by Margaret Benton Fukasawa. Ithaca, New York: East Asia Program, Cornell University, 1993.
▷Foreword.

Japan: An Illustrated Encyclopedia（『カラーペディア 英文日本大事典』). Tokyo: Kodansha, 1993.11.10.
＊執筆項目不詳.

Masterworks of Asian Literature in Comparative Perspective: A Guide for Teaching. edited by Barbara Stoler Miller. Armonk, New York: M.E. Sharpe, 1994.
▷The Man'yōshū and Kokinshū Collections, The Love Suicides at Sonezaki.

1980.

Warlords, Artists & Commoners: Japan in the Sixteenth Century. edited by George Elison, Bardwell L. Smith. Honolulu: University Press of Hawaii, 1981.
▷Jōha, a Sixteenth-Century Poet of Linked Verse.
＊The outcome of a seminar on Japan in the sixteenth century held at Carleton College during the winter and spring terms of 1974.

Chūshingura: Studies in Kabuki and the Puppet Theater. edited by James R. Brandon. Honolulu: University of Hawaii Press, 1982.
▷Variations on a Theme: Chūshingura.

A String around Autumn: selected poems, 1952-1980. by Ōoka Makoto. Rochester, Michigan: Oakland University, Katydid Books, 1982.
▷Preface.
＊大岡信英訳版詩集『秋をたたむ紐』に寄せた序文.

Impressions of the Front: Woodcuts of the Sino-Japanese War, 1894-95. by Shumpei Okamoto. Philadelphia : Philadelphia Museum of Art, April 23 to June 26, 1983.
▷Prints of the Sino-Japanese War.
＊フィラデルフィア美術館での「日清戦争錦絵展」に寄せて.

Kodansha Encyclopedia of Japan（英文日本大百科事典）***5***. Tokyo: Kodansha, 1983. 11.25.
▷Mishima Yukio.

Sino-Japanese Cultural Interchange: Papers of the International Symposium on Sino-Japanese Cultural Interchange: Aspects of Literature and Language Learning. vol. 2（日中文化交流：文学及び言語学習関係，日中文化交流国際シンポジウム論文集；巻二）. edited by Yue-him Tam（譚汝謙）. Shatin, N.T., Hong Kong: Institute of Chinese Studies, Chinese University of Hong Kong, 1985.
▷The Survival of Chinese Literary Traditions in the Meiji Era.

Aesthetic & Ethical Values in Japanese Culture（Occasional papers, Institute for Education on Japan, vol. 1, no. 4）. edited by Jackson H. Bailey. Indiana: Earlham College, 1990.

＊和訳＝『室町時代：その社会と文化』1976 所収「連歌における滑稽の伝統」1973.08.31.
［再刊本］Ithaca, New York: East Asia Program, Cornell University, 2001.

The Voices and Hands of Bunraku. by Barbara Adachi. Tokyo: Mobil Sekiyu, 1978.05.
▷Introduction.
＊和訳版『文楽の人びと』ジェイソン・G・チョウイ訳，講談社インターナショナル，1978.05（Donald Keene の序文は未収録）.

Japan: A Multimedia Course. by Edwin O. Reischauer, et al. Lincoln, Neb.: University of Mid-America, 1978.
▷Japanese Literature: An Introduction for Western Readers. ←*Japanese Literature.* 1953

The Heart Remembers Home. by Shiba Ryōtarō, translated and with a background essay by Eileen Katō. Tokyo: Japan Echo, 1979.
▷Foreword.
＊司馬遼太郎『故郷忘じがたく候』（1968）英訳版に寄せた序文.

Introducing Kyoto. by Herbert E. Plutschow. Tokyo: Kodansha International, 1979.
▷Foreword: Kyoto Then and Now.
［再刊本］*Introduction to Japan. vol.3.* Tokyo: Kodansha International, 1994.

The Tale of the Shining Princess. adapted by Sally Fisher, from a translation of the story by Donald Keene. New York: Metropolitan Museum of Art & Viking Press, 1980.
▷Notes on the Story.
＊メトロポリタン美術館での「竹取物語絵巻」展に寄せて.

Tales of Yamato: A Tenth-Century Poem-Tale. translated by Mildred M. Tahara. Honolulu: University Press of Hawaii, 1980.
▷Foreword.
＊『大和物語』英訳版に寄せた序文.

Sprekend Gedacht. interviews van Frans Boenders met Ernst Bloch, sir Alfred Jules Ayer, Jean Piaget, Joseph Needham, Willem A. Grootaers, Jozef Spae, Donald Keene, Alexander Mitscherlich, Arthur Lehning, Anton L. Constandse, sir Isaiah Berlin, Robert Jungk en John Cage. Nederlands, Bussum: Het Wereldvenster, cop.,

Australia). edited by Albert Richard Davis. Sydney: Angus & Robertson, 1974.
▷Yukio Mishima. →*Landscapes and Portraits.*1971 →『日本の作家』1972 →④
＊1971.01.06-12, オーストラリア国立大学での第28回オリエンタリスト国際会議録.

An Invitation to Japan's Literature. edited by Tôhata Seiichi [et al.]. Tokyo: Japan Culture Institute, 1974.10.
▷Chikamatsu Monzayemon: Japan's First Professional Dramatist.

An Introduction to Japanese Civilization (並列表記『日本文化入門』). edited by Arthur E. Tiedemann. New York: Columbia University Press, 1974.
▷Aspects of Japanese Civilization: Ⅻ Literature.

Encyclopædia Britannica: 15th edition, vol. 10. Chicago: Encyclopedia Britannica, 1974.
▷Japanese literature. →①

L'incanto Sottile del Dramma No: La Principessa Aoi. by Gian Carlo Calza. Milano: Edizioni di Vanni Scheiwiller, 1975.
▷Introduzione.
＊『能：葵上』イタリア語版に寄せた序文.

The Mozartian historian: essays on the works of Joseph R. Levenson. edited by Maurice Meisner and Rhoads Murphey. Berkeley: University of California Press, 1976.
▷Remarks at the memorial service in Berkeley (1969.04.13, ジョセフ・レヴェンソン). →『黄犬交遊抄』2020

A Hundred Things Japanese. Tokyo: Japan Culture Institute, 1975.
▷Saijiki (歳時記): A Reference Book of the Seasons.

Contemporary Japanese Literature: An Anthology of Fiction, Film, and Other Writing since 1945. edited by Howard Hibbett. New York: Alfred A. Knopf, 1977.
▷Abe Kōbō: Friends. ←*Friends.* 1969

Japan in the Muromachi Age. edited by John Whitney Hall & Takeshi Toyoda. Berkeley : University of California Press, 1977.
▷The Comic Tradition in Renga.

The Mentor Book of Modern Asian Literature from the Khyber Pass to Fuji. edited by Dorothy Blair Shimer. New York: The New American Library, 1969.
▷Tanka: Ryōkan, Tachibana Akemi, Haiku: Mizuhara Shūōshi, Nakamura Kusatao, Katō Shūson, Hagiwara Sakutarō: Night Train, Harmful Animals, The New Road of Koide, Nakahara Chūya: The Hour of Death, Nakano Shigeharu: Song, Kitagawa Fuyuhiko: Early Spring (translated by Donald Keene), Motoori Norinaga: The True Tradition of the Sun Goddess, Hirata Atsutane: The Land of the Gods (translated with Ryūsaku Tsunoda, Wm. Theodore de Bary, and Donald Keene).

Madly Singing in the Mountains: An Appreciation and Anthology of Arthur Waley. edited by Ivan Morris. London: George Allen & Unwin, 1970.06.
▷In Your Distant Street Few Drums Were Heard.
＊「Arthur Waley／アーサー・ウエーリ」と改題して *Landscapes and Portraits.* 1971, 『日本人の美意識』1990 収録. →⑦

Kabuki: The Popular Theater. by Yasuji Toita. translated by Don Kenny, with an Introduction by Donald Keene. New York, Tokyo and Kyoto: Weatherhill, Tankosha, 1970.
▷Kabuki: An Appreciation.
＊戸板康二共著『日本の伝統 5：歌舞伎』(1967.02) に寄せた序文「役者と観客」.

Asien, Tradition und Fortschritt: Festschrift für Horst Hammitzsch zu Seinem 60. Geburtstag. Herausgegeben von Lydia Brüll und Ulrich Kemper. Wiesbaden: Otto Harrassowitz, 1971.
▷Matsunaga Teitoku and the Beginnings of Haikai Poetry. →*Landscapes and Portraits.* 1971 →*World Within Walls.* 1976
＊和訳初出＝「松永貞徳と初期の俳諧」1976.02.

Tradition and Modernization in Japanese Culture. edited by Donald H. Shively. New Jersey: Princeton University Press, 1971.
▷The Sino-Japanese War of 1894-95 and Its Cultural Effects in Japan. →*Landscapes and Portraits.* 1971
＊初出＝1966.01. 和訳＝『日本人の美意識』1990 所収「日清戦争と日本文化」. →⑦

Search for Identity: Modern Literature and the Creative Arts in Asia: Papers Presented to the 28 International Congress of Orientalists (28th, 1971 : Canberra,

compiled and edited by Cyril Birch, associate editor: Donald Keene. New York: Grove Press, 1965.
▷Ma Chih-Yüan: Autumn in the Palace of Han.
＊馬致遠『漢宮秋』の翻訳.
［再刊本］Harmondsworth, England: Penguin, 1967.

The Japanese Image. edited by Maurice Schneps and Alvin D. Coox. Tokyo, Philadelphia: Orient/West Incorporated, 1965.
▷Chûya Nakahara: Spring will come again, Bones.
＊中原中也「また来ん春…」「骨」の翻訳.

Earless Ho-ichi: a classic Japanese tale of mystery（並列書名『耳無し芳一』）. by Lafcadio Hearn, illustrations by Masakazu Kuwata. Tokyo : Kodansha International, 1966.
▷Introduction.
＊小泉八雲『耳無し芳一』英訳版に寄せた序文.

Ryusaku Tsunoda Sensei 1877-1964. The Ryusaku Tsunoda Memorial Book Fund, 1966.
▷Remembrances of Tsunoda Sensei.
＊和訳＝「ニューヨークの一人の日本人 角田柳作」1962.05. →『日本との出会い』1972

Traverse Plays. edited with an introduction by Jim Haynes. Harmondsworth: Penguin, 1966.
▷The Lady Aoi: by Yukio Mishima. ←*Five Modern Nō Plays.* 1957

Kabuki. by Masakatsu Gunji, photographs by Chiaki Yoshida, translated by John Bester. Tokyo: Kodansha International, 1969.
▷Introduction.
＊郡司正勝著『歌舞伎』英訳版に寄せた序文.
［改訂版］translated by Janet Goff. Kodansha International, 1985.

Thirst for Love. by Yukio Mishima, translated by Alfred H. Marks. New York: Alfred A. Knopf, 1969.
▷Introduction.
＊三島由紀夫『愛の渇き』（1950）英訳版に寄せた序文.
［再刊本］Tokyo: Charles E. Tuttle, 1970／New York: Berkeley Pub., 1971.

《II-b》欧文著作・訳 収録図書

Japan between East and West. by Hugh Borton and others. New York: Published for the Council on Foreign Relations by Harper and Brothers, 1957.
▷Literary and Intellectual Currents in Postwar Japan and Their International Implications.
＊和訳＝『東西の谷間日本』1958.10.20 所収「戦後の文学的、知的動向と国際的意義」.

Approaches to the Oriental Classics: Asian Literature and Thought in General Education. edited by Wm. Theodore de Bary. New York : Columbia University Press, 1959.
▷The Tale of Genji. →*The Blue-Eyed Tarōkaja.* 1996
＊1958.09.13, コロンビア大学における講演録.

Writer's Roundtable. edited by Helen Hull and Michael Drury. Presented by the Author's Guild. New York: Harper & Bros, 1959.
▷On Translation. →*Landscapes and Portraits.* 1971

Kyoto. compiled by the City of Kyoto. Tokyo-Kyoto: Tanko-Shinsha, 1962.
▷Jiro Osaragi: The allure of Kyoto.
＊京都市編『京都』(淡交新社, 1961.03.20) 収録, 大佛次郎「京都の誘惑」の翻訳.

New Japan, vol.14. Osaka: Mainichi Newspapers, 1962.
▷Hanako (初出＝1961.11.15). →*Landscapes and Portraits.* 1971 →『日本人の美意識』1990 →⑦

Japan: Home of the Sun. by Jennie T. Dearmin & Helen E. Peck, editorial consultant: Donald Keene. San Francisco: H. Wagner Pub., 1963.

The Manyōsyū: The Nippon Gakujutsu Shinkōkai Translation of One Thousand Poems. with the Texts in Romaji. New York: Columbia University Press, 1965.
▷Foreword.
＊『底本万葉集』新英語版に寄せた序文.

Anthology of Chinese Literature: From Early Times to the Fourteenth Century.

11 The Sorrows of Takuboku and Setsuko, 12 Failure and Success, 13 Takuboku on Poetry, 14 The High Treason Trial, 15 The Last Days, 16 Takuboku's Life After Death, Notes, Bibliography, Index.
〔和訳版〕『石川啄木』新潮社, 2016.02.25.

traits, 4 Travels and Career, 5 The Early 1830s, 6 Foreign Influence and Major Portraits, 7 The Meeting of East and West, 8 Danger from Overseas, 9 The Road to Prison, 10 The Trial, 11 Kazan the Painter, 12 The Last Year, Notes, Bibliography, Index.
［和訳版］『渡辺崋山』新潮社, 2007.03.20.

Chronicles of My Life: An American in the Heart of Japan. New York: Columbia University Press, 2008. 196p. ill.（chiefly col.）, ports.（some col.）.; 22cm. illustrations by Akira Yamaguchi.
▷Chronicles of My Life, Japanese Mentioned in the Text.
＊初出＝*Chronicles of My Life in the 20th Century.* The Daily Yomiuri, 2006.01.14-12.23（全49回）.
［和訳版］『私と20世紀のクロニクル』中央公論新社, 2007.07.10／『ドナルド・キーン自伝』中公文庫, 2011.02.25.
［スペイン語版］*Un Occidental en Japón.* Madrid: Nocturna Ediciones, 2011.

So Lovely a Country Will Never Perish: Wartime Diaries of Japanese Writers. New York: Columbia University Press, 2010. 216p. ; 22cm.
▷Introduction: Wartime Diaries, 1 The Day the War Began, 2 The Birth of "Greater East Asia", 3 False Victories and Real Defeats, 4 A Dismal New Year, 5 On the Eve, 6 The Jade Voice, 7 The Days After, 8 The Revival of Literature, 9 Rejection of the War, 10 Under the Occupation, Notes, Bibliography, Index.
［和訳版］『日本人の戦争』文藝春秋, 2009.07.15.

The Winter Sun Shines In: A Life of Masaoka Shiki. New York: Columbia University Press, 2013. 248p., ［14］p. of plates. ill., ports. ; 22cm.
▷Introduction, 1 The Early Years, 2 Student Days, 3 The Song of the Hototogisu, 4 Shiki the Novelist, 5 Cathay and the Way Thither, 6 Sketches from Life, 7 Hototogisu, 8 Shiki and the Tanka, 9 Shintaishi and Kanshi, 10 Random Essays（Zuihitsu）, 1, 11 Random Essays, 2, 12 The Last Days, Notes, Bibliography, Index.
［和訳版］『正岡子規』新潮社, 2012.08.30.

The First Modern Japanese: The Life of Ishikawa Takuboku. New York: Columbia University Press, 2016.09. 278p. ; 23cm.
▷1 Takuboku, Modern Poet, 2 Takuboku in Tokyo, 3 Takuboku the Schoolteacher, 4 Exile to Hokkaidō, 5 Hakodate and Sapporo, 6 Takuboku in Otaru, 7 A Winter in Kushiro, 8 Poetry or Prose ?, 9 Takuboku Joins the Asahi, 10 The Romaji Diary,

［再刊本］並列書名『エンペラー・オブ・ジャパン』Vol. 1，Vol. 2. Tokyo: Yushodo Press，2004.12.
［韓国語版］메이지천황.상,하. 도널드킨지음，김유동옮김. 서울：다락원，2002.

The Breaking Jewel. by Makoto Oda. New York: Columbia University Press，2003. xii，116p.；21cm.
▷Foreword，The Breaking Jewel（Gyokusai）.
＊小田実『玉砕』1998.05.15 の英訳.

Yoshimasa and the Silver Pavilion: The Creation of the Soul of Japan. New York: Columbia University Press，2003. x, 208p.，［5］p. of plates. col., ill.；22cm.
▷Chronology，Shoguns of the Ashikaga Family，Introduction，Yoshimasa and the Silver Pavilion，Notes，Bibliography，Index.
［和訳版］『足利義政：日本美の発見』中央公論新社，2003.01.25. のち改題『足利義政と銀閣寺』中公文庫，2008.11.25.
［ポーランド語版］*Narodziny japońskich tradycji: Yoshimasa i Srebrny Pawilon.* Kraków: Wydawnictwo Uniwersytetu Jagiellońskiego，2013.

Five Modern Japanese Novelists. New York: Columbia University Press，2003. ix，113p.；24cm.
▷Preface，Tanizaki Jun'ichirō（1886-1965），Kawabata Yasunari（1899-1972），Mishima Yukio（1925-1970），Abe Kōbō（1924-1993），Shiba Ryōtarō（1923-1996），Supplemental Readings，Index.
＊1999.02.22-04.19，コロンビア大学における 4 回の公開講演録（Shiba Ryōtarō は書きおろし）.
［和訳版］『思い出の作家たち：谷崎・川端・三島・安部・司馬』新潮社，2005.11.30.

Les Journaux Intimes dans la Littérature Japonaise. Paris: Collège de France. Institut des Hautes Ètudes Japonaises. Diffusion: De Boccard，2003. 90p.；24cm.
▷Avant-Propos，Les Journaux Intimes.
＊1990.11.05，12，19，26，Paris: Collège de France における日本の日記文学についての 4 回にわたる講演録（フランス語）.

Frog in the Well: Portraits of Japan by Watanabe Kazan, 1793-1841. New York: Columbia University Press，2006. 289p. ill.(some col.).; 24 cm.
▷List of Illustrations，Acknowledgments，Introduction，1 Dutch Studies in Japan Before 1793，2 Japan in 1793: Kazan's Early Years，3 Genre Paintings and Early Por-

tion を付す.

The Blue-Eyed Tarōkaja: A Donald Keene Anthology. edited by J. Thomas Rimer. New York: Columbia University Press, 1996. ix, 290p. ; 24cm.
▷Editor's Preface: A Personal Note, 《Part One: Myself》 Concerning Myself (1983. 12), Tsunoda Sensei (1984. 02), The Eroica Symphony (1946 筆), Music and Literature (1976. 12), Music and Orientalism (1979. 04), 《Part Two: Japan》 The Gentleman Cannibals (1946 筆), Exile of an Assassin (1946 筆), Japanese Men (1984.09), Japanese Women (1983.09), Japanese Food (1985.05), The Purity of the Japanese Language (1985.01), The New Generation of American Japanologists (1984. 04), 《Part Three: Travel》 Introduction, Kyoto (1973. 10), Uji (1974. 04), Nara (1974.07), Ise (1973.12), Sakurai (1974.03), Nagasaki (1974.05), Hagi (1974.01), Hakodate (1974.08), Shinano (1979.11), Fukushima (1978.10), Sanuki (1977.03), Sado (1976. 10), 《Part Four: Japanese Literature》 Characteristic Themes of Japanese Literature (1994), An Interview with Abe Kōbō (1978.08), The Death of Kawabata Sensei (1972. 04), Mishima Had Everything (1971. 01. 03), The First Japanese Translations of European Literature (spring 1976), The Tale of Genji in a General Education (1958.09), The Iemoto System (Nō and Kyōgen) (1993.01), Mori Ōgai, "Mademoiselle Hanako" (fall 1990), "Ashizuri Point" by Tamiya Torahiko (1957 訳), 《Part Five: Personal Observations》 Return to Japan (1984. 12), The Treatment of Foreigners (1985.11), Things I Miss About Japan While Away (1984.05), Living in Two Countries (1985.04), Index.
*『少し耳の痛くなる話』(新潮社, 1986.06.15), 『二つの母国に生きて』(朝日選書, 1987.01.20), 『日本細見』(中央公論社, 1980.01.10) 等に収録の諸編よりセレクト編集. ( ) 内の数字は、初出の年月.

One Hundred Sacks of Rice: a stage play. by Yamamoto Yūzō. Nagaoka City Kome Hyappyo Foundation, 1998.06. 140p. ill. ; 19cm.
▷Preface: Recollections of Nagaoka (Donald Keene), Text: One Hundred Sacks of Rice, Background Essay: Yamamoto Yūzō and Kobayashi Torasaburō, Afterword (Hiura Seizaburō, Tamio Mori).
*山本有三・戯曲『米百俵』1943.06 の英訳.

Emperor of Japan: Meiji and His World, 1852-1912. New York: Columbia University Press, 2002. xiii, 922p. ill. ; 25cm.
▷Preface, Emperor of Japan, Notes, Glossary, Bibliography, Index.
[和訳版]『明治天皇 上巻』, 『明治天皇 下巻』新潮社, 2001.10.30.

Essays in Idleness, 23 Medieval War Tales, 24 Renga, 25 Diaries and Other Prose of the Muromachi Period, 26 Nō and Kyōgen as Literature, 27 Literature of the Five Mountains, 28 Muromachi Fiction: Otogi-Zōshi, 29 The Late Sixteenth Century, Glossary, Selected List of Translations into English, Index.
［和訳版］『日本文学の歴史：古代・中世篇 1』〜『日本文学の歴史：古代・中世篇 6』中央公論社, 1994.05.20-1995.03.20.
［再刊本］***A History of Japanese Literature vol.1.*** New York: Columbia University Press, 1999.

On Familiar Terms: A Journey Across Cultures. Tokyo: Kodansha International, 1994. ix, 292p. ill. ; 22cm.
▷1 Digging to Japan, 2 A Pacific War, 3 Living Tradition, 4 (Re)Discovering Japan, 5 Boom and Bust, 6 Friends, 7 On Familiar Terms, Index.
［和訳版］『日本との出会い』（中央公論社, 1972.06.30),『このひとすじにつながりて』（朝日選書, 1993.11.25),『声の残り』（朝日新聞社, 1992.12.01）他を編集構成.
［再刊本］*On Familiar Terms: To Japan and Back. a Lifetime Across Cultures.* Tokyo: Kodansha International, 1996.

Modern Japanese Diaries: The Japanese at Home and Abroad as Revealed Through Their Diaries. New York: Henry Holt and Company, 1995. x, 534p. ill. ; 24cm.
▷Preface, Introduction, 《The Early Missions to Foreign Countries》Diary of a Voyage to America, Journey to America in His Excellency's Service, Leisurely Journey of a Fly on a Horse's Tail, Diary of a Journey to Europe, Journey to the West, Journey to France and England, Voyage to the West, True Account of a Tour of America and Europe, Journal of a Voyage to the West, 《Travelers in Asia》Bridges in the Clouds, Rain in the Gorges, Travels in the North, Exploration of the Southern Islands, 《Writers Abroad》The Diaries of Mori Ōgai, The European Diary of Natsume Sōseki, The Diaries of Niijima Jō, 《Diaries by Politicians》The Diary of Kido Takayoshi, The Diary of Ueki Emori, 《Diaries by Women》Koume's Diary, The Diary of Higuchi Ichiyō, The Diary of Tsuda Umeko, Mineko's Diary, The Diary of Shimomura Toku, 《Poets and Novelists》An Undeceitful Record, The Diaries of Masaoka Shiki, The Diaries of Ishikawa Takuboku, 《The Early Twentieth Century》Record of Impressions, The Diary of Kōtoku Shūsui, The Diary of Tokutomi Roka, The Diaries of Kinoshita Mokutarō, The Diaries of Nagai Kafū, Conclusion, Index.
［和訳版］『続 百代の過客 上』,『続 百代の過客 下』朝日選書, 1988.01.20, 02.20.
［再刊本］New York: Columbia University Press, 1998. Preface to the Columbia Edi-

to Itsukushima of the Lord of the Deer Park, A Source of Consolation, Journey to Fuji, Journey to Zenkō-ji, Account of Fujikawa, Journey to Shirakawa, Journey Along the Tsukushi Road, Account of Sōgi's Last Hours, Account of Utsunoyama, Sōchō's Notebook, A Pilgrimage to Yoshino, Journey to See Fuji, The Diary of Gen'yo, Chōshōshi's Journey to Kyūshū, Korean War Diaries, 《Diaries of the Early Tokugawa Period》 A Record of Favors Received, A Journey of 1616, Diaries of Seventeenth-Century Courtiers, Travels Round the East, A Journey in the Year 1667, 《Bashō's Diaries》 Exposed in the Fields, A Pilgrimage to Kashima, Manuscript in My Knapsack, Journey to Sarashina, The Narrow Road of Oku, The Saga Diary, 《Diaries of the Later Tokugawa Period》 Journey to the Northwest, Some Diaries by Women, Travels of Gentlemen Emissaries, The Frolic of the Butterfly, Diary of the Nagasaki Border Guard, Diary of Kōkan's Trip to the West, Journal of a New Era, Bakin's Diaries, The Diary of Iseki Takako, The Uraga Diary, The Nagasaki Diary, The Shimoda Diary, Conclusion, Glossary, Notes, Bibliography, Index.
［和訳版］『百代の過客 上』,『百代の過客 下』朝日選書, 1984.07.20, 08.20.
［再刊本］New York: Columbia University Press, 1999.
［ロシア語版］*Странники в веках.* Москва: "Восточная литература" РАН, 1996.

Three Plays. by Kōbō Abe. New York: Columbia University Press, 1993. 223p. ill. ; 25cm.
▷The Plays of Kōbō Abe: An Introduction, Note on the Plays, Involuntary Homicide, Green Stockings, The Ghost is Here.
＊安部公房・戯曲『未必の故意』1971.09,『緑色のストッキング』1974.10,『幽霊はここにいる』1959.06 の英訳.

Seeds in the Heart: Japanese Literature from Earliest Times to the Late Sixteenth Century. New York: Henry Holt and Company, 1993. xiv, 1265p. ; 25cm.
▷Preface, Introduction, 《Early and Heian Literature》 1 The Kojiki, 2 Writings in Chinese or the Nara Period, 3 The Man'yōshū, 4 Poetry and Prose in Chinese of the Early-Heian Period, 5 The Transition from the Man'yōshū to the Kokinshū, 6 The Kokinshū, 7 Late Heian Collections of Waka Poetry, 8 Late Heian Poetry and Prose in Chinese, 9 Heian Diaries, 10 The Pillow Book of Sei Shōnagon, 11 The Beginnings of Fiction, 12 The Tale of Genji, 13 Courtly Fiction After The Tale of Genji, 14 Mirrors of History, 15 Tale Literature, 《The Middle Ages》 Introduction, 16 Tales of Warfare, 17 The Age of the Shin Kokinshū, 18 Waka Poetry of the Kamakura and Muromachi Periods, 19 Buddhist Writings of the Kamakura Period, 20 Courtly Fiction of the Kamakura Period, 21 Diaries of the Kamakura Period, 22

Period (1868-1912), The Taishō Period (1912-1926), The Shōwa Period (from 1927), 《Part Three: The Modern Drama》 Introduction, The Literature of Modern Kabuki, The Literature of Shimpa and Shingeki, 《Part Four: Modern Criticism》 Introduction, The Meiji Period (1868-1912), The Taishō Period (1912-1926), The Shōwa Period (from 1927), Glossary, Selected List of Translations into English, Index.
[和訳版]『日本文学史:近代・現代篇 六』〜『日本文学史:近代・現代篇 八』中央公論社, 1991.12.07-1992.12.20.
[再刊本] ***A History of Japanese Literature vol.4.*** New York: Columbia University Press, 1999.

The Pleasures of Japanese Literature. New York: Columbia University Press, 1988. xii, 133p., [4] p. of plates. col. ill. ; 22cm.
▷Preface, about the Illustrations, 1 Japanese Aesthetics, 2 Japanese Poetry, 3 The Uses of Japanese Poetry, 4 Japanese Fiction, 5 Japanese Theater, Suggested Reading, Index.
＊1986-1987年, ニューヨーク市立図書館などにおける公開講演録.
[和訳版]『古典の愉しみ』JICC出版局, 1992.03.15.
[スペイン語版] *Los placeres de la literatura japonesa.* traducido por Julio Baquero Cruz. Sello: Siruela, 2018.

Travelers of a Hundred Ages. New York: Henry Holt and Company, 1989. xi, 468p. ; 24cm.
▷Preface, Introduction, 《Heian Diaries》 The Record of a Pilgrimage to China in Search of the Buddhist Law, The Tosa Diary, The Gossamer Years, The Master of the Hut, The Izumi Shikibu Diary, The Murasaki Shikibu Diary, The Sarashina Diary, The Tale of the Tōnomine Captain, The Collection of the Mother of Jōjin, the Ajari, The Sanuki no Suke Diary, Chūyūki, Poetry Collections and Poem Tales, The Poetic Memoirs of Lady Daibu, 《Diaries of the Kamakura Period》 Chronicle of the Bright Moon, The Diary of Minamoto Ienaga, The Visit of the Emperor Takakura to Itsukushima, The Ascension to Heaven of the Late Emperor Takakura, Journey Along the Seacoast Road, The Diary of the Priest Shunjō, A Journey East of the Barrier, Fitful Slumbers, The Diary of the Waning Moon, The Diary of Asukai Masaari, The Diary of Lady Ben, The Diary of Lady Nakatsukasa, The Confessions of Lady Nijō, Account of the Takemuki Palace, 《Diaries of the Muromachi Period》 Account of a Pilgrimage to the Great Shrine of Ise, Gifts from the Capital, Reciting Poetry to Myself at Ojima, Pilgrimage to Sumiyoshi, The Visit

An Account of My Hut: The Hojoki of Kamo no Chōmei. Pawlet, Vt.: Banyan Press, 1976. xxiii, p. (on double leaves). ; 27cm. ←*Anthology of Japanese Literature.* 1955

Some Japanese Portraits. Tokyo: Kodansha International, 1978. 228p. ports. ; 22cm. Illustrations by Motoichi Izawa.
▷Preface, 《The Fifteenth Century》 Ikkyū, Sōchō, Zeami, Shōtetsu, 《The Sixteenth Century》 Satomura Jōha, Ōmura Yūko, Hosokawa Yūsai, Kinoshita Chōshōshi, Matsunaga Teitoku, 《The Kinsei Period》 Takarai Kikaku, Ki no Kaion, Kan Chazan, Tachibana Akemi, Tamenaga Shunsui, Hirata Atsutane, 《The Meiji Period》 Ōnuma Chinzan, Kanagaki Robun, Kawatake Mokuami, Tōkai Sanshi, Higuchi Ichiyō, Masaoka Shiki, Glossary, Additional Reading, Original Text of Poems and Quotations, Index.
［和訳版］『日本文学散歩』朝日選書, 1975.12.20.

Dawn to the West: Japanese Literature of the Modern Era, Vol. 1: Fiction. New York: Holt, Rinehart and Winston, 1984. xiii, 1327p. ; 24cm.
▷Preface, Introduction, 1 The Coming of the Enlightenment, 2 Writing in Chinese of the Meiji Era, 3 The Age of Translation, 4 The Meiji Political Novel, 5 Tsubouchi Shōyō and Futabatei Shimei, 6 Kōyō and the Ken'yūsha, 7 Kōda Rohan, 8 Higuchi Ichiyō, 9 Kitamura Tōkoku and Romanticism, 10 Izumi Kyōka, 11 Naturalism, 12 Natsume Sōseki, 13 Mori Ōgai, 14 Nagai Kafū, 15 The Shirakaba School, 16 The "I Novel", 17 Akutagawa Ryūnosuke, 18 Proletarian Literature of the 1920s, 19 Modernism and Foreign Influences, 20 Tanizaki Jun'ichirō, 21 Kawabata Yasunari, 22 Tenkō Literature: The Writings of Ex-Communists, 23 War Literature, 24 Postwar Literature, 25 Dazai Osamu and the Burai-ha, 26 The Revival of Writing by Women, 27 Mishima Yukio, Appendix, Glossary, Selected List of Translations into English, Index.
［和訳版］『日本文学史：近代・現代篇　一』～『日本文学史：近代・現代篇　五』中央公論社, 1984.02.25-1989.12.07.
［再刊本］***A History of Japanese Literature vol.3.*** New York: Columbia University Press, 1999.

Dawn to the West: Japanese Literature of the Modern Era, Vol. 2: Poetry, Drama, Criticism. New York: Holt, Rinehart and Winston, 1984. xvi, 685p. ; 24cm.
▷Preface, 《Part One: Poetry in Traditional Forms》 Introduction, The Modern Tanka, The Modern Haiku, 《Part Two: Poetry in New Forms》 Introduction, The Meiji

Don Keene in Tsingtao: December 3.1945, From Ted de Bary in Kyoto: December 5. 1945, From Hisashi Kubota in Hiroshima: December 14.1945, From Dick Beardsley in Peking and Shanghai: December 18.1945, From Don Keene in Shanghai, Japan and Honolulu: December 20.1945, From Otis Cary in Tokyo: December 21.1945, From Sherry Moran in Tokyo: December 23.1945, From Frank Turner in Shanghai: January 2.1946, From Sherry Moran in Tokyo: January 3.1946, From Otis Cary in Tokyo: January 6.1946, From Otis Cary in Tokyo: January 14.1946.
［和訳版］『アジアの荒地から』要書房，1952.12.05／『天皇の孤島』サイマル出版会，1977／『昨日の戦地から』中央公論新社，2006.07.10.
［再刊本］***From a Ruined Empire: Letters-Japan, China, Korea, 1945-46***. edited by Otis Cary. Tokyo: Kodansha International, 1984／***Eyewitness to History: The First Americans in Postwar Asia.*** edited by Otis Cary. Tokyo: Kodansha International, 1995.

World Within Walls: Japanese Literature of the Pre-Modern Era, 1600-1867. New York: Holt, Rinehart and Winston, 1976. xiii, 606p. ; 24cm.
▷Preface, Introduction,《Part One: Literature from 1600-1770》1 Haikai Poetry: The Beginnings of Haikai no Renga（Comic Linked Verse）, 2 Haikai Poetry: Matsunaga Teitoku and the Creation of Haikai Poetry, 3 Haikai Poetry: Danrin Haikai, 4 Haikai Poetry: The Transition to Bashō, 5 Haikai Poetry: Matsuo Bashō（1644-1694）, 6 Haikai Poetry: Bashō's Disciples, 7 Fiction: Kana Zōshi, 8 Fiction: Ihara Saikaku（1642-1693）, 9 Fiction: Ukiyo Zōshi, 10 Drama: The Beginnings of Kabuki and Jōruri, 11 Drama: Chikamatsu Monzaemon（1653-1725）, 12 Drama: Jōruri after Chikamatsu, 13 Waka Poetry: Kokugaku and the Waka,《Part Two: Literature from 1770-1867》14 Haikai Poetry: Buson and the Haikai Revival, 15 Haikai Poetry: Haikai of the Late Tokugawa Period, 16 Fiction: Ueda Akinari（1734-1809）, 17 Fiction: Gesaku Fiction, 18 Drama: Eighteenth-Century Kabuki, 19 Drama: Nineteenth-Century Kabuki, 20 Waka Poetry: Waka of the Late Tokugawa Period, 21 Waka Poetry: Comic Poetry, 22 Poetry and Prose in Chinese, Appendix: Summaries of Plays, Glossary of Japanese Terms and Certain Japanese and Chinese Names, Index.
［和訳版］『日本文学史：近世篇 上』，『日本文学史：近世篇 下』中央公論社，1976.12.20，1977.07.10.
［再刊本］London: Secker & Warburg, 1976／New York: Grove Press, 1978／***A History of Japanese Literature vol.2.*** New York: Columbia University Press, 1999.
［ロシア語版］*Японская литература XVII-XIX столетий.* Москва: Наука, 1978.

Waley (1970.06), Confessions of a Specialist (1968.06.30), A Short Reading List.
＊( ) 内に示した数字は，初出の年月.
［和訳版］ *1＝『日本人の美意識』中央公論社，1990.03.07. *2＝『日本の作家』中央公論社，1972.02.18.
［英国版］ London: Secker & Warburg, 1972.
［再刊本］ ***Appreciations of Japanese Culture***（並列書名『日本文化論』），Tokyo: Kodansha International, 1981. 343p. ; 19cm.

The Man Who Turned into a Stick: three related plays. by Kōbō Abe. Tokyo: University of Tokyo Press, 1975. x, 84p., ［3］ leaves of plates. ill. ; 24cm.
▷Introduction, Suitcase, The Cliff of Time, The Man Who Turned into a Stick, Author's Postface.
＊安部公房・戯曲『棒になった男』（第一景「鞄」，第二景「時の崖」，第三景「棒になった男」，1969.09）の英訳.
［再録］ Antaeus (New York: The Ecco Press), spring 1991 ; no.66.

War-Wasted Asia: Letters, 1945-46. edited by Otis Cary, correspondents by Donald Keene. …… ［et al.］. Tokyo: Kodansha International, 1975. 322p., ［4］ leaves of Plates. ill. ; 22cm.
▷Foreword (by Otis Cary), Biographical Information, Plates, 《The Letters》 From Don Keene in Guam: August 19.1945, From Warren Tsuneishi in Seoul: September 12.1945, From Don Keene in Guam: September 23. 1945, From Ted de Bary in Tokyo: September 24.1945, From Dave Osborn in Kwajalein: September 25.1945, From Sherry Moran in Tokyo: September 26.1945, From Ted de Bary in Tokyo: September 29.1945, From Sherry Moran in Tokyo: September 30.1945, From Ted de Bary in Tokyo: October 2.1945, From Don Keene approaching Tsingtao: October 3. 1945, From Hisashi Kubota in Sasebo: October 3.1945, From Ted de Bary in Tokyo: October 5.1945, From Frank Turner in Tokyo: October 7.1945, From Don Keene in Tsingtao: October 13.1945, From Ted de Bary in Sasebo: October 15.1945, From Ted de Bary in Tokyo: October 25.1945, From Frank Turner in Tokyo: October 25. 1945, From Sherry Moran in Tokyo: October 28.1945, From Frank Turner in Tokyo: October 29.1945, From Don Keene in Tsingtao: October 30.1945, From Otis Cary in Tokyo: November 5. 1945, From Ted de Bary in Tokyo and Osaka: November 12.1945, From Sherry Moran in Tokyo: November 14.1945, From Don Keene in Tsingtao: November 15.1945, From Otis Cary in Tokyo: November 20.1945 (?), From Hisashi Kubota in Osaka: November 24.1945, From Don Keene in Tsingtao: November 25.1945, From Otis Cary in Tokyo: November 25.1945, From

the Willow (Yugyō Yanagi), Dōjōji, A Program of Five Plays: The Queen Mother of the West (Seiōbo), Kanehira, The Imperial Visit to Ohara (Ohara Gokō), The Bird-scaring Boat (Torioi-bune), The Valley Rite (Tanikō), Notes on Texts Consulted in Making the Translations, Short Bibliography.
＊謡曲 20 作品の英訳. 収録作（翻訳者)＝松風（Royall Tyler），求塚（Barry Jackman)，通小町（Eileen Kato)，関寺小町（Karen Brazell)，錦木（Calvin French)，蟬丸（Susan Matisoff)，姨捨（Stanleigh H. Jones, jr.)，班女（R.T.)，芦刈（James A. O'brien)，昭君（Carl Sesar)，野宮（H. Paul Varley)，鉄輪（E.K.)，楊貴妃（C.S.)，遊行柳（Janine Beichman)，道成寺（Donald Keene)，西王母（C. S.)，兼平（S. H. J, jr.)，大原御幸（Carol Hochstedler)，鳥追舟（R.T.)，谷行（R.T.).
［スペイン語版］ *Diez Obras de Teatro No.* Habana: Editorial Arte y Literatura, 1984.

Chūshingura (The Treasury of Loyal Retainers): a puppet play. by Takeda Izumo, Miyoshi Shōraku and Namiki Senryū. New York: Columbia University Press, 1971. x, 183p. ; 21cm.
▷Foreword (by Wm. Theodore de Bary), Preface, Introduction, Chūshingura (The Treasury of Loyal Retainers), Works Consulted.
＊竹田出雲, 三好松洛, 並木千柳作『仮名手本忠臣蔵』の英訳. Introduction の和訳＝「『忠臣蔵』論」1973.08.25,『私の日本文学逍遥』1981 所収.
［ペーパーバック版］New York: Columbia University Press, 1979. Preface to the Second Paperback Edition を付す.

Landscapes and Portraits: Appreciations of Japanese Culture. Tokyo: Kodansha International, 1971. 343p. ill. ; 22cm.
▷Acknowledgements, 《I Some Japanese Landscapes[*1]》 Japanese Aesthetics (1969.07), Feminine Sensibility in the Heian Era (1967.08.30), Individuality and Pattern in Japanese Literature (1967.08.10), Realism and Unreality in Japanese Drama (1964.02), 《II The World of Haikai Poetry》 Matsunaga Teitoku and the Beginning of Haikai Poetry (1971), Bashō's Journey of 1684 (1959.01), Bashō's Journey to Sarashina (1957.12), 《III The Creation of Modern Japanese Poetry》 Modern Japanese Poetry (1963.03.07), Shiki and Takuboku[*2] (1967.06.05), 《IV Three Modern Novelists[*2]》 Tanizaki Junichirō (1967.08), Dazai Osamu (1964.04.15), Mishima Yukio (1971.01.06), 《V Some Japanese Eccentrics》 The Portrait of Ikkyū[*1] (1966.01), Fujimoto Kizan and The Great Mirror of Love (1969), Hanako[*1] (1961.11.15), 《VI The Japanese and the Landscapes of War》 The Sino-Japanese War of 1894-95 and Japanese Culture[*1] (1966.01), Japanese Writers and the Greater East Asia War (1964.02), 《VII The Translation of Japanese Culture》 On Translation[*1] (1959), Arthur

［ペーパーバック版］New York: Columbia University Press, 1998.05. Preface to the Paperback Edition を付す／Tokyo: Charles E. Tuttle, 1981.

Madame de Sade. by Yukio Mishima. New York: Grove Press, 1967. 108p. ill. ; 20cm.
▷Madame de Sade, Author's Postface.
＊三島由紀夫・戯曲『サド侯爵夫人』1965.11 の英訳.
［再刊本］London: Peter Owen, 1968／Tokyo: Charles E. Tuttle, 1971.

La Literatura Japonesa entre Oriente y Occidente. México: El Colegio de México, 1969. xii, 154p. ill. ; 21cm.
▷Prólogo, 1 El Triángulo de Hipólito en Oriente y Occidente, 2 El Renacimiento Literario Japonés del siglo XVIII, 3 La Sensibilidad Femenina en la Literatura Japonesa del siglo X, 4 "Ensayos Nacidos del Ocio". Una Interpretación, 5 Realismo e Irrealidad en el Drama Japonés, 6 La Poesía Japonesa Moderna, 7 Dos Aspectos de la Novela Japonesa Moderna, Ⅰ La Obra de Tanizaki Junichirō, Ⅱ El arte de Dazai Osamu.
＊2, 3, 7, は 1967 年 8 月, El Colegio de México における講演録.

Friends. by Kōbō Abe. New York: Grove Press, 1969. 94p. ; 21cm.
＊安部公房・戯曲『友達』1967.03 の英訳.
［再刊本］Tokyo: Charles E. Tuttle, 1971.
［アンソロジー］*Contemporary Japanese Literature: An Anthology of Fiction, Film, and Other Writing since 1945.* edited by Howard Hibbett. New York: Knopf. distributed by Random House, 1977.

Twenty Plays of the Nō Theatre. edited by Donald Keene, with the assistance of Royall Tyler. Illustrated with drawings by Fukami Tanrō and from the Hōshō Texts. New York: Columbia University Press, 1970. xiv, 336p. ill. ; 25cm.
▷Foreword (by Wm. Theodore de Bary), Preface (by Donald Keene), Glossary of the Names of Roles, Diagram: The Nō Stage, Introduction: The Conventions of the Nō Drama, Works by Kan'ami: Matsukaze, The Sought-for Grave (Motomezuka), Komachi and the Hundred Nights (Kayoi Komachi), Works by Zeami: Komachi at Sekidera (Sekidera Komachi), The Brocade Tree (Nishikigi), Semimaru, The Deserted Crone (Obasute), Lady Han (Hanjo), The Reed Cutter (Ashikari), Works of Unknown Authorship: Shōkun, The Shrine in the Fields (Nonomiya), The Iron Crown (Kanawa), Work by Zenchiku: Yōkihi, Works by Nobumitsu: The Priest and

［普及版］Tokyo: Kodansha International, 1973. 88p. ill. ; 26cm. Photos. by Kaneko Hiroshi.
［合冊版］***Nō and Bunraku: Two Forms of Japanese Theatre.*** New York: Columbia University Press, 1990. 199p. ill. ; 26cm. Photos. by Kaneko Keizō.

Nō: The Classical Theatre of Japan. Photos. by Kaneko Hiroshi. Tokyo: Kodansha International, 1966. 311p. ill. (part mounted col.). ; 38cm. ＋ 1 sound disc（「船弁慶」）.
▷List of Plates, Introduction (by the Author), The Flowers of Nō (by Ishikawa Jun), Ⅰ The Pleasures of Nō, Ⅱ The History of Nō and Kyōgen, Ⅲ Nō and Kyōgen as Literature, Ⅳ Background of the Performances, Ⅴ Music and Dance in the Plays, Ⅵ The Nō Stage and Its Properties, List of Plays, Bibliography, Roles and Their Costumes, Index.
［和訳版］『能・文楽・歌舞伎』講談社学術文庫，2001.05.10.
＊訳者，丸岡明の死去により写真・イラスト入りの和訳版は刊行されなかった．
［普及版］Tokyo: Kodansha International, 1973. 112p. ill. ; 26cm. Photos. by Kaneko Hiroshi.
［合冊版］*Nō and Bunraku: Two Forms of Japanese Theatre.* New York: Columbia University Press, 1990. Photos. by Kaneko Keizō.

Death in Midsummer, and other stories. by Yukio Mishima. New York: New Directions, 1966. 181p. ; 22cm.
▷Death in Midsummer, Three Million Yen, Thermos Bottles, The Priest of Shiga Temple and His Love, The Seven Bridges, Patriotism, Dōjōji, Onnagata, The Pearl, Swaddling Clothes.
＊三島由紀夫短編10編の英訳．収録作（翻訳者）＝真夏の死（Edward G. Seidensticker），百万円煎餅（E.G.S.），魔法瓶（E.G.S.），志賀寺上人の恋（Ivan Morris），橋づくし（Donald Keene），憂国（Geoffrey W. Sargent），道成寺（D.K.），女方（D.K.），真珠（G.W.S.），新聞紙（I.M.）.
［再刊本］London: Secker & Warburg, 1967／Middlesex: Penguin Books, 1971／Tokyo: Charles E. Tuttle, 1987.

Essays in Idleness: The Tsurezuregusa of Kenkō. New York: Columbia University Press, 1967. xxii, 213p. ill. ; 23cm.
▷Foreword (by Wm. Theodore de Bary), Preface, Introduction, Essays in Idleness, Selected Bibliography, Index.
＊吉田兼好『徒然草』の英訳．Introduction の和訳＝「『徒然草』と美の伝統」1969.03.

Uno, Asters: by Jun Ishikawa.
＊深沢七郎「楢山節考」1957.02，宇野千代「おはん」1957.06，石川淳「紫苑物語」1956.10 の英訳.
［再刊本］London: Constable, 1962.

After the Banquet. by Yukio Mishima. New York: Alfred A. Knopf, 1963. 271p. ; 22cm.
▷A Note about the Author, chapter Ⅰ The Setsugoan, Ⅱ The Kagen Club, Ⅲ Mrs. Tamaki's Opinion, Ⅳ The Leisured Companions, Ⅴ Kazu's Interpretation of Love, Ⅵ Before the Departure, Ⅶ The Omizutori Ceremony in Nara, Ⅷ The Wedding, Ⅸ The So-called "New Life", Ⅹ Important Visitors, Ⅺ "The New Life" − The Real Thing, Ⅻ Collision, XIII An Obstacle in the Path of Love, XIV The Election at Last, XV Election Day, XVI Orchids, Oranges, Bedroom, XVII A Grave in the Evening Clouds, XVIII After the Banquet, XIX Before the Banquet.
＊三島由紀夫『宴のあと』1960.11 の英訳.
［再刊本］Tokyo: Charles E. Tuttle, 1963／London: Secker & Warburg, 1963／New York: A. A. Knopf, 1963／New York: Avon Books, 1967／New York: Berkeley, 1971／New York: Perigee, 1980／London: Vintage, 2001.

Modern Japanese Poetry: an essay（並列書名『現代日本詩』）. Ann Arbor: Center for Japanese Studies, University of Michigan, 1964. 39p. ill. ; 24cm.
▷Foreword（by Richard K. Beardsley）, Modern Japanese Poetry.
＊1963.03.07, The Center for Japanese Studies of University of Michigan における講演録. 島崎藤村「小諸なる古城のほとり」，中原中也「蜻蛉に寄す」，立原道造「のちのおもひに」，草野心平「夜の海」などの翻訳収録. →*Landscapes and Portraits.* 1971

Bunraku: The Art of the Japanese Puppet Theatre. Photos. by Kaneko Hiroshi. Tokyo: Kodansha International, 1965. 287p. 360ill.（part mounted col.）, music, ports, and phonodisc in pocket. ; 38cm.
▷List of Plates, Recollections of the Bunraku Puppets（by Tanizaki Junichirō）, Introduction（by the Author）, Ⅰ The Pleasures of Bunraku, Ⅱ The History of Bunraku, Ⅲ The Texts and the Chanters, Ⅳ The Samisen and the Players, Ⅴ The Puppets and the Operators, Ⅵ The Gestures of Bunraku, List of Plays, Chronology, Short Bibliography, Index.
＊phonodisc＝太夫・竹本綱太夫，三味線・竹澤弥七による「艶容女舞衣 酒屋の段」.
［和訳版］『文楽』吉田健一訳. 講談社，1966.06.30／『能・文楽・歌舞伎』講談社学術文庫，2001.05.10.

bly Lines, Ⅶ Democracy in an Eastern Tradition, Ⅷ Education: A Great Debate, Ⅸ The World of Pleasure, Ⅹ Japan the Creator, Index.
［和訳版］『生きている日本』朝日出版社，1973.08.30／『果てしなく美しい日本』講談社学術文庫，2002.09.10.
［再刊本］London, Melbourne, Toronto: William Heinemann, 1959.

Modern Japanese Novels and the West（並列書名『日本の近代小説と西洋』）. Charlottesville: University of Virginia Press, 1961. 37p. ; 20cm.
▷Modern Japanese Novels and the West.
＊1959.10.30. The Committee on the Rushton Seminars における講演録.

Major Plays of Chikamatsu. New York: Columbia University Press, 1961. xiv, 485p.,［12］leaves of plates, ill. ; 24cm.
▷Foreword (by Wm. Theodore de Bary), Preface, Introduction, The Love Suicides at Sonezaki (Sonezaki Shinjū), The Drum of the Waves of Horikawa (Horikawa Nami no Tsuzumi), Yosaku from Tamba (Tamba Yosaku), The Love Suicides in the Women's Temple (Shinjū Mannensō), The Courier for Hell (Meido no Hikyaku), The Battles of Coxinga (Kokusenya Kassen), Gonza the Lancer (Yari no Gonza), The Uprooted Pine (Nebiki no Kadomatsu), The Girl from Hakata, or Love at Sea (Hakata Kojorō Namimakura), The Love Suicides at Amijima (Shinjū Ten no Amijima), The Woman-Killer and the Hell of Oil (Onnagoroshi Abura Jigoku), Appendix Ⅰ: A Note on Prostitution in Chikamatsu's Plays, Appendix Ⅱ: Contemporary Puppet Performances of Chikamatsu's Plays, Bibliography.
＊近松門左衛門浄瑠璃 11 編の英訳．収録作＝曽根崎心中，堀川波鼓，丹波与作，心中万年草，冥途の飛脚，国性爺合戦，鑓の権三，寿門松，博多小女郎浪枕，心中天網島，女殺油地獄.
［セレクト版］***Four Major Plays of Chikamatsu.*** New York: Columbia University Press, 1961.
▷Introduction, The Love Suicides at Sonezaki (Sonezaki Shinjū), The Battles of Coxinga (Kokusenya Kassen), The Uprooted Pine (Nebiki no Kadomatsu), The Love Suicides at Amijima (Shinjū Ten no Amijima), Appendix Ⅰ: A Note on Prostitution in Chikamatsu's Plays, Appendix Ⅱ: Contemporary Puppet Performances of Chikamatsu's Plays, Bibliography.

The Old Woman, the Wife, and the Archer: Three Modern Japanese Short Novels. New York: Viking Press, 1961. xvi, 172p. ; 21cm.
▷Introduction, The Songs of Oak Mountain: by Shichiro Fukasawa, Ohan: by Chiyo

(Kaibara Ekken), XVII The Ō yōmei (Wang Yang-ming) School in Japan (Nakae Tōju) (Kumazawa Banzan), XVIII The Rediscovery of Confucianism (Yamaga Sokō) (Itō Tōgai) (Itō Jinsai) (Ogyū Sorai) (Muro Kyūsō), XIX The Vocabulary of Japanese Aesthetics iii (Chikamatsu Monzaemon), XX The Haiku and the Democracy of Poetry in Japan (Matsuo Bashō) (Kyorai), XXI Eighteenth-Century Rationalism (Arai Hakuseki) (Tominaga Nakamoto) (Miura Baien) (Kaiho Seiryō), XXII The Shinto Revival (Kada Azumamaro) (Kamo Mabuchi) (Motoori Norinaga) (Hirata Atsutane), XXIII Reformers of the Late Tokugawa Period (Honda Toshiaki) (Satō Nobuhiro) (Ninomiya Sontoku), 《Part Five: Japan and The West》 XXIV The Debate Over Seclusion and Restoration (Aizawa Seishisai) (Sakuma Shōzan) (Yoshida Shōin) (Fukuzawa Yukichi), XXV The Meiji Era (Emperor Meiji) (Kido Kōin) (Saigō Takamori) (Ōkubo Toshimichi) (Itō Hirobumi) (Itagaki Taisuke) (Ozaki Yukio) (Ōkuma Shigenobu), XXVI The High Tide of Prewar Liberalism (Yoshino Sakuzō) (Minobe Tatsukichi) (Shidehara Kijūrō) (Yamamuro Sōbun), XXVII The Rise of Revolutionary Nationalism (Asahi Heigo) (Gondō Seikei) (Kita Ikki) (Ōkawa Shūmei) (Tokutomi Iichirō), XXVIII The Japanese Social Movement (Kōtoku Shūsui) (Abe Isoo) (Kawakami Hajime) (Kawai Eijirō) (Akamatsu Katsumaro) (Ōyama Ikuo), XXIX The Japanese Tradition in the Modern World (Nishida Kitarō) (Tanaka Kōtarō) (Hasegawa Nyozekan) (Kamei Katsuichirō), Bibliography, Index, Maps.
＊角田柳作の日本思想史講義ノートと翻訳を基にテッド・ドバリーと共に編集. 日本の美学, 詩, 神道復活, 本多利明についての項目と最終章を担当.
［再刊本］ *Vol. 1*, *Vol. 2*. compiled by Ryūsaku Tsunoda, Wm. Theodore de Bary, Donald Keene. New York: Columbia University Press, 1964.
［改訂版］ *Vol. 1*, *Vol. 2*. New York: Columbia University Press, May 2001-2005.
＊累計 10 万部を超えるロングセラー.

No Longer Human. by Osamu Dazai. New York: New Directions, 1958. 177p. ; 21 cm.
▷Translator's Introduction, No Longer Human.
＊太宰治『人間失格』1948 の英訳.
［再刊本］ London: Peter Owen, 1959／London: Four Square Books, 1961／Tokyo: Charles E. Tuttle, 1981.

Living Japan. Garden City, New York: Doubleday & Company (Planned and produced by Chanticleer Press), 1959. 224p., ［48］ leaves of plates, ill., map. ; 29cm.
▷Introduction, I An Island Country and Its People, II The Old Ways, III The New Ways, IV A Japanese Life, V Four Faiths, VI Farmers, Fishermen and assem-

Toyotaka, translated and adapted by Edward G. Seidensticker and Donald Keene. Tokyo: Obunsha, 1956. xiii, 535p. ill. ; 22cm.
▷Introduction（by Glenn W. Shaw），Part One: Music and Drama in the Meiji Era（by Komiya Toyotaka），Part Two: Gagaku（by Furukawa Hisashi），Part Three: The Nō（by Furukawa Hisashi），Part Four: The Puppet Theatre（by Miyake Shūtarō），Part Five: The Kabuki, The Shimpa, The Shingeki（by Toita Kōji），Part Six: Japanese Music and Dance（by Machida Kashō），Part Seven: Occidental Music（by Nomura Kōichi），Index.
＊小宮豊隆編『明治文化史．第９巻：音楽・演芸編』（洋々社，1954）の英訳．明治の音楽・演芸（小宮豊隆），雅楽（古川久），能楽（古川久），人形浄瑠璃（三宅周太郎），演劇（戸板康二），邦楽と邦舞（町田嘉章），洋楽（野村光一）の各章の翻訳をサイデンステッカーと分割担当．

Five Modern Nō Plays. by Yukio Mishima. New York: Alfred A. Knopf, 1957. xvii, 198p. ill. ; 21cm.
▷Introduction（by Donald Keene），Sotoba Komachi, The Damask Drum, Kantan, The Lady Aoi, Hanjo（translated），Bibliographical Note.
＊三島由紀夫『近代能楽集』（1956．卒塔婆小町，綾の鼓，邯鄲，葵上，班女）の英訳．
［再刊本］London: Secker & Warburg, 1957／Tokyo: Charles E. Tuttle, 1967（カバー並列書名『近代能楽集：三島由紀夫著』）／New York: Vintage Books, 1973.

Sources of Japanese Tradition. compiled by Ryūsaku Tsunoda, Wm. Theodore de Bary, Donald Keene. New York: Columbia University Press, 1958. xxvi, 928p. maps. ; 24cm.
▷Preface（Wm. Theodore de Bary），《Part One: Ancient Japan》Chapter Ⅰ The Earliest Records of Japan, Ⅱ Early Shinto, Ⅲ Prince Shōtoku and His Constitution, Ⅳ Chinese Thought and Institutions in Early Japan（Nintoku）（Jimmu）（Fujiwara Kamatari）（Tenchi），Ⅴ Nara Buddhism,《Part Two: The Heian Period》Ⅵ Saichō and Mount Hiei, Ⅶ Kūkai and Esoteric Buddhism, Ⅷ The Spread of Esoteric Buddhism, Ⅸ The Vocabulary of Japanese Aesthetics i（Murasaki Shikibu）（Fujiwara no Teika），《Part Three: Medieval Japan》Ⅹ Amida and the Pure Land（Ippen）（Genjin）（Hōnen）（Shinran），Ⅺ Nichiren: The Sun and the Lotus, Ⅻ Zen Buddhism（Eisai）（Dōgen）（Musō Kokushi），XIII Shinto in Medieval Japan（The Empress Shōtoku）（Kitabatake Chikafusa），XIV The Vocabulary of Japanese Aesthetics ii（Seami），《Part Four: The Tokugawa Period》Introduction, XV Heroes and Hero Worship（Oda Nobunaga）（Toyotomi Hideyoshi）（Tokugawa Ieyasu），XVI Neo-Confucian Orthodoxy（Hayashi Razan）（Yamazaki Ansai）（Tokugawa Tsunaeda）

『小説神髄』（D. K.），二葉亭四迷『浮雲』（D. K.），樋口一葉『たけくらべ』（Edward Seidensticker），国木田独歩『源おぢ』（Sam Houston Brock），俳句：正岡子規，夏目漱石，高浜虚子（Harold G.Henderson），夏目漱石『坊っちゃん』（B.W.），島崎藤村『破戒』（E.S.），田山花袋『一兵卒』（G.W.Sargent），永井荷風『すみだ川』（D.K.），近代詩Ⅰ：島崎藤村「千曲川旅情の歌」（D.K.），与謝野晶子「我歌」「或夜」「鼠」，石川啄木「起きるな」「拳」（Shio Sakanashi），北原白秋「邪宗門秘曲」「片恋」，高村光太郎「根付の国」「冬が来る」（D. K.），近代短歌：与謝野晶子，石川啄木（S. S.），斎藤茂吉（Howard Hibbett），石川啄木『ローマ字日記』（D.K.），森鷗外『雁』（B.W.），泉鏡花『三人の盲の話』（E.S.），中勘助『銀の匙』（H.H.），志賀直哉『范の犯罪』（Ivan Morris），『城の崎にて』（E.S.），菊池寛『屋上の狂人』（Yozan T. Iwasaki & Glenn Hughes），久米正雄『虎』（Robert H. Brower），芥川龍之介『袈裟と盛遠』（H.H.），『地獄変』（W.H.H. Norman），小林多喜二『蟹工船』（訳者不詳），横光利一『時間』（D.K.），火野葦平『土と兵隊』（Baroness Shidzué Ishimoto），川端康成『ほくろの手紙』（E.S.），近代詩Ⅱ：萩原朔太郎「夜汽車」「猫」「有害なる動物」「猫の死骸」「小出新道」，宮沢賢治「詩編1063（これらは素樸なアイヌ風の木柵であります）」，中野重治「歌」，北川冬彦「春雪」「早春」，中原中也「朝の歌」「臨終」（D.K.），近代俳句Ⅱ：水原秋桜子，山口誓子，中村草田男，加藤楸邨（D.K.），谷崎潤一郎『細雪』『少将滋幹の母』（E.S.），太宰治『ヴィヨンの妻』（D.K.），林芙美子『下町』（I.M.），三島由紀夫『仮面の告白』（Meredith Weatherby）.

［再刊本］London: Thames & Hudson, 1956／Boston, Rutland, Vermont & Tokyo: Charles E. Tuttle, 1957（カバー並列書名『現代日本文學』）.

［合冊版］*Anthology of Japanese Literature: 2 volumes.* New York: Grove Press, 1960.

The Tale of the Bamboo Cutter. Tokyo: Sophia University, 1956. 27p. ; 26cm.

▷The Tale of the Bamboo Cutter.

＊『竹取物語』の英訳．初出＝Monumenta Nipponica（上智大学），1956.01 ; 11,4.

The Setting Sun. by Osamu Dazai. New York: New Directions, 1956. xviii, 175p. ; 21cm.

▷Translator's Introduction, 1 Snake, 2 Fire, 3 Moonflowers, 4 Letters, 5 The Lady, 6 Outbreak of Hostilities, 7 The Testament, 8 Victims.

＊太宰治『斜陽』1947の英訳．Translator's Introduction の和訳＝「日本と太宰治と『斜陽』」1956.12.15.

［再刊本］London: Peter Owen, 1958／London: Four Square Books, 1960／Tokyo: Charles E. Tuttle, 1981（カバー並列書名『太宰治：斜陽』）.

［英和対照版］『現代日本文学英訳選集 8』富原芳彰注釈．原書房，1965.05.25（抄録）.

Japanese Music and Drama in the Meiji Era. compiled and edited by Komiya

蔵』(G.W.S.), 松尾芭蕉『おくのほそ道』(D.K.),『幻住庵記』(D.K.), 向井去来『去来抄』(D.K.), 俳句 : 芭蕉, 山口宗道, 榎本其角, 内藤丈草 (Harold G. Henderson), 穂積以貫『難波土産』(D.K.), 近松門左衛門『曽根崎心中』(D.K.), 江島其磧『世間娘気質』(Howard Hibbett), 十返舎一九『東海道中膝栗毛』(Thomas Satchell), 滝沢馬琴『八犬伝』(D.K.), 俳句 : 与謝蕪村, 大島蓼太, 高桑闌更, 三浦樗良, 高井几董, 小林一茶 (Harold G. Henderson), 短歌 : 戸田茂睡, 賀茂真淵, 田安宗武, 良寛 (D.K.), 大隈言道 (Yukuo Uyehara and Marjorie Sirclad), 橘曙覧 (D.K.), 漢詩 : 伊達政宗, 菅茶山, 頼山陽, 梁川星巌, 佐久間象山, 月性, 頼三樹三郎 (B.W.), 頼山陽「お雪伝」(B.W.).

＊ニューヨークのジャパン・ソサエティ後援により出版. 初版 2,000 部. 3ヵ月後に重版. 以降、現在まで版を重ねる.

[再刊本] London: Allen and Unwin, 1956／Rutland, Vermont & Tokyo: Charles E. Tuttle, 1956 (カバー並列書名『日本文學選集』)／Harmondsworth: Penguin Books, 1968.

[ヘブライ語版] *Mivḥar ha-sipur ha-Yapani.* liḳeṭ: Daṿid Shaḥar. Tel-Aviv : Hadar, 1957.

[合冊版] *Anthology of Japanese Literature: 2 volumes.* New York: Grove Press, 1960.

Modern Japanese Literature: an anthology. Introduction & compiled & edited & translated by Donald Keene. New York: Grove Press, 1956. 440p. ill. ; 20cm.

▷Preface, Introduction, Kanagaki Robun: The Beefeater, Hattori Bushō: The Western Peep Show, Kawatake Mokuami: The Thieves, Modern Poetry in Chinese, Tsubouchi Shōyō: The Essence of the Novel, Futabatei Shimei: The Drifting Cloud, Higuchi Ichiyō: Growing Up, Kunikida Doppo: Old Gen, Modern Haiku: I, Natsume Sōseki: Botchan, Shimazaki Tōson: The Broken Commandment, Tayama Katai: One Soldier, Nagai Kafū: The River Sumida, Modern Poetry: I, Modern Waka, Ishikawa Takuboku: The Romaji Diary, Mori Ōgai: The Wild Goose, Izumi Kyōka: A Tale of Three Who Were Blind, Naka Kansuke: Sanctuary, Shiga Naoya: Han's Crime, Shiga Naoya: At Kinosaki, Kikuchi Kan: The Madman on the Roof, Kume Masao: The Tiger, Akutagawa Ryūnosuke: Kesa and Moritō, Akutagawa Ryūnosuke: Hell Screen, Kobayashi Takiji: The Cannery Boat, Yokomitsu Riichi: Time, Hino Ashihei: Earth and Soldiers, Kawabata Yasunari: The Mole, Modern Poetry: II, Modern Haiku: II, Tanizaki Junichirō: The Firefly Hunt, Tanizaki Junichirō: The Mother Of Captain Shigemoto, Dazai Osamu: Villon's Wife, Hayashi Fumiko: Tokyo, Mishima Yukio: Omi, Short Bibliography.

＊日本文学選集 : 近現代篇の英訳 (抄録). 作者・収録作 (翻訳者)＝仮名垣魯文『安愚楽鍋』(Donald Keene), 服部撫松『東京新繁昌記』(D.K.), 河竹默阿彌『島衞月白浪』(D.K.), 漢詩 : 成島柳北, 藤田小四郎, 乃木希典, 夏目漱石 (Burton Watson), 坪内逍遙

Period: 1333-1600》Yoshida Kenkō: Essays in Idleness, The Exile of Godaigo, Seami Motokiyo: The Art of the Nō, Plan of the Nō Stage, Kan'ami Kiyotsugu: Sotoba Komachi, Seami Motokiyo: Birds of Sorrow, Seami Motokiyo: Atsumori, Seami Motokiyo: The Damask Drum, The Bird-Catcher in Hades, Busu, Poems in Chinese by Buddhist Monks, Three Poets at Minase, The Three Priests,《Tokugawa Period: 1600-1868》Ihara Saikaku: What the Seasons Brought to the Almanac-Maker, Ihara Saikaku: The Umbrella Oracle, Ihara Saikaku: The Eternal Storehouse of Japan, Matsuo Bashō: The Narrow Road of Oku, Matsuo Bashō: Prose Poem on the Unreal Dwelling, Mukai Kyorai: Conversations with Kyorai, Haiku by Bashō and His School, Chikamatsu on the Art of the Puppet Stage, Chikamatsu Monzaemon: The Love Suicides at Sonezaki, Ejima Kiseki: A Wayward Wife, Jippensha Ikku: Hizakurige, Takizawa Bakin: Shino and Hamaji, Haiku of the Middle and Late Tokugawa Period, Waka of the Tokugawa Period, Poetry and Prose in Chinese, Short Bibliography.
＊日本文学選集：古典篇の英訳（抄録）．作者・収録作（翻訳者）＝《古代》『万葉集』雄略天皇，舒明天皇，大伯皇女，柿本人麻呂，広河女王，丹比真人，笠郎女，大伴坂上郎女，大伴家持，山上憶良，田辺福麻呂，詠み人知らず（Donald Keene），『古事記』（B.H. Chamberlain），『懐風藻』大津皇子，藤原宇合，紀末茂，阿倍広庭（Burton Watson），《平安時代》空海『請来目録』（D.K.），『伊勢物語』（Richard Lane & F.Vos），『古今集』詠み人知らず，凡河内躬恒，小野小町（Arthur Waley），壬生忠岑（Kenneth Rexroth），僧正遍照，紀友則，酒井人真（D.K.），紀貫之『土佐日記』（G.W. Sargent），『後撰集』紀友則，蟬丸（D.K.），『拾遺集』和泉式部，紀貫之，満誓沙弥（A.W.），藤原右近（K.R.），恵慶法師，詠み人知らず，壬生忠見（D.K.），『後拾遺集』赤染衛門（K.R.），和泉式部，源頼実，清少納言（D.K.），『金葉集』源兼昌（K.R.），源俊頼，『詞花集』源重之，『千載集』寂蓮法師（D.K.），道綱母『蜻蛉日記』（Edward Seidensticker），紫式部『源氏物語：夕顔』（A. W.），清少納言『枕草子』（A. W.），『紫式部日記』（Annie Shepley Omori & Kōchi Doi），菅原孝標女『更級日記』（同上），漢詩：聖徳太子，石上宅嗣，長屋王，有智子内親王，島田忠臣，菅原道真，藤原忠通（B.W.），『梁塵秘抄』（A.W.），『堤中納言物語』（A.W.），《鎌倉時代》『平家物語』（A.L. Sadler），『新古今集』寂蓮法師（K.R.），正三位季能，藤原保季，式子内親王，藤原俊成，藤原良経，源通具，藤原定家，儀同三司母，藤原有家，西行（D.K.），鴨長明『方丈記』（D.K.），『宇治拾遺物語』（Robert H. Brower），『鳴門中将物語』（Charles E. Hamilton），《室町時代》兼好法師『徒然草』（G. B. Sansom），『増鏡』（D.K.），能：世阿彌『花伝書』（Ryusaku Tsunoda & D.K.），観阿彌『卒都婆小町』（Sam Houston Brock），世阿彌『善知鳥』（Meredith Weatherby & Bruce Rogers），『敦盛』（A. W.），『綾の鼓』（A. W.），狂言：『餌差十王』（Shio Sakanishi），『附子』（D.K.），漢詩：雪村友梅，虎関，大智，夢巌，絶海（B.W.），連歌：宗祇，肖柏，宗長『水無瀬三吟』（D.K.），御伽草子：『三人法師』（D.K.），《徳川時代》井原西鶴『好色五人女』（Theodore de Bary），『西鶴諸国噺』（Richard Lane），『日本永代

＊6 Explorers of the North（書き下ろし），7 Hirata Atsutane and Western Learning（初出＝T'oung Pao. no.42, Nederlands, Leiden: Brill, 1954.01）を増補.
［和訳増補改訂版］『日本人の西洋発見』中央公論社，1968.12.20.
［再刊本］London: Routlege，2011.
［ロシア語版］*Японцы открывают Европу, 1720-1830.* перевод с английского И. Львовой. Москва：Наука，1972.

Japanese Literature: An Introduction for Western Readers. London: John Murray, 1953. x, 114p. ; 17cm.
▷Preface，Ⅰ Introduction，Ⅱ Japanese Poetry，Ⅲ The Japanese Theatre，Ⅳ The Japanese Novel，Ⅴ Japanese Literature under Western Influence，Selected Bibliography，Index.
＊1952年春，ケンブリッジ大学における5回にわたる公開講義録.'The Wisdom of the East Series'の一冊として刊行.
［和訳版］『日本の文学』筑摩書房，1963.02.28.
［再刊本］New York: Grove Press，1955／Tokyo: Charles E. Tuttle，1977（並列書名『日本文学の手引』）.
［スペイン語版］*La Literatura Japonesa.* México: Fondo de Cultura Económica，1956.
［イタリア語版］*La Letteratura Giapponese.* Firenze: Sansoni，1958.
［ドイツ語版］*Japanische Literatur: eine Einführung für westliche Leser.* Zürich: Orell Füssli，1962.
［ギリシャ語版］*Iapōnikē logotechnia: eisagōge gia anagnōstes apo tē Dysē.* Athēna: Ekdoseis Kardamitsa，1987.
［ルーマニア語版］*Literatura japoneză.* București: Editura Univers，1991.

Anthology of Japanese Literature: From the Earliest Era to the Mid-Nineteenth Century. Introduction & compiled & edited & translated by Donald Keene. New York: Grove Press，1955. 442p.，［2］p. ill. ; 22cm.
▷Preface，Introduction，《Ancient Period: to 794A. D.》Man'yōshū，The Luck of the Sea and the Luck of the Mountains，Kaifūsō，《Heian Period: 794-1185》Kūkai: Kūkai and His Master，The Tales of Ise，Kokinshū，Ki no Tsurayuki: The Tosa Diary，Poetry from the Six Collections，The Mother of Michitsuna: Kagerō Nikki，Murasaki Shikibu: Yugao（from "The Tale of Genji"），Sei Shōnagon: The Pillow Book，Murasaki Shikibu: Diary，The Daughter of Takasue: The Sarashina Diary，Poetry in Chinese，RyōJin Hishō，The Lady Who Loved Insects，《Kamakura Period: 1185-1333》The Tale of the Heike，Shinkokinshū，Kamo no Chōmei: An Account of My Hut，Tales from the Uji Collection，The Captain of Naruto，《Muromachi

《Ⅱ-a》欧文著書・編著・訳著

The Battles of Coxinga: Chikamatsu's Puppet Play, Its Background and Importance. London: Taylor's Foreign Press, june 1951. x, 205p. ill. ; 26cm.
▷Preface (by Mark Van Doren), Ⅰ Introduction, Ⅱ (a) A Short History of the Jōruri, (b) Chikamatsu's Career and the Place in it of The Battles of Coxinga, Ⅲ A Literary History of Coxinga's Life, Ⅳ Sources and Influences of Chikamatsu's Play, Ⅴ Literary Analysis of The Battles of Coxinga, Ⅵ The Battles of Coxinga (translation), Ⅶ Notes for Chapters I-VI, Ⅷ Bibliography, Ⅸ Glossary of Japanese words used in the text, Index.
＊コロンビア大学文学博士号取得論文．近松門左衛門『国性爺合戦』の英訳収録．
［再刊本］Cambridge: Cambridge University Press, 1971.

The Japanese Discovery of Europe: Honda Toshiaki and Other Discoverers, 1720-1798. London: Routledge and Kegan Paul, 1952. ix, 246p. ill., map. ; 23cm.
▷Introduction, Ⅰ The Dutch in Japan, Ⅱ The Rise of Barbarian Learning, Ⅲ Strange Tales from Muscovy: 1 The Adventurer's Warning, 2 The Return of the Castaways, Ⅳ Honda Toshiaki and the Discovery of Europe: 1 Honda's Career, 2 The Call of the West, (a) Painting, (b) Writing, (c) Books, (d) Religion and Philosophy, (e) Science, (f) The Western Way of Life, 3 Honda's Economic Theories, (a) Foreign Trade, (b) Population, (c) Colonisation, Ⅴ Honda's Writings: 1 A Secret Plan for Managing the Country (Part One: 1 Gunpowder, 2 Metals, 3 Shipping, 4 Colonisation, Part Two: 1 Fire, 2 Rice Shortages, 3 Night Robbery), 2 Preface to Tales of the West, Volume Two, Bibliography, Index.
＊コロンビア大学修士号取得論文（Honda Toshiaki and The Discovery of Europe. 1947）の単行本化．本多利明『経世秘策』『西域物語』の抄訳収録．
［和訳版］『日本人の西洋発見』錦正社，1957.02.10.
［再刊本］New York: Grove Press, 1954.
［増補改訂版］***The Japanese Discovery of Europe, 1720-1830.*** Stanford, California: Stanford University Press, 1969. xiii, 255p. ill., map, ports. ; 23cm.
▷Preface, 1 The Dutch in Japan, 2 The Rise of Barbarian Learning, 3 Strange Tales from Muscovy, 4 The Call of the West, 5 Honda Toshiaki's Economic Theories, 6 Explorers of the North, 7 Hirata Atsutane and Western Learning, Appendix: Excerpts from the Writings of Honda Toshiaki, Notes, Bibliography, Index.

＊

『三島由紀夫未発表書簡：ドナルド・キーン氏宛の 97 通』三島由紀夫著．中央公論社，1998.05.25.
［文庫版］中公文庫，2001.03.25.

『決定版 三島由紀夫全集 38』新潮社，2004.03.10.
▷書簡：ドナルド・キーン宛.

Booklet & DVD **『ドナルド・キーン：日本そして東京都北区（*Donald Keene: Japan and Kita City, Tokyo*）』**東京都北区政策経営部広報課，2014.03.31.

『第八回奥の細道文学賞 第二回ドナルド・キーン賞 受賞作品集』草加市自治文化部文化観光課編. 草加市, 2017.03.24.
▷芭蕉の魅力、奥の細道の価値（対談：黒田杏子, 2014.02.01）.

『東洋大学 現代学生百人一首の 30 年』朝日新聞出版, 2017.04.10.
▷自由な空気のなかで短歌を詠み、楽しめる世界を.

『宇野千代：華麗なる作家の人生：生誕 120 年記念総特集』河出書房新社, KAWADE 夢ムック, 2017.05.30.
▷宇野千代を語る：『おはん』英訳秘話（聞き手：尾形明子）.

『データで見る太平洋戦争：「日本の失敗」の真実』髙橋昌紀著. 毎日新聞出版, 2017.08.05.
▷戦後 70 年：今も続いている国民への忍耐押しつけ（初出＝2015.02.26）.

『私、日本に住んでいます』スベンドリニ・カクチ著. 岩波ジュニア新書 862, 2017.10.20.
▷キーンさんから若い人へのメッセージ.

『書物を愛する心はひとつ（*Amor Librorum Nos Unit*）：故新田満夫会長を偲んで』故新田満夫会長記念文集刊行委員会, 2017.10.27.
▷Memories of Nitta Mitsuo.

『滝野川防犯協会 七十年のあゆみ』滝野川防犯協会, 2017.11.30.
▷特別寄稿.

『日野原重明の世界：人生を色鮮やかに生きるための 105 の言葉』新老人の会編集協力. 中央法規出版, 2017.12.15.
▷私と日野原先生.

『昭和 天国と地獄：時代を駆け抜けた 43 人が語る』郁野継雄編著. 朝日新聞出版, 2019.03.30.
▷「心配事があるなら言ってください」自決前の三島由紀夫にそう聞いた（初出＝2015.02.20）.

『**戦後 70 年にっぽんの記憶**』橋本五郎編，読売新聞取材班著．中央公論新社，2015.12.10.
▷伝統忘れた日本に「怒」（インタビュー，構成：尾崎真理子，2015.01.15）.

［対訳版］『**簑助伝（*MINOSUKE-DEN*）**』撮影：渡邉肇．（有）diapositive，2015.12.21.
▷吉田簑助のこと，About Yoshida Minosuke.

［対訳版］『***INDIGO*（藍）：*Tanka Poetry Collection***』by Mariko Kitakubo. Pasadena, CA: Shabda Press, 2016.
▷INDIGO に寄せて.

『**検証 繁栄と混迷の戦後 70 年：日本と国際社会の歩み**』時事通信社編著．時事通信出版局，2016.04.01.
▷戦後 70 年に寄せて（初出＝2015.08.13）.

『**東京大学「教養学部報」精選集：「自分の才能が知りたい」ほか教養に関する論考**』東京大学教養学部教養学部報編集委員会編．東京大学出版会，2016.04.28.
▷飜訳について（初出＝1971.12.13）．→⑯

『**「現代の文学」月報集**』講談社文芸文庫編．講談社文芸文庫，2016.05.10.
▷大江健三郎とワイセツ文学（初出＝1971.09.22）．←『日本の作家』1972

『**わたしの〈平和と戦争〉：永遠平和のためのメッセージ**』広岩近広編・著．集英社，2016.06.10.
▷日本軍の暴虐が自決を招いた（初出＝2012.01.30）.

『**金子兜太 いとうせいこうが選んだ「平和の俳句」**』小学館，2016.07.04.
▷平和の俳句：千枚の青田に千の平和あり（translated，初出＝2015.08.15）.

『**混沌と抗戦：三島由紀夫と日本、そして世界**』井上隆史，久保田裕子，田尻芳樹，福田大輔，山中剛史編．水声社，2016.11.25.
▷没後四十五年「悼友」対談（対談：徳岡孝夫，2015.11.25），三島由紀夫の面影（対談：宮本亜門，2016.03.04）.

『**紙の春秋：著名人が描く紙のある風景**』日本製紙連合会，2016.12.
▷心は、一枚の紙（初出＝2011.10.06）．→『黄犬交遊抄』2020

▷かなえられた願い：日本人になること.

『***UNICORN: English Communication. 3***』市川泰男ほか著．文英堂，2014.03.14 検定済.
▷Why Study Foreign Languages？

『**私《わたくし》小説ハンドブック**』秋山駿，勝又浩監修，法政大学大学院私小説研究会編．勉誠出版，2014.03.14.
▷インタビュー：私小説は未来のために（初出＝2007.03.31）.

『**太陽の石**』オクタビオ・パス著．文化科学高等研究院出版局，2014.03.31.
▷常軌を逸した東洋通（講演：2002.10，松山彦蔵訳）． →『黄犬交遊抄』2020

『**日本の俳句はなぜ世界文学なのか：FUKUOKA U ブックレット 6**』ツベタナ・クリステワ共著．福岡：弦書房，2014.07.01.
▷日本の短詩型文学の魅力（講演：2013.12.14）.

『**アジアと考えるアジア：福岡アジア文化賞第 25 回記念**』加藤暁子，福岡アジア文化賞委員会事務局編著．福岡：西日本新聞社，2014.09.18.
▷受賞スピーチ：第 2 回福岡アジア文化賞授賞式（初出＝1991.09.03）.

『**芭蕉さんと私 Ⅱ**』伊賀上野：芭蕉翁生誕 370 年記念事業実行委員会，2014.10.
▷特別投句.

『**遷宮：第六十二回神宮式年遷宮全記録**』撮影：宮澤正明．栶出版社，2015.03.11.
▷伊勢神宮と私.

『**道徳：明るい人生 3 年**』愛知県小中学校長会編．愛知県教育振興会，2015.
▷わたしが日本人になった理由（放送＝2012.04.30）． ←『私が日本人になった理由』2013

『**日記にあらわれる啄木：啄木没後百年記念追悼講演会講演録**』函館啄木会，2015.04.13.
▷日記にあらわれる啄木（対談：山本玲子，2014.04.12）.

『**高峰秀子かく語りき**』高峰秀子著，斎藤明美編．文藝春秋，2015.06.25.
▷“青い目”の見た日本さまざま（対談：高峰秀子，1958.09.07）． ←『ドナルド・キーン：世界に誇る日本文学者の軌跡』2014

▷An Abundant Well That Never Runs Dry.

『**ドナルド・キーン 鎌倉を語る：日本文化の過去・現在・未来〜鎌倉の歴史から学ぶもの〜**』鎌倉世界遺産登録推進協議会，パブリシティ実行委員会，2013.02.
▷私と鎌倉（講演）.

『**大学文化資源の情報発信：演博改革の 10 年 鳥越館長の時代**』早稲田大学演劇博物館編. 八木書店，2013.03.25.
▷鳥越文蔵先生と早稲田大学.

『**ベスト・エッセイ 2013**』日本文藝家協会編. 光村図書出版，2013.06.25.
▷わが東北の思い出（初出＝2012 春）.

『**われわれの小田実**』藤原書店，2013.07.30.
▷『玉砕』を翻訳して（初出＝2007.11.30）.

『**日本の作家 222**』横尾忠則著. 日本経済新聞出版社，2013.08.23.
▷日本文士の肖像：横尾忠則（松宮史朗訳），Portraits of Japanese Writers: Yokoo Tadanori. →『黄犬交遊抄』2020

『**ドナルド・キーン・センター柏崎：常設展示図録＝*Donald Keene Center Kashiwazaki***』ブルボン吉田記念財団編. 柏崎：ブルボン吉田記念財団，2013.09.20.
▷ごあいさつ.

『**石川啄木の世界への誘い**』石川啄木没後百年記念誌編集委員会編. 盛岡：石川啄木没後百年記念事業実行委員会，2013.10.14.
▷啄木を語る：啄木の現代性（講演：2013.07.14）.

『**ドナルド・キーン「おくのほそ道」を語る：第七回奥の細道文学賞受賞作品集**』草加市自治文化部文化観光課編. 草加市，2014.02.01.
▷奥の細道の世界（講演：1988.11.05），外国から見た奥の細道（講演：1993.09.26），奥の細道の新発見（講演：1998.10.11）. →⑯

『**マンガ古典文学：竹取物語**』池田理代子著. 小学館，2014.03.02.
▷ユーモアとリアリズム豊かな最古のフィクション.

『**国語 6：創造**』甲斐睦朗ほか著. 光村図書出版，2014.03.05 検定済.

術的遺産：三島由紀夫の作品と人生を語る」（出席者：イルメラ・日地谷＝キルシュネライト，ボリス・アクーニン，イヴィツァ・ブリアン，ドナルド・キーン，平野啓一郎，細江英公），三島とラシーヌ（講演：2010.03，日地谷周二訳）.

『ラジオ深夜便：歴史に親しむ〈特選集〉』聞き手：川野一宇．NHK サービスセンター，2011.01.18.
▷明治天皇を語る（放送：2002.10.17）.

『Human：知と森へのいざない　vol.1』人間文化研究機構監修．角川学芸出版，2011.02.
▷世界の文化と日本の文化（講演：2010.07.09，人間文化研究機構主催「知の役割 知のおもしろさ」公開講演会・シンポジウム）.

『密教美術と歴史文化』真鍋俊照編．京都：法藏館，2011.05.10.
▷私と日本文学（初出＝2010.11.23），日本文学をめぐって（対談：真鍋俊照，初出＝2010.12.09-10）.

『福田恆存対談・座談集 4：世相を斬る』玉川大学出版部，2012.01.25.
▷日本・その文化と人（初出＝1976.01.01）．←『日本の魅力』1979

『黄金時代のカリスマ指揮者たち：フルトヴェングラーからヴァントまで聴き巧者が熱く語る』音楽之友社編．音楽之友社，2012.08.01.
▷ドナルド・キーンさんが語る「伝説の名演奏」（聞き手：近藤憲一）.

『木下長嘯子：コレクション日本歌人選 057』大内瑞恵著，和歌文学会監修．笠間書院，2012.10.31.
▷木下長嘯子（篠田一士訳，初出＝1974.08.09）．←『日本文学散歩』1975

『ゼロからわかる！　図説 百人一首』学研パブリッシング，2012.11.13.
▷逢うことと別れること（初出＝1972.12）．←『日本を理解するまで』1979

『ごぞんじ開高健：開高健記念会「紅茶会」講演集 7』開高健記念会，2012.12.09.
▷開高ケンか開高タケシか（初出＝1974.09.20）．←『私の日本文学逍遥』1981

『世界の中の日本文化と日本文学』札幌大学附属総合研究所（Booklet №7），2012.12.20.
▷世界の中の日本文化と日本文学（講演：2012.07.18）.

***PRO-VISION: English Communication. II*.** 桐原書店，2013.01.31 検定済.

国民会議編．小学館，2009.04.01.
▷富士山に寄す，Fuji-san.

『**ふるさと讃歌：群馬・渋川**』鈴木喜代編著．渋川：鈴木喜代，2009.07.
▷ニューヨークの一人の日本人——わが師、角田柳作先生のこと（初出＝1962.05）．
←『日本との出会い』1972

『**鎌鼬**』細江英公写真，土方巽舞踏．京都：青幻舎，2009.11.01.
▷細江英公の写真（角地幸男訳）．←*Kamaitachi*. 2009

『**著名人がつづった名随筆・名紀行集 Ⅲ：伊那路**』腰原智達編，長野県国語国文学会監修．長野：一草舎出版，2009.11.18.
▷信州ざざ虫紀行（初出＝1979.11，抄録）．←『日本細見』1980

『**第7回しずおか世界翻訳コンクール優秀作品集**』しずおか世界翻訳コンクール実行委員会，2010.03.
▷選評：英語部門.

『**小田実全集**』鶴見俊輔，澤地久枝，林京子，ドナルド・キーン監修．講談社，2010.06-2014.05.

『**独歩：辻清明の宇宙**』辻清明著，写真：藤森武．清流出版，2010.08.08.
▷辻さんの作品.

［対訳版］『**都わすれの記（*Memoir of Forgetting the Capital*）**』谷崎潤一郎著，エミー・ハインリック訳．雄松堂書店，2010.11.02．→*Memoir of Forgetting the Capital*. 2011
▷Foreword，挟み込み別紙に「日本版によせて」を付す.

『**平家の魅力を神戸から：行吉学園創立70周年記念 神戸女子大学古典芸能研究センター特別講演会記録**』神戸女子大学古典芸能研究センター，2010.11.11.
▷『平家物語』について（初出＝2009.10），平家と日本文学（講演：2009.11.14），「平家物語」をめぐって（パネルディスカッション：鳥越文蔵，高橋昌明，アン・ケーリ，阪口弘之，加藤隆久，2009.11.14）．→⑯

『**MISHIMA!：三島由紀夫の知的ルーツと国際的インパクト**』イルメラ・日地谷＝キルシュネライト編．京都：昭和堂，2010.12.20.
▷友人三島（講演：2010.03，日地谷周二訳），パネルディスカッション「三島由紀夫の芸

『**世界が読み解く日本：海外における日本文学の先駆者たち**』聞き手：伊井春樹．學燈社，2008.04.25.
▷日本文学との出会いから（インタビュー：2008.03.31）．

『**不機嫌の椅子：ベスト・エッセイ2008**』日本文藝家協会編．光村図書出版，2008.06.20.
▷遠慮の名人 私の後悔（初出＝2007.11.01）． →『黄犬交遊抄』2020

『**火のように水のように風のように：生きる人たちのインタビュー集**』天理教道友社編．天理：天理教道友社，2008.07.01.
▷『源氏物語』が人生を決めたアメリカ人（インタビュー：2006.12.01）．

［対訳版］『**竹取物語絵巻**』チェスター・ビーティー・ライブラリィ監訳，勉誠出版，2008.07.14.
▷The Tale of the Bamboo Cutter（translated）． ←*The Tale of the Bamboo Cutter*. 1956

『**新しい文化学の構築に向けて：早稲田大学創立125周年記念講演会・シンポジウム記録**』源貴志編．早稲田大学文学学術院，2008.08.01.
▷日本文学と世界（講演：2007.10.13）．

『**日本文化と女性：大妻学院創立一〇〇周年記念学術講演会講演録**』大妻学院，2008.11.20.
▷日本文化と女性（講演：2008.10.18）． →⑯

『**年齢**《よわい》**は財産**』日本ペンクラブ編．光文社，2008.11.25.
▷悪魔と私．

『**源氏物語国際フォーラム集成：源氏物語千年紀記念**』京都：源氏物語千年紀委員会編．2009.03.30.
▷私の『源氏物語』（講演：2008.11.01）． →⑯

『**第36回美術講演会講演録**』鹿島美術財団編．2009.03.31.
▷世界の中の源氏物語（講演：2007.11.30）．

［対訳版］『**富士山：信仰と芸術の源**（***Mt. Fuji: The Wellspring of Our Faith and Arts***）』富士山世界文化遺産登録推進静岡・山梨両県合同会議，富士山を世界遺産にする

▷狂言：太郎冠者になりたかった異国人.

『玉砕』小田実，ティナ・ペプラー，ドナルド・キーン著．岩波書店，2006.09.08.
▷「玉砕」によせて：英訳版『玉砕』のための「まえがき」（金井和子訳，初出＝2003.01），崇高にしておぞましき戦争（対談：小田実，1998.10）.

『京の子ども 明日へのとびら：小学校・高学年編』京都府教育委員会，2007.03.31.
▷わたしが出会った日本.

『世界から見た日本文化：多文化共生社会の構築のために』神奈川大学人文学研究所編．御茶の水書房，2007.03.31.
▷世界の中の日本文学（講演：2005.11.12）.

『ブリタニカ国際年鑑 2007』ブリタニカ・ジャパン，2007.04.10.
▷日本文学の国際性（平野勇夫訳）．→①

『追悼 オーテス・ケーリ：*Otis Cary and His Broad Vision 1921-2006*』DAC同志社アーモストクラブ，2007.05.01.
▷独特の友人、ケーリ君（北垣宗治訳），Remembrances of Otis Cary（初出＝2007.03.01），めぐりあい 奥村綾子さん（初出＝1979.05.14）．→『黄犬交遊抄』2020

『名文で巡る国宝の阿弥陀如来』白洲正子ほか著．青草書房，2007.07.09.
▷鎌倉やぐら紀行（初出＝1977.01，抄録）．←『日本細見』1980

『芸術がいま地球にできること：平山郁夫対談集』芸術新聞社，2007.09.10.
▷仏教文化はアジアだけではありません（対談：平山郁夫，2001.05）.

『地球化時代のこころを求めて：京都文化会議 2007 報告書』京都文化会議組織委員会，2008.03.
▷源氏物語と私、そして日本のこころ（講演：2007.12.09）.

『新選 書を語る』二玄社編集部編．二玄社，2008.03.25.
▷私の好きな書（初出＝1973.10.11）．←『私の日本文学逍遥』1981

『世界の源氏物語：グローバルな視点から、その文学と意匠の深遠を探る』ドナルド・キーンほか著．ランダムハウス講談社，2008.04.03.
▷世界の古典としての源氏物語.

▷三島文学と国際性（対談：三島由紀夫，1965.01.05）.

『**決定版 三島由紀夫全集 40**』新潮社，2004.07.10.
▷世阿弥の築いた世界（鼎談：三島由紀夫，小西甚一，1970.07.25）.　←『日本の魅力』1979

『**密教マンダラと文学・絵解き**』真鍋俊照著．京都：法藏館，2004.07.01.
▷日本人と仏教：『徒然草』をめぐって（対談：真鍋俊照，1993.09.03）.

『**歴史に未来を観る：陳舜臣対談集**』集英社，2004.11.10.
▷東西からみた日本文化（対談：陳舜臣，1987.01.06）.

『**仕事の流儀：28 人の達人に訊く**』高任和夫著．日経 BP 社，2004.12.20.
▷ドナルド・キーン：幾度も悦ばしき学びの大海に漕ぎ出す（聞き書き：2003.01.01）.
［文庫版］『生き方の流儀：28 人の達人たちに訊く』講談社文庫，2010.04.15.

『**芭蕉さんと私**』伊賀：「生誕 360 年 芭蕉さんがゆく 秘蔵のくに 伊賀の蔵びらき」事業推進委員会，2004.12.
▷基調講演：芭蕉と即興詩（講演：2004.10.10）.　→学術文庫『おくのほそ道』2007

『**はつらつ力：この人たちの元気をもらおう**』日本経済新聞社編．日本経済新聞社，2005.04.20.
▷日本文化の宣教師（聞き手：名和修，2003.10.20–24）.

『**俳句列島日本すみずみ吟遊**』黒田杏子著．飯塚書店，2005.11.10.
▷達人対談 10：昨日・今日・明日（対談：黒田杏子，2004.11）.

『**司馬遼太郎が考えたこと 13**』司馬遼太郎著．新潮文庫，2005.12.01.
▷司馬さんの国際性（初出＝1996.03.31）.

『**日本人のこころの旅：山折哲雄対談集**』講談社，2006.01.24.
▷日本人の美意識と宗教（対談：山折哲雄，2004.01.03，06，08，10）.

『**国際化時代における京都文化の役割：第十回国際文化フォーラム**』京都府国際センター，2006.02.
▷基調講演：国際化時代における京都文化の役割（公開対談：西島安則，2005.11.26）.

『**われらの六〇年代文化：花ざかりの森を吹き抜けた旋風《かぜ》**』ネット武蔵野，2006.07.19.

←『日本人と日本文化』1972,『世界のなかの日本』1992
［文庫版］『司馬遼太郎対話選集 5：日本文明のかたち』文春文庫，2006.07.10.

『**異文化理解の視座：世界からみた日本、日本からみた世界**』小島孝之，小松親次郎編. 東京大学出版会，2003.04.25.
▷世界のなかの日本文化（講演：2001.11.16，国際シンポジウム「東西交流と日本」）.

『**花祭りとバーミヤンの大仏**』日本文藝家協会編. 光村図書出版，2003.06.
▷光と影のスペイン（初出＝2002.05.13）. →『私の大事な場所』2005

『**永遠の文庫〈解説〉傑作選**』齋藤愼爾編. メタローグ，2003.10.01.
▷安部公房『砂の女』（初出＝1981.02.25）. ←『私の日本文学逍遥』1981

『**近松門左衛門 三百五十年**』大阪：和泉書院，2003.12.14.
▷巻頭言：世界の近松.

『**野村万作・萬斎「狂言でござる」：DVD「野村万作狂言集」**』VOL.1-4. 早稲田大学演劇博物館企画，鳥越文蔵，ドナルド・キーン，野村万作監修. 角川書店，2003.

『**日本文化へのまなざし：司馬遼太郎記念講演会より**』大阪外国語大学，産経新聞社編. 河出書房新社，2004.01.30.
▷歴史と文学（講演：2001.09.29），日本文化の歴史と可能性（鼎談：陳舜臣，荻野アンナ，2001.09.29）.

『**心あひの風 いま、古典を読む：久保田淳座談集**』笠間書院，2004.02.29.
▷日本文化と古典文学（対談：久保田淳，1998.01.16）.

『**都市の異文化交流：大阪と世界を結ぶ**』大阪市立大学文学研究科叢書編集委員会編. 大阪：清文堂出版，2004.03.20.
▷文学の舞台としての大阪（講演：2003.07.20）.

『**力か対話か：異文化交流は「文明の衝突」を防ぎ得るか**』川本皓嗣編著. 中央公論事業出版，2004.04.10.
▷文化の衝突、内なる対立（講演：2003.09.10），ドナルド・キーンさんを囲んで（鼎談：米山俊直，辻一郎，2003.09.11）.

『**決定版 三島由紀夫全集 39**』新潮社，2004.05.10.

『**敬和カレッジ・ブックレット 7：敬和学園大学創立十周年記念学術講演**』新発田市：敬和学園大学，2001.04.20.
▷日付変更線を越えるように文学と歴史の境界線を越える私（講演：2000.10.28）.
→『私の大事な場所』2005

『**鶴見俊輔集 続 5：アメノウズメ伝**』筑摩書房，2001.06.25.
▷随筆の魅力・魅力の随筆（対談：鶴見俊輔，1999.11.19）.

［対訳版］『**源氏物語（*The Tale of Genji: Scenes from the World's First Novel. by Murasaki Shikibu*）**』切り絵：宮田雅之，序文：瀬戸内寂聴，英訳：マック・ホートン（H. Mack Horton）．講談社インターナショナル，2001.10.26.
▷「源氏物語」の再現，Depictions of *The Tale of Genji*.

『**続々・物語をものがたる：河合隼雄対談集**』河合隼雄ほか著．小学館，2002.03.20.
▷更級日記：文学少女の見た夢と現実（対談：河合隼雄，1999 冬）.

『**もうひとつの季節**』保坂和志著．中公文庫，2002.04.25.
▷解説.

『**言葉空間の遠近法：安達史人インタビュー集**』安達史人著．右文書院，2002.07.25.
▷異国人の漢字発見：漢字文化圏と出遇った西欧人日本文学者（聞き手：安達史人，1994.07）.

『**日本のこころ 花の巻：私の好きな人**』竹西寛子ほか著．講談社，2002.08.29.
▷明治天皇：「日本のこころ」とは何か（角地幸男訳）.

『**C・W・ニコルのボクが日本人になった理由《わけ》：今の日本にはじめてやってきたらボクは日本人になっただろうか？**』C・W・ニコル著，写真：南健二．ビオシティ，2002.09.09.
▷私たちの愛した日本、不可解な日本（対談：C・W・ニコル）.

『**福島県文学全集 第Ⅱ期：随筆・紀行・詩編 4：現代編Ⅰ**』木村幸雄監修，澤正宏ほか編．長岡市：郷土出版社，2002.11.12.
▷白河紀行（初出＝1983.12.13-15，抄録）． ←『百代の過客』1984

『**司馬遼太郎対話選集 3：日本文明のかたち**』関川夏央監修．文藝春秋，2003.01.30.
▷日本文化の特異性：日本人と日本文化，世界のなかの日本（対談：司馬遼太郎，抄録）.

▷東洋と西洋（講演：1999.10.09）．→『果てしなく美しい日本』2002

『**人間性の源への旅：古舘晋対談集**』古舘晋著．大阪：JDC，2000.03.31.
▷日本文化のすばらしさ（対談：古舘晋，2000.03.31）．

『**シリーズ国際交流 5：翻訳と日本文化**』芳賀徹編．国際文化交流推進協会，2000.04.15.
▷日本という翻訳の宇宙（座談会：中西進，小田島雄志，芳賀徹，1996.10）．

『**長崎街道：鎖国下の異文化情報路**』丸山雍成編．日本放送出版協会，2000.05.25.
▷世界の中の日本（講演：1998.12.05，「異文化の情報路・長崎街道」シンポジウム）．

『**私の文学：「文《ロゴス》」の対話**』小田実ほか著．新潮社，2000.05.30.
▷崇高にしておぞましき戦争（対談：小田実，1998.10）．

［対訳版］『**万葉恋歌**（***Love Songs from the Man'yōshū: Selections from a Japanese Classic***）』英訳：リービ英雄，切り絵：宮田雅之，解説：大岡信．講談社インターナショナル，2000.06.30.
▷宮田さんの切り絵，Miyata Masayuki's Paper Cut-Outs（初出＝1989.06.20）．

『**日本語の開国**』加藤秀俊監修，国際交流基金日本語国際センター編．ティービーエス・ブリタニカ，2000.07.07.
▷日本語と私（講演：1999.12.01，国際交流基金日本語国際センター設立10周年記念国際シンポジウム）．

『**20世紀 どんな時代だったのか：アメリカの世紀・総集編**』読売新聞社，2000.09.13.
▷明治天皇の実像に迫る（聞き手：鬼頭誠，2000.06.29），第三のミレニアムへ……人類は生き残れるか：「千年紀」京都座談会（座談会：瀬戸内寂聴，陳舜臣，川勝平太，1998.07.24）．

『**司馬遼太郎 歴史歓談**』司馬遼太郎ほか著．中央公論新社，2000.11.10.
▷「近世」の発見（鼎談：司馬遼太郎，山崎正和，1988.10）．
［文庫版］『司馬遼太郎歴史歓談Ⅱ：二十世紀末の闇と光』中公文庫，2004.11.25.

［対訳版］『**歌舞伎**（***Kabuki: The Art and Tradition***）』写真：大倉舜二，文：上村以和於，訳：カースティン・マカイヴァー（Kirsten McIvor）．講談社インターナショナル，2001.03.03.
▷序文：本書に寄せて，Introduction.

『伝統と個人』千葉県立成田北高等学校国際理解教育推進委員会，1999.03.01.
▷伝統と個人（講演：1998.12.02）.

『エッセイの贈りもの 2：『図書』1938-1998』岩波書店編集部編．岩波書店，1999.04.23.
▷近松を英訳して（初出＝1962.07）．→⑯

『30人が語る楽しみの発見：モーツァルトから志ん朝まで』「CLASSY.」編集部編．光文社，1999.04.25.
▷オペラ体験のすすめ（鼎談：黒田恭一，冨士眞奈美，1990.11），浮世絵は奥が深い（鼎談：池田満寿夫，長尾直太郎，1993.01）.

『山中湖文学の森 三島由紀夫文学館』山中湖文学の森 三島由紀夫文学館編．1999.07.03.
▷待ち望まれた三島由紀夫文学館.

『安部公房全集 24』新潮社，1999.09.10.
▷反劇的人間（対談：安部公房）．←『反劇的人間』1973

『安部公房全集 25』新潮社，1999.10.10.
▷安部公房氏と音楽を語る，型をやぶる，日本語・日本文学・日本人（対談：安部公房，1976.10，1976.11.03，1977.01.03）．←『日本の魅力』1979

［対訳版］**『21世紀に生きる君たちへ』**司馬遼太郎著，ドナルド・キーン監訳，ロバート・ミンツァー訳．朝日出版社，1999.11.10.
▷人間の荘厳さ，The Magnificence of Humanity，21世紀に生きる君たちへ，To You Who Will Live in the 21st Century，洪庵のたいまつ，The Torch of Koan，出典一覧.

『相思鳥：思想句集』山上宏之著．京都：大文字書店，1999.11.
▷序文.
［再刊本］日本文学館，2004.01.15.

『安部公房全集 26』新潮社，1999.12.10.
▷安部公房インタビュー（初出＝1978.08），イメージの展覧会（対談：安部公房，1979.07）．←*The Blue-Eyed Tarōkaja*. 1996

『ザビエル上陸450周年記念国際シンポジウム報告書』鹿児島市：国際シンポジウム実行委員会，2000.02.

▷世界のなかの日本文化．←『世界のなかの日本文化』1993

『**司馬遼太郎の跫音**《あしおと》』司馬遼太郎ほか著．中公文庫，1998.01.18.
▷御堂筋を歩いた思い出（初出＝1996.04）．→『私の大事な場所』2005　→⑩

『**弔辞大全**』倫書房編集部編．倫書房，1998.04.25.
▷本物の天才　安部公房（初出＝1993.04）．←『日本語の美』1993

『**日本文学における日誌の地位**』同志社新島基金運営委員会編．同志社大学，1998.05.15.
▷〈第一回講演〉日本文学における日誌の地位（1），〈第二回講演〉日本文学における日誌の地位（2），〈セミナー〉翻訳について（第17回新島講座：1993.10.01，04，05）．→『黄犬交遊抄』2020

『**太宰治・坂口安吾の世界：反逆のエチカ**』齋藤愼爾編．柏書房，1998.05.30.
▷太宰文学の周辺（対談：津島美知子，1964.04.15）．
［新装版］2010.02.05.

『**河合隼雄全対話 9：母性社会日本を生きる**』河合隼雄著．第三文明社，1998.10.12.
▷日本人を語る（対談：1991.01.07，14）．

『**英訳　江戸川柳：誹風柳多留（*Edo Senryû: Haifû Yanagidaru*）**』撫尾清明訳，アラン・クロケット監修．大阪：葉文館出版，1998.10.22.
▷Preface（序文）：Senryû.

『**日本人の美意識**』大阪府立文化情報センター，1998.10.
▷日本人の美意識 源流は上方文芸？（対談：多田道太郎，1998.07.08）．

『**三島由紀夫　生と死**』ヘンリー・スコット＝ストークス著，徳岡孝夫訳．清流出版，1998.11.26.
▷三人の友：三島由紀夫を偲んで（鼎談：ヘンリー・スコット＝ストークス，徳岡孝夫）．

『**みれにあむ：日本文化この千年**』瀬戸内寂聴，ドナルド・キーン，陳舜臣，川勝平太著（座談会）．読売新聞社，読売ぶっくれっと 12，1998.12.25.
▷1「源氏物語」と恋愛観，2 儒教、仏教の影響と死生観，3 日本と西欧文化の並行現象，4 紙の伝播と印刷術，5 日本文化の独創性，6 日本の美意識と近代化，7 日本が誇り得る文化，8「美」を守るために，9 ミレニアム十大ニュース（初出＝1998.07.24）．

1995.09.01.
▷Preface: Senryū, 川柳（英文の骨子）.

『江戸の心中』（別冊歴史読本特別増刊：江戸コレクション）新人物往来社，1995.11.11.
▷近松にみる悲劇性（初出＝1980.01.22）．←『私の日本文学逍遥』1981 ←⑥

『レクイエム司馬遼太郎』三浦浩編．講談社，1996.11.15.
▷司馬遼太郎さん、ありがとう：私の「恩人」は偉大な国際人だった（初出＝1996.04）.

『上手な老い方［白の巻］』サライ編集部編．小学館，1997.01.10.
▷言葉は、民族の意識を表わします。「外人」は『平家物語』で「信用できない人」の意でした（初出＝1989.12.21）.

『司馬遼太郎の「遺言」：司馬遼太郎さんと私』夕刊フジ編．産経新聞ニュースサービス，1997.02.10.
▷豊富な知識に圧倒され（初出＝1996.11.28-30）.

『川端康成 瞳の伝説』伊吹和子著．PHP 研究所，1997.04.16.
▷私が見た川端康成と川端文学（聞き手：伊吹和子）.

『谷崎潤一郎国際シンポジウム』アドリアーナ・ボスカロほか著．中央公論社，1997.07.10. →*A Tanizaki Feast: The International Symposium in Venice*.1998
▷はじめに：海外における谷崎文学，谷崎の戯曲（講演：1995.04. 05，08，ヴェネチア）.

『安部公房全集』1-30 巻．ドナルド・キーン監修．新潮社，1997.07.10-2009.03.07.

『安部公房の劇場』ナンシー・K・シールズ著，安保大有訳．新潮社，1997.07.20.
▷序文.

『安岡章太郎 15 の対話』安岡章太郎ほか著．新潮社，1997.09.25.
▷「昭和」の日本人（対談：安岡章太郎，1988.12）.

『幽：観世榮夫の世界』観世榮夫著，写真：林義勝．小澤書店，1997.10.30.
▷観世榮夫の思い出.

『著名人が語る〈考えるヒント〉14：世界から日本を見る』桑原武夫，ドナルド・キーン，エズラ・ヴォーゲル著．リブリオ出版，1997.11.25.

『**野上彌生子全集 第Ⅱ期 29**』岩波書店，1991.08.30.
▷「新しき女」と女性のキリスト像（対談：野上彌生子，1984 秋）.

『**群像 日本の作家 7：石川啄木**』高井有一ほか著．小学館，1991.09.10.
▷啄木日記（金関寿夫訳， 初出＝1987.07.20-08.06）．←『続 百代の過客』1988

『**日本近代美術と西洋：明治美術学会国際シンポジウム**』明治美術学会編．中央公論美術出版，1992.04.10.
▷明治初期の日本人の日記に現れた西洋文化（講演：1988.11.28）.

『**群像 日本の作家 6：与謝野晶子**』尾崎左永子ほか著．小学館，1992.04.10.
▷与謝野晶子（初出＝1977.04）．←『日本文学を読む』1977

『**群像 日本の作家 23：大江健三郎**』マサオ・ミヨシほか著．小学館，1992.08.10.
▷大江健三郎氏の横顔（初出＝1969.07.12）.

『**講演集 大岡信/ドナルド・キーン/高階秀爾：富山県立近代美術館開館・富山近美友の会設立十周年記念出版**』富山県立近代美術館，富山近美友の会編．富山近美友の会，1992.08.
▷日本文化の特質（講演：1991.10.26）.

『**太宰治論集：作家論篇 5**』山内祥史編．ゆまに書房，1994.03.22.
▷擬装の対極：太宰治と三島由紀夫（対談：奥野健男，1974.02）.

『**吉田健一集成 別巻**』新潮社，1994.06.10.
▷吉田健一と英語（推薦文，1978.10）.

『**世界の遺産：姫路城**』播磨学研究所編．神戸新聞総合出版センター，1994.08.20.
▷日本文化の国際性（講演：1993.10）.

『**おくのほそ道と山形：芭蕉生誕 350 年**』寒河江市，1994.
▷おくのほそ道と山形（講演：1994.08.01）.

『**カンガルー・ノート**』安部公房著．新潮文庫，1995.02.01.
▷『カンガルー・ノート』再読（初出＝1994.01）.

［対訳版］『**和英対照：川柳歳時記**』奥田白虎編，撫尾清明訳，アラン・クロケット監修.

『緑色のストッキング・未必の故意』安部公房著．新潮文庫，1989.04.25.
▷解説.

『対談・僕の昭和史：安岡章太郎対談集』安岡章太郎編．講談社，1989.04.30.
▷「昭和」の日本人（対談：安岡章太郎，1988.12）.

『宮田雅之切り絵画集：万葉恋歌』中央公論社，1989.06.20.
▷宮田さんの切り絵.

『昭和文学全集 34：評論随想集 II』井上靖，山本健吉，中村光夫，吉行淳之介，高橋英夫，磯田光一編．小学館，1989.12.01.
▷三島由紀夫論（初出＝1971.01）．←『日本の作家』1972

『山片蟠桃賞の軌跡』大阪府生活文化部文化課著．大阪：清文堂出版，1989.12.20.
▷私と日本文化（講演：1983.03.05，第 1 回山片蟠桃賞受賞記念）.
［増補改訂版］1993.08.15.

『北への視角：シンポジウム「**松浦武四郎**」』松浦武四郎研究会編．北海道出版企画センター，1990.09.20.
▷松浦武四郎を読んでみて（講演：1988.09.30）.

『群像 日本の作家 18：三島由紀夫』秋山駿ほか著．小学館，1990.10.20.
▷『近代能楽集』（初出＝1968.03.25）．←『日本の作家』1972（「『近代能楽集』について」）

『群像 日本の作家 17：太宰治』長部日出雄ほか著．小学館，1991.01.10.
▷太宰治 （初出＝1974.04，05）．←『日本文学を読む』1977

『新文芸読本：石川啄木』河出書房新社，1991.01.14.
▷ローマ字でしか書けなかった啄木の真実（講演：1986.08.07）．→『日本語の美』1993

『日本の近世』1-18 巻．児玉幸多，ドナルド・キーン，司馬遼太郎監修，辻達也，朝尾直弘編．中央公論社，1991.07.02-1994.05.20.

『芝居日記』三島由紀夫著．中央公論社，1991.07.05.
▷「芝居日記」の底に流れるもの．→『日本語の美』1993

『**世紀末の美と夢 6：夢想への逃亡**』辻邦生責任編集．集英社，1986.12.10.
▷極東の魅惑：ラフカディオ・ハーン（富士川義之訳）.

『**俳句の国際化と松山**』松山市立子規記念博物館編．1987.02.28.
▷外国人と俳句（講演：1986.10.26，松山市立子規記念博物館開館 5 周年記念講演会）.
→『古典を楽しむ』1990（「外国人に俳句がわかりますか？」） →①

『**宮田雅之切り絵画集：おくのほそ道**』中央公論社，1987.10.25.
▷解説（初出＝1986.04-1987.04），わがこころの芭蕉（対談：宮田雅之）.

『**ヒューマンウェアで候：カキウチ株式会社百周年記念誌**』カキウチ株式会社，1987.12.21.
▷「カキウチ」そして「人」、間《むすび》合い（対談：垣内素一）.

『**講演記録：関西大学創立 100 周年記念学術講演会**』関西大学，1987.12.
▷明治の日本人は世界をどう見ていたか（講演：1986.10.31）.

『**昭和文学全集 2**』小学館，1988.01.01.
▷徳田秋声：人と作品．→『日本語の美』1993

『**書を語る 1**』二玄社編集部編．二玄社，1988.01.12.
▷私の好きな書（初出＝1973.10.11）．←『私の日本文学逍遥』1981

『**俳諧有情：金子兜太対談集**』三一書房，1988.06.30.
▷言葉の力 詩の心（対談：金子兜太，放送：1986.01.11，NHK 教育テレビ「ビッグ対談」）.

『**NHK 文化講演会 18**』日本放送協会編．日本放送出版協会，1988.09.20.
▷外国人と俳句（講演：1986.10.26）．→『古典を楽しむ』1990（「外国人に俳句がわかりますか？」） →①

［対訳版］『**源氏物語入門**』廣瀬キサ子著，スーザン・タイラー訳，ドナルド・キーン監修．廣瀬キサ子，1989.01.25.
▷序，Foreword.

『**叢刊・日本の文学**』ドナルド・キーン，中西進，芳賀徹編．新典社，1989.03-1992.12.

羽鳥博愛監修，山田晴子，伊良部祥子編．朝日出版社，1982.11.10.
［新訂版］1986.04.25／［第三版］2004.03.30.
［合冊版］『口語英語大辞典：英和/和英（*Comprehensive Dictionary of Colloquial English*）』朝日出版社，1994.11.20.

『日本語の21世紀：日本語はどう変わるか』樺島忠夫ほか著．小学館，1983.04.15.
▷日本語の変化と現状をさぐる（討論会：1982.10.23，朝日ゼミナール特別講座：日本語シンポジウム「これからの日本語」）.

『日本人：住まいの文化誌』ミサワホーム総合研究所出版制作室，1983.06.10.
▷日本人：暮らしの特殊性．→『二つの母国に生きて』1987（「私の日本住居論」）→⑯
［再刊本］『住まいの文化誌 2：日本人 下』ミサワホーム総合研究所，2009.03.24.

［対訳版］**『モシモシ・すみません・どうも（*Discover Japan*）』**E・G・サイデンステッカーほか著，松本道弘訳．講談社，1983.11.01.
▷Saijiki: A Reference Book of the Seasons，歳時記：季節に関する参考書．←*A Hundred Things Japanese.* 1975

『新潮日本文学アルバム 20：三島由紀夫』磯田光一編．新潮社，1983.12.20.
▷一枚の写真：「鉢の木会」のころ．→『二つの母国に生きて』1987

『日本の文学 57：測量船・艸千里』三好達治著．ほるぷ出版，1985.02.01.
▷今世紀の偉大な日本語詩人：解説.

『文学ときどき酒：丸谷才一対談集』集英社，1985.09.10.
▷エズラ・パウンドの復権（鼎談：篠田一士，丸谷才一，1972.11）．←『日本の魅力』1979
［文庫版］中公文庫，2011.06.25.

『昭和59年度「日本文化研究に関する調査研究」研究会報告書』吹田：国立民族学博物館，1985.
▷海外に於ける日本研究（講演：1984.09.18）．→『二つの母国に生きて』1987

『シンポジウム平泉：奥州藤原氏四代の栄華』高橋富雄編．小学館，1985.11.10.
▷ひらいずみ文化私観（講演：1984.09.07，東北文化シンポジウム 平泉）.

『音楽：展望と批評 3』吉田秀和著．朝日文庫，1986.04.20.
▷解説．→『二つの母国に生きて』1987（「吉田秀和という日本人」）

▷序文：伝統に迫る伊沢さんの情熱.

『現代語訳 日本の古典 17：女殺油地獄』田中澄江著. 学習研究社，1980.01.22.
▷近松にみる悲劇性. →『私の日本文学逍遥』1981 →⑥

『燃えつきた地図』安部公房著. 新潮文庫，1980.01.25.
▷解説. →『私の日本文学逍遥』1981（「夢の循環連鎖」） →④

『米英俗語辞典（*American and British Slang Dictionary*）』ドナルド・キーン，藤井章雄共編. 朝日出版社，1981.02.25.
▷Preface.
［合冊版］『口語英語大辞典：英和/和英（*Comprehensive Dictionary of Colloquial English*）』朝日出版社，1994.11.20.

『砂の女』安部公房著. 新潮文庫，1981.02.25.
▷解説. →『私の日本文学逍遥』1981（「不思議の国のアリス」） →④

『ブルーム・コレクション書籍目録』第1巻. 横浜・横浜開港資料館，1982.03.31.
▷ポール・ブルームの情熱（徳岡孝夫訳），Remembrances of Paul Blum. →『黄犬交遊抄』2020

『日英故事ことわざ辞典（*Proverbs*）』池田彌三郎，ドナルド・キーン監修，常名鉾二郎，朝日イブニングニュース社編. 朝日イブニングニュース社，1982.05.20.
▷はじめに.
［再刊本］北星堂書店，1994.05.16.

『鑑賞 日本現代文学 第6巻：石川啄木』今井泰子，上田博編. 角川書店，1982.06.30.
▷啄木の日記と芸術（初出＝1955.03.01）. ←『日本の文学』1963

『野上彌生子全集 別巻2』岩波書店，1982.07.09.
▷文学史の余白に（対談：野上彌生子，1979.01）.

『現代短歌英訳集：伊藤左千夫から土屋文明まで』撫《うつ》尾《お》清明編・訳. 京都：山口書店，1982.10.20.
▷Preface.

『会話作文英語表現辞典（*Japanese-English Sentence Equivalents*）』ドナルド・キーン，

『筑摩現代文学大系 77：安部公房・小島信夫集』筑摩書房，1976.09.15.
▷人と文学：安部公房（中矢一義訳）． →『日本を理解するまで』1979（「安部公房の文学」）

『室町時代：その社会と文化』豊田武，ジョン・ホール編．吉川弘文館，1976.09.20.
▷連歌における滑稽の伝統（報告：1973.08.31，京都：相国寺．徳岡孝夫訳，新城美恵子補訳）． →*Japan in the Muromachi Age.* 1977 →『私の日本文学逍遥』1981 →⑥

『文楽の人形』文楽協会監修．婦人画報社，1976.12.01.
▷序：生きている文楽人形． →『私の日本文学逍遥』1981 →⑥

『日米交流記念特別講演会』国際交流基金，1977.06.
▷日米相互理解はどこまで進んでいるか（講演：1976.09.16-27）． →『日本人の質問』1983

『新日本史探訪 1』海音寺潮五郎ほか著．角川書店，1977.10.30.
▷洋学事始：新世界との出会い（対談：高橋磌一，放送：1977.01.25）．

［英文註解版］**『世界の中の日本文学 1（*Japanese Literature in the World. book 1*）』**鈴木幸夫，照屋佳男，紺野耕一編注．弓書房，1977.
▷Chikamatsu Monzaemon: Japan's First Professional Dramatist（初出＝1974.10）．

『能楽百話：サンケイ観世能の二十五年』サンケイ新聞社編．京都：駸々堂出版，1978.03.10.
▷私と狂言（初出＝1955.02.27）．

［英文註解版］**『日本についての 30 章（*30 Things Japanese*）』**小津次郎，藤巻典子編注．弓書房，1978.04.01.
▷Saijiki（歳時記）：A Reference Book of the Seasons. ←*A Hundred Things Japanese.* 1975

『戦後の日本：転換期を迎えて 国際シンポジウム』福岡ユネスコ協会編．講談社現代新書，1978.07.20.
▷現代日本文学の特徴とその背景（講演：1977.08.01，第 4 回九州国際文化会議）．

『地球時代の人類学：対談集』梅棹忠夫編．中央公論社，1978.12.20.
▷「第二芸術」のすすめ（対談：梅棹忠夫，1975.12）． →『日本の魅力』1979 →⑨
［文庫版］『地球時代の人類学 下』梅棹忠夫編．中公文庫，1983.02.10.

『古都点描』伊沢元一画文集．京都：サンブライト出版，1979.02.20.

▷中国文学との関係における日本文学（講演：1972.11.21，国立京都国際会館）.

『歌舞伎の衣裳』国立劇場監修．婦人画報社，1974.11.15.
▷歌舞伎の衣裳（源了圓訳），Kabuki Costumes.

『三島由紀夫：批評と研究』白川正芳編．芳賀書店，1974.12.25.
▷「近代能楽集」（初出＝1968.03.25）．←『日本の作家』1972（「『近代能楽集』について」）

『美しい日本の旅 8：京都 I』学習研究社，1975.01.15.
▷三島由紀夫と『金閣寺』．→『日本を理解するまで』1979

『美しい日本の旅 10：奈良』学習研究社，1975.04.15.
▷三島由紀夫『奔馬』と三輪山．→『日本を理解するまで』1979

『The 東京』読売新聞社，1975.04.20.
▷東京の感想．→『日本を理解するまで』1979

『内なる辺境』安部公房著．中公文庫，1975.07.10.
▷解説．→『私の日本文学逍遥』1981（「正統と異端の対立」）→④
［増補版］『内なる辺境／都市への回路』中公文庫，2019.04.23.

『西鶴論叢』野間光辰編．中央公論社，1975.09.30.
▷井原西鶴のユーモア（松田修訳），The Humor of Ihara Saikaku.

『歌舞伎のみかた：日本人と美意識の同一性』（現代のエスプリ．no.103）利根川裕編．至文堂，1976.02.
▷近松とシェクスピア：比較情死論（初出＝1960.12）.

『アメリカ 200：建国 200 年祭公式ガイド』講談社，1976.04.05.
▷アメリカ人と日本人と（対談：星新一）．→『日本の魅力』1979 →⑨

『講座・比較文化 7：日本人の価値観』伊東俊太郎ほか編．研究社出版，1976.05.15.
▷日本文学における劇的要素（中矢一義訳）．→『私の日本文学逍遥』1981 →⑥

『三島由紀夫全集 補巻 I』新潮社，1976.06.25.
▷世阿弥の築いた世界（鼎談：三島由紀夫，小西甚一，1970.07.25）．→『日本の魅力』1979

『**石川啄木**』日本文学研究資料刊行会編．有精堂出版，1970.07.30.
▷啄木の日記と芸術（初出＝1955.03.01）．←『日本の文学』1963

『**芭蕉の本 7：風雅のまこと**』小西甚一編．角川書店，1970.09.10.
▷芭蕉の哲学（対談：小西甚一）．

『**対談 日本の文学**』川端康成ほか著．中央公論社，1971.09.14.
▷啄木・子規・虚子（対談：山本健吉，1967.06.05），谷崎文学について（対談：三島由紀夫，1967.10.05），太宰治のこと（対談：津島美知子，1964.04.15），三島文学と国際性（対談：三島由紀夫，1965.01.05）．

『**太宰治全集 別巻**』筑摩書房，1972.03.10.
▷日本と太宰治と『斜陽』（初出＝1956.12.15）．←『日本の文学』1963 ←*The Setting Sun*. 1956

『**戦後の文学**』小笠原克，亀井秀雄編．桜楓社，1973.04.20.
▷三島由紀夫と日本の現況（千葉宣一訳，初出＝1971.08.20）．→『私の日本文学逍遥』1981 →④

『**三島由紀夫全集**』1-35＋補1巻．石川淳，川端康成，中村光夫，武田泰淳監修，佐伯彰一，ドナルド・キーン，村松剛，田中美代子編．新潮社，1973.04.25-1976.06.25.

『**榎本武揚**』安部公房著．中公文庫，1973.06.10.
▷解説．→『私の日本文学逍遥』1981（「転向と忠誠」）→④

『**水中都市・デンドロカカリヤ**』安部公房著．新潮文庫，1973.07.30.
▷解説．→『私の日本文学逍遥』1981（「変形のイメージ」）→④

『**講座比較文学 3：近代日本の思想と芸術 Ｉ**』芳賀徹，平川祐弘，亀井俊介，小堀桂一郎編．東京大学出版会，1973.08.25.
▷『忠臣蔵』論（井田卓訳）．←*Chūshingura*. 1971 →『私の日本文学逍遥』1981 →⑥

『**日本文化研究論集（*Studies on Japanese Culture*）1**』日本ペンクラブ，1973.11.15.
▷Comparisons between Japanese and Chinese Literature（講演：1972.11.21，国立京都国際会館）．

『**日本文化研究国際会議議事録 1**』日本ペンクラブ，1973.11.18.

『日本の文学 69：三島由紀夫』中央公論社，1965.01.05.
▷解説.
［再刊本］アイボリーバックス版，中央公論社，1973.01.20.

『日本の伝統 5：歌舞伎』戸板康二共著．京都：淡交新社，1967.02.10.
▷役者と観客（齋藤襄治訳）．→*Kabuki: The Popular Theater.* 1970

『日本の文学 15：石川啄木・正岡子規・高浜虚子』中央公論社，1967.06.05.
▷解説（吉田健一訳）．→*Landscapes and Portraits.* 1971 →『日本の作家』1972（「子規と啄木」）→④
［再刊本］アイボリーバックス版，中央公論社，1974.02.20.

『日本の文学 25：谷崎潤一郎（三）』中央公論社，1967.10.05.
▷解説．→『日本の作家』1972（「谷崎潤一郎の文学」）→④
［再刊本］アイボリーバックス版，中央公論社，1973.04.20.

『近代能楽集』三島由紀夫著．新潮文庫，1968.03.25.
▷解説．→『日本の作家』1972（「『近代能楽集』について」）→④

『昭和批評大系 4：昭和 30 年代』番町書房，1968.08.25.
▷日本の作家たち（初出＝1962.09.11，12）．→『日本の作家』1972 →④

『10 冊の本 3：古典へのいざない』井上靖，臼井吉見編．主婦の友社，1968.11.05.
▷近松門左衛門の文学（初出＝「近松とシェクスピア」1960.12，「近松と欧米の読者」1962.10）．←『日本の文学』1963

『川端康成作品選』中央公論社，1968.11.30.
▷川端先生と日本の伝統．→『日本の作家』1972（「川端康成と日本の伝統」）→④

『川端文学：海外の評価』長谷川泉，武田勝彦編著．早稲田大学出版部，1969.04.03.
▷川端とノーベル文学賞（武田勝彦訳，初出＝1968.12.08）．

『古典と現代：西洋人の見た日本文学』武田勝彦編著．清水弘文堂書房，1970.06.20.
▷『徒然草』と美の伝統（武田勝彦訳，初出＝1969.03）．←*Essays in Idleness.* 1967

『私の外国語』梅棹忠夫，永井道雄編．中公新書 225，1970.07.25.
▷日本語のむずかしさ．→『私の日本文学逍遥』1981 →⑦

《I-b》和文著作 収録図書

『古典を読もう』岩波書店，1955.03.01.
▷信頼できるテキスト.

『現代道徳講座 3：日本人の道徳的心性』古川哲史ほか編．河出書房，1955.03.31.
▷外国人の見た日本人の道徳的心性：私的生活と公的生活の「矛盾」.

『東西の谷間 日本』米国外交協会著，朝日新聞社訳．朝日新聞社，1958.10.20.
▷戦後の文学的、知的動向と国際的意義．←*Japan between East and West.* 1957

『三島由紀夫選集 14：潮騒』新潮社，1959.01.30.
▷「潮騒」評（初出＝1954.09）.

『外国人の見た日本 5：戦後』加藤周一編．筑摩書房，1961.02.10.
▷夏の京都（初出＝1956.09），日本文化の理解（初出＝1955.05）．←『碧い眼の太郎冠者』1957

『太宰治研究』奥野健男編．筑摩書房，1963.03.15.
▷日本と太宰治と『斜陽』（初出＝1956.12.15）．←『日本の文学』1963 ←*The Setting Sun.*1956

『世界の味：家庭料理』井ノ本佳子著．真珠書院，1963.12.20.
▷ベトナムの料理.

『日本の文学』1-80巻．編集委員：谷崎潤一郎，川端康成，伊藤整，高見順，三島由紀夫，大岡昇平，ドナルド・キーン．中央公論社，1964.02-1970.10.

『日本の文学 65：太宰治』中央公論社，1964.04.15.
▷解説．→『日本の作家』1972（「太宰治の文学」）→④
［再刊本］アイボリーバックス版，中央公論社，1972.06.20.

『染 日本の民家（*Japanese Folk Houses by Dyeing Art*）』皆川泰蔵著．京都：京都書院，1964.04.20.
▷日本の民家（ロビンソン治子訳），Folk Houses of Japan.

超一流の二流芸術国，同じ歳の寂聴さん，米海軍語学校の同期生ケーリ，日記は日本の文化，最後の晩餐，現代人・啄木，英語歌舞伎で『忠臣蔵』，母の日に思う，司馬のメッセージ，日本に導いてくれた大恩人ウエーリ，日本文学を読み、旅に出よう，台風のような五輪報道に違和感，薄幸の天才歌人・啄木，「日本学」のセンセイ，玉砕の悲劇 風化恐れる，「勝敗」のない平和こそ，異質ではない日本，古浄瑠璃 英国との縁，米百俵 何よりも教育，利己主義という「醜」，五輪の闇 報じるべき，英留学の二十代を懐かしむ，色あせぬ七十二年前の忠告，『徒然草』に見る美意識，崋山に権力の弾圧，日本文学研究は運命，日本文学伝えた国際ペン，両陛下の憲法への思い，お互いさま文化の危機，百一歳には負けられない，教え子が、明治天皇のお歌英訳集，日本の夏を象徴する甲子園，平成は日本の転換期，考え抜いた題名、さて，人、ドナルド・キーン（鈴木伸幸），おわりに.

『黄犬《キーン》交遊抄』岩波書店，2020.02.24.
▷キーンさんとの時間――序に代えて（角地幸男），《Ⅰ　忘れ得ぬ人びと》ポール・ブルーム，オーティス・ケーリ，ジョゼフ・レヴェンソン，テッド・ド・バリー，キャロライン・カイザー，オクタビオ・パス，嶋中鵬二，奥村綾子，三島由紀夫，徳岡孝夫，安部公房，丸谷才一，デニス・キーン，横尾忠則，角田柳作先生，アーサー・ウエーリ，《Ⅱ　私の仕事部屋から》「日本学」事始め，私の日本文学史，文学者の書く歴史――伝記『明治天皇』への挑戦，日記を書く日本人，古典は現代語訳で，《附　西ヶ原日乗》遠慮の名人，私とフランス語の本，伊勢神宮の式年遷宮，心は、一枚の紙，雨，いつも二人で――あとがきに代えて（キーン誠己）

う，書いている最中に逝きたい，《第五章 人を許せる人（瀬戸内寂聴）》清少納言と紫式部，幸せは外から来ない，孤独の本性，逆転の発想，人間の煩悩，四十、五十代の危機，《第六章 運命の糸に導かれて（ドナルド・キーン）》人生で最悪の年に起きた最高の出会い，「サイタ　サイタ」から始まった日本語の勉強，海軍の日本語学校に進み語学将校となる，いつになったら辞書なしで日本の古典が読めるか，念願叶ってついに京都大学に留学，日本とアメリカを行ったり来たり，未来を担う子どもたちへ，私が帰る場所.

『**ドナルド・キーンのオペラへようこそ！：われらが人生の歓び**』文藝春秋，2019.04.10. 316p.；20cm.
▷《第一章 オペラとの出会い》，《第二章 オペラ徒然草》オペラは本物の芸術，メトは第二の家，初めて観るならどのオペラ？，三島由紀夫とオペラ，荷風とカルーゾ，アンコールは禁止？，登場人物について，再発見した作品，〝太っちょ〟カバリエ，ウィンナワルツが苦手なわたし，日本の雨が好き，ヴァーグナーの観客について，ロシア・オペラ，戦争とオペラ，ドナルド・キーンの選ぶオペラベスト 10，《第三章 光源氏 vs ドン・ジョヴァンニ》光源氏 vs ドン・ジョヴァンニ，オペラと日本の古典芸能，オペラは原語で歌われるべきか，過剰な演出について，《第四章 オペラへの誘い：作品論》カルメン，フィガロの結婚，トゥランド，蝶々夫人，ドン・カルロス，トラヴィアータ，トラヴァトーレ，シモン・ボッカネグラ，エルナーニ，仮面舞踏会，エヴゲーニイ・オネーギン，《第五章 思い出の歌手たち》キルステン・フラグスタート，エリーザベト・シュヴァルツコップフ，ビルギット・ニルソン，モンセラート・カバリエ，マリア・カラス，プラシド・ドミンゴ，エツィオ・ピンツィア，ラウリッツ・メルヒオール，《終章 マリア・カラスを偲ぶ》，オペラ評論家としてのもう一つの顔：近藤憲一，父とオペラ：キーン誠己.
＊《第一章 オペラとの出会い》，《第二章 オペラ徒然草》は語り下ろし.
「オペラは原語で歌われるべきか」，《第五章 思い出の歌手たち》は，『ついさきの歌声は』（1981）より再録.《終章 マリア・カラスを偲ぶ》は，『音楽の出会いとよろこび』（1980）より再録.

『**ドナルド・キーンの東京下町日記**』東京新聞，2019.09.26. 253p.；18.8cm.
▷はじめに（鈴木伸幸），世界に誇れる文楽，住めば都，三島由紀夫からの手紙，富士山に導かれ，小田実の『玉砕』，被災地を思い続ける，私の「センセイ」，日本兵の日記，ケンブリッジ大学での講義，古浄瑠璃の地、柏崎になぜ原発，原爆投下の機密，伊勢神宮の式年遷宮，ノーベル賞と三島、川端の死，『源氏物語』との出会い，沖縄戦と日系人ジロー，憲法九条の行く末，荷風のまなざし，『おくの細道』に思う，新潟との深い縁，捕虜収容所での音楽会，元従軍記者との縁，六十九年前の手紙から，鞆の浦の魅力，健康に無頓着でも，新聞で「今」を知る，私の教え子タハラ，真珠湾攻撃の日，日本人の意識，正岡子規と野球，高見順が記した大空襲，日本兵の日記，ニューヨークでの三島，素敵な女友達ジェーン，文豪谷崎との交流，軍部の暴走と黙殺の果て，「世界のオザワ」を見習う，料理と私，キーン先生のアメリカ紀行，春、無量寺に思う，骨董品との出会い，続・骨董品との出会い，《第四章　キーン先生と元気な仲間たち》瀬戸内寂聴（作家），室瀬和美（漆芸家），志村ふくみ（染織家），《第五章　ドナルド・キーン　クロニクル》キーン先生のすべてに触れられる注目の文学資料館「ドナルド・キーン・センター柏崎」アクセスガイド，和樂厳選ドナルド・キーン名著作選，ドナルド・キーン先生95歳までの人生年表.
＊初出＝「生涯をかけた研究テーマ「源氏物語」はなぜ素晴らしいのか？」（初題：『源氏物語』は一生涯の学びです）．和樂，2012.02，「鬼怒鳴門亭日乗」．和樂，2015.01・02-2017.06・07，他を再構成して収録.

『ドナルド・キーン：日本の伝統文化を想う』別冊太陽：日本のこころ254，平凡社，2017.09.25．159p.；29cm．カラーフォト多数.
▷私が日本学者になった理由（角地幸男訳），日本の心の源流へ，日本文学研究者としての旅，ドナルド・キーン　主な著作，主な翻訳，世界文学者としてのドナルド・キーン（ジャニーン・バイチマン），ライフ・イズ・ビューティフル：父のライフスタイル（キーン誠己），キーン家のコレクション探訪記（尾久彰三），古浄瑠璃「越後國柏崎　弘知法印御伝記」大英図書館での復活上演の実現（鳥越文蔵），人生の記：ドナルド・キーン伝（角地幸男），座談会：詩の魂にみちびかれて（座談会：金子兜太，ドナルド・キーン，キーン誠己），同時代に生きる喜び（尾崎真理子），親友であり畏友のキーンさん（瀬戸内寂聴），長い旅を同行二人（徳岡孝夫），若きキーンさんの颯爽たる一節（芳賀徹），キーン先生との御縁（野村万作），フランス文学と骨董と……（工藤美代子），ドナルド伯父さん（チャールズ・シロー・イノウエ），キーンさんのこと（松浦寿輝），戦後文学の歴史と共に（平野啓一郎），ドナルド・キーン著作リスト，略年譜.

『日本の美徳』（対談集：瀬戸内寂聴）中公新書ラクレ，2018.07.10．188p.；18cm.
▷《第一章　日本人と言葉》二十年で言葉は変わる，『源氏物語』を命がけで訳す，女性を尊重する色事師，女性が綴る言葉の面白さ，『源氏物語』のための目白台アパート，日記が文学になった日本，日本兵の日記に涙した日，七十年間、戦死のない国，《第二章〝和顔施〟で生きる》最高の時間，看取ってくれる人，世代にこだわらない人間関係，長寿の秘密，人をほめると福が来る，〝和顔施〟で徳を積む，行きたいところ，夢を追う，何歳になっても新しい，この歳だからこそ、恥を怖がらない，病気回復の妙薬は「好きなことをする」，常に「今」を精いっぱい，《第三章　昭和の文豪たち》文豪たちとの交流，三島由紀夫との縁，天才の目，忍び寄る死の予兆，衝撃的な死，川端康成の不思議な趣味，本当のノーベル文学賞受賞者，すばらしい才能の女流作家，《第四章　日本の美徳》日本国籍を取得した理由，日本人とともに生きたい，いても立ってもいられない，美しい国土をこれ以上壊さないでほしい，自然への感謝を忘れてはいないか，日本人の美徳とは，「今」を懸命に生きることが仏の教えにかなう，言いたいことは、はっきり言う，戦前へ戻ろうという動き，明治天皇の声を聞きたい，天皇皇后両陛下の平和への思い，百歳まで生きそ

第九章 啄木、朝日新聞に入る，第十章 ローマ字日記，第十一章 啄木と節子、それぞれの悲哀，第十二章 悲嘆、そして成功，第十三章 二つの「詩論」，第十四章 大逆事件，第十五章 最期の日々，最終章 啄木、その生と死，註，参考文献，さくいん．
＊初出＝新潮，2014.06-12，2015.02-10（全16回）．
［英文版］*The First Modern Japanese: The Life of Ishikawa Takuboku.* 2016. →⑮

『黄犬《キーン》ダイアリー』キーン誠己共著．平凡社，2016.10.05. 213p.；20cm.
▷はじめに（ドナルド・キーン，角地幸男訳），《第一部 日本に暮らして（ドナルド・キーン）》大阪と文楽，住めば都，富士山に導かれて，小田実の『玉砕』，被災地を思い続ける，私の「センセイ」，日本兵の日記，ケンブリッジ大学の講義，古浄瑠璃の地・新潟，原爆投下の機密，伊勢神宮の式年遷宮，ノーベル賞と三島，『源氏物語』との出会い，沖縄戦と日系人ジロー，憲法九条の行く末，荷風のまなざし，『おくの細道』に思う，新潟との深い縁，捕虜収容所での音楽会，元従軍記者との縁，六十九年前の手紙から，鞆の浦の魅力，健康に無頓着でも，新聞で「今」を知る，私の教え子・タハラ，真珠湾攻撃の日，日本人の意識，正岡子規と野球，高見順が記した大空襲，日本兵の日記，ニューヨークでの三島，すてきな女友達ジェーン，文豪谷崎との交友，軍部の暴走と黙殺の果て，「世界のオザワ」に見習う，超一流の二流芸術国，同い年の寂聴さん，海軍日本語学校の同期生ケーリ，日記は日本の文化，最後の晩餐，現代人・啄木，英語歌舞伎で「忠臣蔵」，母の日に思う，司馬さんのメッセージ，《第二部 父と暮らして（キーン誠己）》渡辺謙さんの舞台，魅力的な二人の親友，サンタンジェロ城に上る，イタリアの美食の誘惑，聖なるバルテュス邸，軽井沢の庵《いおり》，元気の秘訣，第二の故郷，コンピューターとの戦い，年の瀬のお参り，父との出会い，若き日の二枚の写真，キーン家のお墓，ポートランドの忠臣蔵，父の故郷ニューヨーク，父の誕生日，京都の我が家，あとがき（キーン誠己）．
＊初出＝《第一部 日本に暮らして》「ドナルド・キーンの東京下町日記」．東京新聞，2012.10.06-2016.06.05（「③三島への戯れ 癒えぬ痛みに」2012.12.02は未収録），《第二部 父と暮らして》「素顔の父ドナルド・キーン ともに暮らして（キーン誠己）」．新潟日報，2015.06-2016.08.

『ドナルド・キーン：知の巨人、日本美を語る！』新居典子共著．小学館，和樂ムック，2017.06.18. 161p.；30cm. カラーフォト多数．
▷《第一章 素顔のドナルド・キーン大研究》，《第二章 キーン先生、日本美を大いに語る！》キーン先生、世界が「熱狂する」京都の魅力って何ですか？，生涯をかけた研究テーマ「源氏物語」はなぜ素晴らしいのか？，ドナルド・キーンと考える、「文楽」という日本遺産を救え！，美しき日本家屋の旧邸で、文豪・谷崎潤一郎を想う！，《第三章 キーン先生の素敵な日常生活（連載集『鬼怒鳴門亭日乗』）》日記が物語る、日本文化，音楽は生きている証，私の日本文学の師、角田柳作先生，映画と演劇の歓び，生涯の家，キーン先生のニューヨーク＆ヨーロッパ旅行記，軽井沢の庵，美しい日本文化を守るために，

『**ドナルド・キーン：世界に誇る日本文学者の軌跡**』河出書房新社，道の手帖，2014.02.28.　191p.；21cm.
▷回想写真展，最新ロング・インタヴュー：キーンの音楽自伝：歌声に魅せられしわが人生（インタビュー：中矢一義），キーンさんを語る（瀬戸内寂聴，平野啓一郎，中村紘子，デイヴィッド・ルーリー，坂東玉三郎，永井育代，土屋典康，バーバラ・ルーシュ），キーンの思い出対談：安部公房さんと音楽を語る（対談：1976.10），高峰秀子さんと語る日本さまざま（対談：1958.09.07），大橋巨泉さんと日本文化を語る（対談：1972.09.01），キーンの「寸鉄」人物評，近況写真展，音楽を記す：マリア・カラスを偲ぶ（初出＝1977.11），音楽と国際性（初出＝1977.06），《イル・トロヴァトーレ》ほど楽しいオペラはない！（初出＝2005.03.05），古今の英雄たち（中矢一義訳）．年譜.
＊「古今の英雄たち」は『古今英雄集（*Heroes, Old and New*）』（1985.04.01）の和訳.

『**ドナルド・キーン　わたしの日本語修行**』（聞き書き：河路由佳）白水社，2014.09.30.　265p.；20cm.
▷はじめに（河路由佳），《第一章　わたしと海軍日本語学校》1 外国語との出会い，2 漢字、そして日本語との出会い，3 海軍日本語学校での日本語学習，4 海軍日本語学校の先生・仲間たち，《第二章　海軍日本語学校での日本語修行》1 海軍日本語学校での授業，2『標準日本語讀本』をめぐって，《第三章　海軍日本語学校時代の書簡》1 発見された手紙，2 手紙にまつわる思い出，《第四章　戦時中の体験：日本文学研究の道へ》1 語学兵としての仕事，2 戦時下のハワイ大学で日本文学を学ぶ，3 日本語の専門家としての新たな出発，《第五章　日本語・日本文学の教師として》1 ケンブリッジ大学での第一歩，2 教え子たちの活躍，師ドナルド・キーンを語る（1 ジャニーン・バイチマンさん，2 ローレンス・コミンズさん，3 孫世偉さん），参考文献，インタビューを終えて（ドナルド・キーン），解説　ドナルド・キーン氏と「ナガヌマ・リーダー」（河路由佳），長沼直兄『標準日本語讀本』全目次，ドナルド・キーン年譜.

『**うるわしき戦後日本**』（対談集：堤清二）PHP 新書，2014.11.28.　210p.；18cm.
▷はじめに（尾崎真理子），第一章　日本文化の勝利，第二章　東山文化からセゾン文化へ，第三章　三島由紀夫の世界的普遍性，第四章　昭和のコスモポリタンたち，第五章　日記文学の伝統を受け継ぐ日本，第六章　二十一世紀の美意識をはぐくむために，おわりに（尾崎真理子），ドナルド・キーン／堤清二（辻井喬）年表.
＊第二章－第五章＝2009 年秋，読売新聞制作の CS 放送日テレ G ＋特別番組「日本の美と作家たち」（2010 年 3 月放映）収録.

『**石川啄木**』角地幸男訳．新潮社，2016.02.25.　375p.；20cm.
▷第一章　反逆者啄木，第二章　啄木、上京する，第三章　教師啄木，第四章　北海道流離，第五章　函館、そして札幌，第六章　小樽，第七章　釧路の冬，第八章　詩人啄木、ふたたび，

『**日本を、信じる**』（対談集：瀬戸内寂聴）中央公論新社，2012.03.11.　131p.；20cm.
▷まえがき（瀬戸内寂聴），《第一章 大震災からの日々》二人合わせて一八〇歳，帰化を決めた理由，子どもたちには未来がある，きっと乗り越えられる，東北は心のふるさと，美し平泉，《第二章「日本」の良さは、こんなにも》日本に帰れる喜び，文化を生む底力，メイド・イン・ジャパンへの評価，無常という美学，永遠の『源氏物語』，日記と日記文学，《第三章 同じ時代を生きてきた》日本人が忘れてきたもの，美しい風景を壊さないで，生き残ったことの意味，大地は記憶する，人生の三大事件，忘れ得ぬ人たち，《第四章「老」「死」と向きあう》健康に秘訣なし，生ききって、はらりと，書き続ける日々，あとがき.
＊初出＝「中尊寺対談：東北はよみがえる」．読売新聞，2011.11.02.
［文庫版］中公文庫，2015.02.25.

『**正岡子規**』角地幸男訳．新潮社，2012.08.30.　310p.；20cm.　口絵写真1点.
▷第一章 士族の子：「弱味噌の泣味噌」だった幼少時代，第二章 哲学、詩歌、ベースボール：実は「英語が苦手」ではなかった学生時代，第三章 子規《ほとゝぎす》の歌：初めての喀血、「畏友」夏目漱石との交遊，第四章 小説『銀世界』と『月の都』の作者：僕ハ小説家トナルヲ欲セズ詩人トナランコトヲ欲ス，第五章 従軍記者子規、唐土《もろこし》へ渡る：恩人・陸羯南と新聞「日本」，第六章「写生」の発見：画家中村不折との出会い、蕪村の俳句，第七章 俳句の革新：伊予松山で雑誌「ほとゝぎす」発刊，第八章 新体詩と漢詩：胸を打つ「父の墓」「老嫗某の墓に詣づ」、そして「正岡行」，第九章 短歌の改革者子規：『歌よみに与ふる書』十篇、橘曙覧の歌の発見，第十章 随筆『筆まかせ』から『松蘿玉液』『墨汁一滴』へ：ひたすら「生きて、書き続ける」という奇跡，第十一章 随筆『病牀六尺』と日記『仰臥漫録』：死に向かっての「表」と「裏」の世界，第十二章 辞世の句：友人・弟子の証言、子規の功績，註，参考文献，さくいん.
＊初出＝新潮，2011.01-12（全12回）.
［英文版］*The Winter Sun Shines In.* 2013.　→⑮

『**私が日本人になった理由《わけ》：日本語に魅せられて**（100年インタビュー）』PHP研究所，2013.05.02.　117p.；20cm.
▷一 日本人になる，二 銀閣寺との出合い，三 日本の美の原点 東山文化，四 足利義政が残したもの，五 日本人の美意識，六『源氏物語』との出合い，七 日本語に魅せられて，八 心を揺さぶった日本兵の日記，九 日本人の美徳，十 日本人となる決意，十一 日本人の立ち直る力：震災後の日本の姿，十二 日本文学の魅力：文学の力，100年先の皆様へ.
＊2012.04.30放送，NHK-BSプレミアム「100年インタビュー：日本文学研究者ドナルド・キーン」（インタビュー：渡邊あゆみ）の単行本化.

を楽観する，あとがき，索引.
＊初出＝「私と 20 世紀のクロニクル」．読売新聞・土曜版，The Daily Yomiuri，2006.01.14-12.23（全 49 回）.
［英文版］*Chronicles of My Life.* 2008.
［文庫版，電子書籍版］『**ドナルド・キーン自伝**』中公文庫，2011.02.25.「米寿：文庫版あとがきに代えて」を付す.
［増補新版］中公文庫，2019.03.20.「日本国籍取得決断の記」「六〇年の月日と終生の友人たち」を増補. →⑩

『**日本人の戦争：作家の日記を読む**』角地幸男訳．文藝春秋，2009.07.15．266p.；20cm.
▷序章 戦時の日記，主な日記作者たち，第一章 開戦の日，第二章「大東亜」の誕生，第三章 偽りの勝利、本物の敗北，第四章 暗い新年，第五章 前夜，第六章「玉音」，第七章 その後の日々，第八章 文学の復活，第九章 戦争の拒絶，第十章 占領下で，あとがき，註釈，参考文献，人名索引.
＊初出＝文学界，2009.02.
［英文版］*So Lovely a Country Will Never Perish.* 2010.
［文庫版］文春文庫，2011.12.10.「対談：戦争と日本の作家（平野啓一郎）」「文庫版あとがき」を付す.
［新書版］文春新書，2020.02.24. →⑤

『**戦場のエロイカ・シンフォニー：私が体験した日米戦**』（聞き手：小池政行）藤原書店，2011.08.30．208p.；20cm.
▷はじめに：キーン先生と戦争、そして今（小池政行），小池さんとの出会い（松宮史朗訳），《Ⅰ 戦争を問う》吹きこまれた偽りの思想：アッツ島から，戦争と日本人，日米戦は不可避だったか，どうすれば開戦は避けられたか，日本人の戦争日記，戦場のエロイカ・シンフォニー，《Ⅱ 記憶のなかの戦争》愛国心について，私の反戦、平和主義，ヨーロッパ戦線と真珠湾攻撃，地の果て、アッツ島，ルーズヴェルト大統領の希望の声，軍隊で日本語資料の翻訳，ハワイの日系人，レイテ島へ，沖縄の人びと，沖縄と日本、アメリカ，神風特攻機を見た，捕虜収容所所長オーティス・ケーリさん，もし本土決戦になったら……，ある日系人大尉の屈折，『源氏物語』との出会い，これからの日本，《Ⅲ 戦争を超えて》日本語との縁，沖縄に上陸した日，原爆と大規模空襲，ポール・ブルームの終戦工作，京都を救ったスティムソン陸軍長官，沖縄からサイパン、ハワイ、グアム：そして終戦，日本の無条件降伏，終戦後の日本人の激変，戦争がもたらした憎しみを超えて，戦争と作家，三島文学と私，三島の死，日本はまた戦争をするか，おそろしい内戦，幸運に恵まれた人生，エロイカ・シンフォニー（松宮史朗訳），あとがき.
＊「エロイカ・シンフォニー」の原文 'The Eroica Symphony'（1946 筆）は，*The Blue-Eyed Tarōkaja: A Donald Keene Anthology*（1996）収録.

へ，40 東京のO・ケーリから ホノルルのT・ドバリーへ，六十年後のあとがき，解説：五百旗頭真.
＊*War-Wasted Asia: Letters 1945-46*（1975）の和訳版.
［初刊］『**アジアの荒地から：アメリカ学徒兵の手記**』オーテス・ケーリ編著. 要書房, 1952.12.05（抄訳）.
［再刊］『**天皇の孤島：日本進駐記**』オーテス・ケーリ編・訳. サイマル出版会，1977（抄訳）. →⑤

『**渡辺崋山**』角地幸男訳. 新潮社，2007.03.20. 356p.；20cm. カラー口絵 27，モノクロ図版 21 点.
▷序章 不忠不孝渡邉登，第一章 鎖国日本と蘭学，第二章 天皇、将軍よりも藩主，第三章 写実の独創，第四章 藩政改革の日々に，第五章 人間崋山，第六章 蛮学事始，第七章 井蛙管見を排す，第八章 海からの脅威，第九章 牢獄への道，第十章 海防と幕政批判，第十一章 田原蟄居，第十二章 崋山自刃，注，参考文献，さくいん.
＊初出＝新潮，2005.01-2006.02（全 13 回）.
［英文版］*Frog in the Well.* 2006. →⑪

『**私と 20 世紀のクロニクル**』角地幸男訳. 中央公論新社，2007.07.10. 331p.；20cm. 装画：山口晃.
▷《Ⅰ》1 ニューヨーク郊外、少年時代，2 九歳、ヨーロッパへの船旅，3 ウィーン、パリ、戦争の記憶，4 十六歳、コロンビア大学に入学，5 ナチ侵攻のさなか、『源氏』に没頭，6 真珠湾攻撃、海軍日本語学校へ，7 海軍語学校卒業式、日本語で「告別の辞」，8 戦死した日本兵の日記に感動，9 アッツ島攻撃、「戦争」初体験，10 沖縄、神風特攻機で「死」と遭遇，11 終戦後の青島、その喧騒と腐敗，12 雪の舞う日光東照宮、そして……富士，《Ⅱ》13 日本研究へ：自分の運を信じる，14 一九四七年、ハーヴァード大学に「遍参」，15 配給制下のケンブリッジ大学，16 天才ウェイリー、そしてマリア・カラス，17 日本留学に便乗して、アジア歴訪，18 一九五三年、「関ヶ原」経由、京都，19 京都の外国人留学生たち，20 『千鳥』の太郎冠者：生涯に一度の晴れ舞台，21 終生の友、永井道雄と嶋中鵬二，22 グレタ・ガルボを芝居に連れていく，《Ⅲ》23 国際ペンクラブ東京大会，24 一九五七年夏、ニューヨークの三島由紀夫，25 毎夏、暑い京都で「近松」の翻訳に専念，26 木曜夜の吉田健一の「飲み友達」，27 謡曲『熊野』と母からの手紙，28 母の死、そして菊池寛賞受賞，29 大江健三郎と安部公房，30 ソ連訪問と「日本文学史」の構想，31 共産主義国家とファシズム国家，32 国際文学賞審査員の栄光と挫折，33 三島由紀夫の自決，34 葬儀委員長川端康成とノーベル文学賞，《Ⅳ》35 『百代の過客』から初の伝記『明治天皇』へ，36 「日本のこころ」と足利義政，37 私の「年中行事」、私の「ニューヨーク」，38 旧友ヨーロッパへの郷愁，39 「紅毛碧眼」の時代と蘭学者たち，40 伝記『渡辺崋山』：井の中の蛙、大海を知る，41 八十四歳、「老齢」

ンに「還暦のドミンゴ」を聴く，あとがき，索引.
［文庫版，電子書籍版］中公文庫，2010.08.25. →⑩

『思い出の作家たち：谷崎・川端・三島・安部・司馬』松宮史朗訳．新潮社，2005.11.30. 148，8p.；20cm.
▷まえがき，谷崎潤一郎，川端康成，三島由紀夫，安部公房，司馬遼太郎，さくいん.
＊*Five Modern Japanese Novelists*（2003）の和訳版．1999.02.22-04.19，Columbia Universityにおける4回の公開講演録（「司馬遼太郎」は書きおろし）.
［文庫版］新潮文庫，2019.04.26，解説 同時代を生きた喜び：尾崎真理子. →④

『昨日の戦地から：米軍日本語将校が見た終戦直後のアジア』ドナルド・キーン編，松宮史朗訳．中央公論新社，2006.07.10．474p.；20cm.
▷はじめに，執筆者紹介，《一九四五年八―九月》1 グアムのD・キーンから ホノルルのT・ドバリーへ，2 ソウルのW・ツネイシから グアムのD・キーンへ，3 グアムのD・キーンから 沖縄のT・ドバリーへ，4 東京のT・ドバリーから グアムのD・キーンへ，5 クワジェリンのD・オズボーンから 東京のT・ドバリーへ，6 東京のS・モランから グアムのD・キーンへ，7 東京のT・ドバリーから 青島に向かうD・キーンへ，8 東京のS・モランから 青島に向かうD・キーンへ，《一九四五年十月》9 東京のT・ドバリーから 青島のD・キーンへ，10 青島に向かうD・キーンから 東京のT・ドバリーへ，11 佐世保のH・クボタから 青島のD・キーンへ，12 東京のT・ドバリーから 青島のD・キーンへ，13 東京のF・ターナーから 青島のD・キーンへ，14 青島のD・キーンから 東京のO・ケーリへ，15 佐世保のT・ドバリーから 青島のD・キーンへ，16 東京のT・ドバリーから 青島のD・キーンへ，17 東京のF・ターナーから 青島のD・キーンへ，18 東京のS・モランから オハイオのF・モランへ，19 東京のF・ターナーから 青島のD・キーンへ，20 青島のD・キーンから 東京のT・ドバリーへ，《一九四五年十一月》21 東京のO・ケーリから 青島のD・キーンへ，22 東京のT・ドバリーから 青島のD・キーンへ，23 東京のS・モランから 青島のD・キーンへ，24 青島のD・キーンから 東京のT・ドバリーへ，25 東京のO・ケーリから 青島のD・キーンへ，26 大阪のH・クボタから 青島のD・キーンへ，27 青島のD・キーンから 東京のT・ドバリーへ，28 東京のO・ケーリから 青島のD・キーンへ，《一九四五年十二月》29 青島のD・キーンから 東京のT・ドバリーへ，30 京都のT・ドバリーから 青島のD・キーンへ，31 広島のH・クボタから 京都のO・ケーリへ，32 北京のR・ビアズレーから 上海のD・キーンへ，33 ホノルルのD・キーンから 東京のT・ドバリーへ，34 東京のO・ケーリから ホノルルのD・キーンへ，35 東京のS・モランから ホノルルのT・ドバリーへ，《一九四六年一―三月》36 上海のF・ターナーから 東京のS・モランへ，37 東京のS・モランから ホノルルのT・ドバリーへ，38 東京のO・ケーリから ホノルルのD・キーンとT・ドバリーへ，39 北京のR・ビアズレーから ホノルルのD・キーンヨーロッパ人があこがれた日本文化，鎖国，鎖国の間にヨーロッパは大変化，鎖国の間に入った外国の知識と外国に渡った日本の文化，外国人に教えることを禁じられた日本語，ロシアの日本語学校，最初に訳された日本の書物，幕末以後、日本の物がヨーロッパで大流行，英国人外交官は日本研究に情熱を注いだ，アストン，チェンバレン，サンソム卿，猿まねの国という評判は鹿鳴館から，日本は神秘の国？，ラフカディオ・ハーンがつくった「不可解な日本」という観念，フェノロサによって守られた日本文化，日本文学の恩人、アーサー・ウェリー，アメリカ大統領を動かした『忠臣蔵』，戦後は、現代日本文学が海外に，〈杭州での金冬楠先生：あとがきにかえて（王勇）〉，編集付記，参考文献，索引.
＊1991.09.10 から 4 回にわたる中国・杭州大学（現・浙江大学）日本語学科学生 41 名に対する日本語による講演録.「金冬楠」は「ドナルド・キーン」の中国語表記.

『同時代を生きて：忘れえぬ人びと』（鼎談集：瀬戸内寂聴、鶴見俊輔）岩波書店，2004.02.26.　250p. ; 20cm.
▷《Ⅰ　老いを生きる：文学の可能性》こんなに長生きするとは思わなかった，共通の友人，日本人は変わった，大正という時代，女性の側から見ていけば別の日本が見える，日本の知識人―特権意識と一番病，それぞれの戦争体験，翻訳がよくないとダメ，種子の思想と小説『釈迦』，「戦勝国に戦後はあらず」，文学の可能性，《Ⅱ　同時代の人びと：思い出すこと》差異をとらえる複眼的な視線，友、嶋中鵬二の思い出，エリセーエフ体験，日本文学の伏流としての女性による批評，野上弥生子と『迷路』，川端康成とノーベル賞，名利を超越した三島由紀夫，転機としての大逆事件，ドブのなかを歩いてもがいてきた，驚くべき持続的行動力，山川草木国土悉皆成仏，アメリカ文学の盲点，日本人の自然観，《Ⅲ　伝統について考える》源氏物語事始，中国でいちばんショックだったこと，死ぬまで何ができるか、やってみたほうが面白い，情熱を乗せたモティーフがなければ、いい仕事はできない，一九〇五年の転換，伝記文学の傑作，司馬遼太郎のまなざし，ためされる生き方，日本文化について，崇高にしておぞましき戦争，古典を読む，アメリカ文学について，西鶴と近松，戦争の時代，政治家の品格，殺すこと、殺されること，それぞれの「あとがき」（瀬戸内寂聴、ドナルド・キーン、鶴見俊輔）.

『私の大事な場所』中央公論新社，2005.02.25.　248p. ; 20cm.
▷《Ⅰ》私の大事な年，光と影のスペイン，北京の春，ポーランドにリラが咲く頃，五十三年ぶりのウィーン，「清き水上尋ねてや……」：京都・鴨川，わが街、東京，〝かけ橋〟としての人生，ニューヨークの近松門左衛門，《Ⅱ》私の自己証明，定説と自説の間で，文学と歴史の境界線を越えて，東北に対する私の偏見，漢字が消える日は来るか，学者の苦労，《Ⅲ》私という濾過器，作品で世界と「会話」：安部公房氏を悼む，御堂筋を歩いた思い出：司馬遼太郎氏を悼む，友人であり恩人：嶋中鵬二氏を悼む，良い友達を失なってしまった：永井道雄氏を悼む，《Ⅳ》私の好きな空間：歌劇場，ケンブリッジのキャスリン・フェリアー，わがマリア・カラス：『トスカ』第二幕 LD 化に寄せて，メトロポリタ

見，積極的な外国人との付き合い，天皇と勲章，すべては国の繁栄のために，気にしていた体重，原点は儒教思想，《第三章　己を捨てる》明治天皇の義務感，前線兵士を想う，すべては自分の意志で，富士をはじめて見た天皇，京都か東京か，苦痛に耐えての巡幸，御真影の謎，《第四章　卓越した側近に支えられて》贅沢嫌いのダイヤモンド好き，天皇を取り巻く女性たち，皇子皇女の高い死亡率，唯一の皇子，明治天皇と嘉仁親王，ご落胤の存在，天皇が好きだった大久保利通、伊藤博文，西郷隆盛の魅力，和歌に救われた天皇，乃木希典は嫌われていた，人材難の貴族，薩長閥への疑念，《第五章　天皇という存在》無関心だった自身の健康，惜しまれた崩御，世界の中の日本，反対だった日清戦争，明治天皇は象徴的だったのか，歴史の芯として，おわりに――大帝というに相応しい明治天皇，大帝年譜.

『日本文学は世界のかけ橋』たちばな出版，2003.10.28.　236p.；19cm.
▷はじめに，《第一章　新しい日本文学の誕生》明治初期の文学無用論，留学生は小説から外国語を覚えた，文学は思想を伝える媒体，新しい思想，『花柳春話』，文明開化と文学の転換期，「活歴」と新聞，翻訳の問題，文語体と口語体，新しい標準語，漢文直訳体，漢詩から新体詩へ，坪内逍遙と新しい文学の理想，私小説の誕生，新しい文学は二葉亭四迷から始まった，『浮雲』，明治初期の俳句の問題点，能と歌舞伎が残った理由，日本の伝統の根強さ，〈井原西鶴と滝沢馬琴：学生の質問に答えて〉浮世を描いた作家・西鶴，読者の想像力にゆだねる文章，紫式部以後五百年ぶりの著名な小説家，儒教的まじめさが馬琴の特徴，《第二章　日本の日記文学》日記と日記文学の違い，その日に書いたふりをする，日記文学は事実を書くとは限らない，日記形式が尊重された理由，漢文日記の目的，文学のための和文日記，普遍性のある平安朝女性の日記文学，正直に心情を吐露する女性の日記，平安朝の女性が日記を書いた動機，平安末期から女性の日記が変化，鎌倉時代の旅日記，女性の日記がとだえた理由，日記文学の最高峰『奥の細道』，事実よりも美を重視した芭蕉，江戸時代の新しいタイプの日記，外国へ行った日本人の日記，明治時代の新しい日記文学，《第三章　私の『日本文学史』》私の書きたかった『日本文学史』とは，文学史を書く際の問題，自分の感性を大切に，政治観に頼る文学評価は危険，加藤周一氏のユニークな日本文学史，楽しく読める日本文学史を書きたい，文学史に作品の概略を書くべきか，影響の問題を重視しすぎない方が……，影響を受けることはまねではない，比較の基準，現代的感覚の『源氏物語』，中世ヨーロッパの旅日記と日本人僧侶の旅日記の比較，狂言とヨーロッパの道化芝居の比較，フランスの象徴主義と散文詩を歓迎した日本文学の背景，文学に反映される時代背景，『日本文学史』を書くための準備，作家をあらゆる視点からとらえたい，書かなかったジャンル，わたくしの立場，《第四章　日本文化を見た外国人》『魏志倭人伝』の時代に通訳がいた！，昔の日本には多彩な外国人がいた，『東方見聞録』，アメリカ大陸を発見したコロンブスは、本当は日本を目指していた，ついにポルトガル人の日本上陸，ザビエルの日本人観，God の訳，ポルトガル人宣教師が作った辞書と日本語文法の本，中国人とヨーロッパ人の違い，ポルトガル人が持ち込んだ新しい物，

『**果てしなく美しい日本**』足立康訳．講談社，講談社学術文庫，2002.09.10．326p.；15cm.
▷学術文庫版序文，《第一部 生きている日本》日本語版への序文，まえがき，第一章 島国とその人々，第二章 古い日本，第三章 新しい日本，第四章 日本人の一生（幼年時代と青年時代，就職，結婚，長子，日常の楽しみ，老年，死，私的生活・公的生活），第五章 四つの信仰（神道，仏教，儒教，キリスト教，宗教と迷信），第六章 農民と漁師と工場と（農業，漁業，戦後の工業），第七章 東洋的民主主義（皇室，政治と戦争，今日の政治），第八章 教育：大論争（旧来の教育，戦前の教育，戦後の教育），第九章 楽しみの世界，第十章 創造者としての日本（文学，演劇と舞踊，お稽古ごと），日本語版あとがき（江藤淳），《第二部 世界のなかの日本文化》外国が存在しなかった人々，日本人の世界意識，仏教の受け入れ，開かれた日本文化，中国文化へのあこがれ，黄金の国ジパング，鉄砲と十字架，ヨーロッパより高い文化，『日葡辞書』と『日本文典』，出島：世界を知る窓，陶器の伝統がヨーロッパへ，「山オランダ」人医師，鎖国肯定論，日本文化の紹介，文学より美術・工芸，マネの文化 鹿鳴館，「神秘な国」日本，不可解日本はまだ健在，日本文化を世界へ，《第三部 東洋と西洋》，本書の構成．
＊第一部 生きている日本＝［英文版］*Living Japan.* 1959，［和訳版］1973.08.30．→⑧
第二部 世界のなかの日本文化＝1993.03.20．→⑨
第三部 東洋と西洋＝ザビエル上陸450周年記念国際シンポジウム記念講演，1999.10.09.

『**足利義政：日本美の発見**』角地幸男訳．中央公論新社，2003.01.25．247p.；20cm．図版4点.
▷序章 東山時代と燻し銀の文化，第一章 父義教の暗殺，第二章 乳母と生母の狭間で，第三章 将軍を取り巻く男と女，第四章 応仁の乱と東山趣味，第五章 東山山荘の造営，第六章 雪舟・一休と日本文化の心，第七章 歌人義政と連歌芸術，第八章 花道と築庭と，第九章 茶の湯の誕生，第十章 晩年の義政，あとがき，参考文献，索引．
＊初出＝「足利義政と銀閣寺」．中央公論，2001.04-11，2002.01-03（全11回）.
［英文版］*Yoshimasa and the Silver Pavilion.* 2003.
［文庫版］『**足利義政と銀閣寺**』中公文庫，2008.11.25．解説：本郷和人．→⑦

『**明治天皇を語る**』新潮社，新潮新書001，2003.04.10．189p.；18cm.
▷はじめに――もう一つのライフワーク，《第一章 一万ページの公式記録》完璧な資料『明治天皇紀』，外国人が見た明治天皇，言葉遣いは京都弁？，和洋折衷の暮らしぶり，大酒飲みで風呂嫌い，能をこよなく愛す，英照皇太后，《第二章 時代の変革者》十六歳で突然の即位，理想の花嫁候補，ユニークだった美子皇后，卓越した皇后の手腕，天皇の幼少期教育，病弱かわんぱくか，若き天皇への教育，重要になった天皇の存在，外国人との謁大将軍！」，第九章 蛤御門，第十章 天皇呪詛，第十一章 策士 岩倉具視，第十二章 才媛美子皇后，第十三章 最後の将軍慶喜，第十四章 遁走将軍，第十五章 睦仁輦行，第十六章 初めての凱旋，第十七章 反乱の宮，第十八章 東の都，第十九章 剛毅木訥仁ニ近シ，第二十章 エジンバラ公謁見，第二十一章 元田永孚伺候，第二十二章 藩ヲ廃シ県ト為ス，第二十三章 天皇使節団，第二十四章 日本の上将軍 副島種臣，第二十五章 江藤新平の首，第二十六章 早蕨の典侍，第二十七章 西国不平士族，第二十八章 功臣賊臣西郷隆盛，第二十九章 大久保利通受難，第三十章 琉球王退位，第三十一章 グラント将軍 日本の休日，第三十二章「教育勅語」前夜，第三十三章 熾仁親王の憲法草案，第三十四章 カラカウア王御一行様，第三十五章 植木枝盛の自由民権，各章末：註.
＊初出＝新潮 45，1995.01-2000.04（全 64 回）.
［英文版］*Emperor of Japan*. 2002.
［文庫版］『明治天皇（一）』新潮文庫，2007.03.01.
［文庫版］『明治天皇（二）』新潮文庫，2007.03.01. →⑫⑬

『**明治天皇 下巻**』角地幸男訳. 新潮社，2001.10.30. 582p.；23cm. 口絵写真 8 点.
▷第三十六章 執政大院君，第三十七章 岩倉具視の国葬，第三十八章 江戸の舞踏会，第三十九章 皇太子嘉仁親王，第四十章 キヨッソーネの御真影，第四十一章 学ヲ修メ業ヲ習ヒ，第四十二章 ロシア皇太子襲撃，第四十三章 陸奥宗光の条約改正案，第四十四章 清国ニ対シテ戦ヲ宣ス，第四十五章「旅順虐殺」ヲ目撃ス，第四十六章 清国全権代表李鴻章，第四十七章 閔妃暗殺，第四十八章 英照皇太后の死，第四十九章 藩閥薩長の終焉，第五十章 清国の「神風連」，第五十一章 皇孫裕仁誕生，第五十二章 ロシア東方進出，第五十三章 暴君ニコライ二世，第五十四章「敵艦見ゆ」，第五十五章 シオドア・ルーズベルト，第五十六章 韓国皇帝高宗の抵抗，第五十七章 生母慶子の死，第五十八章 伊藤博文と安重根，第五十九章 韓国併合，第六十章「大逆」の陰謀，第六十一章 天皇崩御，第六十二章 乃木希典の殉死，終章，あとがき，参考文献，人名・事項索引，各章末：註.
［英文版］*Emperor of Japan*. 2002.
［文庫版］『明治天皇（三）』新潮文庫，2007.04.01.
［文庫版］『明治天皇（四）』新潮文庫，2007.05.01. 解説：入江昭. →⑬⑭

『**古くして新しきもの：日本の文化におもう**』寝屋川市：成田山学園成田幼稚園，2002.05.05. 446p.；18cm. 口絵写真 24 点.
▷古くして新しきもの：日本の文化におもう（講演：2001.10.14），日本語と私：現今の教育におもう（講演：1981.07.15），世界の中の日本人（講演：1986.10.14），二つの母国（講演：1991.10.14），教育をめぐりて（対談：鶴見照碩，司会：西崎照明，1981.07.25），世界の文化をめぐる日本の教育（鼎談：鶴見照碩，オーテス・ケーリ，司会：西崎照明，1986.09.02），心の世界さながらに（対談：鶴見照碩，司会：西崎照明，1991.06.13）.
→⑯

懐旧の情，第三十段 去る者日々に疎し，第三十二段 忍ぶ恋、想う女，第三十六段 好ましき女性像，第三十七段 好ましき態度，第三十八段 むなしき名利，第四十二段 奇病，第四十五段 あだ名，第四十九段 無常迅速，第五十一段 専門家とは，第五十五段 住み心地のよい家，第五十六段 ことばをためる人、吐き出す人，第五十八段 遁世者たれ，第六十八段 大根奇譚，第七十一段 デジャビュ，第七十二段 賤しげなるもの，第七十三段 嘘が真実になる過程，第七十四段 人の世のあわただしさ，第七十五段 静かな生活，第七十九段 節度について，第八十一段 調度のよしあし，第八十二段 完全の不完全，第八十五段 妬む人、ほめる人，第九十一段 万物流転の理，第九十二段 懈怠の心への自省，第九十三段 無情についての問答，第百七段 かっこつける女，第百十二段 儀礼放棄のすすめ，第百二十二段 知性の美，第百三十七段 花のあとさき，第百四十二段 孝行心，第百五十段 過信大敵，第百五十五段 悔いのなきよう，第百六十六段 人間のはかなき営為，第百六十七段 競わず、誇らず，第百七十段 訪問の心得，第百七十一段 大事を行うには小事から，第百七十九段 疑うべき学識，第百八十八段 一意専心，第百八十九段 予定は未定，第百九十段 結婚無用論，第百九十一段 素敵な夜の過ごし方，第百九十四段 智者の目、愚者の目，第二百十一段 よりかからずに，第二百十七段 欲の大小，第二百三十三段 誠意，第二百三十五段 心のありよう，第二百四十二段 三大煩悩，第二百四十三段 父を想う.

＊First translation＝*Essays in Idleness: The Tsurezuregusa of Kenkō.* 1967.

『能・文楽・歌舞伎』講談社，講談社学術文庫，2001.05.10. 395p. ; 15cm. 写真：金子桂三.

▷序文，《第一部 能》（松宮史朗訳）まえがき，第一章 能のよろこび，第二章 能と狂言の歴史（一 初期，二 義満と能，三 観阿弥と世阿弥，四 世阿弥以降の能，五 秀吉と能，六 徳川能，七 明治能，八 近代における能），第三章 文学としての能と狂言，付：狂言，第四章 演技の背景（一 能楽師の養成，二 能の流派，三 能面，四 装束），第五章 能の音楽と舞い（一 音楽，二 舞い），第六章 能舞台と舞台装置（一 能舞台，二 舞台装置），《第二部 文楽》（吉田健一訳）まえがき，第一章 文楽の味，第二章 文楽の歴史（一 人形，二 浄瑠璃十二段草子，三 文楽をなしている三つの要素の結合，四 文楽の黄金時代，五 十九世紀以降），第三章 脚本と太夫，第四章 三味線弾き，第五章 人形と人形遣い，第六章 文楽の身振り，あとがき，《第三部 歌舞伎と日本の演劇》第一章 歌舞伎（松宮史朗訳），第二章 日本の演劇，第三章 近松と私.

＊《第一部 能》は*Nō*（1966）の和訳.《第二部 文楽》は*Bunraku*（1965）の和訳版『文楽』（1966）の再録.
→⑥

『明治天皇 上巻』角地幸男訳. 新潮社，2001.10.30. 566p. ; 23cm. 口絵写真 11 点.

▷序章，第一章 孝明天皇，第二章 祐宮誕生，第三章 開国必至，第四章 タウンゼント・ハリス，第五章 不忠之輩，第六章 與仁、履仁、睦仁，第七章 皇女和宮，第八章「征夷

＊First translation＝*Anthology of Japanese Literature.* 1955.
［文庫版］『**おくのほそ道：英文収録**』講談社学術文庫，2007.04.10.
▷学術文庫刊行に当たって，訳者序文，おくのほそ道（原文），芭蕉における即興と改作（講演：2004.10.10），THE NARROW ROAD TO OKU.

［対訳版］『**対訳：竹取物語**（***The Tale of the Bamboo Cutter: Taketori Monogatari***）』現代語訳：川端康成，英訳：ドナルド・キーン，切り絵：宮田雅之．講談社インターナショナル，1998.03.20. 177p.；15 × 23cm.
▷序文（ドナルド・キーン），Preface，1 かぐや姫の生い立ち，Kaguya-hime's childhood，2 妻問い，The Suitors，3 仏の御石の鉢，The Stone Begging-Bowl of the Buddha，4 蓬萊の玉の枝，The Jewelled Branch from Paradise，5 火鼠の裘，The Robe Made of Fire-Rat Fur，6 竜の頸の珠，The Jewel in the Dragon's Neck，7 燕の子安貝，The Easy-Delivery Charm of the Swallows，8 御狩の幸，The Imperial Hunt，9 天の羽衣，The Celestial Robe of Feathers，竹採物語［田中大秀旧蔵本］.
＊First translation＝Monumenta Nipponica，1956.01.

［対訳版］『**もう一つの母国、日本へ**（***Living in Two Countries***）』塩谷紘訳．講談社インターナショナル，Bilingual Books.38，1999.01.14. 215p.；19cm.
▷Preface，はじめに，Concerning Myself，日本とのめぐり逢い，Tsunoda *Sensei*，角田柳作先生のこと，Japanese Men，私の日本男性論，Japanese Women，私の日本女性論，Japanese Food，和食についての迷信，The Purity of the Japanese Language，外来語について，The New Generation of American Japanologists，新世代のジャパノロジスト，Return to Japan，里帰りの快感，The Treatment of Foreigners，外国人との付き合い方，Things I Miss About Japan While Away，ニューヨークにて，Living in Two Countries，二つの母国に生きて，Translator's Postface，訳者あとがき.
＊『少し耳の痛くなる話』（1986.06.15）より 8 編，『二つの母国に生きて』（1987.01.20）より 3 編収録.

［対訳版］『**よりぬき徒然草**（***Selections from Essays in Idleness***）』吉田兼好著，ドナルド・キーン訳．講談社インターナショナル，1999.11.10. 260p.；19cm.
▷まえがき，Preface，序文，Introduction，作品について，The Work，徒然草：序段，第一段 理想的な人間像，第二段 奢侈に耽ることなかれ，第三段 恋せよ、男，第四段 道心，第五段 不遇なときの身の処し方，第六段 子どもはもたなくてもよい，第七段 無常と老醜，第八段 迷い多き色香，第九段 愛欲の情念，第十段 住居論，第十二段 得難き心の友，第十三段 読書論，第十四段 和歌讃嘆，第十五段 旅行礼讃，第十八段 清貧の美，第十九段 四季の風物，第二十段 空への名残，第二十一段 心を癒す自然，第二十五段 人のはかなさ，第二十六段 浮薄な人の心，第二十七段 去り行く者のはかなさ，第二十九段

21cm.
▷序 中世，一六 軍記物語（〈戦記物〉将門記，〈軍記物語〉保元物語，平治物語，平家物語），一七 『新古今集』の時代（本歌取り，歌合，定数歌，後鳥羽院と『新古今集』の編纂，『新古今集』の内容，藤原定家，西行），一八 鎌倉・室町時代の和歌（源実朝，新勅撰集，二条派の四集，玉葉集，風雅集，新葉集，正徹），一九 鎌倉時代の仏教文学（仏教法語，鴨長明，閑居友，撰集抄，沙石集，釈教歌），各章末：参考文献.
＊*Seeds in the Heart*（1993）の和訳版.
［文庫版］『日本文学史：古代・中世篇四』中公文庫，2013.07.25.

『日本文学の歴史 5：古代・中世篇 5』土屋政雄訳．中央公論社，1995.01.20．297p.；21cm.
▷二〇 鎌倉時代の王朝物語（松浦宮物語，在明の別，我身にたどる姫君，いはでしのぶ物語，住吉物語），二一 鎌倉時代の日記文学（建礼門院右京大夫集，明月記，海道記，阿仏尼の日記，弁内侍日記，中務内侍日記，とはずがたり，竹むきが記），二二 徒然草，二三 中世軍記物語（〈年代記〉承久記，太平記，明徳記，〈歴史的ロマン〉曾我物語，義経記，増鏡），二四 連歌（二条良基，一条兼良の時代，心敬，宗祇，宗長），各章末：参考文献.
＊*Seeds in the Heart*（1993）の和訳版.
［文庫版］『日本文学史：古代・中世篇五』中公文庫，2013.09.25.

『日本文学の歴史 6：古代・中世篇 6』土屋政雄訳．中央公論社，1995.03.20．356p.；21cm.
▷二五 室町時代の日記とその他の散文（〈日記〔紀行〕〉伊勢太神宮参詣記，名所旧跡への旅，小島のくちずさみ，藤河の記，宗祇の日記，宗長手記，宗教説話と世俗説話，王朝物語），二六 文学としての能・狂言（歴史的背景，翁，観阿弥，世阿弥，序破急，五番立，狂言，初期の狂言，世阿弥と狂言，狂言の台本と言葉，狂言の言語，狂言の笑い，狂言の分類，狂言の流派），二七 五山文学（義堂周信，絶海中津，万里集九，一休宗純，むすび），二八 室町時代のフィクション――御伽草子（公家物，僧侶物，武家物，庶民物），二九 十六世紀後半（和歌，連歌，歌謡，演劇；一 能，二 幸若，三 その他の芸能，散文，西洋の影響），各章末：参考文献.
＊*Seeds in the Heart*（1993）の和訳版.
［文庫版］『日本文学史：古代・中世篇六』中公文庫，2013.11.25.

［対訳版］**『対訳：おくのほそ道（*The Narrow Road to Oku*）』**松尾芭蕉著，ドナルド・キーン訳，切り絵：宮田雅之．講談社インターナショナル，1996.10.25．187p.；23cm.
▷序，Preface（ドナルド・キーン），おくのほそ道（原文），The Narrow Road to Oku.

▷まえがき，序 日本文学のジャンル（一 詩歌，二 フィクション，三 戯曲，四 日本文学の特徴，日本語，日本文学の思想的背景，職業文学者，鎖国時代の日本文学，西洋文学と日本への回帰，世界における日本文学），一 古事記，二 奈良時代の漢文学（風土記，日本書紀，『日本書紀』と『古事記』，聖徳太子，中国王朝史に見る日本，懐風藻），三 万葉集（初期万葉〔六四五－六七二年〕，第二期〔六七三－七〇一年〕，第三期〔七〇二－七二九年〕，第四期〔七三〇－七五九年〕），四 平安時代前期の漢文学（空海，嵯峨天皇，白氏文集，菅原道真，その他の漢文学者，日本霊異記），各章末：参考文献.
＊*Seeds in the Heart*（1993）の和訳版.
〔文庫版〕『日本文学史：古代・中世篇一』中公文庫，2013.01.25.

『日本文学の歴史 2：古代・中世篇 2』土屋政雄訳．中央公論社，1994.07.20．339p.；21cm.
▷五 『万葉集』から『古今集』へ（仮名の発明，新撰万葉集，句題和歌，六歌仙，よみ人知らずの歌），六 古今集（二つの序，『古今集』の編纂，和歌の配列，『古今集』の詩的言語，『古今集』の作歌技術，歌合の題とテーマ，紀貫之の歌，その他の古今集歌人，終わりに），七 平安時代後期の和歌集（〈第一部 『古今集』以後〉後撰集，拾遺集，後拾遺集，〈第二部 平安時代後期の勅撰集〉金葉集，詞花集，千載集），八 平安時代後期の漢文学（和漢朗詠集，本朝文粋，新猿楽記，雲州消息，平安時代最後の漢文学者），九 平安時代の日記文学（入唐求法巡礼行記，土佐日記，蜻蛉日記，多武峯少将物語，和泉式部日記，紫式部日記，更級日記，成尋阿闍梨母集，讃岐典侍日記，漢文の日記，御堂関白記，中右記），各章末：参考文献.
＊*Seeds in the Heart*（1993）の和訳版.
〔文庫版〕『日本文学史：古代・中世篇二』中公文庫，2013.03.25.

『日本文学の歴史 3：古代・中世篇 3』土屋政雄訳．中央公論社，1994.09.20．320p.；21cm.
▷一〇 清少納言と『枕草子』，一一 物語の始まり（〈作り物語〉竹取物語，宇津保物語，落窪物語，〈歌物語〉伊勢物語，大和物語，平中物語，篁物語），一二 源氏物語（作品の執筆，紫式部，作品の構成，作品の文体，歴史的背景，『源氏物語』の源泉，物語，物語の登場人物，作品の現代的魅力），一三 『源氏物語』以後の王朝物語（狭衣物語，夜の寝覚，浜松中納言物語，とりかへばや物語，堤中納言物語），一四 歴史を映す鏡（栄花物語，大鏡，今鏡，水鏡），一五 説話文学（口承説話，三宝絵，打聞集，今昔物語，古本説話集，漢文説話集，漢文からの翻訳説話，後代の説話集），各章末：参考文献.
＊*Seeds in the Heart*（1993）の和訳版.
〔文庫版〕『日本文学史：古代・中世篇三』中公文庫，2013.05.25.

『日本文学の歴史 4：古代・中世篇 4』土屋政雄訳．中央公論社，1994.11.20．291p.；

言葉の永遠性，方言と文学，方言賛否，外来語の氾濫，国際語としての日本語，日本語が国際語になるまでに，四季の常套句，正月を迎えて，技師の義姉の義歯，生そばに生ビール，君の名は（一），君の名は（二），君の名は（三），君の国の名は，笑顔で迎えること，色付きの文字，書道の話，読みにくい字，ありがとうございます，《Ⅱ》三島由紀夫の演劇の翻訳，『芝居日記』の底に流れるもの，安部公房の儀式嫌い，本物の天才 安部公房，ライシャワー教授のこと，司馬さんと私，中村紘子さんのこと，ローマ字でしか書けなかった啄木の真実，徳田秋声 人と作品，米国で私を育ててくれた「日本思想史」の角田先生，《Ⅲ》トルファン・敦煌 美術の旅，「逃亡」ともいえる生き方，私と映画，「死」を語る，能・狂言はどういう芸術か，日本文学に期待するもの，ライフワークの後で，あとがき，初出一覧.
＊《Ⅰ》の初出＝「今月の言葉」．中央公論，1985.01-1986.12（全24回）.
［文庫版］中公文庫，2000.01.25．解説：大岡信.

『このひとすじにつながりて』金関寿夫訳．朝日新聞社，朝日選書487，1993.11.25．293, 3p.；19cm.
▷《Ⅰ 太平洋戦争のなかで》最初の日本語は「サクランボ」，角田柳作先生，海軍日本語学校，日本人兵士の日記，アッツ島・キスカ島作戦，日本人の捕虜たち，特攻機に遭遇，沖縄本島に上陸，捕虜・木村中尉の結婚式，「部下」のジロウのこと，原爆投下と終戦，中国の青島《チンタオ》へ，戦犯調査の任務，バンザイ・アタック論争，焼け野原の東京，母へのみやげ，《Ⅱ あこがれの日本》戦争が与えてくれた贈り物，コロンビア大学に復学，日本学者への道，ハーヴァード大学へ「遍参《へんざん》」，ライシャワー教授のこと，ヨーロッパへの旅，ケンブリッジでの暮らし，ディキンズ夫人，バートランド・ラッセル卿，作家フォースターとオペラ，お手本アーサー・ウェイリー，日本語と朝鮮語の教師に，日本文学についての連続講義，日本行きの奨学金，目的の地京都に直行，日本式生活，「日本文学選集」の編纂，書と狂言を習う，永井道雄との出会い，よき時代の京都，伊勢式年遷宮，嶋中鵬二を訪問，三島由紀夫のこと，著作と講演の楽しみ，日本を去る，《Ⅲ アメリカと日本と》コロンビア大学の教師生活，ペンクラブ東京大会，グレタ・ガルボをエスコート，日本古典の翻訳，東京の作家たち，『熊野《ゆや》』の稽古，東南アジアの旅，ウェイリーとベリルとの別れ，母の死，六〇年代の仕事と旅，「日本文学史」，日米での二つの生活，三島由紀夫の自決，趣味に合った幸運，あとがき，人名索引.
＊初出＝Invitation to Japan，日本への招待．Asahi Evening News: Sunday Edition, 1990.01.07-1992.02.09（全110回）.
［英文版］*On Familiar Terms.* 1994.
［文庫版］朝日文庫，2019.05.30．解説：キーン誠己. →⑩

『日本文学の歴史 1：古代・中世篇 1』土屋政雄訳．中央公論社，1994.05.20．365p.；21cm.

석연역. 서울 : 고려원, 1994.
［英訳版］*Edo Japan encounters the world: conversations between Donald keene and Shiba Ryotaro.* translated by Tony Gonzalez. Tokyo: Japan Publishing Industry Foundation for Culture, 2018.03.
［文庫版］中公文庫，1996.01.18. →⑨

『**声の残り：私の文壇交遊録**』金関寿夫訳．朝日新聞社，1992.12.01．202，4p.；18cm.
▷はじめに，火野葦平，阿部知二，佐佐木信綱，谷崎潤一郎，木下順二，川端康成，永井荷風，吉田健一，河上徹太郎，石川淳，篠田一士，三島由紀夫 一，三島由紀夫 二，三島由紀夫 三，三島由紀夫 四，大岡昇平，有吉佐和子，開高健，司馬遼太郎，大江健三郎，安部公房，おわりに，人名・書名索引.
＊初出＝「声の残り：私の日本文壇交友録」．朝日新聞・夕刊，1992.04.01-07.14（全 57 回）.
［文庫版］朝日文芸文庫，1997.08.01．「文庫版あとがき」を付す. →④

『**日本文学史：近代・現代篇 八**』角地幸男訳．中央公論社，1992.12.20．414p.；20cm.
▷《演劇》序，〈歌舞伎文学〉河竹黙阿弥，坪内逍遙，森鷗外，岡本綺堂，真山青果，〈新派と新劇〉小山内薫，白樺派の劇作家，『新思潮』の劇作家，プロレタリア演劇，芸術派，戦後の劇作家，《批評》序，〈明治時代〉逍遙と鷗外，ロマン主義，島村抱月，〈大正時代〉菊池寛と文壇，生田長江，正宗白鳥，広津和郎，佐藤春夫，〈昭和時代〉小林秀雄，その他の批評家，参考文献，近代・現代篇索引.
＊*Dawn to the West*（1984）の和訳版.
［改訂新版］『**日本文学の歴史 18：近代・現代篇 9**』中央公論社，1997.03.20.
［文庫版］『日本文学史：近代・現代篇九』中公文庫，2012.11.25.

『**世界のなかの日本文化**』富山：富山県民生涯学習カレッジ〈県民カレッジ叢書 37〉，1993.03.20．63p.；19cm.
▷外国が存在しなかった人々，日本人の世界意識，仏教の受け入れ，開かれた日本文化，中国文化へのあこがれ，黄金の国ジパング，鉄砲と十字架，ヨーロッパより高い文化，『日葡辞書』と『日本文典』，出島：世界を知る窓，陶器の伝統がヨーロッパへ，「山オランダ」人医師，鎖国肯定論，日本文化の紹介，文学より美術・工芸，マネの文化 鹿鳴館，「神秘な国」日本，不可解日本はまだ健在，日本文化を世界へ.
＊1992.07.20，富山県民生涯学習夏季講座における講演録.
［再録］『果てしなく美しい日本』講談社学術文庫，2002.09.10. →⑨

『**日本語の美**』中央公論社，1993.10.07．224p.；20cm.
▷《Ⅰ》禁酒の時代，国際人志願の方々へ，明治時代の文章，漢字廃止論，日本語廃止論，

市立図書館，カリフォルニア大学ロサンゼルス校，メトロポリタン美術館における公開講演録.
［文庫版］宝島社文庫，2000.08.08. 解説：瀬戸内寂聴「二つの才能の蜜の媾合」. →①

『NHK 人間大学：日本の面影』日本放送出版協会，1992.04.01. 130p.；21cm.
▷Introduction：日本文学の楽しみ，〈第一回〉日本と私，〈第二回〉『徒然草』の世界：日本人の美意識，〈第三回〉能と中世文学，〈第四回〉芭蕉と俳句，〈第五回〉西鶴の面白さ，〈第六回〉近松と人形浄瑠璃，〈第七回〉近代の文学1：漱石と鷗外，〈第八回〉近代の文学2：谷崎と川端，〈第九回〉近代の文学3：太宰と三島，〈第十回〉日本人の日記から1：子規と一葉，〈第十一回〉日本人の日記から2：啄木、荷風、有島武郎，〈第十二回〉古典と現代：『源氏物語』を中心に，〈第十三回〉日本文学の特質.
＊NHK 教育テレビ，1992.04.06-06.29，毎週月曜日・午後 11:00-11:30 放送. 1992.04.07-06.30，毎週火曜日・午後 1:30-2:00 再放送（全13回）.
［再刊］**『日本文学を読む・日本の面影』**新潮選書，2020.02.24.

『日本文学史：近代・現代篇 七』新井潤美訳. 中央公論社，1992.04.07. 394p.；20cm.
▷序，《詩》〈明治の詩〉近代詩のはじまり――翻訳の時代，島崎藤村，土井晩翠，薄田泣菫，上田敏，蒲原有明，北原白秋，三木露風，〈大正の詩〉萩原朔太郎，室生犀星，山村暮鳥，宮沢賢治，〈昭和の詩〉高村光太郎，三好達治，西脇順三郎，〈昭和初期の詩〉『詩と詩論』とモダニズム，『詩・現実』とマルクス主義詩論，『四季』と近代的リリシズム，『日本浪曼派』と日本的抒情性，『歴程』と個性，その他の詩人たち，〈戦後の詩〉『荒地』の詩人たち，『列島』と思想的な詩，『櫂』とその後の詩，参考文献.
＊*Dawn to the West*（1984）の和訳版.
［改訂新版］**『日本文学の歴史 17：近代・現代篇 8』**中央公論社，1997.01.20.
［文庫版］『日本文学史：近代・現代篇八』中公文庫，2012.09.25.

『世界のなかの日本：十六世紀まで遡って見る』（対談集：司馬遼太郎）中央公論社，1992.04.20. 214p.；18cm.
▷司馬さんと対談する喜び，《1 オランダからの刺激》忘れられた長崎・出島，「鎖国」の功罪，「鎖国」による知識欲，《2 日本人の近世観》〝伝統〟が造られゆく時代，否定と肯定と，江戸時代の遊びの精神，《3 明治の憂鬱を生んだもの》夏目漱石の場合，庶民の自立の精神，儒学と実学と，識字率と「礼」，《4 大衆の時代》浮世絵に欠けているもの，南蛮屛風と江戸切絵図，「好き」ということ，《5 日本語と文章について》自国語と外国語，文章日本語の成熟，古典への旅，《6 日本人と「絶対」の観念》絶対神とフィクション，三島由紀夫と清沢満之の場合，日本人の苦しさ，《7 世界の会員へ》好奇心と無関心の間，外国人と日本人，懐しさ（司馬遼太郎），人名索引.
［韓国語版］전체： 세계속의일본, 일본속의세계. 司馬遼太郎，Donald Keene，공저；서

20.「二二　私小説」から「二四 太宰治と無頼派」まで収録.
［改訂新版］『**日本文学の歴史 15：近代・現代篇 6**』徳岡孝夫，角地幸男訳．中央公論社，1996.09.20.「二五 戦後文学」から「二七 三島由紀夫」まで収録.
［文庫版］『日本文学史：近代・現代篇五』中公文庫，2012.03.25.
［文庫版］『日本文学史：近代・現代篇六』中公文庫，2012.05.25.

『**古典を楽しむ：私の日本文学**』朝日新聞社，朝日選書 393，1990.01.20.　174p.；19cm.
▷『源氏物語』と私，平安後期の物語の新しさ，能の楽しみ，『おくのほそ道』の世界，世界のなかの近松――悲劇の条件について，歌舞伎における改作の功罪，外国人に俳句がわかりますか？，日本古典文学の特質，あとがき，収録講演一覧.　→①

『**日本人の美意識**』金関寿夫訳．中央公論社，1990.03.07.　251p.；20cm.
▷日本人の美意識（暗示、または余情，いびつさ、ないし不規則性，簡潔，ほろび易さ），平安時代の女性的感性，日本文学における個性と型，日本演劇における写実性と非現実性，日清戦争と日本文化（一 明治初年における日本と中国，二 戦争勃発，三 敵意の創造，四 日本のヒーローたち，五 日清戦争の持つ文学的、芸術的重要性，六 日本文化と世界），一休頂相，花子，アーサー・ウエイレー，一専門家の告白，訳者あとがき.
＊*Landscapes and Portraits.*（1971）の部分訳.
［文庫版］中公文庫，1999.04.18.　→⑦

『**日本文学史：近代・現代篇 六**』新井潤美訳．中央公論社，1991.12.07.　310p.；20cm.
▷序，《短歌》初期の短歌，落合直文，鉄幹、晶子と『明星』の歌人たち，北原白秋，自然主義の歌人たち，石川啄木，正岡子規，伊藤左千夫と長塚節，島木赤彦，斎藤茂吉，その他の歌人，戦後の歌人，《俳句》正岡子規，子規の弟子たち――河東碧梧桐と高浜虚子，自由律の俳人たち，『ホトトギス』派の俳人たち（村上鬼城、飯田蛇笏、原石鼎、前田普羅、杉田久女、日野草城），『ホトトギス』派への反発，山口誓子，川端茅舎と後期『ホトトギス』派，人間探求派の俳人たち（中村草田男、加藤楸邨、石田波郷），戦後の俳句，各章末：参考文献.
＊*Dawn to the West*（1984）の和訳版.
［改訂新版］『**日本文学の歴史 16：近代・現代篇 7**』中央公論社，1996.11.20.
［文庫版］『日本文学史：近代・現代篇七』中公文庫，2012.07.25.

『**古典の愉しみ**』大庭みな子訳．JICC 出版局，1992.03.15.　139p.；20cm.
▷はじめに，第一章 日本の美学（暗示 Suggestion，不均整 Irregularity，簡素 Simplicity，無常 Perishability），第二章 日本の詩，第三章 日本の詩の有用性，第四章 日本の小説，第五章 日本の演劇，あとがき（大庭みな子）.
＊*The Pleasures of Japanese Literature*（1988）の和訳版．1986 春-1987，ニューヨーク

『続 百代の過客：日記にみる日本人 下』金関寿夫訳．朝日新聞社，朝日選書 347，1988.02.20．323，15p.；19cm.
▷《5》小梅日記，一葉日記，峰子日記，津田梅子日記，下村とく日記，《6》欺かざるの記，子規日記，啄木日記，《7》観想録，幸徳秋水日記，蘆花日記，木下杢太郎日記，西遊日誌抄，新帰朝者日記，《終わりに》近代の旅人たちの西欧との出会い，参考文献，あとがき，訳者あとがき，索引.
［愛蔵版］朝日新聞社，1988.12.10．上・下巻合本，上製・函入.「愛蔵版のために」を付す.
［英文版］*Modern Japanese Diaries*. 1995.
［文庫版］講談社学術文庫，2012.04.11．上・下巻合本. →③

［英文註解版］**『わたしの日本（*Living in Two Countries*）』**豊田昌倫編注．朝日出版社，1988.04.01．113p.；19cm.
▷はしがき（豊田昌倫），1 Springtime in Japan，2 Can the Japanese Become True Cosmopolitans？，3 The Treatment of Foreigners，4 Japanese Men，5 Education Today，6 The Purity of the Japanese Language，7 Japanese Food，8 Japanese Women，9 Things I Miss about Japan While Away，10 Living in Two Countries，Notes.
＊付：カセットテープ，全2巻.
＊和訳収録＝『少し耳の痛くなる話』1986，『二つの母国に生きて』1987.
［抄録版］**『わが母国、アメリカと日本（*Two Countries, Two Homes*）』**朝日出版社，1988.04.01.
＊上記『わたしの日本』の内，2，3，5，6，9，10を収録.

『私と源氏物語』新潮社，新潮カセット講演，1989.03.20.
▷私と源氏物語.
＊1988.10.08．第一回源氏物語アカデミー，福井県武生市（現・越前市）文化センターにおける講演録．演題：「私と紫式部」.

『日本文学史：近代・現代篇 五』徳岡孝夫，角地幸男訳．中央公論社，1989.12.07．426p.；20cm.
▷二四 太宰治と無頼派（太宰治，坂口安吾，織田作之助，石川淳），二五 戦後文学（戦争の終結，『近代文学』と『新日本文学』，野間宏，椎名麟三，正統左翼の文学，マチネ・ポエティク），二六 女流の復活（野上弥生子，岡本かの子，宇野千代，林芙美子，宮本百合子，佐多稲子，平林たい子），二七 三島由紀夫，各章末：参考文献.
＊*Dawn to the West*（1984）の和訳版.
［改訂新版］**『日本文学の歴史 14：近代・現代篇 5』**角地幸男訳．中央公論社，1996.07.

Way)』村松増美監修，武田昭二郎訳・注．サイマル出版会，SIMUL ACADEMY CASSETTE BOOK，1987.02．100p.；19cm.
▷日本への誤解――まえがき，1 Cosmopolitans: The Japanese Way，日本から世界へ，講演：Remarkable Tendencies，めざましい傾向，Foreigners Were Curiosities，好奇心の的だったガイジン，In What Ways Is Abe Cosmopolitan?，「世界」が舞台の安部公房，How Did It Happen to Me?，排他性をのりこえて，2 From *The Tale of Genji* to Contemporary Literature，『源氏物語』から現代文学まで，質疑応答：Mishima's Reputation，世界の〈ミシマ〉，Difficulties in Translation，翻訳のむずかしさと苦労，"I Feel Sorry for You..."，「お気の毒さま……」，Contemporary Japanese Literature，現代日本文学について，思わずヒザを打ちたくなる話――訳者あとがき．
＊1985.11.15，日本外国特派員協会での英語講演．カセット・テープを付す．

『日本文学史：近代・現代篇 四』徳岡孝夫，角地幸男訳．中央公論社，1987.02.25．339p.；20cm.
▷二〇 川端康成，二一 転向文学（島木健作，武田麟太郎，高見順，その他の転向作家三人，林房雄，亀井勝一郎），二二 私小説（私小説と心境小説，自然主義の私小説：葛西善蔵，牧野信一，宇野浩二，嘉村礒多，志賀直哉の弟子と心境小説：網野菊，滝井孝作，尾崎一雄，私小説の詩：梶井基次郎，上林暁），二三 戦争文学（日中戦争：石川達三，火野葦平，尾崎士郎，詩人及び批評家，大東亜戦争の文学，戦争の回想と再現），各章末：参考文献．
＊*Dawn to the West*（1984）の和訳版．
［改訂新版］**『日本文学の歴史 13：近代・現代篇 4』**徳岡孝夫訳．中央公論社，1996.05.20．「一九 モダニズムと外国の影響」から「二一 転向文学」まで収録．
［文庫版］『日本文学史：近代・現代篇四』中公文庫，2012.01.25．

『続 百代の過客：日記にみる日本人 上』金関寿夫訳．朝日新聞社，朝日選書 346，1988.01.20．324p.；19cm.
▷《序 近代日本人の日記》近代の日記を読む，大事件を体験した普通の人びと，日記のなかのフィクション，文学者にとっての日記，人々の肉声を聴く，《1》遣米使日記，奉使米利堅紀行，西航記，尾蠅欧行漫録，欧行日記，仏英行，航西日記（渋沢栄一），米欧回覧実記，航西日乗，《2》桟雲峡雨日記，松浦武四郎北方日誌，南島探験，《3》航西日記（森鷗外），独逸日記，漱石日記，新島襄日記，《4》木戸孝允日記，植木枝盛日記．
＊初出（上・下巻）＝朝日新聞・夕刊，1986.10.13-1987.10.29（全 234 回）．
［愛蔵版］朝日新聞社，1988.12.10．上・下巻合本，上製・函入．
［英文版］*Modern Japanese Diaries*. 1995.
［文庫版］講談社学術文庫，2012.04.11．上・下巻合本． →③

＊和訳収録＝『ドナルド・キーン：世界に誇る日本文学者の軌跡』河出書房新社，2014.02.28.
［抄録版］『**世界の英雄たち**（***Heroes through History***）』朝日出版社，1985.05.01.
＊上記『古今英雄集（*Heroes, Old and New*）』の内，1-11、13、17-19を収録.

『**日本文学史：近代・現代篇 三**』徳岡孝夫訳．中央公論社，1985.11.20．422p.；20cm.
▷一六 芥川龍之介，一七 永井荷風，一八 谷崎潤一郎，一九 モダニズムと外国の影響（佐藤春夫，横光利一，伊藤整，堀辰雄），各章末：参考文献.
＊*Dawn to the West*（1984）の和訳版.
［改訂新版］『**日本文学の歴史 12：近代・現代篇 3**』中央公論社，1996.03.20.「一五 プロレタリア文学」から「一八 谷崎潤一郎」まで収録.
［文庫版］『日本文学史：近代・現代篇三』中公文庫，2011.11.25.

『**少し耳の痛くなる話**』塩谷紘訳．新潮社，1986.06.15．211p.；20cm.
▷《Ⅰ》正月という英知，花にもの思ふ春，秋なりけり，わが京都，書の楽しみ，東京文化と地方文化，《Ⅱ》日本語の神秘性，外来語について，私の日本女性論，私の日本男性論，校内暴力，学校教育を考える，《Ⅲ》日本とのめぐり逢い，角田柳作先生のこと，グアムで聴いた玉音放送，本多利明と近代，第三世代のジャパノロジスト，《Ⅳ》ニューヨークにて，里帰りの快感，ユーモアのセンス，こと英語となると，相互理解のために，国際人の条件，日本人とアメリカ人，著者あとがき，訳者あとがき.
＊初出＝「ドナルド・キーンの日本診断」．リーダーズダイジェスト（日本語版），1983.04-1985.03.

『**二つの母国に生きて**』朝日新聞社，朝日選書 321，1987.01.20．214p.；19cm.
▷《Ⅰ》▼なぜ日本へ？，第一の転機，ヘンな外人，▼外国人との付き合い方，海外における日本研究，《Ⅱ》▼年の始め，▽私の日本住居論，桜，▽訳し難いもの，▼和食についての迷信，雑音考，軽井沢情調の今昔，▼日本のマスコミ，戦争犯罪を裁くことの意味，刑死した人たちの声，▼日本人の無常感，《Ⅲ》▼体験的能芸論，▽能の普遍性，▼歌舞伎芝居見物の楽しみ，▼浮世絵の魅力，日清戦争の錦絵，▼江戸の洋画家 司馬江漢，《Ⅳ》谷崎先生のこと，戦中日記の伊藤整氏，吉田秀和という日本人，「鉢の木会」のころ，▼わが友 三島由紀夫，あとがき.
＊「▼」印の初出＝「ドナルド・キーンの日本診断」．リーダーズダイジェスト（日本語版），1985.04-1986.02.「▽」印は本著作集・別巻に収録.
［文庫版］朝日文庫，2015.09.30.「文庫版あとがき」「解説 小さな名著：松浦寿輝」を付す.

［対訳版］『**日本から世界へ：日本人と日本文学にふれて**（***Cosmopolitans: The Japanese**

［英文版］*Travelers of Hundred Ages.* 1989.
［文庫版］講談社学術文庫，2011.10.12．上・下巻合本． →②

『百代の過客：日記にみる日本人 下』金関寿夫訳．朝日新聞社，朝日選書 260，1984.08.20．285，15p.；19cm.
▷《Ⅲ 室町時代》失われた女性日記の伝統，大神宮参詣記，都のつと，小島の口ずさみ，住吉詣，鹿苑院殿厳島詣記，なぐさめ草，富士紀行，善光寺紀行，藤河の記，廻国雑記，白河紀行，筑紫道記，宗祇終焉記，宇津山記，宗長手記，東国紀行，吉野詣記，富士見道記，玄与日記，幽斎旅日記，九州の道の記，高麗日記，《Ⅳ 徳川時代》回想録に近い作品の出現，戴恩記，丙辰紀行，近世初期宮廷人の日記，遠江守政一紀行，東めぐり，丁未旅行記，野ざらし紀行，鹿島詣，笈の小文，更科紀行，奥の細道，嵯峨日記，西北紀行，東海紀行，帰家日記，庚子道の記，伊香保の道行きぶり，風流使者記，蝶之遊，長崎行役日記，江漢西遊日記，改元紀行，馬琴日記，井関隆子日記，浦賀日記，長崎日記，下田日記，終わりに，参考書目録，あとがき，索引．
［愛蔵版］朝日新聞社，1984.12.10．上・下巻合本，上製・函入．「あとがき」の代わりに「愛蔵版のために」を付す．
［英文版］*Travelers of Hundred Ages.* 1989.
［文庫版］講談社学術文庫，2011.10.12．上・下巻合本． →②

『日本文学史：近代・現代篇 二』徳岡孝夫訳．中央公論社，1984.11.20．431p.；20cm.
▷一一 自然主義（自然主義とリアリズム，小杉天外，国木田独歩，田山花袋，島崎藤村，徳田秋声，正宗白鳥，近松秋江，岩野泡鳴，その他の自然主義作家），一二 夏目漱石，一三 森鷗外，一四 白樺派（武者小路実篤，志賀直哉，長与善郎，有島武郎，里見弴），一五 プロレタリア文学（葉山嘉樹，黒島伝治，徳永直，小林多喜二），各章末：参考文献．
＊*Dawn to the West*（1984）の和訳版．
［改訂新版］**『日本文学の歴史 11：近代・現代篇 2』**中央公論社，1996.01.20．「一一 自然主義」から「一四 白樺派」まで収録．
［文庫版］『日本文学史：近代・現代篇二』中公文庫，2011.09.25.

［英文註解版］**『古今英雄集（*Heroes, Old and New*）』**秋山正幸，亀井俊介編注．朝日出版社，1985.04.01．90p.；19cm.
▷はしがき（亀井俊介），1 Heroes，2 The Most Ancient Hero，3 The Greek Heroes（1），4 The Greek Heroes（2），5 The Roman Hero，6 The Chinese Hero，7 The Japanese Heroes（1），8 The Japanese Heroes（2），9 The Knights of the Round Table，10 Roland and Oliver，11 William Tell，12 Joan of Arc，13 Christopher Columbus，14 Coxinga，15 Peter the Great，16 Simón Bolívar，17 Abraham Lincoln，18 Mahatma Gandhi，19 Albert Schweitzer，Notes.

［英文註解版］『**日本人の独自性（*The Distinctiveness of the Japanese*）**』森松健介編注．朝日出版社，1983.04.01．90p．; 19cm．
▷はしがき（森松健介），Ⅰ The Distinctiveness of the Japanese，Ⅱ Like and Unlike，Ⅲ Traditions East and West，Ⅳ The Family，Ⅴ Friends，Ⅵ Education，Ⅶ Jobs，Ⅷ Amusements，Notes．

『**日本人の質問**』朝日新聞社，朝日選書 232，1983.06.20．233p．; 19cm．
▷《Ⅰ》日本人の質問，日本人の投書，入社の弁，《Ⅱ》外から見た日本文化，日本人の自然観 西洋人の自然観，日本古典文学の特質，明治の日記，日米相互理解はどこまで進んでいるか，国際語としての日本語，無知が生む反日感情，三十六年ぶりの沖縄，《Ⅲ》谷崎源氏の思い出，内と外の美術（金関寿夫訳），都会と田園（金関寿夫訳），《Ⅳ》仏教と国民性，『弘法大師請来目録』を読む，山片蟠桃の「鬼」に捧げる辞，あとがき，論文掲載紙誌一覧．
＊「日本人の質問」初出＝朝日新聞，1982.11.09-12.03（全 20 回）．
［文庫版］朝日文庫，2018.02.28．　→⑧（「日本人の質問」のみ）

『**日本文学史：近代・現代篇 一**』徳岡孝夫訳．中央公論社，1984.02.25．340p．; 20cm．
▷序 近代・現代の日本文学，一 文明開化，二 明治の漢詩文，三 翻訳の時代，四 明治政治小説，五 坪内逍遙と二葉亭四迷，六 硯友社（山田美妙，尾崎紅葉），七 北村透谷とロマン派，八 幸田露伴，九 樋口一葉，一〇 泉鏡花，訳者あとがき，各章末：参考文献．
＊初出＝「日本文学史：近代篇」．海，1978.01-1984.04（以降，雑誌休刊）．
＊*Dawn to the West*（1984）の和訳版．
［改訂新版］『**日本文学の歴史 10：近代・現代篇 1**』中央公論社，1995.11.20．「序 近代・現代の日本文学」から「一〇 泉鏡花」まで収録．
［文庫版］『日本文学史：近代・現代篇一』中公文庫，2011.07.25．

『**百代の過客：日記にみる日本人 上**』金関寿夫訳．朝日新聞社，朝日選書 259，1984.07.20．257p．; 19cm．
▷《序 日本人の日記》文学的な位置，事実と嘘，私小説の祖，日本的特徴，構造と時間，兵士の記録，《Ⅰ 平安時代》入唐求法巡礼行記，土佐日記，蜻蛉日記，御堂関白記，和泉式部日記，紫式部日記，更級日記，多武峰少将物語，成尋阿闍梨母集，讃岐典侍日記，中右記，家集と歌物語，《Ⅱ 鎌倉時代》建礼門院右京大夫集，たまきはる，明月記，源家長日記，いほぬし，高倉院厳島御幸記，高倉院昇霞記，海道記，信生法師日記，東関紀行，うたたね，十六夜日記，飛鳥井雅有日記，弁内侍日記，中務内侍日記，とはずがたり，竹むきが記．
＊初出（上・下巻）＝朝日新聞・夕刊，1983.07.04-1984.04.13（全 185 回）．
［愛蔵版］朝日新聞社，1984.12.10．上・下巻合本，上製・函入．

プライス：あふれる情熱，エツィオ・ピンツァ：生命をふきこむ才能，ビクトリア・デ・ロスアンヘレス：スペインの輝き，モンセラート・カバリエ：絶妙のピアニッシモ，プラシド・ドミンゴ：暖かさと熱烈さ，マリア・カラス：比類なき個性，ジョーン・サザランド：並ぶものなき高音，ジャネット・ベイカー：威厳と知性と良き趣味，ディートリッヒ・F＝ディースカウ：完璧なるもの，ビルギット・ニルソン：驚くべき力強さ，ボリス・クリストフ：スラヴの声《バス》の頂点，ユッシ・ビョルリンク：テノール、若さの象徴，ラウリッツ・メルヒオール：至高のヘルデンテノール，《Ⅱ　音楽つれづれぐさ》むかしの声，オペラは原語か訳詞か，バッハと趣味の変遷，ヴェルディと十月，ドミンゴの〈ルイザ・ミラー〉，ニューヨーク音楽日記：一九八〇年春，あとがき，索引.
*《Ⅰ　ついさきの歌声は：大歌手への十五の讃歌》の内，12 編の初出＝「名歌手つれづれ草」．音楽の友，1980.01-12（12 回）.

［英文註解版］『**日本細見 1：金沢・弘前・函館**』金谷利勝，八木橋洋一，松田就次註解／『**日本細見 2：京都・宇治・下田**』横山昭永，木下誉註解／『**日本細見 3：奈良・伊勢・桜井**』山田達之助，渡辺寛，福田八郎註解／『**日本細見 4：福岡・長崎・萩**』野田雅夫，深牧邦彦，竹内通弘註解／『**日本細見 5：信濃・佐渡**』北嶋藤郷註解／『**日本細見 6：鎌倉・福島・会津**』武田元，瀬谷廣一註解．学生社，アトム現代英文双書.818-823，1981-1982.（並列書名＝*Travels in Japan*，見開き左頁＝本文，右頁＝日本語註，付：索引）.

［英文註解版］『**ある日本学者の告白（*Confessions of a Japanologist*）**』三浦新市編注．朝日出版社，1982.04.01．121p.；19cm.
▷はしがき（三浦新市），Ⅰ Introduction to the Japanese Language，Ⅱ The U.S. Navy Japanese Language School，Ⅲ Documents and Prisoners in Hawaii，Ⅳ Attu and Okinawa，Ⅴ Return to Academic Life，Ⅵ Five Years in Cambridge，Ⅶ Two Years in Kyoto，Ⅷ Teaching Japanese at Columbia，Ⅸ The Foreigner in Japan，Ⅹ Why Study Foreign Languages?，Notes.

［英文註解版］『**英語へのパスポート（*A Passport to Good English*）**』松山正男編注．朝日出版社，1982．81p.；21cm.
▷はしがき（松山正男），1 The Japanese and Travel，2 Paris，3 Vienna，4 Washington，5 New York，6 San Francisco，7 A New Yorker's View of the United States，8 Cambridge，9 Edinburgh，10 The Trains in Spain，11 Seville，12 Venice，13 Istanbul，14 Across Asia to Japan，15 Jaipur，16 Arrival in Japan，17 Kyoto，18 From Kyoto to Tokyo，19 Peking，20 Home in Tokyo.
［再刊本］『旅の楽しみ（*The Pleasures of Travel*）』朝日出版社，1982.06.01.
［改訂版］『英語へのパスポート：改訂新版』朝日出版社，1983.04.01.

宗教音楽，音楽と記憶，《Ⅱ》マリア・カラスを偲ぶ，ヴェルディ初期オペラの再発見，レコードのパラドックス，音楽と国際性，《Ⅲ》ニューヨーク音楽日記：煉獄の季節，ニューヨーク音楽日記：冷涼の春，ニューヨーク音楽日記：七九年早春，ニューヨーク音楽日記：七九年晩春，参考レコード一覧，索引，あとがき，初出一覧.
＊初出＝「ドナルド・キーンの続音盤風刺花伝」．レコード芸術，1979.01-12（全12回），他.
［文庫版］中公文庫，1992.05.10.「訳者あとがき」を付す.

『***Travels in Japan***（日本細見：英文版）』学生社，1981.04.10. 235p.；19cm.
▷Preface，《Twelve Cities》Kyoto，Uji，Shimoda，Nara，Ise，Sakurai，Fukuoka，Nagasaki，Hagi，Kanazawa，Hirosaki，Hakodate，《Five Longer Journeys》Shinano，Fukushima，Sanuki，Kamakura，Sado.
＊和訳版＝『日本細見』1980.01.10.

『私の日本文学逍遥』新潮社，1981.05.20. 273p.；20cm.
▷《Ⅰ 言葉と書をめぐって》北京の春，日本語のむずかしさ，日本近代文学の外国語訳，好きな詩，翻訳語，私の好きな書，鄧石如の書，英語の草書，《Ⅱ 現代作家をめぐって》二十二年前の三島由紀夫（金関寿夫訳），三島由紀夫と日本の現況（千葉宣一訳），下田の一夜，変形のイメージ：『水中都市・デンドロカカリヤ』，不思議の国のアリス：『砂の女』，夢の循環連鎖：『燃えつきた地図』，転向と忠誠：『榎本武揚』，正統と異端の対立：『内なる辺境』，内的亡命への共感：『都市への回路』，どういう幽霊がここにいるか，吉田健一とケンブリッジ大学，吉田健一の書評，開高ケンか開高タケシか，吉川先生と私，菜穂子と圭介とモーリヤック，《Ⅲ 古典をめぐって》日本文学における劇的要素（中矢一義訳），連歌における滑稽の伝統（徳岡孝夫訳，新城美恵子補訳），『忠臣蔵』論（井田卓訳），近松にみる悲劇性，生きている文楽人形，短詩型の賛否，文学主題としての継母の横恋慕（玉井乾介訳），世阿弥と「その他先生」，あとがき，初出一覧.
＊《Ⅰ 言葉と書をめぐって》は本著作集⑦に，《Ⅱ 現代作家をめぐって》（抄録）は本著作集④に，《Ⅲ 古典をめぐって》 は本著作集⑥に収録.

［英文註解版］**『日本文化の精髄（*Appreciations of Japanese Culture*）』**金関寿夫編・注．秀文インターナショナル，1981.07. 121p.；19cm.
▷Appreciations of Japanese Culture.
＊シリーズ「日本文化を探る：英語による日本文化論」の一冊.

『ついさきの歌声は』中矢一義訳．中央公論社，1981.09.20. 253p.；20cm. 口絵4頁.
▷《Ⅰ ついさきの歌声は：大歌手への十五の讃歌》エリザベート・シュヴァルツコップ：神秘な“白熱”，キルステン・フラグスタート：尽きることなき歌唱，リーオンティン・

［英文註解版］『**日本との出会い　Ⅰ：生い立ちの記**』喜久秀人註解／『**日本との出会い　Ⅱ：コロンビアからケンブリッジへ**』喜久秀人註解／『**日本との出会い　Ⅲ：京都・東京・ニューヨーク**』北嶋藤郷註解／『**日本との出会い　Ⅳ：日本の作家との語らい**』北嶋藤郷註解．学生社，アトム現代英文双書.814-817，1979.（並列書名＝*Meeting with Japan*，見開き左頁＝本文，右頁＝日本語註，付；索引）．

『**日本を理解するまで**』新潮社，1979.05.20.　225p.；20cm.
▷《第一部　日本を理解するまで》Ⅰ　日本の発見，Ⅱ　生涯を賭ける仕事，Ⅲ　忘れ得ぬ日本人，Ⅳ　過渡期の研究者，Ⅴ　変った日本　変らぬ日本，Ⅵ　世界の中へ，《第二部　さらなる理解のために》〈Ⅰ　文化について〉伊勢遷宮・私と日本の二十年（徳岡孝夫訳），私のみた日本の大学，世界の中の日本研究，幻想の国への紹介，東京の感想，日本での旅，体験的日本旅館論，年賀状，〈Ⅱ　文学について〉私の日本文学史，不親切な本，著者と読者，私の文章修業，海外における日本現代詩の評価，逢うことと別れること，小町の生れ変り，三島由紀夫と『金閣寺』，三島由紀夫『奔馬』と三輪山，安部公房の文学（中矢一義訳），〈Ⅲ　交遊から〉吉田健一の思い出，三島由紀夫と海外の批評，観光客としての安部公房，開高さんの写真，女王の即位を迎えて，“完全な友”モリスさん，初出紙誌一覧．
＊《第一部　日本を理解するまで》初出＝新潮社文化講演会，1977.07-12（全6回）．

『**日本文学のなかへ**』徳岡孝夫構成・文．文藝春秋，1979.09.30.　228p.；20cm.
▷一　サクラガサイタ，二　日本への開眼，三　奇人・ウェーリー先生，四　わが心の三島、谷崎，五　訳す・読む・話す，六　国文学者として，七　終りのないライフ・ワーク，あとがき．
＊初出＝「研究自叙伝：日本文学のなかへ」．諸君，1979.01-07（全7回）．

『**日本細見**』中矢一義訳．中央公論社，1980.01.10.　257p.；20cm.
▷《Ⅰ　五つの紀行》佐渡ぶんや紀行，鎌倉やぐら紀行，讃岐たぬき紀行，福島しのぶ紀行，信州ざざ虫紀行，《Ⅱ　十二の印象》京都，金沢，伊勢，萩，弘前，桜井，宇治，長崎，福岡，奈良，函館，下田，あとがき．
＊《Ⅱ　十二の印象》初出＝Discover Japan．英文版 OHZORA（日本航空広報部，外国人職員向け社内報），1973.10-1974.09（全12回）．
［英文版］*Travels in Japan*. 1981.04.10.
［文庫版］中公文庫，1983.06.10.　→⑧

『**音楽の出会いとよろこび：続音盤風刺花伝**』中矢一義訳．音楽之友社，1980.06.20.　302p.；20cm.
▷《Ⅰ》なじみ深い音楽となじみのない音楽，フランス音楽，西洋音楽にあらわれた東洋趣味，編曲と歪曲，原点に還る，アメリカ人演奏家のために，アメリカのオペラのために，

中島敦，太宰治，高見順，井伏鱒二，火野葦平，大岡昇平，宇野千代，現代の俳句，三島由紀夫，安部公房，開高健，大江健三郎，あとがきにかえて，著者名索引.
＊初出＝波，1971.11・12-1977.06（全 67 回）.
［再刊］『**日本文学を読む・日本の面影**』新潮選書，2020.02.24. →④

『**日本の魅力**』（対談集）中央公論社，1979.03.20. 323p.；20cm.
▷日本文学の魅力（鼎談：円地文子，佐伯彰一，1967.06），外から見た日本文学（対談：河上徹太郎，1961.12.04），▼舞台の上の日本文化（対談：山崎正和，1972.01.05），雑種文化の行くえ（対談：加藤周一，1973.03），▼戯作の精神（対談：井上ひさし，1974.02），日本人の愛（対談：村松剛，1975.02），▼「第二芸術」のすすめ（対談：梅棹忠夫，1975.12），日本・その文化と人（対談：福田恆存，1976.01.01），日本と世界（鼎談：永井道雄，高根正昭，1976.01.01），日本語・日本文学・日本人（対談：安部公房，1977.01.03），世阿弥の築いた世界（鼎談：三島由紀夫，小西甚一，1970.07.25），▼能の話（鼎談：小西甚一，芳賀徹，1973.01），文学と音楽と（対談：大岡昇平，1972.09），食べない・食べる・食べるとき（対談：丸谷才一，1976.01），エズラ・パウンドの復権（鼎談：篠田一士，丸谷才一，1972.11），アメリカの中の日本（対談：山崎正和，1975.03.17），▼アメリカ人と日本人と（対談：星新一，1976.04.05），音楽を語る（対談：安部公房，1976.10），▼音楽とその周辺（対談：辻邦生，1978.01）.
＊（　）内は対談・鼎談者名と，その初出年月日.「▼」印の作品は本著作集⑨収録.

『***Meeting with Japan***（日本との出会い：英文版）』学生社，1979.03.25. 168p.；19cm.
▷Preface, 1 My Discovery of Europe, 2 First Thoughts of Japan, 3 Mark van Doren and Columbia, 4 A Chinese Friend, 5 The War Begins, 6 The Navy Japanese Language School, 7 Honolulu in Wartime, 8 The Attu Campaign, 9 Kiska and the Plague, 10 Japanese Prisoners, 11 To the Front Again, 12 The Fear of Death, 13 Rotting Corpses and Cabbages, 14 The War Ends, 15 Farewell to China and to Fuji, 16 Return to Columbia, 17 A Bewildered Francophile, 18 A Japanologist at Cambridge, 19 The Thief and the Comforters, 20 En Route for Japan, 21 A House and Friends in Kyoto, 22 My Discovery of the Present, 23 Visits to Tokyo, 24 A “Real Friend”, 25 Mishima Yukio and his Various Roles, 26 Tanizaki Sensei, 27 Blue Eyes and Red Hair, 28 Friends in Tokyo, 29 Leavetaking, 30 From India to New York, 31 The Japan Boom, 32 The End of the World, 33 Grief and Consolation, 34 Africa in the Summer, 35 Ōe Kenzaburō and Music, 36 The World of Abe Kōbō, 37 The Golden Fruits, 38 Adventures at the Theatre, 39 Missed Opportunities, 40 Debts of Gratitude.
＊和訳版＝『日本との出会い』1972.06.30.

［改訂新版］『**日本文学の歴史 7：近世篇 1**』中央公論社，1995.05.20.「序 近世の日本文学」から「七 仮名草子」まで収録.
［文庫版］『日本文学史：近世篇一』中公文庫，2011.01.25.

『**ドナルド・キーンの音盤風刺花伝**』中矢一義訳．音楽之友社，1977.05.20．205,15p.；20cm.
▷わたしの好きなレコード，〝本場の音〟，オペラは何語で歌うべきか，男と女，メロディーは死滅したのか，ロシア音楽，ニューヨーク音楽日記，音楽批評あちらこちら，古いレコード、新しいレコード，百年目のバイロイト，〝三大〟だけがモーツァルトではあるまいに，音楽と文学，あとがき，アーティスト別レコード・リスト.
＊初出＝「ドナルド・キーンの音盤風刺（姿）花伝」．レコード芸術，1976.01-12（全 12 回），他.
［文庫版］『**わたしの好きなレコード**』中公文庫，1987.12.10.「初出一覧」「文庫版のあとがき」を付す.
→⑧

『**日本文学史：近世篇 下**』徳岡孝夫訳．中央公論社，1977.07.10．556p.；20cm.
▷一〇 初期の歌舞伎と浄瑠璃，一一 近松門左衛門，一二 近松以後の浄瑠璃，一三 国学と和歌（幽斎と長嘯子，長流と契沖，荷田春満，荷田在満，賀茂真淵，本居宣長），一四 俳諧の中興，一五 徳川後期の俳諧，一六 上田秋成，一七 戯作（洒落本と黄表紙，後期戯作，滑稽本，人情本，読本，合巻），一八 十八世紀の歌舞伎，一九 十九世紀の歌舞伎（鶴屋南北，南北以後の歌舞伎，河竹黙阿弥），二〇 徳川後期の和歌（小沢蘆庵，香川景樹，良寛，大隈言道，橘曙覧），二一 狂歌 川柳（狂歌，狂詩，川柳），二二 漢詩文，訳者あとがき，近世篇索引，各章末：参考文献.
＊*World Within Walls*（1976）の和訳版.
［改訂新版］『**日本文学の歴史 8：近世篇 2**』中央公論社，1995.07.20.「八 井原西鶴」から「一五 徳川後期の俳諧」まで収録.
［改訂新版］『**日本文学の歴史 9：近世篇 3**』中央公論社，1995.09.20.「一六 上田秋成」から「二二 漢詩文」まで収録.
［文庫版］『日本文学史：近世篇二』中公文庫，2011.03.25.
［文庫版］『日本文学史：近世篇三』中公文庫，2011.05.25.

『**日本文学を読む**』新潮社，新潮選書，1977.11.15．241，5p.；20cm.
▷二葉亭四迷，尾崎紅葉，幸田露伴，樋口一葉，泉鏡花，森鷗外，田山花袋，国木田独歩，正岡子規，島崎藤村，夏目漱石，徳田秋声，正宗白鳥，岩野泡鳴，真山青果，永井荷風，与謝野晶子，石川啄木，北原白秋，高村光太郎，谷崎潤一郎，武者小路実篤，志賀直哉，有島武郎，斎藤茂吉，萩原朔太郎，芥川龍之介，横光利一，川端康成，葉山嘉樹，宮本百合子，三好達治，中原中也，西脇順三郎，堀辰雄，梶井基次郎，島木健作，武田麟太郎，

▷まえがき（徳岡孝夫），『天人五衰』の尼寺，回想の三輪明神，旧志賀直哉邸，あの人の「仮面」とは，アジャンタの合歓，落魄のニューヨークで，垣間見た痛々しさ，むしろ鏡花に，美作へ吹き抜ける風，くらい手紙，津和野ストイシズム，松江瞥見，与兵衛の殺意，あとがき．
＊初出＝「鬼怒鳴門《ドナルド・キーン》文学道中記」．サンデー毎日，1972.02.13-05.07（全13回）．
［文庫版］中公文庫，1981.11.10．文庫版あとがき：徳岡孝夫，ドナルド・キーン．
［再版］『三島由紀夫を巡る旅：悼友紀行』新潮文庫，2020.02.24．

『生きている日本』江藤淳，足立康訳．朝日出版社，1973.08.30．274p.；20cm.
▷日本語版への序文，まえがき，第一章 島国とその人々，第二章 古い日本，第三章 新しい日本，第四章 日本人の一生（幼年時代と青年時代，就職，結婚，長子，日常の楽しみ，老年，死，私的生活・公的生活），第五章 四つの信仰（神道，仏教，儒教，キリスト教，宗教と迷信），第六章 漁師と百姓と工場と（農業，漁業，戦後の工業），第七章 東洋的民主主義（皇室，政治と戦争，今日の政治），第八章 教育：大論争（従来の教育，戦前の教育，戦後の教育），第九章 楽しみの世界，第十章 創造者としての日本（文学，演劇と舞踊，お稽古ごと），訳者あとがき（江藤淳）．
＊*Living Japan*（1959）の和訳版．
［再録］講談社学術文庫『果てしなく美しい日本』2002.09.10． →⑧

『日本文学散歩』篠田一士訳．朝日新聞社，朝日選書51，1975.12.20．226p.；19cm.
絵：井沢元一．
▽まえがき，《室町編》一休，宗長，世阿彌，正徹，《戦国編》里村紹巴，大村由己，細川幽斎，木下長嘯子，松永貞徳，《江戸編》宝井其角，紀海音，菅茶山，橘曙覧，為永春水，平田篤胤，《明治編》大沼枕山，仮名垣魯文，河竹黙阿彌，東海散士，樋口一葉，正岡子規．
＊初出＝「ドナルド・キーンの日本文学散歩」．週刊朝日，1974.01.18-1975.09.26（全21回）．
［英文版］*Some Japanese Portraits*. 1978.
［オンデマンド版］朝日新聞社，2003.06． →①

『日本文学史：近世篇 上』徳岡孝夫訳．中央公論社，1976.12.20．379p.；20cm.
▷序 近世の日本文学，一 俳諧の連歌の登場，二 松永貞徳と初期の俳諧，三 談林俳諧，四 蕉風への移行，五 松尾芭蕉，六 芭蕉の門人（宝井其角，向井去来，森川許六，その他の門弟），七 仮名草子，八 井原西鶴，九 浮世草子，訳者あとがき，各章末：参考文献．
＊初出＝「日本文学史」．海，1976.01-1977.06（全15回），他．
＊*World Within Walls*（1976）の和訳版．

京へ・漢詩・錦絵,《三 新しい要素のあった政治小説》教部省・勧善懲悪主義と逍遙の批判，あらゆるものがまじっていた時代,『佳人之奇遇』と『安愚楽鍋』，人類の未来へ眼を向ける文明史，哲学用語の訳語をつくる苦労，漢文文化のなかの「かな」の位置，政治小説のうけついだもの，希望に燃えていた明治二十年代，勧善懲悪は歌舞伎に残る，偏見のない政治小説，紳士が小説を読む時代，チョンマゲをつけたギリシア劇，試行錯誤であった鹿鳴館だが,《四 絵空事と理想主義》古典の新しい価値，現代との類似・混乱，日本人論の底辺に，伝統と新しい文化，絵空事のこと・小説の趣向，西鶴の再発見と個性の問題，ゴッドと神・理想・恋愛，翻訳する場合の選択，外国に対する批判の眼，世界の博物館・日本，美の観念に差があるか，前の時代から残っているもの,《五 ことばをめぐって》日本語表現の特殊な部分，翻訳家の問題，日本語と朝鮮語，日本語の辞書，擬古文と五十音図,「すみません」と「どうも」，気がすまないの「気」と体面，身体的表現の差,《六 露伴のこと・鏡花のこと》歴史と文学の間にある小説『運命』，鏡花は名文家か，鏡花の現代的意義,《七 日本的な味》文章に対する作家の姿勢,『野火』『俘虜記』，異なる言語の間にある断絶，異なる伝統の間にある外国文学研究者，外国の眼を気にする日本人,《八 悲劇的なるものをめぐって》メトロポリタン歌劇場，ニューヨークのモーツァルト,『魔笛』談義，三島由紀夫と音楽,『武蔵野夫人』とルチア狂乱，マリア・カラス絶賛，現代の悲劇とは，再びマリア・カラス,《九 現代文学について》ウォルター・スコット，ベストセラー物語，谷崎潤一郎と『細雪』,『痴人の愛』と『蓼喰う虫』,《十 『レイテ戦記』をめぐって》海軍と陸軍，理屈で言えない捕虜体験，公刊戦史の嘘,《十一 名前談義》キーン＝小説家にならなかった理由，トマト談義，鰊とイギリスの耐乏生活，寿司は誰が食べるものか，名前談義，あとがき.

『**反劇的人間**』（対談集：安部公房）中央公論社，中公新書 323，1973.05.25. 175p.；18cm.
▷まえがき（安部公房),《第一章 日本的とは何か》日本人論の意味，平均的な日本人，リヤ王と忠兵衛,《第二章 日本文化と残酷》終戦直後の満州で見たもの，残酷という意識，江戸の残酷趣味,《第三章 余韻について》川端康成の『雪国』，芭蕉、ベケット、ピンター，谷崎潤一郎の場合,《第四章 文学の普遍性》特殊と具体，美しい日本語とは,『松風』と『棒になった男』，砂漠の風景,《第五章 劇的な世界》カタルシス，時間のドラマ，悲劇か喜劇か，現代人の求めるもの,《第六章 音楽とドラマ》歌劇《オペラ》とミュージカル，三味線、尺八、琵琶,『三文オペラ』の技術,《第七章 情報とドラマ》事実と虚構，童話，傍観者の幸福：ニュースについて，アドルフ・ヒットラー，あとがき.
［文庫版］中公文庫，1979.03.10.
［電子書籍版］中公文庫，2000.09.01. →⑨

『**悼友紀行：三島由紀夫の作品風土**』徳岡孝夫共著．中央公論社，1973.07.07. 237p.；20cm.

『日本人と日本文化』（対談集：司馬遼太郎）中央公論社，中公新書 285，1972.05.25. 187，7p.；18cm.

▷はしがき（司馬遼太郎），《第一章 日本文化の誕生》日本人の対外意識，外国文化の受け入れ方，「ますらおぶり」と「たおやめぶり」，《第二章 空海と一休――宗教の普遍性について》国際的な真言密教，一休の魅力，切支丹《キリシタン》，《第三章 金の世界・銀の世界――乱世の美学》足利義政と東山文化，革命としての応仁の乱，金の復活――織豊時代，日本的な美，《第四章 日本人の戦争観》忠義と裏切り，捕虜，倭寇，《第五章 日本人のモラル――儒教をめぐって》日本人の合理主義，日本人と儒教，「恥」ということ，他力本願，西洋芸術・東洋道徳，《第六章 日本にきた外国人》津和野，緒方洪庵塾，シーボルト，ポンペ先生，クラーク、ハーン〔小泉八雲〕，アーネスト・サトー，フェノロサ、チェンバレン、サンソム，《第七章 続・日本人のモラル》風流ということ，英雄のいない国，再び日本の儒教について，庶民と宗教，原型的な神道，《第八章 江戸の文化》上方は武士文化，江戸は町人文化，赤穂浪士，江戸文学を翻訳して，奇人、江漢と源内，本居宣長――むすび，あとがき，関連略年表，人名索引.

〔文庫版〕中公文庫，1984.04.10.

〔韓国語版〕일본인과 일본문화. 司馬遼太郎，Donald Keene，공저；이태옥，이영경 공역. 서울: 을유문화사，1993. 234p. 삽도, 사진；23cm.

〔英訳版〕*The People and Culture of Japan: Conversations between Donald Keene and Shiba Ryotaro.* translated by Tony Gonzalez. Japan Publishing Industry Foundation for Culture，March 2016. →⑨

『日本との出会い』篠田一士訳. 中央公論社，1972.06.30. 243p.；20cm.

▷日本との出会い，長崎の昔話，ニューヨークの一人の日本人――わが師、角田柳作先生のこと，国際ペン大会立見席，わが春の記，アフリカの狂言師，日本大国論，川端先生の死と美，あとがき.

＊「日本との出会い」初出＝東京新聞・夕刊，1971.10.26-12.28（全 40 回）.

〔文庫版〕中公文庫，1975.06.10. 解説：吉田健一.

〔英文版〕*Meeting with Japan.* 1979.03.25. →⑩

『東と西のはざまで：近代日本文化を語る』（対談集：大岡昇平）朝日出版社，1973.03.20. 270p.；20cm. 口絵図版 4 点，本文図版 29 点.

▷まえがき（大岡昇平），《一 ドナルド・キーン＝日本文学事始》『源氏物語』の英訳を読んで感激する，戦後はじめた近松研究，谷崎文学が一つの基準になった，取材旅行をした三島由紀夫，平田篤胤に救われて続いた日本文学研究，明治以後百年のまとまり，《二 伝統と影響・同化》日本文化における伝統の問題，『人間失格』について，外国の現代文学にないもの，影響とは何か，外国文化の同化のありよう，何故か外来語は「かたかな」になる，漢文・漢字・中国との歴史的関係，嘉永文化の遺物としての俗悪文化，江戸から東

『日本の文学』筑摩書房，グリーンベルト・シリーズ 11，1963.02.28. 201p.；18cm.
▷日本の文学（緒言，Ⅰ 序章，Ⅱ 日本の詩，Ⅲ 日本の劇，Ⅳ 日本の小説，Ⅴ 欧米の影響を受けた日本の文学）（吉田健一訳），海外の万葉集，近松とシェークスピア──比較情死論，近松と欧米の読者（吉田健一訳），啄木の日記と芸術，日本と太宰治と「斜陽」，解説（三島由紀夫），索引.
＊*Japanese Literature: An Introduction for Western Readers*（1953）の和訳版（「日本の文学」のみ）.
［再刊版］筑摩教養選 18，1972.01.25.
［文庫版］中公文庫，1979.11.10.「中公文庫附記」を付す.
［再刊］中公文庫，2020.02.24. →①

『文楽』（千部限定版）吉田健一訳，写真：金子弘．講談社，1966.06.30. 267p.；37cm.
カラー写真 11 点・モノクロ写真・図版 360 点，ソノシート「艶容女舞衣 酒屋の段」付，太夫：竹本綱太夫，三味線：竹澤弥七.
▷写真目次，浄瑠璃人形の思ひ出（谷崎潤一郎），自序，Ⅰ 文楽の味，Ⅱ 文楽の歴史（一 人形，二 浄瑠璃十二段草子，三 文楽をなしている三つの要素の結合，四 文楽の黄金時代，五 十九世紀以降），Ⅲ 脚本と太夫，Ⅳ 三味線弾き，Ⅴ 人形と人形遣い，Ⅵ 文楽の身振り，写真，作品一覧，年表，参考文献，索引，あとがき.
＊*Bunraku: The Art of the Japanese Puppet Theatre*（1965）の和訳版.
［再録］『能・文楽・歌舞伎』講談社学術文庫，2001.05.10. →⑥

［英文註解版］**『生きている日本（*Living Japan*）』**原沢正喜校注．朝日出版社，1971.04.01. ⅳ.103p.；19cm.
▷Annotator's Foreword，Introduction，Ⅰ An Island Country and Its People，Ⅱ The Old Ways，Ⅲ The New Ways，Ⅳ Buddhism: One of 'Four Faiths'，Notes.
［英文版］*Living Japan.* 1959.
［和訳版］朝日出版社，1973.08.30.

『日本の作家』中央公論社，1972.02.18. 245p.；20cm.
▷鷗外の「花子」をめぐって，子規と啄木（吉田健一訳），谷崎潤一郎の文学（日本の文学編集室訳），谷崎全集と単行本，川端康成と日本の伝統，太宰治の文学，国際文学賞奮闘記，「近代能楽集」について，三島由紀夫の死，三島由紀夫における「菊と刀」（高橋正訳），三島由紀夫の埋れた戯曲，三島由紀夫論（渥美育子訳），安部公房作「棒になった男」と「ガイドブック」，大江健三郎とワイセツ文学，日本の作家たち，あとがき.
［文庫版］中公文庫，1978.03.10. →④

《Ⅰ-a》和文著書

『日本人の西洋発見』藤田豊，大沼雅彦訳．錦正社，1957.02.10．407p.；19cm.
▷はしがき，訳者のことば，第一章 日本における和蘭人，第二章 蛮学の勃興，第三章 おろしあ からきた奇妙な話（一 冒険旅行家の警告，二 漂流者たちの帰還），第四章 本多利明と欧羅巴の発見（一 本多利明という人，二 西洋の呼び声；イ 絵画，ロ 文字，ハ 書物，ニ 宗教と道徳哲学，ホ 学問，ヘ 洋風の生活，三 本多利明の経済理論；イ 対外貿易，ロ 人口問題，ハ 植民），第五章 本多利明の著作（一「経世秘策」第一部；イ 焔硝，ロ 諸金，ハ 船舶，ニ 属島の開業，第二部；イ 火災，ロ 米不足，ハ 夜盗，二「西域物語」序文，同書巻之二），参考書目.
＊*The Japanese Discovery of Europe: Honda Toshiaki and Other Discoverers, 1720-1798*（1952）の和訳版.
［増補改訂版］**『日本人の西洋発見』**芳賀徹訳．中央公論社，中公叢書，1968.12.20．326p.；20cm．写真・図版 18 点.
▷日本語版によせて，序，一 日本におけるオランダ人，二 蘭学の勃興，三「もすこうびあ」からきた奇妙な便り（1 冒険男爵の警告，2 漂流民の帰還），四 本多利明とヨーロッパ発見（1 本多利明という人，2 西洋の呼び声；絵画，文字，書物，宗教と哲学，科学，洋風の生活，3 本多利明の経済思想；対外貿易，人口問題，植民論），五 北方の探険者（1 日本人と異国人たち，2 最上徳内，3 間宮林蔵），六 平田篤胤と洋学（篤胤の借用した西洋科学の知識，篤胤の借用した西洋神学の知識，篤胤のヨーロッパ人観，篤胤の西洋知識の源泉），原註，日本人の西洋発見略年表，訳者あとがき，参考文献，索引・図版目録.
＊*The Japanese Discovery of Europe, 1720-1830*（1969）の和訳版.
［文庫版］中公文庫，1982.05.10．「文庫版への訳者あとがき」を付す. →⑪

『碧い眼の太郎冠者』中央公論社，1957.10.10．170p.；19cm.
▷序にかへて（谷崎潤一郎），外人への先入観に抗議する，日本文化の理解を妨げるもの，文学入門，一紅毛人の希望と意志，純粋に日本的なもの，紅毛おくのほそ道，夏の京都・昔の旅路，四国さかさ巡礼記，ヨーロッパへの道，ニューヨーク知識人の社交界，日本文学教師の憂鬱，あとがき.
＊1955.01-1957.10，「中央公論」誌を中心に日本語で執筆した諸編収録.
［新装再刊版］1973.01.10．「再刊のあとがき」を付す.
［文庫版］中公文庫，1976.03.10．解説＝丸谷才一.
［電子書籍版］中公文庫，2000.09.01. →⑧

［凡例］

《Ｉ-a》和文著書

和文で刊行されたドナルド・キーン名義の著書（対談・鼎談集を含む）を刊行順に記した。

記載内容は、書名、訳者・共著者名、出版地：出版社名、刊行年月日、頁；寸法などの書誌情報と、▷印以下に目次を記した（出版地が「東京」の場合は省略）。

連載の初出、英文版、再刊本、その他の付帯事項があればそれを記した。

末尾に示した「→」印の後の〇数字は、本著作集の収録巻。

《Ｉ-b》和文著作 収録図書

他人名義の著書や、講座・叢書・全集など共著のアンソロジーで、著者の著作が収録されている和文の図書（監修・編集を含む）を刊行順に記した。
▷以下、著者の収録作品名、（　）内に対談・座談会：出席者、インタビュー、講演などの態様、初出の年月日などを記した。
《Ｉ-a》の著書に収録されている場合は「→」「←」印のあとに、その著書名とその刊行年を記した。
▼を付した著作はそのあとの▼付きの著書に収録されたことを示す。

《Ⅱ-a》欧文著書・編著・訳著

欧文で刊行された Donald Keene 名義の著書・編著・訳著（共訳・共編を含む）の書誌情報と、▷印以下に目次を記した。
再刊本、フランス語版やロシア語版、和訳された著書、英訳した作品名などの付帯事項があればそれを記した。

《Ⅱ-b》 欧文著作・訳 収録図書

他人名義の著書で著者が序文などを寄せた図書、あるいは共著のアンソロジーで著者の著作が収録されている欧文の図書、著者の英訳した作品を含む図書と、▷印以下に収録作品名などを記した。


なお、和文と英文が併せて収録されている［対訳版］は、和文著書として記載した。

教材用に日本で発行された＜英文版＞、［英文註解版］も、和文著書として記載した。

ドナルド・キーンが主要著者であるムックや小冊子も、和文著書として記載した。

『ドナルド・キーン著作集』については、本巻所収の《総目次》を参照されたい。

■著書目録■

2020（令和2）年

『**黄犬《キーン》交遊抄**』岩波書店，2020. 02. 24.

『**日本文学を読む・日本の面影**』新潮選書，2020. 02. 24.

『ドナルド・キーン**著作集 別巻　補遺：日本を訳す／書誌**』新潮社，2020. 02. 24.

記」ロンドン公演実施報告書，2017. 06. 30.

私が日本学者になった理由、詩の魂にみちびかれて：俳句、浄瑠璃、そして人生の縁（鼎談：金子兜太，キーン誠己）．別冊太陽：日本のこころ254『**ドナルド・キーン：日本の伝統文化を想う**』平凡社，2017. 09. 25.

キーンさんから若い人へのメッセージ．『**私、日本に住んでいます**』スベンドリニ・カクチ著．岩波ジュニア新書862，2017. 10. 20.

Memories of Nitta Mitsuo.『**書物を愛する心はひとつ（*Amor Librorum Nos Unit*）：故新田満夫会長を偲んで**』故新田満夫会長記念文集刊行委員会，2017. 10. 27.

アメリカの音楽を豊かにした歌い手たち．Mostly Classic，2017. 11；no. 246.

特別寄稿.『**滝野川防犯協会 七十年のあゆみ**』滝野川防犯協会，2017. 11. 30.

私と日野原先生.『**日野原重明の世界：人生を色鮮やかに生きるための105の言葉**』新老人の会編集協力．中央法規出版，2017. 12. 15.

Always in the Highest Level（テッド・ド・バリー）．Columbia University Weatherhead East Asian Institute（web.），2017　→『黄犬交遊抄』2020

2018（平成30）年

初めて書いた日本語．文藝春秋，2018. 01；96, 1.

わが心、ベートーヴェンに在り．Mostly Classic，2018. 01；no. 246.

日本の文化政策：文楽通じ和の人間味知る．毎日新聞，2018. 01. 10.

無題（推薦文）．『晴れの日本料理』永坂早苗，上田義彦著（帯），求龍堂，2018. 03. 17.

オペラの殿堂に永遠の輝きを：ザ・オペラハウス1966．産経新聞，2018. 04. 04.

My First Meeting with Kinutani Kōta，絹谷幸太さんとの出会い．「絹谷幸太：石の記憶」プログラム，2018. 04. 10.

Introduction: from enemy to friend. ***Civil Society and Postwar Pacific Basin Reconciliation.*** edited by Yasuko Claremont. London: Routledge, 2018.

雨．図書，2018. 06；no. 833.　→『黄犬交遊抄』2020

『**日本の美徳**』（対談集：瀬戸内寂聴）中公新書ラクレ，2018. 07. 10.

特別展 渡辺崋山の神髄　開催によせて．田原市博物館開館25周年記念特別展「渡辺崋山の神髄」カタログ，2018. 09. 08.

創刊に寄せて：編集顧問のことば．兜太：Tota．Vol. 1. 藤原書店，2018. 09. 30.

『**ドナルド・キーン著作集 第十五巻：正岡子規 石川啄木**』新潮社，2018. 10. 25.

2019（平成31-令和1）年

藤十郎さんの米寿に寄せて．「四月大歌舞伎」，歌舞伎座，2019.04.02.

『**ドナルド・キーンのオペラへようこそ！：われらが人生の歓び**』文藝春秋，2019. 04. 10.

『**ドナルド・キーンの東京下町日記**』東京新聞，2019. 09. 26.

カタログ，高崎：群馬県立土屋文明記念文学館，2016. 10. 01.

『**黄犬《キーン》ダイアリー**』キーン誠己共著．平凡社，2016. 10. 05.

Foreword. ***The Tales of Ise.*** translated by Peter MacMillan. Penguin Books, 2016. 12.

私にとってのカリスマ演奏家とは？．Mostly Classic, 2016. 11；no. 234.

Remembering Carmen Blacker. ***Carmen Blacker: Scholar of Japanese Religion, Myth and Folklore: Writings and Refections.*** England: Sainsbury Institute for the Study of Japanese Arts and Cultures, Renaissance Books, 2016. 11.

論点：安倍首相真珠湾慰霊 心がこもった言葉で発信（聞き手：森忠彦）．毎日新聞，2016. 12. 29.

2017（平成29）年

私と中央公論：六〇年の月日と終生の友人たち．中央公論，2017. 01；131, 1. →『黄犬交遊抄』2020

日本人の戦争と平和（対談：久邇邦昭）．kotoba, 2017 冬；no. 26.

私の魂を揺さぶるベートーヴェン：「フィデリオ」「エロイカ」のことなど（インタビュー）．Mostly Classic, 2017. 01；no. 236.

《カルメン》の思い出（中矢一義訳），Remembrances of *Carmen.* 小澤征爾音楽塾オペラ・プロジェクト15：ビゼー 歌劇「カルメン」プログラム，2017. 03. 20. →『オペラへようこそ！』2019

南北アメリカ大陸をつなぐ翻訳者たちの絆：ドナルド・キーンに聞く、酒井和也とスペイン語圏における日本文学の翻訳（聞き手：高木佳奈）．日本語・日本学研究（東京外国語大学 国際日本研究センター），2017. 03. 31；no. 7.

オペラ人、プラシド・ドミンゴ：この歌手と同時代を生きているという幸福（インタビュー）．Mostly Classic, 2017. 04；no. 239.

自由な空気のなかで短歌を詠み、楽しめる世界を．『**東洋大学 現代学生百人一首の30年**』朝日新聞出版，2017. 04. 10.

安部さんの芝居（角地幸男訳）．新国立劇場演劇 2016/2017 シーズン「城塞」上演プログラム，2017. 04. 13. →『黄犬交遊抄』2020

勘亭流文字の美しさは比類なく、今の時代を生きている。（推薦文）．『人形浄瑠璃 文楽外題づくし』北浦浩弌筆，工作舎，2017. 05. 30.

宇野千代を語る：『おはん』英訳秘話（聞き手：尾形明子）．『**宇野千代：華麗なる作家の人生：生誕120年記念総特集**』河出書房新社，KAWADE夢ムック，2017. 05. 30.

モーストリー・クラシック創刊20周年「文化の危機の時代には、続けてもらわないと困ります」（インタビュー）．Mostly Classic, 2017. 06；no. 241.

『**ドナルド・キーン：知の巨人、日本美を語る！**』新居典子共著．小学館，和樂ムック，2017. 06. 18.

企画趣意、ロンドン公演を終えて：御礼の言葉．人形浄瑠璃「越後国柏崎弘知法印御伝谷崎潤一郎の揺るぎない美学．別冊太陽：日本のこころ236「谷崎潤一郎」，2016. 02. 22.

『石川啄木』角地幸男訳．新潮社，2016. 02. 25.　→ *The First Modern Japanese*. 2016

トゥランド．MET ライブビューイング，2016. 02. 29.　→『オペラへようこそ！』2019

「日本の演劇」と「近松の世界」（対談：デイヴィッド・ルヴォー）．「ETERNAL CHIKA-MATSU：近松門左衛門「心中天網島」より」上演プログラム，梅田芸術劇場，2016. 02. 29.

三島由紀夫の面影（対談：宮本亜門）．「ライ王のテラス」上演プログラム，赤坂 ACT シアター，2016. 03. 04／『混沌と抗戦：三島由紀夫と日本、そして世界』井上隆史，久保田裕子，田尻芳樹，福田大輔，山中剛史編．水声社，2016. 11. 25.

93歳おふたりの元気な元気な往復書簡！：ドナルド・キーン×瀬戸内寂聴．和楽，2016. 04•05；16, 2.　→『ドナルド・キーン：知の巨人、日本美を語る！』2017

現地に根付く日本文化：米国で鑑賞した「忠臣蔵」．毎日新聞・夕刊，2016. 04. 20.

「猫と庄造と二人のをんな」のこと．『谷崎潤一郎全集 18』月報13，中央公論新社，2016. 05. 10.

オペラと文学：「ロベルト・デヴェリュー」をめぐって．Mostly Classic，2016. 06；no. 229.

私とことば（聞き手：塙仁礼子）．AJALT（国際日本語普及協会），2016. 06. 10；no. 39.

ソフト帽をかぶった啄木．文藝春秋，2016. 07；94, 10.

論点：天皇陛下「生前退位」高齢での激務 国民は理解（聞き手：森忠彦）．毎日新聞，2016. 07. 15.

日本の文化は興味尽きぬ深さ（同志社女子大学創立140周年広告）．日本経済新聞，2016. 07. 18.

中村紘子さんを悼む：英会話や料理も上手．読売新聞，2016. 07. 30.

対談連載 16：暮らしの愉しみ（対談：渡辺真理）．èclat（集英社），2016. 09；10, 9.

The First Modern Japanese: The Life of Ishikawa Takuboku. New York: Columbia University Press，2016. 09.

オペラの中の戦争、戦争の中のオペラ．Mostly Classic，2016. 09；no. 232.

追悼2016 心に染み入る別れの言葉：中村紘子さんへ 音楽にまじないをかけて伝えてくれた．中村紘子さんを偲ぶ会，東京・サントリーホール，2016. 09. 12／週刊朝日，2016. 12. 23；121, 68／CD「中村紘子 フォーエバー：モーツァルト ピアノ協奏曲第24番ハ短調」．株式会社ドリーミュージック，2016. 12.

日本建築を見晴らす旅へ（推薦文）．『日本建築の形』齋藤裕著パンフレット，TOTO出版，2016. 09. 21.

東京の空の下 日本を愛する ふたりの午後（対談：ド・ローラ・節子）．きもの Salon（世界文化社），2016-17 秋冬号.

『ドナルド・キーン著作集 第十四巻：明治天皇〔下〕』新潮社，2016. 09. 25.

先生．「角田柳作とドナルド・キーン 群馬から世界へ：開館20周年記念第94回企画展」

27.
平和の大切さ問い続けて：平和の俳句．東京新聞，2015. 07. 04.
『ドナルド・キーン著作集 第十二巻：明治天皇〔上〕』新潮社，2015. 07. 25.
対談：ドナルド・キーン vs 林屋永吉（対談）．サルマンチィーノ（日本サマランカ大学友の会会報），2015. 07. 31；no. 44.
大人の肖像：日本とともにある、人とのつながり．大人の休日倶楽部（JR 東日本），2015. 08；8, 8.
谷崎の恐れ映した「細雪」（聞き手：柏崎歓）．朝日新聞，2015. 08. 12.
戦後70年に寄せて．時事通信社，2015. 08. 13／**『検証 繁栄と混迷の戦後70年：日本と国際社会の歩み』**時事通信社編著．時事通信出版局，2016. 04. 01.
私の戦後70年：憲法９条は世界の宝．毎日新聞，2015. 08. 14.
平和の俳句：千枚の青田に千の平和あり（translated）．中日新聞・東京新聞，2015. 08. 15／**『金子兜太 いとうせいこうが選んだ「平和の俳句」』**小学館，2016. 07. 04.
山ろく清談：日本 一番進んだ平和主義．信濃毎日新聞・夕刊，2015. 08. 24.
ようこそキーンさん 平和の話をしましょう（対談：日野原重明）．中央公論，2015. 09；129, 9.
戦争を知るための一冊：『高見順日記』今にこそ読まれるべき本．すばる，2015. 09；37, 9.
日記が持つ肉声の力：『新潮』連載の評伝「石川啄木」完結（聞き手：中澤雄大）．毎日新聞，2015. 10. 03.
私と MET ライブビューイング．「MET ライブビューイング2015-16」（松竹）カタログ，2015. 10. 30.
『ドナルド・キーン著作集 第十三巻：明治天皇〔中〕』新潮社，2015. 11. 25.
三島由紀夫 没後45年「悼友」対談（対談：徳岡孝夫）．毎日新聞・夕刊，2015. 11. 15／**『混沌と抗戦：三島由紀夫と日本、そして世界』**井上隆史，久保田裕子，田尻芳樹，福田大輔，山中剛史編．水声社，2016. 11. 25.
吉田簑助のこと，About Yoshida Minosuke. **『簑助伝（*MINOSUKE-DEN*）』**（対訳版）撮影：渡邉肇．（有）diapositive，2015. 12. 21.

2016（平成28）年

オペラの愉しみ．音脈（東京文化会館），2016 winter；no. 61.
INDIGO に寄せて．**『*INDIGO*（藍）：*Tanka Poetry Collection*』**（対訳版）by Mariko Kitakubo. Pasadena, CA: Shadba Press, 2016.
『源氏物語』をご縁に、日本文化を語る（対談：志村ふくみ）．和樂，2016. 01・02；16, 1.
→『ドナルド・キーン：知の巨人、日本美を語る！』2017
原田マハ、美のパイオニアに会いに行く 10（インタビュー）．芸術新潮，2016. 02；67, 2.

ールズベリーにて. 04•05, ⑬愛される日本料理. 06•07, ⑭甘いものは生活の一部. 08•09, ⑮お酒の話. 10•11, ⑯切手の収集. 12•2019. 01, ⑰旅. 02•03, ⑱着物. 04•05, ⑲続・着物, 06•07.

年賀状. 婦人画報, 2015. 01 ; no. 1338.

Donald Keene reflects on 70-year Japan experience. The Japan Times, 2015. 01. 01 /Donald keenes's reflections on his postwarexperience. The Japan Times, 2019. 2. 27.

鎌倉と私. 巨福《こふく》(建長寺), 2015 雪安居 ; no. 100.

この年になって時代を脱却したね（対談：金子兜太). 朝日新聞, 2015. 01. 03.

無題（推薦文).『ドイツ大使も納得した、日本が世界で愛される理由』フォルカー・シュタンツェル著（帯), 幻冬舎, 2015. 01. 10.

戦後70年想う：伝統忘れた日本に「怒」（インタビュー構成：尾崎真理子). 読売新聞, 2015. 01. 15／**『戦後70年にっぽんの記憶』**橋本五郎編, 読売新聞取材班著. 中央公論新社, 2015. 12. 10.

忘れられないこの一枚：オペラの潮流を変えたマリア・カラスの圧巻の舞台. サライ, 2015. 02 ; 27, 2.

戦後70年：昭和からの遺言（取材・構成：邨野継雄, 大川恵美). 週刊朝日, 2015. 02. 20 ; 120, 7／**『昭和 天国と地獄：時代を駆け抜けた 43 人が語る』**邨野継雄編著. 朝日新聞出版, 2019. 03. 30.

戦後70年：今も続いている国民への忍耐押しつけ（聞き手：髙橋昌紀). 毎日新聞デジタル, 2015. 02. 26／**『データで見る太平洋戦争：「日本の失敗」の真実』**髙橋昌紀著. 毎日新聞出版, 2017. 08. 05.

無題（推薦文).『記録された記憶：東洋文庫の書物からひもとく世界の歴史』東洋文庫編（帯), 山川出版社, 2015. 02. 28.

ロシア音楽、ロシアの声の魅力（インタビュー). Mostly Classic, 2015. 03 ; no. 214.

万葉の心 国を超えて：第 4 回NARA万葉世界賞. 朝日新聞, 2015. 03. 08.

伊勢神宮と私. **『遷宮：第六十二回神宮式年遷宮全記録』**撮影：宮澤正明. 枻出版社, 2015. 03. 11.

キーン先生、世界が熱狂する京都の魅力ってなんですか？（聞き手：新居典子). 和樂, 2015. 04 ; 15, 3. →『ドナルド・キーン：知の巨人、日本美を語る！』2017

四代目中村鴈治郎襲名に寄せて.「四代目中村鴈治郎襲名披露：四月大歌舞伎」(歌舞伎座) プロブラム, 2015. 04. 02.

The Last Days of Mishima. Holiday, spring・summer 2015 ; no. 375／三島由紀夫最後の年. 新潮, 2015. 12 ; 102, 12. →『黄犬交遊抄』2020

米国・イタリア滞在記：今も高い日本語学習熱. 毎日新聞・夕刊, 2015. 06. 15.

双方向の東西交流（対談：河鍋楠美).「画鬼・暁斎 KYOSAI：幕末明治のスター絵師と弟子コンドル」(三菱一号美術館, 河鍋暁斎記念美術館編) カタログ, 2015. 06.

そ！』2019

『**ドナルド・キーン　わたしの日本語修行**』（聞き書き：河路由佳）白水社，2014. 09. 30.

特別投句.『**芭蕉さんと私　Ⅱ**』伊賀上野：芭蕉翁生誕370年記念事業実行委員会，2014. 10.

My life now is the happiest that I ever had: Scholar（Interviewer: Rieko Mohara）. The Japan News（Yomiuri Shimbun），2014. 10. 05.

『新芭蕉俳句大成』に期待する.『新芭蕉俳句大成』カタログ，明治書院，2014. 10. 12.

文字離れと未来：新聞の役割（講演）. 第67回新聞大会記念講演，新潟，2014. 10. 15／新潟日報，2014. 10. 16（要旨）／新聞研究（日本新聞協会），2014. 12；no. 761.

無題（推薦文）.『日本：喪失と再起の物語　下』デイヴィッド・ピリング著（帯），早川書房，2014. 10. 20／ハヤカワ・ノンフィクション文庫，2017. 02. 25.

日本語の学び　漢字から（聞き手：中村真理子）. 朝日新聞・夕刊，2014. 10. 28.

ドナルド・キーンさん、NYメトロポリタン歌劇場へ（聞き手：小林伸太郎）. ミセス，2014. 11；no. 719.

文楽とわたし. 国立文楽劇場：開場30周年記念　文楽公演（日本芸術文化振興会），2014. 11. 01；no. 136.

「ナガヌマ・リーダー」との再会（文：中澤雄大）. 毎日新聞，2014. 11. 02.

『**うるわしき戦後日本**』（対談集：堤清二）PHP新書，2014. 11. 28.

カラス以前の名歌手たち、そしてチェーザレ・ヴァレッテイのこと（インタビュー）. Mostly Classic，2014. 12；no. 211.

92歳、好きなものを作って食べて. 中央公論，2014. 12；129, 12.

『**ドナルド・キーン著作集　第十一巻：日本人の西洋発見**』新潮社，2014. 12. 25.

2015（平成27）年

鬼怒鳴門亭日乗. 和樂，2015. 01・02-2019. 06・07；15, 1-19, 3.　→『ドナルド・キーン：知の巨人、日本美を語る！』2017（⑪まで）

①日記が物語る日本文化. 01・02，②音楽は生きている証. 03，③私の日本文学の師、角田柳作先生. 04，④映画と演劇の歓び. 05，⑤生涯の家. 06，〈特別編〉ドナルド・キーン先生のニューヨーク＆ヨーロッパ旅行記. 10，⑥軽井沢の庵. 11，⑦美しい日本文化を守るために. 12，⑧料理と私. 2016. 06・07，〈特別編〉ドナルド・キーン先生のアメリカ紀行. 08・09，〈スペシャル〉ドナルド・キーン先生、文豪谷崎潤一郎への想いを馳せる. 10・11，〈スペシャル軽井沢対談〉ドナルド・キーン×室瀬和美（漆芸家・人間国宝）. 12・2017. 01，⑨新春、無量寺に思う. 02・03，⑩骨董品との出会い. 04・05，⑪続　骨董品との出会い. 06・07，〈特別編〉ドナルド・キーン先生のロンドン公演奮闘記！. 10・11，⑫唯一、骨董品で繋がる記憶. 12・2018. 01，〈特別編〉キーン先生95歳の英国紀行、人生を変えたケンブリッジ編. 02・03，〈特別編〉キーン先生95歳の英国紀行続編、ジェーンが住まうソ

美の国・日本の伝統を次世代にどう伝えていくか（対談：根本二郎）．中央公論，2014. 04；129, 4.

日本文学の巨人、ドナルド・キーン大研究．和樂，2014. 04；14, 3.　→『ドナルド・キーン：知の巨人、日本美を語る！』2017

坂田藤十郎のお初．「歌舞伎座新会場 1 周年記念祭 鳳凰祭 四月大歌舞伎」プログラム，2014. 04.

「フィガロの結婚」こそ最高のオペラ！：モーツァルト・オペラの思い出（インタビュー）．Mostly Classic，2014. 04；no. 203.

日記にあらわれる啄木（対談：山本玲子）．啄木没後百年記念追悼講演会，2014. 04. 12／**『日記にあらわれる啄木：啄木没後百年記念追悼講演会講演録』**函館啄木会，2015. 04. 13.

美智子様が教えてくれた「変わらない」という大切さ（対談：工藤美代子）．婦人公論，2014. 04. 22；99, 10.

石川啄木．新潮，2014. 06-12，2015. 02-10；111, 6-12，112, 2-10（全16回，角地幸男訳）．→『石川啄木』2016　→ *The First Modorn Japanese, 2016*　→⑮

①反逆者啄木．06，②啄木、上京する．07，③教師啄木．08，④北海道流離．09，⑤函館、そして札幌．10，⑥小樽．11，⑦釧路の冬．12，⑧詩人啄木、ふたたび．2015. 02，⑨啄木、朝日新聞に入る．03，⑩ローマ字日記．04，⑪二つの「詩論」．05，⑫啄木と節子、それぞれの悲哀．06，⑬悲嘆、そして成功．07，⑭大逆事件．08，⑮最期の日々．09，⑯啄木、その生と死．10.

私は MET でバッハの“オペラ”を聴いた！（インタビュー）．Mostly Classic，2014. 06；no. 205.

キーン先生、能、文楽、歌舞伎の文化的意義を教えてください．和樂，2014. 06；14, 5.

新潟との縁 戦中から．新潟日報，2014. 06. 11.

『ドナルド・キーン著作集 第十巻：自叙伝 決定版』新潮社，2014. 06. 25.

やっぱり船弁慶（インタビュー）．花もよ，2014. 07. 01；no. 14.

音楽は敵同士を友にした（聞き手：中村真理子）．朝日新聞，2014. 07. 22.

これぞ砂漠や無人島に持っていきたい音楽！：シューベルトの弦楽五重奏曲（インタビュー）．Mostly Classic，2014. 08；no. 207.

世界の不正に向き合った文学者（対談：玄順恵）．本（講談社），2014. 08；39, 8.

『曽根崎心中』に魅せられる（対談：坂田藤十郎）．「山城屋 坂田藤十郎」プログラム，2014. 08. 22.

「日本らしさ」を超えた文学『夏の闇』．kotoba（集英社），2014 秋；no. 17.

忘れ得ぬ「日本のこころ」（対談：節子・クロソフスカ・ド・ローラ）．芸術新潮，2014. 09；65, 9.

無題（推薦文）．『九代目松本幸四郎』中村義裕著（帯），三月書房，2014. 09. 09.

エヴゲーニイ・オネーギン．MET ライブビューイング，2014. 09. 17.　→『オペラへようこ蕪村の英訳．アナホリッシュ国文学（響文社），2013. 12. 20；no. 5.
陛下の易しい言葉、革命的（インタビュー）．朝日新聞デジタル，2013. 12. 23.
富士山と日本人への想い．「世界遺産 年報2014」（日本ユネスコ協会連盟），2013. 12. 30.
The Winter Sun Shines In: A Life of Masaoka Shiki. New York: Columbia University Press，2013. ←『正岡子規』2012

2014（平成26）年

創刊200号に寄す：さらなる公平さと批評性を求めて（インタビュー）．Mostly Classic, 2014. 01；no. 200.
高揚する東京の街 東北もう忘れたか（聞き手：中村真理子）．朝日新聞，2014. 01. 15.
木下順二との出会いと「夕鶴」について．オペラ「夕鶴」公演カタログ，2014. 01. 18.
日本再発見：京がたり（聞き手：瀬尾忠義）．毎日新聞・夕刊，2014. 01. 22.
日本工芸の二十一世紀を考える：不易と流行（講演）．日本伝統工芸展六十回記念「人間国宝展」記念シンポジウム，2014. 01. 25／日本工芸会会報，2014. 07. 31；no. 130.
発見の眼：私の京都．発見上手（三井住友トラスト・ウェルスパートナーズ），2014. 01. 31；no. 8.
米海軍通訳士官時代の記憶、そして希望．東京人，2014. 02；no. 336.
ドナルド・キーン氏「世界の中の日本文学」を語る（対談：黒田杏子）．草加市，2014. 02. 01／俳句（KADOKAWA），2014. 07；63, 8／芭蕉の魅力、奥の細道の価値．**『第八回奥の細道文学賞 第二回ドナルド・キーン賞 受賞作品集』**草加市自治文化部文化観光課編．草加市, 2017. 03. 24.
辻井喬の思い出．viewpoint（セゾン文化財団），2014. 02. 25；no. 66.
ご挨拶（弔辞：辻井喬へ、堤清二へ）．堤清二・辻井喬お別れの会，2014. 02. 26／文藝春秋，2014. 12；92, 14.
ドナルド・キーンの音楽自伝：歌声に魅せられしわが人生（聞き手：中矢一義）．→『ドナルド・キーン：世界に誇る日本文学者の軌跡』2014
キーンの「寸鉄」人物評．→『ドナルド・キーン：世界に誇る日本文学者の軌跡』2014
『ドナルド・キーン：世界に誇る日本文学者の軌跡』河出書房新社，2014. 02. 28.
ユーモアとリアリズム豊かな最古のフィクション．**『マンガ古典文学：竹取物語』**池田理代子著．小学館，2014. 03. 02.
かなえられた願い：日本人になること．**『国語6：創造』**甲斐睦朗ほか著．光村図書出版，2014. 03. 05.
Why Study Foreign Languages. ***UNICORN: English Communication 3.*** 市川泰男ほか著．文英堂，2014. 03. 14.
現代の暁斎評．「画鬼 暁斎読本」河鍋暁斎記念美術館，2014. 03. 28.

「霧しぐれ富士をみぬ日ぞ面白き」芭蕉：ドナルド・キーンさんに聞く（聞き手：中村真理子）．朝日新聞，2013. 07. 17.

文楽と近松：異国で出会う学問と芸術（公開対談：鳥越文藏）．「ドナルド・キーン」展関連演劇講座，2013. 07. 17／新鐘（早稲田大学学生部），2014. 04. 01；No. 80.

日本人の美意識と、食のあり方（対談：辰巳芳子）．ミセス（文化出版局），2013. 08；no. 704.

ドナルド・キーン先生“果てしなく美しい日本”を語る：残したい日本の美10．和樂，2013. 08･09；13, 7.　→『ドナルド・キーン：知の巨人、日本美を語る！』2017

日本文士の肖像：横尾忠則（松宮史朗訳），Portraits of Japanese Writers: Yokoo Tadanori.『**日本の作家222**』横尾忠則著．日本経済新聞出版社，2013. 08. 23.　→『黄犬交遊抄』2020

『**ドナルド・キーン著作集 第八巻：碧い眼の太郎冠者**』新潮社，2013. 08. 25.

守るべき日本：世界に影響を与えた美意識．新潮45，2013. 09；32, 9.

書物逍遥：私とフランス語の本．ミネルヴァ通信「究《きわめる》」，2013. 09；no. 30.　→『黄犬交遊抄』2020

名誉顧問就任にあたり．文楽通信（人形浄瑠璃文楽座），2013. 09. 04；no. 16.

シモン・ボッカネグラ．MET ライブビューイング，2013. 09. 05　→『オペラへようこそ！』2019

ごあいさつ．『**ドナルド・キーン・センター柏崎：常設展示図録**』ブルボン吉田記念財団，2013. 09. 20.

「ドナルド・キーン・センター柏崎」の開館にあたって．新潟日報，2013. 09. 20.

古浄瑠璃が結んだ縁．邦楽ジャーナル，2013. 10；no. 321.

ドナルド・キーンさん語る：大切にしたい財産9条、日本文化の源流そして啄木のこと（聞き手：澤田勝雄）．赤旗，2013. 10. 13，16.

伊勢神宮の式年遷宮：世界に類無き美しさ．読売新聞，2013. 10. 22.　→『黄犬交遊抄』2020

神様と同じ場所に存在する、その清々しさ．女性セブン，2013. 10. 31；51, 40.

日本とわたし（講演）．第2回日本精神科医学会学術大会，2013. 11. 14／日本精神科病院協会雑誌 別冊，2014. 10；no. 32.

『**ドナルド・キーン著作集 第九巻：世界のなかの日本文化**』新潮社，2013. 11. 25.

日本人のこころと美（対談：水上逸朗）．さんさん（株式会社アイエム），2013. 12；no. 9.

アジアと世界の架け橋へ：日本文学を次世代に教え伝えるということ（聞き手：磯水絵）．学《まなび》（二松学舎ニュースマガジン），2013. 12；no. 36.

オトコの別腹：なめらかプリン．朝日新聞・夕刊，2013. 12. 03.

日本の短詩型文学の魅力（講演）．福岡ユネスコ・アジア文化講演会，2013. 12. 14／『**日本の俳句はなぜ世界文学なのか：FUKUOKA U ブックレット　6**』ツベタナ・クリステワ共著．福岡：弦書房，2014. 07. 01.

義政と銀閣寺．同仁誌（銀閣慈照寺），2013. 03. 07；2, 7.

古典の楽しみ方（講演）．毎日21世紀フォーラム、2013. 03. 11／毎日新聞・夕刊，2013. 03. 25，04. 01.

文楽・歌舞伎・継がれる強さ：ドナルド・キーンさんに聞く（聞き手：中村真理子）．朝日新聞，2013. 03. 20.

鳥越文蔵先生と早稲田大学．『**大学文化資源の情報発信：演博改革の10年 鳥越館長の時代**』早稲田大学演劇博物館編．八木書店，2013. 03. 25／早稲田大学坪内博士記念演劇博物館主催「ドナルド・キーン展」カタログ，2013. 05. 21-08. 04.

ニッポン人へのメッセージ：誰よりも日本を知る碩学が薦める 今こそ読むべき日本の古典、この10冊．tashinami（文藝春秋），2013 春；no. 18.

2012年度暮しの道具ベスト100：第31位 エグザーム．通販生活，2013 春.

オペラの喜び、いま・むかし（談話）．Mostly Classic，2013. 04；no. 191.

春の新聞週間：かみしめたい「報道の自由」．読売新聞，私と新聞：我々が自由を享受するために．産経新聞，2013. 04. 06.

私と新潟．新潟日報社メディアシップ開業記念講演会，2013. 04. 29／新潟日報，2013. 05. 04.

『**私が日本人になった理由《わけ》：日本語に魅せられて**（100年インタビュー）』PHP 研究所，2013. 05. 02.

第 13 回現代俳句大賞：受賞の言葉．現代俳句，2013. 05；no. 547.

伊勢神宮と私．別冊太陽：日本のこころ 208「伊勢神宮：悠久の歴史と祭り」，2013. 05. 19.

『**ドナルド・キーン著作集 第七巻：足利義政と銀閣寺**』新潮社，2013. 05. 25.

「現代の名文」入門：日本文学の豊穣な言葉、贅沢な時間（対談：徳岡孝夫）．文藝春秋，2013. 06；91, 7.

生まれ変わった歌舞伎座に寄せて．「歌舞伎座新開場：柿茸落六月大歌舞伎」カタログ，2013. 06. 03.

思い：伊勢の遷宮．読売新聞，2013. 06. 20.

A Remembrance of Mishima Yukio and His Death（対談：ジョイス・リーブラ）．International House of Japan: Bulletin，2013；33, 1／三島由紀夫の死についての回想．国際文化会館会報，2013. 06；24, 1.

啄木を語る（講演）．文化芸術講演会（岩手県文化振興事業団），2013. 06. 30／岩手日報，2013. 07. 06.

啄木を語る：啄木の現代性（講演）．啄木学級「文の京講座」講演会，2013. 07. 14／『**石川啄木の世界への誘い**』盛岡：石川啄木没後百年記念事業実行委員会，2013. 10. 14.

第二世紀へのメッセージ：ドナルド・キーンさん（インタビュー）．CAMPUS NOW（早稲田大学），2013 盛夏；no. 207.

大果報の者でござる：能狂言から私が得たもの（インタビュー）．花もよ（ぶんがく社），
2012. 11. 01；no. 4.

私の好きな国「日本」、尊敬する人「明治天皇」（インタビュー）．明治聖徳記念学会紀要，
2012. 11. 03；no. 49.

ドナルド・キーン名誉会員のスピーチ．ペンの日懇親会，2012. 11. 26／日本ペンクラブ（web）．

カラスの登場が物語るもの（談話）．Mostly Classic，2012. 12；no. 187.

丸谷才一の思い出．新潮，2012. 12；109, 12. →『黄犬交遊抄』2020

私と日本と沖縄：琉球フォーラム講演から（講演）．琉球新報，2012. 12. 20／琉球フォーラム（琉球新報社），2013. 01；no. 237.

Carolyn Kizer（キャロライン・カイザー），The Cortland Review，2012. 12 →『黄犬交遊抄』2020

2013（平成25）年

日本の『言葉』の美しさ（インタビュー：五十嵐香奈）．いきいき（いきいき株式会社），
2013. 01.

川端康成：きれいな目．文藝春秋，2013. 01；91, 1.

メッセージ．「ドナルド・キーン コレクション」パンフレット，北区立中央図書館，
2013. 01.

人格者の文学．芹沢光治良著『人間の運命』カタログ，勉誠出版，2013. 01.

リヒャルト・シュトラウス、その驚くべき作曲の力（談話）．Mostly Classic，2013. 01；
no. 188.

仮面舞踏会．METライブビューイング，2013. 01. 13. →『オペラへようこそ！』2019

『**ドナルド・キーン著作集 第六巻：能・文楽・歌舞伎**』新潮社，2013. 01. 25.

An Abundant Well That Never Runs Dry. ***PRO-Vision: English Communication II***. 桐原書店，2013. 01. 31.

私と鎌倉（講演）．『**ドナルド・キーン 鎌倉を語る：日本文化の過去・現在・未来〜鎌倉の歴史から学ぶもの〜**』鎌倉世界遺産登録推進協議会，パブリシティ実行委員会，
2013. 02.

教育ルネサンス：愛国心 10（聞き手：小寺以作）．読売新聞，2013. 02. 09.

出会いと文学と（対談：玄順恵）．明日の友（婦人之友社），2013 早春；no. 202.

『方丈記』は語る．サライ，2013. 03；25, 3. →⑯

司馬遼太郎が見たアジア：孤立主義、国家主義への嫌悪．文藝春秋，2013. 03；91, 3.

永遠に謎であり続ける唯一無二の存在：グレン・グールド追想（談話）．Mostly Classic，
2013. 03；no. 190.

古浄瑠璃について（講演）．港ユネスコ協会，2013. 03. 05／Bulletin，2013. 06. 01；no. 132.

れ（『源氏物語』との出会い）．11. 03，⑮沖縄戦の日系米兵（沖縄戦と日系人ジロー）．12. 15，⑯憲法 9 条 行く末憂う（憲法九条の行く末）．2014. 01. 05，⑰荷風のまなざし．02. 02，⑱「福島」伝え続ける（『おくの細道』に思う）．03. 02，⑲新潟との深い縁．04. 06，⑳最高のシンフォニー（捕虜収容所での音楽会）．05. 06，㉑元従軍記者との縁．06. 08，㉒消えゆく「理想の国」（六十九年前の手紙から）．07. 06，㉓「保全」の心大事に（鞆の浦の魅力）．08. 03，㉔年齢にとらわれず（健康に無頓着でも）．09. 07，㉕新聞で「今」知る．10. 05，㉖不戦願う日系 3 世（私の教え子・タハラ）．11. 02，㉗真珠湾攻撃の日．12. 07，㉘他国学び自国を知る（日本人の意識）．2015. 01. 11，㉙野球を詠んだ子規（正岡子規と野球）．02. 08，㉚重なる大震災と空襲（高見順が記した大空襲）．03. 08，㉛日本兵の日記 私の原点．04. 05，㉜「天才」三島の虚無感（ニューヨークでの三島）．05. 06，㉝知的で活発 98 歳女性（すてきな女友達ジェーン）．06. 07，㉞偉大なる「大谷崎」（文豪谷崎との交友）．07. 12，㉟暴走黙殺の果て（軍部の暴走と黙殺の果て）．08. 09，㊱「世界のオザワ」に学べ（「世界のオザワ」に見習う）．09. 13，㊲超一流の二流芸術国．10. 04，㊳寂聴さん 似た者同士（同い歳の寂聴さん）．11. 08，㊴天皇巡幸 旧友の進言（海軍日本語学校の同期生ケーリ）．12. 06，㊵後世に日記は語る（日記は日本の文化）．2016. 01. 10，㊶三島との最後の晩餐（最後の晩餐）．02. 07，㊷啄木像をくつがえす（現代人・啄木）．03. 20，㊸忠臣蔵は世界に通ず（英語歌舞伎で「忠臣蔵」）．04. 24，㊹後悔、母に伝えたい（母の日に思う）．05. 08，㊺司馬さんとの親交（司馬さんのメッセージ）．06. 05，㊻日本へ導いた大恩人．07. 24，㊼本読み平和への旅を（日本文学を読み、旅に出よう）．08. 14，㊽五輪報道への違和感（台風のような五輪報道に違和感）．09. 04，㊾「歌聖、啄木」の人間味（薄幸の天才歌人・啄木）．10. 09，㊿「日本学」のセンセイ．11. 20，51玉砕の悲劇 風化恐れる．12. 04，52「勝敗」のない平和こそ．2017. 01. 14，53異質ではない日本．02. 05，54古浄瑠璃 英国との縁．03. 05，55米百俵 何よりも教育．04. 09，56利己主義という「醜」．05. 05，57五輪の闇 報じるべき．06. 11，58英留学 20 代懐かしむ．07. 09，59色あせぬ72年前の忠告．08. 12，60「徒然草」に見る美意識．09. 17，61賢者・崋山に権力の弾圧．10. 08，62日本文学研究は運命．11. 19，63日本文学伝えた国際ペン．12. 10，64両陛下の憲法への思い．2018. 01. 14，65お互いさま文化の危機．02. 11，66 101歳には負けられぬ．05. 13，67教え子　お歌英訳集大成．07.22，68甲子園 日本の夏を象徴．08.26，69平成は日本の転換期．12.24，70考えぬいた題名、さて．2019.03.31.

みなづき賞贈呈式：キーン先生のご挨拶とお話（聞き手：黒田杏子）．件《くだん》（件の会），2012. 10. 20；no. 20.

日本人とともに生きたい（聞き手：中村真理子）．朝日新聞，2012. 10. 22.

Thank You, Mr. Tanaka. 外交（外務省），2012. 11；no. 16.

わたしが愛する日本．SIGNATURE（ダイナースクラブ），2012. 11.

日本、京都への思い（公開座談会：冷泉為人，北垣宗治，司会：山田厚史）．同志社アーモスト館開館 80 周年記念講演会，2012. 06. 02／DAC ニュース（同志社アーモストクラブ），2012. 09. 01；no. 71／同志社時報，2012. 10；no. 134.

『ドナルド・キーン著作集 第四巻：思い出の作家たち』新潮社，2012. 06. 25.

ドナルド・キーン氏×鳥越文蔵先生対談（対談）．人形浄瑠璃文楽座設立10周年感謝の集い，2012. 06. 28（東京），06. 30（大阪）／文楽通信，2014. 09. 15；no. 17.

世界の中の日本文化と日本文学（講演）．札幌大学創立 45 周年記念講演，2012. 07. 18／**『世界の中の日本文化と日本文学』**札幌大学附属総合研究所（Booklet no. 7）2012. 12. 20.

ドナルド・キーンさんが語る「伝説の名演奏」（聞き手：近藤憲一）．**『黄金時代のカリスマ指揮者たち：フルトヴェングラーからヴァントまで聴き巧者が熱く語る』**音楽之友社編．音楽之友社，2012. 08. 01.

荒廃する日本文学：不可解な日本人と外国人の背反（インタビュー）．花伝（序破急出版），2012 夏.

『ドナルド・キーン著作集 第五巻：日本人の戦争』新潮社，2012. 08. 25.

『正岡子規』角地幸男訳．新潮社，2012. 08. 30. → *The Winter Sun Shines In.* 2013 →⑮

エルナーニ．MET ライブビューイング，2012. 09. 15. →『オペラへようこそ！』2019

トラヴィアータ．MET ライブビューイング，2012. 09. 20. →『オペラへようこそ！』2019

不思議な国、日本とわたし（対談：篠田桃紅）．家庭画報，2012. 10；55, 10.

日本のオペラに期待すること（談話）．Mostly Classic，2012. 10；no. 185.

文楽という日本遺産を救え！．和樂，2012. 10；12, 9. →『ドナルド・キーン：知の巨人、日本美を語る！』2017

ドナルド・キーン、源氏物語の世界を語る（対談：伊井春樹）．阪急文化（阪急文化財団），2012. 10. 01；no. 3.

ドナルド・キーンの東京下町日記．中日新聞・東京新聞，2012. 10. 06-2018. 12. 24（全 69 回，「新潟日報」2014. 06 .17 より連載）． →『黄犬ダイアリー』2016（㊺まで） →『ドナルド・キーンの東京下町日記』2019

①世界に誇れる文楽教えよう（大阪と文楽）．10. 06，②人目ぼれして 38 年同じ部屋（住めば都）．11. 03，③三島への戯れ 癒えぬ痛みに（三島由紀夫からの手紙）．12. 02，④富士が私を導いた（富士山に導かれて）．2013. 01. 01，⑤玉砕 再び問いたい（小田実の『玉砕』）．02. 03，⑥被災者への思い忘れてないか（被災地を思い続ける）．03. 03，⑦晩年まで教壇 薫陶受けた師（私の「センセイ」）．04. 07，⑧ 70 年消えぬ悔恨 兵士の日記は今（日本兵の日記）．05. 12，⑨芭蕉に諭され日本研究の旅（ケンブリッジ大学の講義）．06. 02，⑩古浄瑠璃の地 柏崎なぜ原発（古浄瑠璃の地・新潟）．07. 07，⑪夏の記憶 原発消えぬ「なぜ」（原爆投下の機密）．08. 03，⑫遷宮のように必ず立ち直る（伊勢神宮の式年遷宮）．09. 08，⑬ノーベル賞と三島、川端の死（ノーベル賞と三島）．10. 06，⑭「源氏」の美に救わ

2011. 12 ; no. 303.
書きたかったのは、日本文学の喜びを教えるガイドブック．『ドナルド・キーン著作集』カタログ，新潮社，2011. 12.
『**ドナルド・キーン著作集 第一巻：日本の文学**』新潮社，2011. 12. 25.

2012（平成24）年

ドナルド・キーンが愛する日本・心の美．家庭画報，2012. 01-12 ; 55, 1-12（全12回）．①素．01，②歪．02，③誠．03，④儚．04，⑤淡．05，⑥玄．06，⑦海．07，⑧空．08，⑨女．09，⑩余．10，⑪然．11，⑫閑．12.
わが生涯の旅路（インタビュー）．致知（致知出版社），2012. 01 ; no. 438.
日本文化は戦争に勝った（インタビュー）．新潮45，2012. 01 ; 31, 1.
叙情詩となって蘇る．朝日新聞，2012. 01. 01.
日本人よ、勇気をもちましょう．朝日新聞（広告），2012. 01. 01.
マリコのゲストコレクション 599：ドナルド・キーン（聞き手：林真理子）．週刊朝日，2012. 01. 06･13 ; 117, 1.
今、平和を語る：日本軍の暴虐が自決を招いた．毎日新聞・大阪版，2012. 01. 30／『**わたしの〈平和と戦争〉：永遠平和のためのメッセージ**』広岩近広編著．集英社，2016. 06. 10.
ドナルド・キーン先生、日本への思いを語る（聞き手：上原誠己）．東京外語会会報，2012. 02. 01 ; no. 124.
「日本」を学ぼう！：『源氏物語』は一生涯の学びです．和樂（小学館），2012. 02 ; 12, 2.
→『ドナルド・キーン：知の巨人、日本美を語る！』2017
『**ドナルド・キーン著作集 第二巻：百代の過客**』新潮社，2012. 02. 25.
創る人52人の2011年日記リレー．新潮，2012. 03 ; 109, 3.
3. 11と私（インタビュー）．日本経済新聞，2012. 03. 11.
『**日本を、信じる**』（対談集：瀬戸内寂聴）中央公論新社，2012. 03. 11／中公文庫，2015. 02. 25.
フロントランナー：ドナルド・キーンさん（聞き手：鈴木淑子）．朝日新聞-Be，2012. 04. 07.
『**ドナルド・キーン著作集 第三巻：続 百代の過客**』新潮社，2012. 04. 25.
100年インタビュー：日本文学研究者ドナルド・キーン（聞き手：渡邊あゆみ）．NHK-BSプレミアム，2012. 04. 30. →『私が日本人になった理由』2013
わが東北の思い出．考える人（新潮社），2012 春 ; no. 40／『**ベスト・エッセイ 2013**』日本文藝家協会編．光村図書出版，2013. 06. 25.
「ドン・カルロ」、わが最愛のヴェルディ（談話）．Mostly Classic，2012. 06 ; no. 181.
文楽の擁護 文楽への期待：世界の宝．上方芸能，2012. 06 ; no. 184.
文楽を守るために（談話）．産経新聞，2012. 06. 16-18.

家トナルヲ欲セズ詩人トナランコトヲ欲す. 04, ⑤従軍記者子規、唐土《もろこし》へ渡る：恩人・陸羯南と新聞「日本」. 05, ⑥「写生」の発見：画家中村不折との出会い、蕪村の俳句. 06, ⑦俳句の革新：伊予松山で雑誌「ほとゝぎす」発刊. 07, ⑧新体詩と漢詩：胸を打つ「父の墓」「老嫗某の墓に詣づ」、そして「正岡行」. 08, ⑨短歌の改革者子規：『歌よみに与ふる書』十篇、橘曙覧の歌の発見. 09, ⑩随筆『筆まかせ』から『松蘿玉液』『墨汁一滴』へ：ひたすら「生きて、書き続ける」という奇跡. 10, ⑪随筆『病牀六尺』と日記『仰臥漫録』：死に向かっての「表」と「裏」の世界. 11, ⑫辞世の句：友人・弟子の証言、子規の功績. 12.

文楽 可能性追う（対談：竹本住大夫）. 日本経済新聞, 2011. 01. 03.

私の週間食卓日記. 週刊新潮, 2011. 01. 13；56, 2.

米寿. 文藝春秋, 2011. 02；89, 2. →『ドナルド・キーン自伝』中公文庫, 2011

オペラ・ハウスは世界の果てまでも（対談：山崎浩太郎）. Mostly Classic, 2011. 03；no. 166.

詩歌に詠まれた桜たち（対談：村上護）. 俳句（角川学芸出版）, 2011. 04；60, 5.

I want to be with Japan（an interview at his home in NY. by Michinobu Yanagisawa）. The Daily Yomiuri, 2011. 04. 24.

わが日本復興計画：それでも私は日本に永住します。身も心も日本人だから. 週刊朝日, 2011. 05. 06･13；116, 20.

私の日本：この人々と共に生き、死にたい（インタビュー：ニューヨーク, 山科武司）. 毎日新聞・夕刊, 2011. 05. 18.

日本国籍取得決断の記. 中央公論, 2011. 07；126, 7.

これぞオペラの醍醐味！（談話）. Mostly Classic, 2011. 07；no. 170.

なぜ、今「日本国籍」を取得するか. 文藝春秋, 2011. 08；89, 9 ／文藝春秋 臨時増刊, 2012. 03；90, 5. →⑯

『戦場のエロイカ・シンフォニー：私が体験した日米戦』（聞き手：小池政行）藤原書店, 2011. 08. 30.

東北は必ず復興する：日本永住へ来日 キーン氏インタビュー. 読売新聞, 2011. 09. 03.

「正岡子規」を語る（講演）. 松山市立子規記念博物館「秋季子規塾」, 2011. 09. 24／季刊子規博だより, 2012. 12. 25；31, 3.

一番大事な指揮者、トスカニーニ（談話）. Mostly Classic, 2011. 10；no. 173.

紙と私：心は、一枚の紙. 週刊文春（広告頁）, 2011. 10. 06；53, 39／**『紙の春秋：著名人が描く紙のある風景』**日本製紙連合会, 2016. 12. →『黄犬交遊抄』2020

『奥の細道』と私（講演）. 日立 uVALUE コンベンション仙台, 2011. 10. 19／Uvalere（日立製作所）, 2012. 01；no. 22.

中尊寺対談：東北はよみがえる（対談：瀬戸内寂聴）. 読売新聞, 2011. 11. 02. →『日本を、信じる』2012

東洋文庫の世界：初めて触れた、江戸期の『百合若大臣野守鏡』に興奮しました. 東京人,

2010（平成22）年

心の風景：「昔の日本」守り続けた町．読売新聞・日曜版，2010. 01. 31.

友人三島，パネルディスカッション「三島由紀夫の芸術的遺産：三島由紀夫の作品と人生を語る」（出席者：イルメラ・日地谷=キルシュネライト，ボリス・アクーニン，イヴィツァ・ブリアン，平野啓一郎，細江英公），三島とラシーヌ（講演，日地谷周二訳）．「ミシマ：その国際的インパクトと複合文化的源泉」会議，ベルリン：ブランデンブルク学士院，2010. 03／**『MISHIMA!：三島由紀夫の知的ルーツと国際的インパクト』**イルメラ・日地谷＝キルシュネライト編．京都：昭和堂，2010. 12. 20.

選評：英語部門．**『第7回しずおか世界翻訳コンクール優秀作品集』**しずおか世界翻訳コンクール実行委員会，2010. 03.

監修のことば：小田実．**『小田実全集』**ホームページ（web），講談社，2010. 06.

世界の文化と日本の文化（講演）．人間文化研究機構主催「知の役割 知のおもしろさ」公開講演会・シンポジウム，2010. 07. 09.／**『Human：知と森へのいざない vol.1』**人間文化研究機構監修，角川学芸出版，2011. 02.

So Lovely a Country Will Never Perish: Wartime Diaries of Japanese Writers. New York: Columbia University Press，2010. ←『日本人の戦争』2009

辻さんの作品．**『独歩：辻清明の宇宙』**辻清明著，写真：藤森武．清流出版，2010. 08. 08.

Foreword. **『都わすれの記（*Memoir of Forgetting the Capital*）』**（対訳版）谷崎潤一郎著，エミー・ハインリック訳．雄松堂書店，2010. 11. 02／***Memoir of Forgetting the Capital.*** New York: Columbia University Press，2011. 03.

私と日本文学（講演）．四国大学，2010. 11. 23／徳島新聞，2010. 12. 03／**『密教美術と歴史文化』**真鍋俊照編．京都：法藏館，2011. 05. 10.

日本文学をめぐって（対談：真鍋俊照，聞き手：玉田友昭）．徳島新聞，2010.12.09-10／『密教美術と歴史文化』真鍋俊照編．京都：法藏館，2011. 05. 10.

Foreword. ***And the River Flowed as a Raft of Corpses: The Poetry of Yamaguchi Tsutomu，Survivor of both Hiroshima and Nagasaki.*** compiled, translated, and edited by Chad Diehl. New York: Excogitating Over Coffee Pub.，2010.

2011（平成23）年

新春対談：めぐりあう言葉と自然（対談：石井頼子）．婦人之友，2011. 01；105, 1.

正岡子規．新潮，2011, 01-12；108, 1-12（全12回，角地幸男訳）． →『正岡子規』2012 → *The Winter Sun Shines In.* 2013 →⑮

①士族の子：「弱味噌の泣味噌」だった少年時代．01，②哲学、詩歌、ベースボール：実は「英語が苦手」ではなかった学生時代．02，③子規《ほとゝぎす》の歌：初めての喀血、「畏友」夏目漱石との交遊．03，④小説『銀世界』と『月の都』の作者：僕ハ小説

日本人の戦争：作家の日記を読む．文學界，2009. 02；63, 2（角地幸男訳）． →『日本人の戦争』2009 →⑤

安部公房ほど日本的な作家はいない：『安部公房全集』の完結に寄せて．波，2009. 03；no. 471.

古典に不変の美しさ：ドナルド・キーンさんに聞く（聞き手：森恭彦）．読売新聞，2009. 03. 25.

さよなら歌舞伎座カウンドダウン！：「世界の歌舞伎座 ここに来るたびに心が躍ります」．和樂（小学館），2009. 04；9, 4.

富士山に寄す，Fuji-san.『**富士山：信仰と芸術の源**（***Mt. Fuji: The Wellspring of Our Faith and Arts***）』（対訳版）富士山世界文化遺産登録推進静岡・山梨両県合同会議，富士山を世界遺産にする国民会議編．小学館，2009. 04. 01.

伊澤元一さんの思い出（松宮史朗訳），Izawa Motoichi．螺旋階段（京都：ギャルリー宮脇），2009. 06；no. 80.

「越後国・柏崎 弘知法印御伝記」の復活に寄せて．新潟日報，2009. 06. 07／越後猿八座「人形浄瑠璃 越後国柏崎 弘知法印御伝記」上演プログラム，2010.

『日本人の戦争：作家の日記を読む』角地幸男訳．文藝春秋，2009. 07. 15／文春文庫，2011. 12. 10. → *So Lovely a Country Will Never Perish*. 2010 →⑤

マリア・カラス、震えが来るほど素晴らしい．Mostly Classic（産経新聞出版），2009. 08；no. 147.

私のおかげ参り：「伊勢神宮」展（聞き手：谷口康雄）．産経新聞，2009. 08. 10.

戦争と日本の作家（対談：平野啓一郎）．文學界，2009. 09；63, 9. →『日本人の戦争』文春文庫，2011

そのとき私は戦場にいた：捕虜に教わった横光利一．文藝春秋，2009. 09；87, 11.

変わる日本、変わらぬ日本（聞き手：都丸修一）．朝日新聞，2009. 09. 30.

いやはや語辞典：「戻る」外国人も日本に帰ります．読売新聞・夕刊，2009. 10. 30.

『平家物語』について．「平家の魅力を神戸から」プログラム，2009. 10／**『平家の魅力を神戸から』**神戸女子大学古典芸能研究センター，2010. 11. 11.

平家と日本文学（講演），「平家物語」をめぐって（パネルディスカッション：鳥越文蔵，高橋昌明，アン・ケーリ，阪口弘之，加藤隆久）．行吉学園創立70周年記念：神戸女子大学古典芸能研究センター特別講演会，2009. 11. 14／神戸女子大学古典芸能研究センター紀要，2010. 03. 31；no. 3／『平家の魅力を神戸から』神戸女子大学古典芸能研究センター，2010. 11. 11. →⑯（講演のみ）

三島由紀夫の演劇（講演）．三島由紀夫文学館開館10周年記念フォーラム，2009. 11. 21／三島由紀夫研究（鼎書房），2010. 11；no. 10.

スペインと文化勲章とSALMANTiNO：日本サラマンカ大学友の会設立10周年記念誌，2009.

料館），2008. 03. 31；no. 2.／『**世界が読み解く日本：海外における日本文学の先駆者たち**』聞き手：伊井春樹．學燈社，2008. 04. 25.

世界の古典としての源氏物語．『**世界の源氏物語：グローバルな視点から、その文学と意匠の深遠を探る**』ドナルド・キーンほか著．ランダムハウス講談社，2008. 04. 03.

高瀬博史様（翻訳：銚子市駅前独歩記念碑文）．国木田独歩の会，2008. 06. 23；no. 8.

The Tale of the Bamboo Cutter（translated）．『**竹取物語絵巻**』（対訳版）チェスター・ビーティー・ライブラリィ監訳．勉誠出版，2008. 07. 14.

源氏物語の魅力：信州岩波講座，信濃毎日新聞，2008. 08. 11.

大対談：坂田藤十郎×ドナルド・キーン（司会：水落潔）．演劇界，2008. 09；66, 9.

日本文化と女性（講演）．大妻学院創立100周年記念学術講演会，東京：大妻講堂，2008. 10. 18／『**日本文化と女性：大妻学院創立一〇〇周年記念学術講演会講演録**』大妻学院，2008. 11. 20.　→⑯

私の『源氏物語』（講演）．源氏物語千年紀記念式典講演，京都国際会議場，2008. 11. 01／『**源氏物語国際フォーラム集成：源氏物語千年紀記念**』京都：源氏物語千年紀委員会編．2009. 03. 30.　→⑯

ウィーン国立歌劇場来日公演を見て．読売新聞，2008. 11. 13.

この国はどこへ行こうとしているのか（聞き手：坂巻士朗）．毎日新聞・夕刊，2008. 11. 21.

悪魔と私．『**年齢《よわい》は財産**』日本ペンクラブ編．光文社，2008. 11. 25.（初出未詳）

谷崎先生の思い出（聞き手：たつみ都志）．『谷崎潤一郎交友録』芦屋市谷崎潤一郎記念館，2008. 12. 26.

鶴澤淺造さんのこと．「鶴澤淺造」ちらし，2008.

Chronicles of My Life: An American in the Heart of Japan. New York: Columbia University Press, 2008.　←『私と20世紀のクロニクル』2007

Foreword. ***One Hundred Poets, One Poem Each: A Translation of the Ogura Hyakunin Isshu.*** by Peter McMillan. New York: Columbia University Press, 2008.

2009（平成21）年

小さな声から：やわらかな心．婦人之友，2009. 01；103, 1.

TEMPO：オペラ．週刊新潮，2009. 01. 01･08；54, 1.

選評：本物の歴史家の著作（第12回司馬遼太郎賞，原武史『昭和天皇』）．遼，2009. 01. 20；no. 30.

“初の外国人”文化勲章受章者 ドナルド・キーン（聞き手：小池政行）．週刊朝日，2009. 01. 23；114, 3.

Preface. ***Kamaitachi.*** photographs by Eikoh Hosoe, performance by Tatsumi Hijikata. New York: Aperture, 2009. 01／細江英公の写真．『**鎌鼬**』細江英公写真，土方巽舞踏．京都：青幻舎，2009. 11. 01（角地幸男訳）.

小池政行の人間探訪記：ドナルド・キーン「捕虜は恥、の伝統は偽の伝統だったのです」（聞き手：小池政行）．読売ウイークリー，2007. 08. 19･26；66, 36･37.

サイデンステッカーさんを悼む：荷風を愛してやまない人（談話）．産経新聞，2007. 08. 29.

日本文学の魅力：ドナルド・キーンさんに聞く（聞き手：浦田憲治）．日本経済新聞・夕刊，2007. 09. 13.

日本文学と世界（講演）．講演会・シンポジウム「新しい文化学の構築に向けて」，早稲田大学，2007. 10. 13／『**新しい文化学の構築に向けて：早稲田大学創立125周年記念講演会・シンポジウム記録**』源貴志編．早稲田大学文学学術院，2008. 08. 01.

角田先生と私，Tsunoda-sensei and I.「角田柳作展：日米の架け橋となった“Sensei”」カタログ，早稲田大学，2007. 10. 20／角田柳作 WEB 展，2008. 11.　→『黄犬交遊抄』2020

角田先生と私（講演）．早稲田大学創立125周年記念国際シンポジウム：角田柳作-日米の架け橋となった“Sensei”，Waseda. ac. jp. 早稲田大学，2007. 10. 30.

遠慮の名人　私の後悔．朝日新聞，2007. 11. 01／『**不機嫌の椅子：ベスト・エッセイ2008**』日本文藝家協会編．光村図書出版，2008. 06. 20.　→『黄犬交遊抄』2020

世界の中の源氏物語（講演）．第36回美術講演会，2007. 11. 30／『**第36回美術講演会講演録**』鹿島美術財団編，2009. 03. 31.

われわれの小田実：『玉砕』を翻訳して．環《かん》：歴史・環境・文明（藤原書店），2007. 11. 30；no. 31／『**われわれの小田実**』藤原書店，2013. 07. 30.

日本人と西洋人の〈心〉：ドナルド・キーン氏と脳科学者の対話（座談会：野依良治，入來篤史，岡ノ谷一夫，加藤忠史）．科学（岩波書店），2007. 12；77, 12.

Memories of Edward Seidensticker. IHJ Bulletin，2007；27, 2／エドワード・サイデンステッカーの思いで．国際文化会館会報，2007. 12；18, 2.

源氏物語と私、そして日本のこころ（講演）．京都文化会議2007，2007. 12. 09／『**地球化時代のこころを求めて：京都文化会議2007報告書**』京都文化会議組織委員会，2008. 03.

Foreword: Mishima’s Kabuki Plays，Busu. ***Mishima on Stage: The Black Lizard and Other Plays.*** edited and with an introduction by Laurence Kominz. Ann Arbor, Michigan: Center for Japanese Studies，The University of Michigan，2007.

2008（平成20）年

選評：日本の平和思想の流れ（第11回司馬遼太郎賞，山室信一『憲法９条の思想水脈』）．遼，2008. 01. 20；no. 26.

追悼：デニス・キーンのこと（角地幸男訳）．新潮，2008. 03；105, 3.　→『黄犬交遊抄』2020

日本文学との出会いから（聞き手：伊井春樹）．日本文学研究ジャーナル（国文学研究資

友社編. 天理：天理教道友社, 2008. 07. 01.

Frog in the Well: Portraits of Japan by Watanabe Kazan, 1793-1841. New York: Columbia University Press, 2006. →『渡辺崋山』2007

2007（平成19）年

この国はどこへ行こうとしているのか（聞き手：藤原章生）. 毎日新聞・夕刊, 2007. 01. 09.

選評：「ユーモア」と「驚き」の二作品（第10回司馬遼太郎賞, 浅田次郎『お腹召しませ』, 長谷川毅『暗闘：スターリン、トルーマンと日本降伏』）. 遼, 2007. 01. 20；no. 22.

詩歌の潮流 14：日本文化の伝道師ドナルド・キーン（聞き手：田中利夫）. 俳壇（本阿弥書店）, 2007. 02；24, 2.

A Plan for Tasks at Hand: Aizawa Seishisai's *Jimusaku*（essay & translated）. Monumenta Nipponica, spring 2007；62, 1.

Remembrances of Otis Cary, 独特の友人、ケーリ君（北垣宗治訳）. DAC ニュース（同志社アーモストクラブ）, 2007. 03. 01；no. 64／**『追悼 オーテス・ケーリ：*Otis Cary and his broad vision 1921-2006*』**DAC 同志社アーモストクラブ, 2007. 05. 01. →『黄犬交遊抄』2020

『渡辺崋山』角地幸男訳. 新潮社, 2007. 03. 20. ← *Frog in the Well. 2006* →⑪

わたしが出会った日本.**『京の子ども 明日へのとびら：小学校・高学年編』**京都府教育委員会, 2007. 03. 31.

私小説は未来のために（インタビュー）. 私小説研究（法政大学大学院私小説研究会）, 2007. 03. 31；no. 8／**『私《わたくし》小説ハンドブック』**秋山駿, 勝又浩監修, 法政大学大学院私小説研究会編. 勉誠出版, 2014. 03. 14.

笑う肖像：渡辺崋山の魅力（インタビュー）. 波, 2007. 04；no. 448.

日本文学の国際性（平野勇夫訳）.**『ブリタニカ国際年鑑2007』**ブリタニカ・ジャパン, 2007. 04. 10. →①

『おくのほそ道：英文収録』講談社学術文庫, 2007. 04. 10.

『私と20世紀のクロニクル』角地幸男訳. 中央公論新社, 2007. 07. 10／**『ドナルド・キーン自伝』**中公文庫, 2011. 02. 25／増補新版, 2019. 03. 20. → *Chronicles of My Life.* 2008 →⑩

平野啓一郎が聞くドナルド・キーンの世界：日本文学の伝道師（対談：平野啓一郎）. 読売新聞, 2007. 07. 31-08. 01.

偏見との戦い：ドナルド・キーンさんに聞く（聞き手：三品信）. 中日・東京新聞・夕刊, 2007. 08. 14-15.

こちら特報部：元米海軍通訳士官ドナルド・キーン氏が見た日本兵（聞き手：鈴木伸幸）. 東京新聞, 2007. 08. 15.

⑮雪の舞う日光東照宮．22，⑯「日本」研究、自分の運を信じる．29，⑰一九四七年、ハーバード大学．05. 13，⑱配給制下、ケンブリッジ留学．20，⑲講義のたびに、ラッセル卿とビール．27，⑳天才ウェイリー、そしてカラス．06. 03，㉑日本留学に便乗、アジアを歴訪．10，㉒二等切符で京都行、「関ヶ原」に感動．17，㉓留学生の目に映った「五〇年前の京都」．24，㉔雑誌「文学」に、初めて日本語で寄稿．07. 01，㉕「太郎冠者」で生涯に一度の晴れ舞台．08，㉖終生の友、永井道雄と嶋中鵬二．15，㉗グレタ・ガルボを芝居に連れていく．22，㉘一九五七年、国際ペンクラブ東京大会．29，㉙一九五七年夏、ニューヨークの三島由紀夫．08. 05，㉚毎夏、京都で近松の翻訳に専念．12，㉛木曜夜の吉田健一の「飲み友達」．19，㉜謡曲「熊野」と母からの手紙．26，㉝母の死、そして「菊池寛賞」受賞．09. 02，㉞私を蘇生させた「わが家」日本．09，㉟大江健三郎と安部公房．16，㊱ソ連訪問と「日本文学史」の構想．23，㊲共産主義国家とファシズム国家．30，㊳国際文学賞審査員の「栄光」と「挫折」．10. 07，㊴三島由紀夫の自決．14，㊵「葬儀委員長」川端康成とノーベル文学賞．21，㊶司馬遼太郎の「冗談」から駒．28，㊷二つの伝記、「明治天皇」と「足利義政」．11. 04，㊸私の「年中行事」、そしてニューヨーク．11，㊹「旧友」ヨーロッパへの郷愁．18，㊺「紅毛碧眼」の時代と蘭学者たち．25，㊻蘭学研究から伝記「渡辺崋山」へ．12. 02，㊼井の中の蛙、大海を知らず．09，㊽八十四歳、「老齢」を楽観する．16，㊾番外編「思い出そうとしない方がいいのだ」：連載を終えて．23.

21世紀の仕掛け人：司馬文学は戦後日本の達成だ（取材・構成：尾崎真理子）．Voice（PHP 研究所）、2006. 03；no. 339／Japanese Literature as a Bridge for the World（interview: Ozaki Mariko）．Japan Echo，2006. 06；33, 3.

また新たな夢を私たちに見せてくれる．クルーズ 6 月臨時増刊「飛鳥Ⅱのすべて」（海事プレス社），2006. 06. 01；18, 4.

戦後60年の原点・あの日を今に問う：日本文化（聞き手：玉木研二）．毎日新聞，2006. 07. 01.

『昨日の戦地から：米軍日本語将校が見た終戦直後のアジア』ドナルド・キーン編，松宮史朗訳．中央公論新社，2006. 07. 10.　← *War-Wasted Asia. 1975*　→⑤

狂言：太郎冠者になりたかった異国人．**『われらの六〇年代文化：花ざかりの森を吹き抜けた旋風《かぜ》』**ネット武蔵野，2006. 07. 19.

伝統芸の強さ認識：日本の美、若者も自然に再発見（聞き手：持丸直子）．読売新聞・夕刊（大阪），2006. 09. 05.

海外の俳句（講演）．さろん・ど・くだん：ドナルド・キーンさんとの夕べ，2006. 11. 07／件（件の会），2007. 02. 20；no. 8.／俳句と芭蕉．兜太（藤原書店）Vol.3，2019. 09. 30.

『源氏物語』が人生を決めたアメリカ人（インタビュー）．すきっと，2006. 12. 01；no. 8／**『火のように水のように風のように：生きる人たちのインタビュー集』**天理教道牢獄への道. 10, ⑪裁き（海防と幕政批判）. 11, ⑫画家としての崋山（田原蟄居）. 12, ⑬崋山自刃. 2006. 02.

『**私の大事な場所**』中央公論新社, 2005. 02. 25／中公文庫, 2010. 08. 25. →⑩

《イル・トロヴァトーレ》ほど楽しいオペラはない！. 彩の国ヴェルディ・プロジェクト《イル・トロヴァトーレ》プログラム, 2005. 03. 05. →『ドナルド・キーン：世界に誇る日本文学者の軌跡』2014

三島由紀夫と演劇. 『三島由紀夫ドラマティックヒストリー：生誕80年・没後35年記念展』図録, 神奈川文学振興会編. 県立神奈川近代文学館, 2005. 04. 23.

これからの崋山研究の課題. 崋山会報（財団法人崋山会）, 2005. 10；no.15.

私と日本現代文学：その回顧と展望（講演）. 第15回日本研究国際セミナー2005, 2005. 10. 22／FUKUOKA UNESCO, 2006. 07；no. 42.

世界の中の日本文学（講演）. 国際シンポジウム「世界から見た日本文化：多文化共生社会の構築のために」, 神奈川大学, 2005. 11. 12／『**世界から見た日本文化：多文化共生社会の構築のために**』神奈川大学人文学研究所編. 御茶の水書房, 2007. 03. 31.

国際化時代における京都文化の役割（講演, 公開対談：西島安則）. 第10回国際文化フォーラム, 2005. 11. 26／『**国際化時代における京都文化の役割：第十回国際文化フォーラム**』京都府国際センター, 2006. 02.

『**思い出の作家たち：谷崎・川端・三島・安部・司馬**』松宮史朗訳. 新潮社, 2005. 11. 30／新潮文庫, 2019. 04. 26. ←*Five Modern Japanese Novelists. 2003* →④

Fiction: The Lot of Dire Misfortune（Takeda Rintarō: Daikyo no Kuji）（translated）. ***The Columbia Anthology of Modern Japanese Literature, Vol. 1: From Restoration to Occupation, 1868-1945.*** edited by J. Thomas Rimer and Van C. Gessel. New York: Columbia University Press, 2005.

2006（平成18）年

The Meeting of East and West: 1838. Yale Review（Yale University）, 2006. 01；94, 1.

私と20世紀のクロニクル（Chronicles of My Life in the 20th Century）. 読売新聞・土曜版, The Daily Yomiuri, 2006. 01. 14-12. 23（全49回, 角地幸男訳、挿絵：山口晃）. →『私と20世紀のクロニクル』2007 →*Chronicles of My Life.* 2008 →⑩

①ニューヨーク郊外、少年時代. 01. 14, ②九歳、ヨーロッパへの航海. 21, ③一九三一年、パリ. 28, ④ウィーン、戦争の記憶. 02. 04, ⑤十六歳、コロンビア大学入学. 11, ⑥中国語で「漢字」と出会う. 18, ⑦ナチ侵攻のさなか、「源氏」に没頭. 25, ⑧真珠湾攻撃、海軍の「日本語学校」へ. 03. 04, ⑨海軍語学校卒業式、日本語で「告別の辞」. 11, ⑩戦死した日本兵の「日記」に感動. 18, ⑪アッツ島攻撃、初めて「戦争」を体験. 25, ⑫沖縄、特攻機で「死」と間近に遭遇. 04. 01, ⑬「玉音放送」と捕虜の涙. 08, ⑭終戦後の青島、その「騒ぎ」と「腐敗」. 15,

／**『はつらつ力：この人たちの元気をもらおう』**日本経済新聞社編．日本経済新聞社，2005. 04. 20.

『日本文学は世界のかけ橋』たちばな出版，2003. 10. 28.

皇后美智子様51人の証言：上品で心のこもった英語．文藝春秋，2003. 11；81, 13.

Yoshimasa and the Silver Pavilion: The Creation of the Soul of Japan. New York: Columbia University Press，2003.　←『足利義政：日本美の発見』2003

Ryotaro Shiba（司馬遼太郎）．→ *Five Modern Japanese Novelists. 2003*　→『思い出の作家たち』2005　→④

Five Modern Japanese Novelists. New York: Columbia University Press，2003.　→『思い出の作家たち』2005　→④

2004（平成16）年

山折哲雄氏シリーズ対談 宗教再考 3：日本人の美意識と宗教（対談：山折哲雄）．中外日報，2004. 01. 03，06，08，10／**『日本人のこころの旅：山折哲雄対談集』**講談社，2006. 01. 24.

『同時代を生きて：忘れえぬ人びと』（鼎談集：瀬戸内寂聴，鶴見俊輔）岩波書店，2004. 02. 26.

TEMPO：料理．週刊新潮，2004. 08. 12・19；49, 31.

漢字が消える日は来るか（講演）．二松学舎大学国際シンポジウム「東アジアにおける漢字文化活用の現状と将来」，2004. 08. 28.　→『私の大事な場所』2005　→⑩

芭蕉と即興詩（講演，芭蕉における即興と改作）．芭蕉生誕三六〇年 世界俳諧フュージョン2004，伊賀上野市，2004. 10. 10／**『芭蕉さんと私』**伊賀上野：「生誕360年 芭蕉さんがゆく 秘蔵のくに 伊賀の蔵びらき」事業推進委員会，2004. 12.　→『おくのほそ道』2007

渡辺崋山の肖像画について（講演）．第十六回國華賞贈呈式，2004. 10. 21／国華，2005. 11. 20；no. 1321.

黒田杏子の達人対談 10：昨日・今日・明日（対談：黒田杏子）．家庭画報，2004. 11；47, 11／**『俳句列島日本すみずみ吟遊』**黒田杏子著．飯塚書店，2005. 11. 10.

2005（平成17）年

渡辺崋山．新潮，2005. 01-2006. 02；102, 1-103, 2（全13回，角地幸男訳）．→ *Frog in the Well.* 2006　→『渡辺崋山』2007　→⑪

①序章（序章 不忠不孝渡邉登）．2005. 01，②寛政五年以前の蘭学（鎖国日本と蘭学）．02，③寛政五年の日本 若き日の崋山（天皇、将軍よりも藩主）．03，④風俗画と肖像画（写実の独創）．04，⑤紀行、そして画を描くこと（藩政改革の日々に）．05，⑥天保年間初期の崋山（人間崋山）．06，⑦肖像画と西洋の影響（蛮学事始）．07，⑧東と西の出会い（井蛙管見を排す）．08，⑨海からの脅威．09，⑩

坂井克彦）．中日・東京新聞，2003. 01. 01.

マスターズ列伝：ドナルド・キーン（聞き書き：高任和夫）．日経マスターズ，2003. 01. 01；no. 7／幾度も悦ばしき学びの大海に漕ぎ出す．『**仕事の流儀：28人の達人に訊く**』高任和夫著．日経 BP 社，2004. 12. 20／『**生き方の流儀：28人の達人たちに訊く**』講談社文庫，2010. 04. 15.

The Breaking Jewel. by Makoto Oda（translated & Forward）. New York: Columbia University Press，2003. 01.

Forward. *The Breaking Jewel.* by Makoto Oda. New York: Columbia University Press, 2003. 01／「玉砕」によせて：英訳版『玉砕』のための「まえがき」（金井和夫訳）．『玉砕』小田実ほか著．岩波書店，2006. 09. 08.

時のかたち．朝日新聞・夕刊，2003. 01. 06-10（全 5 回）． →『私の大事な場所』2005 →⑩
①私の大事な年．06，②日本との出会い．07，③断絶と変化．08，④充実の京都留学．09，⑤短くても強烈な．10.

選評（第 6 回司馬遼太郎賞，杉山正明氏）．遼（司馬遼太郎記念財団），2003. 01. 20；no. 6.

『**足利義政：日本美の発見**』角地幸男訳．中央公論新社，2003. 01. 25／『**足利義政と銀閣寺**』中公文庫，2008. 11. 25. → *Yoshimasa and the Silver Pavilion.* 2003 →⑦

芭蕉終焉の地〈御堂筋〉．ガスビル食堂物語（大阪ガス web.），2003. 03；no. 10.

『**明治天皇を語る**』（講演）新潮新書 001，2003. 04. 10.

The Ceramics of Noriyasu Tsuchiya. ***Noriyasu Tsuchiya: Beauty and Strength.*** New York: Pucker Gallery，Boston，2003. 05. 17.

鹿鳴館の時代．サロン劇場・夜想会提携公演「鹿鳴館」プログラム，2003. 07. 18.

文学の舞台としての大阪（講演）．国際シンポジウム「再発見 都市大阪のこころと文化」，2003. 07. 20／『**都市の異文化交流：大阪と世界を結ぶ**』大阪市立大学文学研究科叢書編集委員会編．大阪：清文堂出版，2004. 03. 20.

巻頭言：世界の近松．／『**近松門左衛門 三百五十年**』大阪・和泉書院，2003. 12. 14.

文化の衝突、内なる対立（講演），ドナルド・キーンさんを囲んで（鼎談：米山俊直，辻一郎）．大手前大学国際文化フォーラム，2003. 09. 10，11／『**力か対話か：異文化交流は「文明の衝突」を防ぎ得るか**』川本皓嗣編著．中央公論事業出版，2004. 04. 10.

阪本英樹著『月を曳く船方』：清末中国人の米欧回覧．比較文學研究（東大比較文學會），2003. 09. 12；no. 82（田中有美訳）.

日本文学のなかの安部公房．「没後10年 安部公房展」カタログ，世田谷文学館，2003. 09. 27.

東北に対する私の偏見（講演）．第18回国民文化祭やまがた2003シンポジウム「文学と風土そして世界へ」，2003. 10. 11. →『私の大事な場所』2005 →⑩

人間発見：日本文化の宣教師（聞き手：名和修）．日本経済新聞・夕刊，2003. 10. 20-24

陶磁美術館，2002. 04. 26.

Reflections on My Wartime Letters. Journal of American-East Asian Relations, spring 2002；11, 1.

『**古くして新しきもの：日本の文化におもう**』寝屋川市：成田山学園，2002. 05. 05.

光と影のスペイン．朝日新聞・夕刊，2002. 05. 13.／『**花祭りとバーミヤンの大仏**』日本文藝家協会編．光村図書出版，2003. 06. →『私の大事な場所』2005 →⑩

明治天皇：「日本のこころ」とは何か（角地幸男訳）．『**日本のこころ 花の巻：私の好きな人**』竹西寛子ほか著．講談社，2002. 08. 29.

私たちの愛した日本、不可解な日本（対談：C・W・ニコル）．『**C・W・ニコルのボクが日本人になった理由《わけ》：今の日本にはじめてやってきたらボクは日本人になっただろうか？**』C・W・ニコル著．ビオシティ，2002. 09. 09.

『**果てしなく美しい日本**』足立康訳．講談社学術文庫，2002. 09. 10. →⑧⑨

Kabuki. Catalogue of an Exhibition Held at the Arthur M. Sackler Gallery, Smithsonian Institution, Washington, D. C., Sept. 15, 2002-Jan. 19, 2003／***Masterful Illusions: Japanese Prints in the Anne van Biema Collection.*** by Ann Yonemura. Seattle: University of Washington Press, 2002. 09.

正岡子規の近代性．新潮，2002. 10；99, 10.

Un Orientalista descabellado（lecture）．国際交流基金，2002. 10／***Koten, Lecturas cruzadas Japón-América Latina.*** Universidad del Rosario, 2005／常軌を逸した東洋通（松山彦蔵訳）．『**太陽の石**』オクタビオ・パス著．文化科学高等研究院出版局，2014. 03. 31. →『黄犬交遊抄』2020

イセ文化基金：Special Message. 伊勢の森 樹齢90年：イセ食品グループ90年記念誌，2002. 10. 17.

明治天皇を語る（聞き手：川野一宇）．NHK 第一放送，2002. 10. 17／『**ラジオ深夜便：歴史に親しむ〈特選集〉**』NHK サービスセンター，2011. 01. 18.

明治天皇と日本文化（講演）．京都産業大学，2002. 11. 16／京都産業大学日本文化研究所紀要，2003. 03. 31；no. 7・8.

文学者が歴史を書く（講演）．午餐会，2002. 11. 20／学士会会報，2003. 03. 15；no. 839. →『黄犬交遊抄』2020

時の絆：昭和45年11月25日 三島由紀夫自決（聞き手：加納洋人）．産経新聞，2002. 11. 24.

Emperor of Japan: Meiji and His World, 1852-1912. New York: Columbia University Press, 2002. ←『明治天皇』2001

2003（平成15）年

学者の苦労．新潮，2003. 01；100, 1. →『私の大事な場所』2005 →⑩

頑張ろうニッポン：育て 国への誇り 守れ 文化と自然（対談：C・W・ニコル，司会：

「源氏物語」の再現，Depictions of *The Tale of Genji*.『**源氏物語**（***The Tale of Genji: Scenes from the World's First Novel. by Murasaki Shikibu***）』（対訳版）切り絵：宮田雅之．講談社インターナショナル，2001. 10. 26.

『**明治天皇 上巻**』角地幸男訳．新潮社，2001. 10. 30／『**明治天皇（一）**』『**明治天皇（二）**』新潮文庫，2007. 03. 01. →*Emperor of Japan*. 2002 →⑫⑬

『**明治天皇 下巻**』角地幸男訳．新潮社，2001. 10. 30／『**明治天皇（三）**』新潮文庫，2007. 04. 01,『**明治天皇（四）**』新潮文庫，2007. 05. 01. →*Emperor of Japan*. 2002 →⑬⑭

「明治天皇」特集：これが私の代表作です（インタビュー）．波，2001. 11；no. 383.

近代日本の礎を築いた『明治天皇』の読み方（鼎談：池宮彰一郎，山内昌之）．週刊新潮，2001. 11. 08；46, 42.

世界のなかの日本文化（講演）．国際シンポジウム「東西交流と日本」，2001. 11. 16／『**異文化理解の視座：世界からみた日本、日本からみた世界**』小島孝之，小松親次郎編．東京大学出版会，2003. 04. 25.

なぞの人物像知りたくて：伝記『明治天皇』のドナルド・キーン氏（聞き手：由里幸子）．朝日新聞・夕刊，2001. 11. 30.

明治天皇と同時代の皇帝たち．新潮45，2001. 12；20, 12（角地幸男訳）．

歌舞伎の可能性（鼎談：松本幸四郎，三浦朱門）．国立劇場：開場35周年記念 12月歌舞伎公演，2001. 12. 05；no. 227.

The First Emperor of Modern Japan. ***Births and Rebirths in Japanese Art: Essays Celebrating the Inauguration of the Sainsbury Institute for the Study of Japanese Arts and Cultures.*** edited by Nicole Coolidge Rousmaniere. Leiden, Netherlands: Hotei Pub., 2001.

Preface to the New Edition. ***The Paper Door and Other Stories.*** by Shiga Naoya, translated by Lane Dunlop. New York: Columbia University Press, 2001.

2002（平成14）年

POST Book Wonder Land：著者に訊け！ ドナルド・キーン氏『明治天皇』（聞き手：橋本紀子）．週刊ポスト，2002. 01. 11•18；34, 2.

生老病死の旅路：巡る季節のように魂も再生（聞き手：尾崎真理子）．読売新聞・夕刊，2002. 01. 26.

「家」の履歴書：洛東に移築された飛騨の古屋から広がった、錚々たる作家との交友（取材・構成：増田晶文）．週刊文春，2002. 01. 31；44, 4.

明治天皇と大正天皇：日本の近代を作った対照的な父と子の素顔とは（対談：原武史）．文藝春秋，2002. 02；80, 2／Meiji and Taishō: Emperors as Fathers and Sons. Japan Echo, 2002. 04；29, 2.

解説．『**もうひとつの季節**』保坂和志著．中公文庫，2002. 04. 25.

やきものの思い出．「心のやきもの 李朝：朝鮮時代の陶磁」展カタログ，大阪市立東洋

2001（平成13）年

新世紀に渡したい日本のこころ：次世代に伝えるべき日本の美意識（対談：鈴木治雄）．月刊Φ（fai，富士総合研究所），2001. 01；no. 136.

男の休息：明治の庭を歩く（グラビア）．新潮45，2001. 01；20, 1.

序文：本書に寄せて，Introduction.『**歌舞伎（*Kabuki: The Art and Tradition*）**』（対訳版）写真：大倉舜二，文：上村以和於，訳：カースティン・マカイヴァー．講談社インターナショナル，2001. 03. 03.

足利義政と銀閣寺．中央公論，2001. 04-11，2002. 01-03；116, 4-11, 117, 1-3（全11回，角地幸男訳）．→『足利義政：日本美の発見』2003　→ *Yoshimasa and the Silver Pavilion*. 2003　→⑦

①日本人の美意識を訪ねて（東山時代と燻し銀の文化）．2001. 04，②父・義教の暗殺．05，③乳母と生母の狭間で．06，④将軍をとりまいた男と女（将軍を取り巻く男と女）．07，⑤「東山趣味」の創造（応仁の乱と東山趣味）．08，⑥義政の遺言「東山山荘」（東山山荘の造営）．09，⑦雪舟・一休と日本文化の心．10，⑧歌人義政と連歌芸術．11，⑨花道と築庭への情熱（歌道と築庭と）．2002. 01，⑩茶の湯の誕生．02，⑪義政は“失敗者”なのか（晩年の義政）．03.

The Reign of Emperor Meiji，Emperor Meiji and His Times. ***Japan at the Dawn of the Modern Age: Woodblock Prints from the Meiji Era，1868-1912.*** Boston: MFA Publications of the Museum of Fine Arts，2001. 04. 25-07. 15.

メトロポリタンに「還暦のドミンゴ」を聴く．新潮45，2001. 05；20, 5（武藤浩史訳）．→『私の大事な場所』2005　→⑩

平山郁夫の世界 2：異質の文化を学ぶ、ということは（対談：平山郁夫）．青春と読書（集英社），2001. 05；36, 5／仏教文化はアジアだけではありません．『**芸術がいま地球にできること：平山郁夫対談集**』芸術新聞社，2007. 09. 10.

歌舞伎．→『能・文楽・歌舞伎』2001　→⑥

『**能・文楽・歌舞伎**』講談社学術文庫，2001. 05. 10.　→⑥

外から見た日本文学（講演）．九州龍谷短期大学五十周年記念公開講座，2001. 09. 20／九州龍谷短期大学国文学論集，2002. 03. 13；no. 12.

歴史と文学（講演）．司馬遼太郎記念学術講演会，2001. 09. 29／産経新聞，2001. 10. 17／『**日本文化へのまなざし：司馬遼太郎記念講演会より**』大阪外国語大学，産経新聞社編．河出書房新社，2004. 01. 30.

日本文化の歴史と可能性（鼎談：陳舜臣，萩野アンナ）．司馬遼太郎記念学術講演会，2001. 09. 29／産経新聞，2001. 10. 17／『日本文化へのまなざし：司馬遼太郎記念講演会より』大阪外国語大学，産経新聞社編．河出書房新社，2004. 01. 30.

日本の心、中楽の旅：能の美と想像力（対談：宝生英照）．宝生，2001. 10；50, 10.

古くして新しきもの：日本の文化におもう（講演）．成田山学園成田幼稚園創立50周年記念，2001. 10. 14　→『古くして新しきもの』2002　→⑯

2000（平成12）年

20世紀の一冊：英訳『源氏物語』．新潮，2000. 01；97, 1.

文化における時の感覚：日本文化のすばらしさ（対談：古館晋）．季刊 CEL，2000. 03. 31；no. 52／**『人間性の源への旅：古館晋対談集』**古館晋著．大阪：JDC，2000. 03. 31.

追悼永井道雄：良い友達を失なってしまった．中央公論，2000. 05；115, 6.　→『私の大事な場所』2005　→⑩

「フィガロの結婚」の思い出，Memories of *Le Nozze di Figaro*．小澤征爾音楽塾オペラ・プロジェクトⅠ「フィガロの結婚」上演プログラム，2000. 06. 01.　→『オペラへようこそ！』2019

20 世紀　どんな時代だったのか：番外編 明治天皇の実像（聞き手：鬼頭誠）．読売新聞，2000. 06. 29／明治天皇の実像に迫る．『20 世紀　どんな時代だったのか：アメリカの世紀・総集編』読売新聞社，2000. 09. 13.

米国に「日本学」を育てた上州人　角田柳作：「一人でもいい」．上州風（上毛新聞社），2000. 09. 30；no. 4.

日付変更線を越えるように文学と歴史の境界線を越える私（講演：文学と歴史の境界線を越えて）．新発田市：敬和学園大学創立10周年記念特別講演会，2000. 10. 28／**『敬和カレッジ・ブックレット 7：敬和学園大学創立十周年記念学術講演』**敬和学園大学，2001. 04. 20.　→『私の大事な場所』2005　→⑩

三島文学の英訳．『決定版　三島由紀夫全集　1』月報，新潮社，2000. 11. 01.

明治天皇について考えること（講演）．大阪青山短期大学公開講座，2000. 11. 03／大阪青山短期大学研究紀要，2001. 03. 31；no. 26.

わが街わが友（わが街、東京）．東京新聞・夕刊，2000. 11. 17，20-24，27-30（全10回）．→『私の大事な場所』2005　→⑩
①東京よ．11. 17，②歌舞伎座前．20，③砂土原町．21，④払方町．22，⑤馬込．23，⑥西片町 1．24，⑦西片町 2．27，⑧古河庭園 1．28，⑨古河庭園 2．29，⑩再び東京よ．30.

歌舞伎の思い出．国立劇場：12月歌舞伎公演（日本芸術文化振興会），2000. 12. 03；no. 222.

The Russo-Japanese War in Cultural Perspective, 1904-05. edited by David Wells and Sandra Wilson（book review）. The International History Review，2000. 12；22, 4.

Japan, After the Tea Ceremony, beyond the Geisha's charms: Modern Japanese Literature. ***The Poetry of our world: an international anthology of contemporary.*** edited by Jeffery Paine. New York: Harper-Collins Publishers，2000.

Four Japanese Novelists: Kobo Abe（lecture：安部公房）. Philosophy Hall, Columbia University, 1999. 04. 05. →*Five Modern Japanese Novelists.* 2003 →『思い出の作家たち』2005 →④

Four Japanese Novelists: Yukio Mishima（lecture：三島由紀夫）. Altschul Auditorium, Columbia University, 1999. 04. 19. →*Five Modern Japanese Novelists.* 2003 →『思い出の作家たち』2005 →④

待ち望まれた三島由紀夫文学館.『**山中湖文学の森 三島由紀夫文学館**』山中湖文学の森 三島由紀夫文学館編. 1999. 07. 03.

古今東西の文学・哲学に「よりよい最期」を探る：今こそ「死の作法」を取り戻そう（鼎談：山折哲雄, 三浦雅士）. 現代, 1999. 09；33, 9.

後世に残すべき日本の価値とは（シンポジウム：河合隼雄, 榊原英資, 司会：嶌信彦）. 東芝国際交流財団設立十周年記念シンポジウム「後世に残すべき日本の価値観：日本のアイデンティティを考える」, 1999. 09. 13／中央公論, 2000. 01；115, 2.

東洋と西洋（講演）. ザビエル上陸450周年記念国際シンポジウム記念講演, 1999. 10. 09／『**ザビエル上陸450周年記念国際シンポジウム報告書**』鹿児島市：国際シンポジウム実行委員会, 2000. 02. →『果てしなく美しい日本』2002

先駆的な.『安部公房全集 25』贋月報, 新潮社, 1999. 10. 10.

東外大独立百周年によせて（聞き手：望月圭子）. 東外大ニュース, 1999. 10. 12；no. 102.

「日本文学史」と私（講演）, ドナルド・キーン教授と日本文学（討議：清水孝純, 川本皓嗣, 他）, 古典・近代に見る「日本文学史」（討議：菅原克也, 小田桐弘子, 他）, 世界における「日本文学史」（討議：川本皓嗣, 劉岸偉, 他）. 第10回日本研究国際セミナー'99：ドナルド・キーン教授と日本文学ー日本文学史の世界的展開（主催：福岡ユネスコ協会, 国際交流基金）, 1999. 10. 28-29／FUKUOKA UNESCO, 2000. 08；no. 36.

序文.『**相思鳥：思想句集**』山上宏之著. 京都：大文字書店, 1999. 11.

『**21世紀に生きる君たちへ**』（対訳版）司馬遼太郎著, ドナルド・キーン監訳, ロバート・ミンツァー訳. 朝日出版社, 1999. 11. 10.

随筆の魅力・魅力の随筆（対談：鶴見俊輔）. 週刊読書人, 1999. 11. 19／『**鶴見俊輔集. 続5：アメノウズメ伝**』筑摩書房, 2001. 06. 25.

日本語と私（講演）. 国際交流基金日本語国際センター設立10周年記念国際シンポジウム「日本語は役に立つか」, 1999. 12. 01／日本語教育通信, 2000. 01；no. 36／『**日本語の開国**』加藤秀俊監修, 国際交流基金日本語国際センター編. ティービーエス・ブリタニカ, 2000. 07. 07.

Portrait of the Emperor Meiji. Impressions: The Journal of Ukiyo-c Socicty of America, Inc., 1999；no. 21.

近松と私（講演）．早稲田大学演劇博物館フォーラム「シェイクスピアと近松」，1998. 11. 06.　→『能・文楽・歌舞伎』2001　→⑥

21世紀への視座 74：ドナルド・キーンさんと考える（聞き手：尾崎真理子）．読売新聞・夕刊，1998. 11. 13.

三人の友：三島由紀夫を偲んで（鼎談：ヘンリー・スコット＝ストークス，徳岡孝夫）．**『三島由紀夫 生と死』**ヘンリー・スコット＝ストークス著，徳岡孝夫訳．清流出版，1998. 11. 26.

伝統と個人（講演）．成田北高等学校国際理解教育推進講演会，1998. 12. 02／**『伝統と個人』**千葉県立成田北高等学校国際理解教育推進委員会，1999. 03. 01.

世界の中の日本（講演）．「異文化の情報路・長崎街道」シンポジウム，長崎県大村市，1998. 12. 05／**『長崎街道：鎖国下の異文化情報路』**丸山雍成編．日本放送出版協会，2000. 05. 25.

『レクイエム』の想い出．Philharmony: NHK Symphony Orchestra, Tokyo. 98/99, vol. 2, 1998. 12. 30；70, 4.

Reminiscences of Cambridge. ***Fifty Years of Japanese at Cambridge 1948-98: A Chronicle with Reminiscences.*** compiled and edited by Richard Bowring. Cambridge, U. K.: Faculty of Oriental Studies, University of Cambridge, 1998.

1999（平成11）年

『もう一つの母国、日本へ（*Living in Two Countries*）』（対訳版）塩谷紘訳．講談社インターナショナル，1999. 01. 14.

新釈・日本の物語 27：更級日記（対談：河合隼雄）．創造の世界（小学館），1999 冬；no. 109／更級日記：文学少女の見た夢と現実．**『続々・物語をものがたる：河合隼雄対談集』**小学館，2002. 03. 20.

Four Japanese Novelists: Yasunari Kawabata（lecture：川端康成）. Philosophy Hall, Columbia University, 1999. 02. 22.　→ *Five Modern Japanese Novelists*. 2003　→『思い出の作家たち』2005　→④

Four Japanese Novelists: Jun'ichiro Tanizaki（lecture：谷崎潤一郎）. Philosophy Hall, Columbia University, 1999. 03. 08.　→ *Five Modern Japanese Novelists*. 2003　→『思い出の作家たち』2005　→④

The First Japanese Tourist in Italy（lecture）. Il Giappone E l'Asia Orientale: Atti del Convegno Internazionale di Studi. Firenze, 1999. 03. 25-27／***Firenze, Il Giappone E l'Asia Orientale: Atti del Convegno Internazionale di Studi, Firenze, 25-27 marzo 1999.*** a cura di Adriana Boscaro e Maurizio Bossi. Firenze : Leo S. Olschki, 2001.

郡司正勝先生の思い出．演劇学：郡司正勝先生追悼号（早稲田大学演劇学会），1999. 03. 25.

1998（平成10）年

川端と三島、二十五年の手紙．波，1998. 01；no. 337.

日本文化と古典文学（対談：久保田淳）．週刊読書人，1998. 01. 16／**『心あひの風 いま、古典を読む：久保田淳座談集』**笠間書院，2004. 02. 29.

日本文学研究をふりかえる（対談：佐伯彰一）．中央公論，1998. 03；113, 4.

『対訳：竹取物語（*The Tale of the Bamboo Cutter: Taketori Monogatari*）』現代語訳：川端康成，切り絵：宮田雅之．講談社インターナショナル，1998. 03. 20.

プッチーニが見た〈日本〉：『蝶々夫人』に響く日本の美．「新国立劇場1998/99シーズン《蝶々夫人》」プログラム，1998. 04. 08.　→『オペラへようこそ！』2019

お伊勢さん二千年へのメッセージ（講演）．瑞垣（神宮司庁），1998. 05. 15； no. 180.

One Hundred Sacks of Rice: a stage play. by Yamamoto Yūzō（Preface & translated）. Nagaoka City Kome Hyappyo Foundation, 1998. 06.

文芸の大阪：日本人の美意識 源流は上方文芸？（公開対談：多田道太郎）．大阪府立文化情報センター文化サロン，1998. 07. 08／**『日本人の美意識』**大阪府立文化情報センター，1998. 10.

三島幽鬼夫から怒鳴土起韻への友情の97通．朝日新聞・夕刊，1998. 07. 09.

20世紀 どんな時代だったのか：番外編「千年紀」京都座談会（座談会：瀬戸内寂聴，陳舜臣，川勝平太）．読売新聞，1998. 07. 24／**『みれにあむ：日本文化この千年』**瀬戸内寂聴，ドナルド・キーン，陳舜臣，川勝平太著．読売新聞社，読売ぶっくれっと 12，1998. 12. 25／**『20世紀 どんな時代だったのか：アメリカの世紀・総集編』**読売新聞社，2000. 09. 13.

Siba Ryotaro and The Last Shogun（interview）. Look Japan, 1998. 07；44, 508.

日本人の美意識と日本語の魅力（講演）．季刊 CEL（Culture, Energy and Life，大阪ガスエネルギー・文化研究所），1998. 08；no. 46.　→⑯

この国はどこへ行こうとしているのか（聞き手：森忠彦）．毎日新聞・夕刊，1998. 08. 05（大阪版，08. 18）．

荷風を見た！：こんなに美しい日本語を話す人がいたなんて（談話）．東京人（都市出版），1998. 09；no. 132.

崇高にしておぞましき戦争（対談：小田実）．新潮，1998. 10；95, 10／**『私の文学：「文《ロゴス》」の対話』**小田実ほか著．新潮社，2000. 05. 30／**『玉砕』**小田実ほか著．岩波書店，2006. 09. 08.

奥の細道の新発見（講演）．第三回奥の細道文学賞授賞式・記念講演，草加市，1998. 10. 11／『ドナルド・キーン「おくのほそ道」を語る・第七回奥の細道文学賞受賞作品集』草加市自治文化部文化観光課編．2014. 02. 01.

Preface（序文）：Senryû．**『英訳 江戸川柳：誹風柳多留（*Edo Senryû:Haifû Yanagidaru*）』**撫尾清明訳，アラン・クロケット監修．大阪：葉文館出版，1998. 10. 22.

私が狂言師だった時代．国立能楽堂（日本芸術文化振興会），1998. 11. 02；no. 183.

1997（平成9）年

『日本文学の歴史17：近代・現代篇 8』中央公論社，1997. 01. 20／**『日本文学史：近代・現代篇八』**中公文庫，2012. 09. 25. ←1992

平成問答：北岡伸一・国際化時代と日本文化（対談：北岡伸一）．読売新聞・夕刊，1997. 01. 23.

安部公房の詩集．波, 1997. 03；no. 327.

『日本文学の歴史18：近代・現代篇 9』中央公論社，1997. 03. 20／**『日本文学史：近代・現代篇九』**中公文庫，2012. 11. 25. ←1992

私が見た川端康成と川端文学（聞き手：伊吹和子）．**『川端康成 瞳の伝説』**伊吹和子著．PHP 研究所，1997. 04. 16.

安部公房について，Concerning Abe Kobo．『安部公房全集』カタログ，新潮社，1997. 04.

追悼嶋中鵬二：友人であり恩人．中央公論，1997. 06；112, 7. →『私の大事な場所』2005 →⑩

定説と自説の間で：ドナルド・キーン『日本文学の歴史』全18巻の完成．新潮，1997. 07；94, 7. →『私の大事な場所』2005 →⑩

能と文学．紫明（丹波古陶館・能楽資料館），1997. 07；no. 1.

序文．**『安部公房の劇場』**ナンシー・K・シールズ著，安保大有訳．新潮社，1997. 07. 20.

私空間（私の好きな空間：歌劇場）．朝日新聞・夕刊，1997. 08. 11-14. →『私の大事な場所』2005 →⑩

私という濾過器．一冊の本（朝日新聞出版），1997. 09；2, 9. →『私の大事な場所』2005 →⑩

地上の楽園：月光の石庭、谷の鐘音（聞き手：畑山美和子）．朝日新聞・夕刊，1997. 09. 18.

日本文学者としての半生（聞き手：ジャニーン・バイチマン）．国際交流, 1997. 10；no. 77（井戸恵美子訳）.

日本文学史に見る東西文化の移入：21世紀における創造的発信の課題（講演）．第 8 回九州国際文化会議，1997. 10. 22／FUKUOKA UNESCO，1998. 07；no. 34.

観世榮夫の思い出．**『幽：観世榮夫の世界』**観世榮夫著，写真：林義勝．小澤書店，1997. 10. 30.

平成九年度谷崎潤一郎賞発表：甦る谷崎賞．中央公論，1997. 11；112, 12.

川を歩く：「清き水上尋ねてや……」――京都・鴨川．FRONT（リバーフロント整備センター），1997. 12；no. 111. →『私の大事な場所』2005 →⑩

ニューヨークの近松門左衛門．東京新聞・夕刊，1997. 12. 05（中日新聞・夕刊，1997. 12. 11）．→『私の大事な場所』2005 →⑩

近世の演劇（講演）．大阪青山短期大学公開講座，1997. 12. 20／大阪青山短期大学研究紀要，1999. 12. 25；no. 25.

司馬遼太郎さん、ありがとう：私の「恩人」は偉大な国際人だった．現代，1996. 04；30, 4／『**レクイエム司馬遼太郎**』三浦皓編．講談社，1996. 11. 15.

特集・浮世絵開花：名品、日本に還る（対談：永田生慈）．本の旅人（角川書店），1996. 04；no. 6.

『**日本文学の歴史13：近代・現代篇 4**』中央公論社，1996. 05. 20／『**日本文学史：近代・現代篇四**』中公文庫，2012. 01. 25.　← 1987

三島由紀夫与日本美．『**三島由紀夫研究**』叶渭渠，千叶宣一，唐納徳・金編．北京：升明出版社，1996. 05.　→ *Five Modern Japanese Novelists*. 2003　→『思い出の作家たち』2005　→④

特集・浮世絵精華：美しいものの誘惑（対談：永田生慈）．本の旅人，1996. 06；no. 8.

『**日本文学の歴史14：近代・現代篇 5**』中央公論社，1996. 07. 20／『**日本文学史：近代・現代篇五**』中公文庫，2012. 03. 25.　← 1989

日本文化センター創立十周年の節目に．新潮 7 月臨時増刊号「新潮名作選：百年の文学」，1996. 07. 31.

『**日本文学の歴史15：近代・現代篇 6**』中央公論社，1996. 09. 20／『**日本文学史：近代・現代篇六**』中公文庫，2012. 05. 25.　← 1989

日本の演劇（講演）．大阪青山短期大学公開講座，1996. 09. 21／大阪青山短期大学研究紀要, 1997. 03. 25；no. 23.　→『能・文楽・歌舞伎』2001　→⑥

日本という翻訳の宇宙：文化を映す翻訳・翻訳が映す文化（座談会：中西進，小田島雄志，芳賀徹）．国際交流，1996. 10；no. 73／『**シリーズ国際交流 5：翻訳と日本文化**』芳賀徹編．国際文化交流推進協会，2000. 04. 15.

私の一句：京なつかしや．『俳句実作入門講座 2』月報 3，角川書店，1996. 10.

『**対訳：おくのほそ道（*The Narrow Road to Oku*）**』（Preface & translated）切り絵：宮田雅之．講談社インターナショナル，1996. 10. 25／講談社学術文庫，2007. 04. 10.

『**日本文学の歴史16：近代・現代篇 7**』中央公論社，1996. 11. 20／『**日本文学史：近代・現代篇七**』中公文庫，2012. 07. 25.　← 1992

この国をどうする：司馬遼太郎さんと私 豊富な知識に圧倒され（聞き手：本田賢一）．夕刊フジ，1996. 11. 28-30／『**司馬遼太郎の「遺言」：司馬遼太郎さんと私**』夕刊フジ編．産経新聞ニュースサービス，1997. 02. 10.

自然へのまなざし 12：ドナルド・キーン（聞き手：若菜晃子）．山と渓谷，1996. 12；no. 737.

司馬遼太郎の史観と文学（講演）．長岡歴史シンポジウム，1996. 12. 07／別冊文藝春秋，1997. 04. 01；no. 219.

The Blue-Eyed Tarōkaja: A Donald Keene Anthology. edited by J. Thomas Rimer. New York: Columbia University Press, 1996.

公文庫，2011. 05. 25.　←1977

古川通泰の絵と私，Die Bilder von Furukawa Michiyasu.「古川通泰ベルリン展：北陸のことば・世界のことば」カタログ，ベルリン日独センター，1995. 09. 22-12. 17.

第六回野間文芸翻訳賞発表：選評．群像，1995. 10；50, 10.

平成七年度谷崎潤一郎賞発表：辻文学の到達点（辻邦生「西行花伝」）．中央公論，1995. 11；110, 15.

三島由紀夫の近代浄瑠璃．「二代目水谷八重子襲名披露十一月新派特別公演」プログラム，グループNLT，1995. 11. 01.

『日本文学の歴史10：近代・現代篇1』中央公論社，1995. 11. 20／**『日本文学史：近代・現代篇一』**中公文庫，2011. 07. 25.

A La Vuelta de la Esquina. Vuelta（Mexico），1995. 12；19, 229.

Japanese Literature after World War Ⅱ. Christian Science Monitor，1995. 12. 27；88, 22.

京都を描いた文学：この3冊．毎日新聞，1995. 12. 12.

Modern Japanese Diaries: The Japanese at Home and Abroad as Revealed Through Their Diaries. New York: Henry Holt and Company，1995.　←『続 百代の過客』1988

Americans as Linguists（lecture）. Symposium of the Middlebury Japanese School，1995／***Japanese Studies: Over the Past Century & New Directions for the 21st Century.*** Middlebury Japanese School，2000.

Afterword. ***Eyewitness to History: The First Americans in Postwar Asia.*** edited by Otis Cary, Tokyo: Kodansha International, 1995.

1996（平成8）年

『日本文学の歴史11：近代・現代篇2』中央公論社，1996. 01. 20／**『日本文学史：近代・現代篇二』**中公文庫，2011. 09. 25.　←1984

安部公房シンポジウム4月にNYで：多面的な業績改めて評価．読売新聞・夕刊，1996. 01. 22.

司馬文学を語る：追悼インタビュー．新潟日報ほか，1996. 02. 17.

二つの翻訳賞．本（講談社），1996. 03；21, 3.

『日本文学の歴史12：近代・現代篇3』中央公論社，1996. 03. 20／**『日本文学史：近代・現代篇三』**中公文庫，2011. 11. 25.　←1985

司馬さんの国際性．週刊朝日別冊「司馬遼太郎の遺産『街道をゆく』」，1996. 03. 31；101, 14／**『司馬遼太郎が考えたこと 13』**司馬遼太郎著．新潮文庫，2005. 12. 01.

司馬遼太郎氏の居ない風景：御堂筋を歩いた思い出．中央公論，1996. 04；101, 5／**『司馬遼太郎の跫音《あしおと》』**司馬遼太郎ほか著．中公文庫，1998. 01. 18.　→『私の大事な場所』2005　→⑩

新しさと刺激にあふれる：大岡信『一九〇〇年前夜後朝譚』（書評）．群像，1995. 01；50, 1.

マイメモリーズ in Tokyo：北区西ヶ原霜降銀座．東京人（(財) 東京都文化振興会)，1995. 01；no. 88.

現代の 100 人：日本文学研究家・ドナルド・キーン（グラビア）．週刊新潮，1995. 01. 05；40, 1.

新世紀へ駆ける 12：日本文学研究家・ドナルド・キーンさん（インタビュー記事）．読売新聞，1995. 01. 15.

わがマリア・カラス：「トスカ」第二幕 LD 化に寄せて．東京新聞・夕刊，1995. 01. 20. →『私の大事な場所』2005 →⑩

『日本文学の歴史 5：古代・中世篇 5』土屋政雄訳．中央公論社，1995. 01. 20／**『日本文学史：古代・中世篇五』**中公文庫，2013. 09. 25.

1 月の文芸：ドナルド・キーンさんと（尾崎真理子）．読売新聞・夕刊，1995. 01. 25.

ことば抄：「日本語、読めますか」．朝日新聞・夕刊，1995. 01. 26.

ひとの心をたねとして：日本文学の源流に向って（対談：大岡信）．すばる，1995. 02；17, 2.

『日本文学の歴史 6：古代・中世篇 6』土屋政雄訳．中央公論社，1995. 03. 20／**『日本文学史：古代・中世篇六』**中公文庫，2013. 11. 25.

はじめに：海外における谷崎文学、谷崎の戯曲（講演）．谷崎潤一郎国際シンポジウム，ヴェネチア，1995. 04. 05，08／**『谷崎潤一郎国際シンポジウム』**アドリアーナ・ボスカロほか著．中央公論社，1997. 07. 10／The Plays of Tanizaki. ***A Tanizaki Feast: The International Symposium in Venice.*** edited by Adriana Boscaro and Anthony Hood Chambers. Ann Arbor，Michigan: Center for Japanese Studies, University of Michigan，1998.

戦後日本人が失ったもの：和服文化と心意気（談話）．THIS IS 読売，1995. 05；6, 2.

『日本文学の歴史 7：近世篇 1』中央公論社，1995. 05. 20／**『日本文学史：近世篇一』**中公文庫，2011. 01. 25. ←1976

『日本文学の歴史 8：近世篇 2』中央公論社，1995. 07. 20／**『日本文学史：近世篇二』**中公文庫，2011. 03. 25. ←1977

日本文学の特質（講演）．大阪青山短期大学公開講座，1995. 07. 27／大阪青山短期大学研究紀要, 1996. 03. 25；no. 22.

私の日米関係（聞き手：村松雅章）．日本経済新聞，1995. 08. 12.

著者インタビュー：ドナルド・キーンさん『日本文学の歴史』．クロワッサン（マガジンハウス），1995. 08. 25；19, 16.

Preface: Senryū，川柳．**『和英対照：川柳歳時記』**奥田白虎編，撫尾清明訳，アラン・クロケット監修．1995. 09. 01.

『日本文学の歴史 9：近世篇 3』中央公論社，1995. 09. 20／**『日本文学史：近世篇三』**中

Literature in Comparative Perspective: A Guide for Teaching. edited by Barbara Stoler Miller. Armonk, New York: M. E. Sharpe, 1994.

The Love Suicides at Sonezaki (translated). *Masterworks of Asian Literature in Comparative Perspective: A Guide for Teaching.* Armonk, New York: M. E. Sharpe, 1994／BUNRAKU: The Love Suicides at Sonezaki. 「近松門左衛門国際シンポジム」カタログ, Mito Kikaku Corperation and Peter Crilli, 1997. 10.

Preface. ***A Port's Anthology: The Range of Japanese Poetry.*** by Ōoka Makoto, translated by Janine Beichman. Santa Fe. N. M.: Katydid Books, 1994.

Introduction. ***The Temple of the Golden Pavilion.*** by Yukio Mishima, translated by Ivan Morris. London: David Campbell, 1994.

1995（平成7）年

明治天皇. 新潮45, 1995. 01-2000. 04；14, 1-19, 4（全64回, 角地幸男訳）. →『明治天皇』2001 →*Emperor of Japan.* 2002 →⑫⑬⑭

①序章. 1995. 01, ②孝明天皇. 02, ③祐宮誕生. 03, ④プチャーチン（開国必至）. 04, ⑤タウンゼント・ハリス. 05, ⑥不忠之輩. 06, ⑦與仁、履仁、睦仁. 07, ⑧皇女和宮. 08, ⑨征夷大将軍！. 09, ⑩蛤御門. 10, ⑪天皇呪詛. 11, ⑫策士 岩倉具視. 12, ⑬才媛 美子皇后. 1996. 01, ⑭最後の将軍慶喜. 02, ⑮遁走将軍. 03, ⑯睦仁輦行. 04, ⑰初めての凱旋. 05, ⑱反乱の宮. 06, ⑲東の都. 07, ⑳酒と女と（剛毅木訥仁ニ近シ）. 08, ㉑エジンバラ公謁見. 09, ㉒元田永孚伺候. 10, ㉓藩ヲ廃シ県ト為ス. 11, ㉔天皇使節団. 12, ㉕日本の上将軍 副島種臣. 1997. 01, ㉖江藤新平の首. 02, ㉗早蕨の典侍. 03, ㉘西国不平士族. 04, ㉙功臣賊臣西郷隆盛. 05, ㉚大久保利通受難. 06, ㉛琉球王退位. 07, ㉜グラント将軍 日本の休日. 08, ㉝『教育勅語』前夜. 09, ㉞熾仁親王の憲法草案. 10, ㉟カラカウア王御一行様. 11, ㊱植木枝盛の自由民権. 12, ㊲王妃閔妃（執政大院君）. 1998. 01, ㊳岩倉具視の国葬. 02, ㊴江戸の舞踏会. 03, ㊵皇太子嘉仁親王. 04, ㊶キョッソーネの御真影. 05, ㊷教育勅語起草（学ヲ修メ業ヲ習ヒ）. 06, ㊸ロシア皇太子襲撃事件（ロシア皇太子襲撃）. 07, ㊹不平等条約改正への道（陸奥宗光の条約改正案）. 08, ㊺日清戦争勃発（清国ニ対シテ戦ヲ宣ス）. 09, ㊻旅順虐殺（「旅順虐殺」ヲ目撃ス）. 10, ㊼戦捷の果実（清国全権代表 李鴻章）. 11, ㊽閔妃暗殺. 12, ㊾英照皇太后の死. 1999. 01, ㊿政党内閣の蹉跌（藩閥薩長の終焉）. 02, 51義和団の乱（清国の「神風連」）. 03, 52皇孫裕仁誕生. 04, 53ロシアの野望（ロシア東方進出）. 05, 54日露戦争（暴君ニコライ二世）. 06, 55日露戦争〈承前〉（「敵艦見ゆ」）. 07, 56講和条約調印（シオドア・ルーズベルト）. 08, 57第二次日韓協約調印（韓国皇帝高宗の抵抗）. 09, 58生母慶子の死. 10, 59伊藤博文暗殺（伊藤博文と安重根）. 11, 60韓国併合条約の締結（韓国併合）. 12, 61「大逆」の陰謀. 2000. 01, 62天皇崩御. 02, 63乃木希典の殉死. 03, 64終章. 04.

1994. ←『日本との出会い』1972 +『声の残り』1992 +『このひとすじにつながりて』1993 →⑩

私の自己証明.『日本文学の歴史』カタログ，中央公論社，1994. 05. →『私の大事な場所』2005 →⑩

『**日本文学の歴史 1：古代・中世篇 1**』土屋政雄訳. 中央公論社，1994. 05. 20／『**日本文学史：古代・中世篇一**』中公文庫，2013. 01. 25.

隣人たちから：日本文学者ドナルド・キーン（講演要旨）. 産経新聞，1994. 06. 02-03.

『日本文学の歴史』を単独で（聞き手：奥武則）. 毎日新聞・夕刊，1994. 06. 06.

私と日本文学（講演）. 東京女子大学比較文化研究所創設四十周年記念講演会，1994. 06. 25／比較文化，1994. 10. 01；41, 1.

私の中の近松（講演）. 泉北教養講座15周年記念講演（堺市：いづみ健老大学），1994. 06. 28／泉北教養講座十五周年記念講演の記録「私の中の近松」，泉北教養講座十五周年記念行事実行委員会，1994. 10.

恩師 角田柳作先生（講演）. 早稲田大学社会科学研究所・朝河貫一研究会講演会，1994. 07. 08／早稲田学報，1994. 10；no. 1046.

異国人の漢字発見：漢字文化圏と出遇った西欧人日本文学者（聞き手：安達史人）. 武蔵野美術，1994. 07；no. 93／『**言葉空間の遠近法：安達史人インタビュー集**』安達史人著. 右文書院，2002. 07. 25.

『**日本文学の歴史 2：古代・中世篇 2**』土屋政雄訳. 中央公論社，1994. 07. 20／『**日本文学史：古代・中世篇二**』中公文庫，2013. 03. 25.

世界の中の日本文学（講演）. 大阪青山短期大学公開講座，1994. 07. 28／大阪青山短期大学研究紀要，1995. 03. 25；no. 21.

おくのほそ道と山形（講演）. 寒河江市市制施行40周年記念講演，1994. 08. 01／『**おくのほそ道と山形：芭蕉生誕350年**』寒河江市，1994.

『**日本文学の歴史 3：古代・中世篇 3**』土屋政雄訳. 中央公論社，1994. 09. 20／『**日本文学史：古代・中世篇三**』中公文庫，2013. 05. 25.

私の東京散歩：江戸が残っている西ヶ原（グラビア＆文）. 文藝春秋，1994. 10；72, 13.

書想倶楽部：日本精神の源流と日記（聞き手：高橋肇）. Sapio（小学館），1994. 10. 27；6, 18.

平成六年度谷崎潤一郎賞発表：選評（辻井喬「虹の岬」）. 中央公論，1994. 11；109, 12.

Characteristic Themes of Japanese Literature（lecture）. Denver: The Japan Society of Colorado，1994.／日本文学の特殊と普遍：日本文学に特有のテーマ. 群像，1994. 11；49, 11（角地幸男訳）. → *The Blue-Eyed Tarōkaja*. 1996

『**日本文学の歴史 4：古代・中世篇 4**』土屋政雄訳. 中央公論社，1994. 11. 20／『**日本文学史：古代・中世篇四**』中公文庫，2013. 07. 25.

12月の文芸：ドナルド・キーンさんと（尾崎真理子）. 読売新聞・夕刊，1994. 12. 26.

The Man'yōshū and Kokinshū Collections（translated）. ***Masterworks of Asian***

本物の天才 安部公房. 中央公論, 1993. 04；108, 5.　→『日本語の美』1993

日本人と仏教：『徒然草』をめぐって（対談：真鍋俊照）. NHK 教育テレビ, 1993. 09. 03／『**密教マンダラと文学・絵解き**』真鍋俊照著. 京都：法藏館, 2004. 07. 01.

それぞれの四季：夢の国の心に触れた京都・洛北（聞き手：永井一顕）. 読売新聞, 1993. 09. 19.

外国から見た奥の細道（講演）. 奥の細道サミット記念講演, 草加市, 1993. 09. 26／『ドナルド・キーン「おくのほそ道」を語る・第七回奥の細道文学賞受賞作品集』草加市自治文化部文化観光課編. 2014. 02. 01.　→⑯

日本文化の国際性（講演）. 播磨学講座「世界遺産としての姫路城」, 1993. 10／『**世界の遺産：姫路城**』播磨学研究所編. 神戸新聞総合出版センター, 1994. 08. 20.

日本文学における日誌の地位（講演）. 第17回新島講座, 1993. 10. 01, 04, 05／『**日本文学における日誌の地位**』同志社新島基金運営委員会編. 同志社大学, 1998. 05. 15.
→『黄犬交遊抄』2020

中村紘子さんのこと. 中村紘子演奏会プログラム.（初出未確認）　→『日本語の美』1993

『**日本語の美**』中央公論社, 1993. 10. 07／中公文庫, 2000. 01. 25.

『**このひとすじにつながりて**』金関寿夫訳. 朝日選書487, 1993. 11. 25／朝日文庫, 2019. 05. 30.　→*On　Familiar Terms.* 1994　→⑩

Three Plays. by Kōbō Abe（Introduction & translated）. New York: Columbia University Press, 1993.

Seeds in the Heart: Japanese Literature from Earliest Times to the Late Sixteenth Century. New York: Henry Holt and Company, 1993.　→『日本文学史：古代・中世篇』1994

Japanese Literature in the World. Southern Humanities Review（Auburn University）, fall 1993；27, 4.

Foreword. ***Kitahara Hakushū: His Life and Poetry.*** by Margaret Benton Fukasawa, Ithaca. New York: East Asia Program, Cornell University, 1993.

1994（平成6）年

「カンガルー・ノート」再読. 新潮, 1994. 01；91, 1／『**カンガルー・ノート**』安部公房著. 新潮文庫, 1995. 02. 01.

「日本の美」の楽しみ（対談：鈴木治雄）. すばる, 1994. 01；16, 1.

『日本文学の歴史』18巻を刊行：ドナルド・キーンさん（聞き手：岡部知子）. 読売新聞・大阪夕刊, 1994. 01. 19.

発見の喜びあり：『保元物語』と『平治物語』. 本の窓, 1994. 01；no. 130

「日本人論」の傑作を読む：あの頃の日本人、今どきの日本人（対談：ジェラルド・カーティス, 司会：土井あや子）. プレジデント, 1994. 03；32, 3.

On Familiar Terms: A Journey Across Cultures. Tokyo: Kodansha International,

に．22，⑬日本文学の特質．29．

『**日本文学史：近代・現代篇 七**』新井潤美訳．中央公論社，1992. 04. 07.

『**世界のなかの日本：十六世紀まで遡って見る**』（対談集：司馬遼太郎）．中央公論社，1992. 04. 20／中公文庫，1996. 01. 18. →⑨

世界のなかの日本文化（講演）．富山県民生涯学習夏期講座，1992. 07. 20／『**世界のなかの日本文化**』県民カレッジ叢書37，1993. 03. 20／『**著名人が語る〈考えるヒント〉14：世界から日本を見る**』桑原武夫，ドナルド・キーン，エズラ・ヴォーゲル著．リブリオ出版，1997. 11. 25. →『果てしなく美しい日本』2002 →⑨

西鶴のユーモア．井原西鶴三百回忌記念講演（大阪天性寺），1992. 09. 06／SOFT（大阪都市協会），1993. 04. 15；no. 7.

環太平洋の時代の今だから「アジアは一つ」にあらず（インタビュー記事）．DECIDE（Magazine for Decisionmakers，サバイバル出版），1992. 10；10, 7.

能・狂言はどういう芸術か．92年文化庁移動芸術祭「能・狂言」プログラム，1992. →『日本語の美』1993

安部公房の儀式嫌い．新潮，1992. 12；89, 12. →『日本語の美』1993

『**声の残り：私の文壇交遊録**』金関寿夫訳．朝日新聞社，1992. 12. 01／朝日文芸文庫，1997. 08. 01. →④

『**日本文学史：近代・現代篇 八**』角地幸男訳．中央公論社，1992. 12. 20.

国際交流基金と私：基金の誕生で状況が一変した．国際交流，1992. 12. 25；no. 60.

Introduction: Translation and Comparative Literature. ***Translation East and West: A Cross-Cultural Approach. vol. 5.*** edited by Cornelia N. Moore, Lucy Lower. Hawaii, Honolulu: University of Hawaii and the East-West Center, 1992.

1993（平成5）年

司馬さんと私．ノーサイド（文藝春秋），1993. 01；3, 1. →『日本語の美』1993

浮世絵は奥が深い（座談会：池田満寿夫，長尾直太郎）．CLASSY., 1993. 01；10, 1／『30人が語る楽しみの発見：モーツァルトから志ん朝まで』「CLASSY.」編集部編．光文社，1999. 04. 25.

The Iemoto System: Nō and Kyōgen. ***Competition and Collaboration: Hereditary Schools in Japanese Culture.*** Boston, Mass.: Trustees of the Isabella Stewart Gardner Museum, 1993. 01. → *The Blue-Eyed Tarōkaja.* 1996

安部公房氏が死去：世界で尊敬された．朝日新聞・夕刊，1993. 01. 22.

作品で世界と「会話」：安部公房氏を悼む．朝日新聞・夕刊，1993. 01. 23. →『私の大事な場所』2005 →⑩

New York on Line 13：ドナルド・キーン"私は第二の小泉八雲ではない"（インタビュー：大平和登）．潮，1993. 02；no. 407.

平成の皇室と日本の外交（対談：山崎正和）．中央公論，1993. 03；108, 4.

二つの母国（講演）．成田幼稚園創立40周年記念，1991. 10. 14.　→『古くして新しきもの』2002

日本文化の特質（講演）．富山県立近代美術館開館・富山近美友の会設立十周年記念講演会，1991. 10. 26／**『講演集 大岡信／ドナルド・キーン／高階秀爾：富山県立近代美術館開館・富山近美友の会設立十周年記念出版』**富山県立近代美術館，富山近美友の会編．富山近美友の会，1992. 08.

国際交流と日本文化（講演）．照明学会創立75周年記念講演，1991. 11. 29／照明学会誌，1992. 12；76, 12.

二つの母国に生きて（講演）．日米シンポジウム「開戦50周年を機に」，1991. 12. 02／朝日新聞，1991. 12. 03.

『日本文学史：近代・現代篇 六』新井潤美訳．中央公論社，1991. 12. 07.

Preface. ***The Colors of Poetry: Essays in Classic Japanese Verse.*** by Ooka Makoto, translated by Takako U. Lento, Thomas V. Lento. Michigan: Oakland University, Katydid Books, 1991.

1992（平成4）年

映画と私（私と映画）．エスクァイア日本版，1992. 01；6, 1.　→『日本語の美』1993

日本文学に期待するもの．群像，1992. 01；47, 1.　→『日本語の美』1993

恐ろしく高級な日本人と恐ろしく低級な日本人の同居．新潮45，1992. 01；11, 1.

『古典の愉しみ』大庭みな子訳．JICC出版局，1992. 03. 15／宝島社文庫，2000. 08. 08.
← *The Pleasures of Japanese Literature.* 1988　→①

声の残り：私の日本文壇交友録（私の文壇交遊録）．朝日新聞・夕刊，1992. 04. 01-07. 14（全57回，金関寿夫訳）．→『声の残り』1992　→④
①はじめに．04. 01，②火野葦平．02，③阿部知二．06-07，④佐佐木信綱．08，⑤谷崎潤一郎．09，13-15，⑥木下順二．16，20，⑦川端康成．21-23，27-28，30，⑧永井荷風．05. 06，⑨吉田健一．07, 11-12，⑩河上徹太郎．13-14，⑪石川淳．18，⑫篠田一士．19，⑬三島由紀夫．20-21，25-28，06. 01-04，08-11，15-16，⑭大岡昇平．17-18，22，⑮有吉佐和子．23-24，⑯開高健．25，29-30，⑰司馬遼太郎．07. 01-02，⑱大江健三郎．06-07，⑲安部公房．08-09，13，⑳おわりに（後記）．14.

日本の面影．**『NHK人間大学：日本の面影』**日本放送出版協会，1992. 04. 01／NHK教育テレビ，1992. 04. 06-06. 29，毎週月曜日・午後11:00-11:30放送（全13回）．
①日本と私．1992. 04. 06，②『徒然草』の世界：日本人の美意識．13，③能と中世文学．20，④芭蕉と俳句．27，⑤西鶴の面白さ．05. 04，⑥近松と人形浄瑠璃．11，⑦近代の文学1：漱石と鷗外．18，⑧近代の文学2：谷崎と川端．25，⑨近代の文学3：太宰と三島．06. 01，⑩日本人の日記から1：子規と一葉．08，⑪日本人の日記から2：啄木・荷風・有島武郎．15，⑫古典と現代：『源氏物語』を中心

利休と私 6：利休の WABI（聞き手：宮崎緑）．家庭画報（世界文化社），1990. 09；33, 9.

自分と出会う．朝日新聞，1990. 10. 22.

平成二年度谷崎潤一郎賞発表：初めての体験．中央公論，1990. 11；105, 11.

ライシャワー教授のこと．中央公論，1990. 11；105, 11.　→『日本語の美』1993

オペラ体験のすすめ（座談会：黒田恭一，冨士眞奈美）．CLASSY. 1990. 11；7, 11／**『30人が語る楽しみの発見：モーツァルトから志ん朝まで』**「CLASSY.」編集部編．光文社，1999. 04. 25.

Les Journaux Intimes dans la Littérature Japonaise（lecture）．Paris: Collége de France, 1990. 11／***Les Journaux Intimes dans la Littérrature Japonaise.*** Paris: Collége de France，De Boccard，2003.

"Mademoiselle Hanako" by Mori Ogai（translated）．The Journal of literary translation（Columbia University）, fall 1990；no. 24.　→ *The Blue-Eyed Tarōkaja.* 1996

伝説から実像へ（対談：辻井喬）．新潮，1990. 12；87, 12.

仮面の下の三島由紀夫（談話）．正論（産経新聞社），1990. 12；no. 220.

Foreword. ***Self-Righting Lamp: selected poems.*** by Maruyama Kaoru，translated by Robert Epp. Michigan: Oakland University, Katydid Books，1990.

1991（平成3）年

日本人を語る（対談：河合隼雄）．朝日新聞，1991. 01. 07，14／**『河合隼雄全対話 9：母性社会日本を生きる』**河合隼雄著．第三文明社，1998. 10. 12.

郡司先生と私．『郡司正勝刪定集. 2』月報 2．白水社，1991. 02. 05.

心の世界さながらに（対談：鶴見照碩，司会：西崎照明）．京都：嵯峨，1991. 06. 13.　→『古くして新しきもの』2002

「芝居日記」の底に流れるもの．**『芝居日記』**三島由紀夫著．中央公論社，1991. 07. 05.　→『日本語の美』1993

受賞スピーチ：第2回福岡アジア文化賞授賞式，1991. 09. 03／**『アジアと考えるアジア：福岡アジア文化賞第25回記念』**加藤暁子，福岡アジア文化賞委員会事務局編・著．西日本新聞社，2014. 09. 18.

ライフワークの後で．朝日新聞・夕刊，1991. 09. 09.　→『日本語の美』1993

明治期の日本文学の成立（講演，新しい日本文学の誕生），日本の日記文学（講演），私の『日本文学史』（講演），西洋人の目から見た日本人（講演，日本文化を見た外国人）．中国・杭州大学，1991. 09. 10, 11, 13, 18.　→『日本文学は世界のかけ橋』2003

わが師の恩 75：米国で私を育ててくれた「日本思想史」の角田先生．週刊朝日，1991. 09. 20；96, 39.　→『日本語の美』1993

特集・外から見た日本文化：五十年後に友を求める（対談：小塩節）．波，1991. 10；no. 262.

歴史 5』1995

解説.『**緑色のストッキング・未必の故意**』安部公房著. 新潮文庫, 1989. 04. 25.

おくのほそ道について（講演）. 国文学：解釈と教材の研究, 1989. 05 ; 34, 6.

宮田さんの切り絵（Miyata Masayuki's Paper Cut-Outs）.『**宮田雅之切り絵画集：万葉恋歌**』中央公論社, 1989. 06. 20 ／『**万葉恋歌**（***Love Songs from the Man'yōshū: Selections from a Japanese Classic***）』（対訳版）英訳：リービ英雄, 切り絵：宮田雅之, 解説：大岡信. 講談社インターナショナル, 2000. 06. 30.

“かけ橋”としての人生. まるご（田辺製薬社内報）, 1989. 10. →『私の大事な場所』2005 →⑩

とうでん俳句倶楽部：俳句の英訳. 文藝春秋, 1989. 10 ; 67, 11.

能に親しむ集い（講演：能の楽しみ）. 第4回高崎薪能, 1989. 10. 08. →『古典を楽しむ』1990 →①

「死」を想う「死」を語る：私は「客死」を恐れない。私を覚えている人がいればいい（「死」を語る）. アサヒグラフ, 1989. 11. 24 ; no. 3516. →『日本語の美』1993

『**日本文学史：近代・現代篇 五**』徳岡孝夫, 角地幸男訳. 中央公論社, 1989. 12. 07.

言葉は、民族の意識を表わします。「外人」は『平家物語』で「信用できない人」の意でした（インタビュー）. サライ（小学館）, 1989. 12. 21 ; 1, 7／『**上手な老い方［白の巻］**』サライ編集部編. 小学館, 1997. 01. 10.

Travelers of a Hundred Ages. New York: Henry Holt and Company, 1989. ←『百代の過客』1984

1990（平成2）年

三島由紀夫の演劇の翻訳. 新潮, 1990. 01 ; 87, 1. →『日本語の美』1993

私が推す「新国宝」（アンケート）. 芸術新潮, 1990. 01 ; 41, 1.

Invitation to Japan（日本への招待）. Asahi Evening News; sunday edition, 1990. 01. 07 -1992. 02. 09（全 110 回）. →『このひとすじにつながりて』1993 → *On Familiar Terms.* 1994 →⑩

① A Summer and A Lifetime Ago. 1990. 01. 07, ② Nihonjin no Kokoro（1-35）01. 14-09. 09, ③ Gakumon eno Michi（1-48）. 09. 16-1991. 08. 11, ④ Futatsu no Kuni ni Ikite（1-25）. 1991. 08. 18-1992. 02. 02, ⑤ Time to Move On. 1992. 02. 09.

『**古典を楽しむ：私の日本文学**』朝日選書 393, 1990. 01. 20. →①

『**日本人の美意識**』金関寿夫訳. 中央公論社, 1990. 03. 07／中公文庫, 1999. 04. 18. →⑦

私の好きな場所・好きなもの：無量寺（グラビア）. 週刊新潮, 1990. 07. 12 ; 35, 27.

ぴーぷる：谷崎賞委員ドナルド・キーン. 週刊文春, 1990. 07. 26 ; 32, 28.

敗戦史へのこころみ：アメリカが負けたのかも. 新潮45, 1990. 08 ; 9, 8.

史歓談Ⅱ：二十世紀末の闇と光』中公文庫，2004. 11. 25.

鹿鳴館時代と三島由紀夫．松竹現代劇10月公演：三島由紀夫「鹿鳴館」上演プログラム，1988. 10. 04.

私と紫式部（講演，『源氏物語』と私）．第一回源氏物語アカデミー，福井県武生市，1988. 10. 08／私と源氏物語．**『私と源氏物語』**新潮カセット講演，1989. 03. 20. →『古典を楽しむ』1990　→①

源氏物語からのメッセージ（対談：瀬戸内寂聴）．第一回源氏物語アカデミー，1988. 10. 08／NHK. Eテレ，1988. 11. 24／本の窓，1988. 12；no. 74.

『おくのほそ道』の世界（講演）．第一回奥の細道国際シンポジウム，草加市，1988. 11. 05／**『ドナルド・キーン「おくのほそ道」を語る：第七回奥の細道文学賞受賞作品集』**草加市自治文化部文化観光課編．2014. 02. 01.　→『古典を楽しむ』1990　→①

平安後期の物語の新しさ（講演）．国際日本文化研究センター特別公開講演会，1988. 11. 24.　→『古典を楽しむ』1990　→①

明治初期の日本人の日記に現れた西洋文化（講演）．明治美術学会国際シンポジウム，1988. 11. 28／**『日本近代美術と西洋：明治美術学会国際シンポジウム』**明治美術学会編．中央公論美術出版，1992. 04. 10.

ひと：ドナルド・キーンさん＝アメリカに帰る〝碧い目の太郎冠者〟（インタビュー：斉藤清明）．毎日新聞，1988. 11. 29.

「昭和」の日本人：わが実感としての戦争と平和（対談：安岡章太郎）．現代（講談社），1988. 12；22, 12／**『対談・僕の昭和史：安岡章太郎対談集』**安岡章太郎編．講談社，1989. 04. 30.

「銀の旅」へのいざない：波路遙かの旅衣．新潮45，1988. 12；7, 12.

されど東京：姿消す「時刻む建物」．朝日新聞，1988. 12. 07.

日本の出版業：その歴史と特質（講演）．シンポジウム：日本の出版業，東京・六本木：国際文化会館，1988. 12. 08／国際交流，1989. 04. 15；no. 49.

The Pleasures of Japanese Literature. New York: Columbia University Press, 1988. →『古典の愉しみ』1992　→①

1989（昭和64-平成1）年

The Japanese Idea of Beauty. Wilson Quarterly（Washington, D. C.: Woodrow Wilson International Center for Scholars），New year's 1989；13, 1.

昭和と私：現代史体現する証言者．朝日新聞・夕刊，1989. 01. 14.

序，Foreword. **『源氏物語入門』**（対訳版）廣瀬キサ子著，スーザン・タイラー訳，ドナルド・キーン監修．東京：廣瀬キサ子，1989. 01. 25.

ヴィクトリア王朝は遠からず．新潮，1989. 03；86, 3.

A Neglected Chapter: Courtly Fiction of the Kamakura Period（鎌倉時代の王朝物語）. Monumenta Nipponica, spring 1989；44, 1.　→ *Seeds in the Heart.* 1993　→『日本文学の

ミニ日記：わが生涯最良の日．新潮45，1987. 03；6, 3.

A Setting Fit for a Shogun: In the Met's new Japanese galleries, temples are evoked and water splashes in a rock garden. New York Times，1987. 04. 19.

「逃亡」ともいえる生き方．新潮45，1987. 07；6, 7. →『日本語の美』1993

Five Enchanted Evenings: Tokyo. New York Times Magazine，1987. 10. 04.

わがこころの芭蕉（対談：宮田雅之）．**『宮田雅之切り絵画集：おくのほそ道』**中央公論社，1987. 10. 25.

十五世紀文学頌（対談：篠田一士）．ちくま（筑摩書房），1987. 11；no. 200.

「カキウチ」そして「人」、間《むすび》合い（対談：垣内素一）．**『ヒューマンウェアで候：カキウチ株式会社百周年記念誌』**カキウチ株式会社，1987. 12. 21.

Japanese theater（lecture：日本の演劇）．ニューヨーク市：メトロポリタン美術館，1987. → *The Pleasures of Japanese Literature*. 1988 →『古典の愉しみ』1992 →①

1988（昭和63）年

徳田秋声：人と作品．**『昭和文学全集 2』**小学館，1988. 01. 01. →『日本語の美』1993

日本を織ることば（インタビュー記事）．日本語（（株）アルク），1988. 01；1, 1.

『続 百代の過客：日記にみる日本人 上』金関寿夫訳．朝日選書346，1988. 01. 20／講談社学術文庫，2012. 04. 11. → *Modern Japanese Diaries*. 1995 →③

『続 百代の過客：日記にみる日本人 下』金関寿夫訳．朝日選書347，1988. 02. 20／講談社学術文庫，2012. 04. 11. → *Modern Japanese Diaries*. 1995 →③

世界の中の日本文学（講演，日本文学像の転換）．京都：国際日本文化研究センター国際研究集会，1988, 03. 09／中央公論，1988. 05；103, 5（金関寿夫訳）．

『わたしの日本（*Living in Two Countries*）』（英文註解版）豊田昌倫編注．朝日出版社，1988. 04. 01.

メトは楽し！：メトロポリタン・オペラの名歌手・名舞台（対談：三浦雅士）．音楽の友，1988. 05；46, 5.

現代の証言：私の梅ごよみ．新潮，1988. 05；85, 5.

サムライとゲイシャ．朝日新聞・夕刊，1988. 06. 09.

私の愛蔵本：谷崎潤一郎著特製本『細雪』．季刊アステイオン（ティビーエス・ブリタニカ），1988. 07. 01；no. 9.

歌舞伎における改作の功罪（講演）．国際演劇協会歌舞伎ワークショップ，1988. 08. 01. →『古典を楽しむ』1990 →①

松浦武四郎を読んでみて（講演）．松浦武四郎没後百年記念講演会，1988. 09. 30／**『北への視角：シンポジウム「松浦武四郎」』**松浦武四郎研究会編，北海道出版企画センター，1990. 09. 20.

「近世」の発見（鼎談：司馬遼太郎，山崎正和）．中央公論，1988. 10；103, 10／**『司馬遼太郎 歴史歓談』**司馬遼太郎ほか著．中央公論新社，2000. 11. 10／**『司馬遼太郎歴**

01，㉑一葉日記．06-08，11-14，18-20，㉒峰子日記．21，25-26，㉓津田梅子日記．27-28，06. 01-03，㉔下村とく日記．04，08-09，㉕欺かざるの記．10-11，15-18，22-25，29-30，㉖正岡子規日記（子規日記）．07. 01-02，06-09，13-16，㉗啄木日記．20-23，27-30，08. 03-06，㉘観想録．10-13，17-20，24-27，31，09. 01-03，㉙幸徳秋水日記．07-10，㉚徳冨蘆花日記（蘆花日記）．14，16-17，21-22，24，28-30，10. 01，㉛木下杢太郎日記．05-08，12-14，㉜西遊日誌抄．15，19-20，㉝新帰朝者日記．21-22，26-28，㉞結び：旅人たちの貴重な土産（終わりに：近代の旅人たちの西欧との出会い）．29／The Diaries of Mori Ōgai. Japan Quarterly，1989. 01；36, 1／The Diaries of Higuchi Ichiyō. Japan Quarterly，1989. 04；36, 2／The Diaries of Masaoka Shiki. Japan Quarterly，1989. 07；36, 3／The Diaries of Ishikawa Takuboku. Japan Quarterly，1989. 10；36, 4.

世界の中の日本人（講演）．成田幼稚園創立 35 周年記念，1986. 10. 14．→『古くして新しきもの』2002

外国人と俳句（講演：外国人に俳句がわかりますか？）．松山市立子規記念博物館開館 5 周年記念講演会，1986. 10. 26／季刊子規博だより，1987. 02. 28；6, 3／**『俳句の国際化と松山』**松山市立子規記念博物館編．1987. 02. 28／**『NHK 文化講演会 18』**日本放送協会編．日本放送出版協会，1988. 09. 20．→『古典を楽しむ』1990 →①

俳句の国際化に関する今後の課題（座談会：大岡信，佐藤和夫，草間時彦，和田茂樹）．松山市立子規記念博物館 5 周年記念講演会，1986. 10. 26／季刊子規博だより，1987. 02. 28；6, 3.

明治の日本人は世界をどう見ていたか（講演）．関西大学創立100周年記念学術講演会，大阪：毎日ホール，1986. 10. 31／関西大学通信，1986. 11. 29；no. 159／**『講演記録：関西大学創立100周年記念学術講演会』**関西大学，1987. 12.

日本文学史について（討議：加藤周一，小西甚一，芳賀徹）．第10回国際日本文学研究集会シンポジウム，1986. 11. 14／国際日本文学研究集会会議録，1987. 03；no. 10.

極東の魅惑：ラフカディオ・ハーン（富士川義之訳）．**『世紀末の美と夢 6：夢想への逃亡』**辻邦生責任編集．集英社，1986. 12. 10.

1987（昭和62）年

近松と沙翁．新潮，1987. 01；84, 1.

受賞レコードを聴いて：ベルリーニ　歌劇「カプレーティとモンテッキ」全曲．レコード芸術，1987. 01；36, 1（中矢一義訳）.

東西からみた日本文化（対談：陳舜臣）．北国新聞（時事通信），1987. 01. 06／**『歴史に未来を観る：陳舜臣対談集』**集英社，2004. 11. 10.

『二つの母国に生きて』朝日選書321，1987. 01. 20／朝日文庫，2015. 09. 30.

『日本文学史：近代・現代篇 四』徳岡孝夫，角地幸男訳．中央公論社，1987. 02. 25.

06，④須賀川，信夫の里，飯塚の里. 07，⑤笠島，武隈の松，宮城野. 08，⑥松島，平泉，尿前の関. 09，⑦尾花沢，立石寺，最上川. 10，⑧羽黒山，月山，湯殿山. 11，⑨酒田，象潟，越後路. 12，⑩市振，越中路，金沢. 1987. 01，⑪多太神社，那谷，山中. 02，⑫別離，全昌寺，天龍寺. 03，⑬敦賀，種の浜，大垣. 04／解説.『**宮田雅之切り絵画集：おくのほそ道**』中央公論社，1987. 10. 25.

解説（吉田秀和という日本人）.『**音楽：展望と批評 3**』吉田秀和著. 朝日文庫，1986. 04. 20. →『二つの母国に生きて』1987

ニューヨークの花見. 波，1986. 06；no. 198.

『**少し耳の痛くなる話**』塩谷紘訳. 新潮社，1986. 06. 15.

国際人を目指す人たちへ（講演要旨）. シンポジウム「異文化間コミュニケーションの時代」，1986. 07. 04／朝日新聞，1986. 07. 14.

討論のひろば：いまなぜ日本文化研究か 「センター」のあり方探る（出席者：梅原猛，大江志乃夫，森浩一，鶴見俊輔）. 朝日新聞，1986. 07. 15.

山ろく清談：もっと伝統守る努力を. 信濃毎日新聞・夕刊，1986. 08. 06.

レコードこの一枚：フェリアー『バッハ、ヘンデル・アリア集』（ケンブリッジのキャスリン・フェリアー）. 朝日新聞・夕刊，1986. 08. 07. →『私の大事な場所』2005 →⑩

ローマ字でしか書けなかった啄木の真実（講演）. 日本近代文学館主催「夏の文学教室」，1986. 08. 07／新潮45，1986. 10；5, 10／『**新文芸読本：石川啄木**』河出書房新社，1991. 01. 14. →『日本語の美』1993

世界の文化をめぐる日本の教育（鼎談：鶴見照碩，オーテス・ケーリ，司会：西崎照明）. 京都：嵯峨，1986. 09. 02. →『古くして新しきもの』2002

わたしの空間：勉強部屋（グラビア）. 週刊ポスト，1986. 10. 03；18, 39.

世界のなかの近松（講演），市民文化と演劇（パネルディスカッション：山崎正和，菅泰男，河竹登志夫，司馬遼太郎，下河辺淳）. 国際シンポジウムあまがさき86，1986. 10. 08／季刊TOMORROW（あまがさき未来協会），1987. 03. 15；no. 2. →『古典を楽しむ』1990 →①

続 百代の過客：日記にみる日本人. 朝日新聞・夕刊，1986. 10. 13-1987. 10. 29（全234回，金関寿夫訳）. →『続 百代の過客』1988 →*Modern Japanese Diaries*. 1995 →③

①序 近代日本人の日記. 10. 13-17，②航海日記（遣米使日記）. 20-24，27-31，③奉使米利堅紀行. 11. 04-07，10，④西航記. 11-14，18，⑤尾蠅欧行漫録. 19-21，25-26，⑥欧行日記. 27-28，12. 01，⑦仏英行. 02，⑧航西日記（渋沢栄一）. 03-05，08-10，⑨米欧回覧実記. 11-12，15-19，22-25，⑩航西日乗. 26，1987. 01. 05-9，12-14，⑪桟雲峡雨日記. 16，19-23，26，⑫松浦武四郎北方日誌. 27-30，02. 02-06，09，⑬南島探検. 10-13，16-20，23-24，⑭航西日記（森鷗外）. 25-26，⑮独逸日記. 27，03. 02-06，09-12，⑯夏目漱石日記（漱石日記）. 13，16-19，23，⑰新島襄日記. 24-27，30-31，04. 01-03，06，⑱木戸孝允日記. 07-08，⑲植木枝盛日記. 09-10，13-16，⑳小梅日記. 17，20-24，27-28，30，05.

風景のなかの昭和：軽井沢（軽井沢情調の今昔）．朝日新聞・夕刊，1985. 08. 05. →『二つの母国に生きて』1987

Afloat on the Inland: Sea of Japan. New York Times Magazine, 1985. 10. 06.

桜と日本人（桜）．『国史大辞典』付録：史窓余話 6，吉川弘文館，1985. 11. →『二つの母国に生きて』1987

Cosmopolitans: The Japanese Way（lecture：日本から世界へ）．日本外国特派員協会，1985. 11. 15／**『日本から世界へ：日本人と日本文学にふれて（*Cosmopolitans: The Japanese Way*）』**（対訳版）武田昭二郎訳・注．サイマル出版会，1987. 02.

『日本文学史：近代・現代篇 三』徳岡孝夫訳．中央公論社，1985. 11. 20.

自然へのまなざし：自然科学と文学の翻訳（訳し難いもの）．Newton（教育社），1985. 12；5, 13. →『二つの母国に生きて』1987 →⑯

婦人公論井戸端会議'85：日本は世界とどうつき合うべきか（座談会：森山真弓，大宅映子）．婦人公論，1985. 12；70, 12.

突如しゃしゃり出た官製新語「実年」への好悪（アンケート）．週刊朝日，1985. 12. 13；90, 54 .

The Survival of Chinese Literary Tradition in the Meiji Era. ***Sino-Japanese Cultural Interchange: Papers of the International Symposium on Sino-Japanese Cultural Interchange. vol. 2.*** edited by Yue-him Tam. Chinese University of Hong Kong, 1985.

1986（昭和61）年

The Difficulty I Had Learning Japanese. Japan Quarterly, 1986. 01；33, 1.

言葉の力 詩の心（対談：金子兜太）．NHK 教育テレビ「ビッグ対談」，1986. 01. 11／**『俳諧有情：金子兜太対談集』**三一書房，1988. 06. 30.

外から見た日本の住まい：三人の国際人に聞いた（聞き手：中山賢介）．通産ジャーナル（通商産業大臣官房広報課），1986. 03；19, 3.

Japanese Aesthetics（lecture：日本の美学）．ニューヨーク市立図書館，1986 春． →*The Pleasures of Japanese Literature.* 1988 →『古典の愉しみ』1992 →①

Japanese Poetry（lecture：日本の詩）．ニューヨーク市立図書館，1986 春． →*The Pleasures of Japanese Literature.* 1988 →『古典の愉しみ』1992 →①

The Uses of Japanese Poetry（lecture：日本の詩の有用性）．ニューヨーク市立図書館，1986 春 →*The Pleasures of Japanese Literature.* 1988 →『古典の愉しみ』1992 →①

Japanese Fiction（lecture：日本の小説）．カリフォルニア大学ロサンゼルス校，1986. →*The Pleasures of Japanese Literature.* 1988 →『古典の愉しみ』1992 →①

おくのほそ道：「奥の細道」随想（グラビア，切り絵：宮田雅之）．文藝春秋，1986. 04-1987. 04；64, 4-65, 4（全13回）．

①発端，旅立ち．04，②日光，那須野，黒羽．05，③雲厳寺，遊行柳，白河の関．

海外に於ける日本研究（講演）．国立民族学博物館主催「日本文化研究に関する調査研究」研究会（第3回），1984. 09. 18／『**昭和59年度「日本文化研究に関する調査研究」研究会報告書**』吹田：国立民族学博物館，1985.　→『二つの母国に生きて』1987

谷崎先生と私（谷崎先生のこと）．「谷崎潤一郎・人と文学展」図録，朝日新聞社，1984. 10.　→『二つの母国に生きて』1987

「新しき女」と女性のキリスト像（対談：野上彌生子）．中央公論文芸特集，1984　秋；1, 1／『**野上彌生子全集 第Ⅱ期 29**』岩波書店，1991. 08. 30.

日清戦争の錦絵．版画芸術（阿部出版），1984. 11；no. 47.　→『二つの母国に生きて』1987

A Livable Metropolis: Despite its great size, Tokyo is becoming ‘steadily a more agreeable Place’. New York Times, 1984. 11. 04.

「奥の細道」の魅力（講演）．'84「奥の細道」シンポジウム，山形，1984. 11. 17／ロアジール（余暇開発センター），1985. 01；9, 9.

『**日本文学史：近代・現代篇 二**』徳岡孝夫訳．中央公論社，1984. 11. 20.

1985（昭和60）年

今月の言葉．中央公論，1985. 01-1986. 12；100, 1-101, 12（全24回）．　→『日本語の美』1993

①禁酒の時代．1985. 01，②国際人志願の方々へ．02，③明治時代の文章．03，④漢字廃止論．04，⑤日本語廃止論．05，⑥言葉の永遠性．06，⑦方言と文学．07，⑧方言賛否．08，⑨外来語の氾濫．09，⑩国際語としての日本語．10，⑪日本語が国際語になるまでに．11，⑫四季の常套句．12，⑬正月を迎えて．1986. 01，⑭技師の義姉の義歯．02，⑮生そばに生ビール．03，⑯君の名は（一）．04，⑰君の名は（二）．05，⑱君の名は（三）．06，⑲君の国の名は．07，⑳笑顔で迎えること．08，㉑色付きの文字．09，㉒書道の話．10，㉓読みにくい字．11，㉔ありがとうございます．12.

ユーモアの裏の悲しみ：『方舟さくら丸』安部公房（書評）．新潮，1985. 01；82, 1.

マツダを訪ねて：新しい自動車の誕生．週刊朝日，1985. 01. 25；90, 3.

今世紀の偉大な日本語詩人：解説．『**日本の文学 57：測量船・艸千里**』三好達治著．ほるぷ出版，1985. 02. 01.

読売文学賞のひと：ドナルド・キーンさん（インタビュー記事）．読売新聞・夕刊，1985. 02. 06.

『**古今英雄集（*Heroes, Old and New*）**』（英文註解版）秋山正幸，亀井俊介編注．朝日出版社，1985. 04. 01.　→『ドナルド・キーン：世界に誇る日本文学者の軌跡』2014

野上彌生子さんのこと：二回の対談．中央公論文芸特集，1985　夏季；no. 3.

「明治天皇伝」への熱烈探求．新潮45，1985. 05；4, 5（徳岡孝夫訳）．

Literature and War: Japan（symposium）．TLS=Times Literary Supplement，1985. 05. 17；no. 4285.

〈週刊新潮掲示板〉（『宗長日記』）．週刊新潮，1983. 11. 10；28, 45.

私のモーツァルト．「日生劇場開場20周年記念特別公演 モーツァルト四大オペラ 1983」プログラム，1983. 11. 18.

日米文化の潮流：昨日・今日・明日（講演）．大阪商工会議所第180回月例会員講演会，1983. 11. 21／Chamber（会議所月報），1984. 1･2. 03；no. 367，368.

Mishima Yukio. ***Kodansha Encyclopedia of Japan***（英文日本大百科事典）**5.** Tokyo: Kodansha，1983. 11. 25.

トルファン・敦煌美術の旅．中央公論，1983. 12；98, 14.　→『日本語の美』1993

一枚の写真：「鉢の木会」のころ．**『新潮日本文学アルバム 20：三島由紀夫』**磯田光一編．新潮社，1983. 12. 20.　→『二つの母国に生きて』1987

脱「日本主義」（談話）．朝日新聞，1983. 12. 26.

1984（昭和59）年

Dawn to the West: Japanese Literature of the Modern Era，Vol. 1: Fiction. New York: Holt，Rinehart and Winston，1984.　→『日本文学史：近代・現代篇』1984

Dawn to the West: Japanese Literature of the Modern Era，Vol. 2: Poetry，Drama，Criticism. New York: Holt，Rinehart and Winston，1984.　→『日本文学史：近代・現代篇』1991

『日本文学史：近代・現代篇 一』徳岡孝夫訳．中央公論社，1984. 02. 25.

Isles of Gold: Antique Maps of Japan. by Hugh Cortazzi（book review）. Monumenta Nipponica，summer 1984；39, 2.

『百代の過客：日記にみる日本人 上』金関寿夫訳．朝日選書259，1984. 07. 20／講談社学術文庫，2011. 10. 12.　→ *Travelers of Hundred Ages.* 1989　→②

私の転機：少年期 父との欧州旅行（第一の転機，五十三年ぶりのウィーン）．朝日新聞・夕刊，1984. 07. 24.　→『二つの母国に生きて』1987　→『私の大事な場所』2005　→⑩

さまざまの雑音：静寂を忘れた日本人（雑音考）．朝日新聞，1984. 07. 29.　→『二つの母国に生きて』1987

Japan Plays Literary Host: Nagging Doubts and Glittering Prizes. New York Times Book Review，1984. 08. 12.

刑死した人たちの声．『復刻 世紀の遺書』付録，巣鴨遺書編纂会編．講談社，1984. 08. 15.　→『二つの母国に生きて』1987

『百代の過客：日記にみる日本人 下』金関寿夫訳．朝日選書260，1984. 08. 20／講談社学術文庫，2011. 10. 12.　→ *Travelers of Hundred Ages.* 1989　→②

子どもの日記（インタビュー記事）．朝日新聞，1984. 08. 22.

ひらいずみ文化私観（講演）．岩手日報社主催「東北文化シンポジウム 平泉」，1984. 09. 07／**『シンポジウム平泉：奥州藤原氏四代の栄華』**高橋富雄編．小学館，1985. 11. 10.

多武峰少将物語．15-16，⑩成尋阿闍梨母集．17-19，⑪讃岐典侍日記．22-25，⑫中右記．26，29，⑬家集と歌物語．30，⑭［Ⅱ鎌倉時代］建礼門院右京太夫集．31，09. 01-02，05-06，⑮たまきはる．07-09，⑯明月記．12-14，16，19，⑰源家長日記．20-22，⑱いほぬし．26-27，⑲高倉院厳島御幸記．28-29，⑳高倉院昇霞記．30，㉑海道記．10. 03-06，㉒信生法師日記．07, 11，㉓東関紀行．12，㉔うたたね．13-14，17-18，㉕十六夜日記．19-20，㉖飛鳥井雅有日記．21，24，㉗弁内侍日記．25-26，㉘中務内侍日記．27-28，31，㉙とはずがたり．11. 01-02，04，07-08，㉚竹むきが記．09-11，14-15，㉛［Ⅲ］室町時代の日記（失われた女性日記の伝統）．16，㉜大神宮参詣記．17-18，21，㉝都のつと．22，㉞小島の口ずさみ．24-25，㉟住吉詣．28，㊱鹿苑院殿厳島詣記．29，㊲なぐさめ草．30，12. 01-02，㊳富士紀行．05，㊴善光寺紀行．06，㊵藤河の記．07-09，㊶廻国雑記．12，㊷旅人の宗祇（白河紀行）．13-15，㊸筑紫道記．16，19，㊹宗祇終焉記．20-21，㊺宇津山記．22-23，㊻宗長手記．26-27，㊼東国紀行．28，㊽吉野詣記．1984. 01. 04-05，㊾富士見道記．06，09，㊿玄与日記．10，(51)幽斎旅日記．11，(52)九州の道の記．12，(53)高麗日記．13，(54)［Ⅳ］徳川時代の日記（回想録に近い作品の出現）．17，(55)戴恩記．18-20，(56)丙辰紀行．23-24，(57)近世初期宮廷人の日記．25，(58)遠江守政一紀行．26，(59)東めぐり．27，(60)丁未旅行記．30-31，(61)芭蕉の紀行文．02. 01，(62)野ざらし紀行．02-03，(63)鹿島詣．06，(64)笈の小文．07-08，(65)更科紀行．09，(66)奥の細道（おくのほそ道）．10，13-15，(67)嵯峨日記．16，(68)西北紀行．17，20，(69)東海紀行．03. 05-06，(70)帰家日記．07，(71)庚子道の記．08-09，(72)伊香保の道行きぶり．12，(73)風流使者記．13-14，(74)蝶之遊．15-16，19，(75)長崎行役日記．21-22，(76)江漢西遊日記．23，26-27，(77)改元紀行．28-29，(78)馬琴日記．30，04. 02-03，(79)井関隆子日記．04-06，(80)浦賀日記．09，(81)長崎日記．10-11，(82)下田日記．12，(83)日本人の日記（終わりに）．13／日本人の日記．現代のエスプリ，2000. 02；61, 72／Japanese Diaries. Japan Quarterly, 1985. 01；32, 1／Diaries of the Heian Period. Japan Quarterly, 1985. 04；32, 2／Diaries of the Kamakura Period. Japan Quarterly, 1985. 07；32, 3／Bashō's Diaries. Japan Quarterly, 1985. 10；32, 4.

海外の林先生．『林竹二著作集』カタログ，筑摩書房，1983. 08／思想の科学 臨時増刊号，1985. 11；7, 69 .

世界の中の能（能の普遍性）．月刊文化財（文化庁），1983. 09；no. 240.　→『二つの母国に生きて』1987　→⑯

戦時中の日本を正確に記録（戦中日記の伊藤整氏）．波，1983. 09；no. 165.　→『二つの母国に生きて』1987

郡司正勝著『かぶき夢幻』（書評）．国文学：解釈と教材の研究，1983. 10；28, 13.

素顔の翻訳家 56：ドナルド・キーン（インタビュー記事）．翻訳の世界（日本翻訳家養成センター），1983. 11；8, 11.

性）．08，⑥わたしの日本女性論（私の日本女性論，Japanese Women）．09，⑦日本人のユーモア（ユーモアのセンス）．10，⑧秋に想う（秋なりけり）．11，⑨日本とのめぐり逢い（Concerning Myself）．12，⑩日本の正月（正月という英知）．1984. 01，⑪角田柳作先生のこと（Tsunoda Sensei）．02，⑫日本人と桜（花にもの思ふ春）．03，⑬第三世代の日本研究者たち（第三世代のジャパノロジスト，新世代のジャパノロジスト，The New Generation of American Japanologists）．04，⑭私は日本のここが好き（ニューヨークにて，Things I Miss about Japan While Away）．05，⑮日本人とアメリカ人．06，⑯近代日本を拓いた本多利明（本多利明と近代）．07，⑰終戦記念日に思う（グァムで聴いた玉音放送）．08，⑱わたしの日本男性論（私の日本男性論，Japanese Men）．09，⑲日本人は国際人になれるか（国際人の条件）．10，⑳学校教育を考える．11，㉑日本に〝里帰り〟して思うこと（里帰りの快感, Return to Japan）．12，㉒日本語の純粋性について（外来語について，The Purity of the Japanese Language）．1985. 01，㉓書の楽しみについて（書の楽しみ）．02，㉔東京文化と地方文化．03，㉕二つの世界に生きて（なぜ日本へ？，Living in Two Countries，二つの母国に生きて）．04，㉖和食について（和食についての迷信，Japanese Food）．05，㉗わが友 三島由紀夫．06，㉘浮世絵の魅力．07，㉙江戸の洋画家 司馬江漢．08，㉚わたしの体験的能芸論（体験的能芸論）．09，㉛歌舞伎芝居見物の楽しみ．10，㉜外国人との付き合い方（The Treatment of Foreigners）．11，㉝日本人の無常感．12，㉞年の始めに（年の始め）．1986. 01，㉟日本のマスコミ．02（終刊号）．

『日本人の独自性（*The Distinctiveness of the Japanese*）』（英文註解版）森松健介編注．朝日出版社，1983. 04. 01.

Prints of the Sino-Japanese War. ***Impressions of the Front: Woodcuts of the Sino-Japanese War, 1894-95.*** by Shumpei Okamoto. Philadelphia: Philadelphia Museum of Art, April 23 to June 26, 1983.

戦争犯罪を裁くことの意味と意義（戦争犯罪を裁くことの意味）．朝日ジャーナル，1983. 05. 27；25, 23. →『二つの母国に生きて』1987

日本人：暮らしの特殊性（私の日本住居論）．**『日本人：住まいの文化誌』**ミサワホーム総合研究所出版制作室，1983. 06. 10. →『二つの母国に生きて』1987 →⑯

三十六年ぶりの沖縄．（初出未詳） →『日本人の質問』1983

『日本人の質問』朝日選書232，1983. 06. 20／朝日文庫，2018. 02. 28.

The Onnagata and Kabuki. Japan Quarterly, 1983. 07；30, 3.

百代の過客：日記にみる日本人．朝日新聞・夕刊，1983. 07. 04-1984. 04. 13（全185回，金関寿夫訳）． →『百代の過客』1984 → *Travelers of Hundred Ages.* 1989 →②

①序 日本人の日記．1983. 07. 04-08，11-12，②［Ⅰ平安時代］入唐求法巡礼行記．13-14，③土佐日記．15，18-19，④蜻蛉日記．20-22，25-26，⑤御堂関白記．27，⑥和泉式部日記．28-29，⑦紫式部日記．08. 01-05，⑧更科日記．08-12，⑨

⑫女性：大和撫子は昔．23，⑬区別：顔で分からぬ．24，⑭源流：劣等感は不要．25，⑮無比：集団より個人．26，⑯義理：近松は分かる．28，⑰理解：努力を怠るな．30，⑱豊富：外国の友は別．12. 01，⑲物騒：国境ない世界．02，⑳惜別：永住するかも．03.

『**会話作文英語表現辞典**（***Japanese-English Sentence Equivalents***）』ドナルド・キーン，羽鳥博愛監修，山田晴子，伊良部祥子編．朝日出版社，1982. 11. 10.

日本古典文学の翻訳について（講演）．第6回国際日本文学研究集会，1982. 11. 10／国際日本文学研究集会会議録, 1983. 03；no. 6.

仏教と国民性．『増谷文雄著作集 3：仏陀時代』月報3，角川書店，1982. 12. 30.　→『日本人の質問』1983

Variations on a Theme: Chūshingura. ***Chūshingura: Studies in Kabuki and Puppet Theater.*** edited by James R. Brandon. Honolulu: University of Hawaii Press, 1982.

Preface. ***A String around Autumn: selected poems, 1952-1980.*** by Ōoka Makoto. Rochester, Michigan: Oakland University Katydid Books, 1982.

1983（昭和58）年

漂流とは何か（座談会：福島章，増田義郎）．季刊マンパワー：漂流の巻，1983. 01.

研究最前線21. 日本文学：近世、近代、現代から万葉に還る．リクルートキャリアガイダンス（日本リクルートセンター），1983. 01；15, 1.

日本人の投書．朝日新聞，1983. 01. 05.　→『日本人の質問』1983

世界で尊敬された：安部公房氏が死去．朝日新聞・夕刊，1993. 01. 22.

トリバンドラムの三日間．中央公論，1983. 03；98, 3.

国際語としての日本語．Manpower，1983. 03. 01；no. 64.　→『日本人の質問』1983

私と日本文化（講演）．第1回山片蟠桃賞受賞記念講演，1983. 03. 05／『**山片蟠桃賞の軌跡**』大阪府生活文化部文化課著．大阪：清文堂出版，1989. 12. 20／増補改訂版『**山片蟠桃賞の軌跡1982-1991**』大阪：清文堂出版，1993. 08. 15.

山片蟠桃の「鬼」に捧げる辞．朝日新聞・夕刊，1983. 03. 16.　→『日本人の質問』1983

「御請来目録」を読む（『弘法大師請来目録』を読む）．アサヒグラフ 臨時増刊号「弘法大師と密教美術」，1983. 03. 20；no. 3132.　→『日本人の質問』1983

ドナルド・キーンの日本診断．リーダーズダイジェスト（日本語版），1983. 04-1986. 02；38, 4-41, 2（全35回，塩谷紘訳）．→①-㉔『少し耳の痛くなる話』1986　→㉕-㉟『二つの母国に生きて』1987　→ *The Blue-Eyed Tarōkaja.* 1996　→⑥⑨⑪⑬⑭⑱㉑㉒㉕㉖㉜『もう一つの母国、日本へ』1999

①真の相互理解は愛情から（相互理解のために）．1983. 04，②英語の苦手な日本人（こと英語となると）．05，③校内暴力について（校内暴力）．06，④京都—私のいちばん好きな町（わが京都）．07，⑤日本語の神秘について（日本語の神秘

『**ある日本学者の告白（*Confessions of a Japanologist*）**』（英文註解版）三浦新市編注．朝日出版社，1982. 04. 01.

『**英語へのパスポート（*A Passport to Good English*）**』（英文註解版）松山正男編注．朝日出版社，1982.

Journey with Japanese. American Scholar, spring 1982 ; 51, 2.

ポール・ブルームの情熱（徳岡孝夫訳），Remembrances of Paul Blum.『**ブルーム・コレクション書籍目録**』第1巻．横浜開港資料館，1982. 03. 31. →『黄犬交遊抄』2020

ズバリ本題：日本人の好奇心（対談：芳賀徹）．日本経済新聞，1982. 04. 04.

ズバリ本題：日本文学史（対談：嶋中鵬二）．日本経済新聞，1982. 04. 11.

ズバリ本題：クラシック演奏（対談：中村紘子）．日本経済新聞，1982. 04. 18.

ズバリ本題：日本の小説（対談：篠田一士）．日本経済新聞，1982. 04. 25.

内と外の美術．ユリイカ，1982. 05 ; 13, 5（金関寿夫訳）． →『日本人の質問』1983

Oral History Project on the Allied Occupation of Japan: Donald Keene（interview: Marlene Mayo）. Gordon W. Prange Collection（University of Maryland, Libraries web.），1982. 05. 14.

はじめに．『**日英故事ことわざ辞典（*Proverbs*）**』池田彌三郎，ドナルド・キーン監修，常名鉾二郎，朝日イブニングニュース社編．朝日イブニングニュース社，1982. 05. 20.

Kurosawa. Grand Street（Ben Sonnenberg），summer 1982 ; 1, 4.

シンポジウム「緑と文明」：日本文化と緑．朝日新聞，1982. 07. 08.

無知が生む反日感情．朝日新聞，1982. 08. 23. →『日本人の質問』1983

討論のひろば：日本理解の壁 どう突き破る（座談会：平泉渉，賀陽美智子，永井道雄）．朝日新聞，1982. 09. 04.

入社の弁．朝日人（朝日新聞社内報），1982. 10. →『日本人の質問』1983

The Kojiki as Literature（lecture : *The Kojiki*, 古事記）．日本アジア協会，1982. 10. 11／The Transactions of the Asiatic Society of Japan, 1983. 07 ; 3, 18. → *Seeds in the Heart*. 1993 →『日本文学の歴史 1』1994

Preface.『**現代短歌英訳集：伊藤左千夫から土屋文明まで**』撫《うつ》尾《お》清明編訳．京都：山口書店，1982. 10. 20.

日本語シンポジウム：これからの日本語（討論会）．朝日ゼミナール特別講座，1982. 10. 23／日本語の変化と現状をさぐる．『**日本語の21世紀：日本語はどう変わるか**』樺島忠夫ほか著．小学館，1983. 04. 15.

日本人の質問．朝日新聞，1982. 11. 09-12. 03（全20回）． →『日本人の質問』1983 →⑧
①当惑：何たる好奇心．11. 09，②動機：不思議ですか．10，③難物：そこに魅力も．11，④神秘：国際語めざせ．13，⑤俳句：あなたはどう？．14，⑥翻訳：貢献度考える．16，⑦驚嘆：違和感覚えず．17，⑧不便：お気遣いなく．18，⑨味覚：同志意識潜む．19，⑩苦手：親切すぎます．20，⑪ 風物：平凡でも京都．21，

ニューヨーク散歩：芸術いろいろ．中央公論，1981. 06；96, 7.
ポーランドの未来．毎日新聞・夕刊, 1981. 06. 19.
ニューヨーク散歩：オペラ鑑賞法．中央公論, 1981. 07；96, 8.
日本語と私：現今の教育におもう（講演）．成田幼稚園創立30周年記念，1981. 07. 15.
　→『古くして新しきもの』2002
教育をめぐりて（対談：鶴見照碩，司会：西崎照明）．成田山新勝寺，1981. 07. 25.
　→『古くして新しきもの』2002
『日本文化の精髄（*Appreciations of Japanese Culture*）』（英文註解版）金関寿夫編・注．秀文インターナショナル，1981. 07.
ポーランドにリラが咲くころ．中央公論，1981. 08；96, 10. →『私の大事な場所』2005 →⑩
遠山一行連載対談 13．音楽現代（芸術現代社），1981. 08；12, 8.
都会と田園．新潮，1981. 09；78, 9（金関寿夫訳）．→『日本人の質問』1983
ビルギット・ニルソン：驚くべき力強さ．（初出未詳）　→『ついさきの歌声は』1981
ボリス・クリストフ：スラブの声《バス》の頂点．（初出未詳）　→『ついさきの歌声は』1981
『ついさきの歌声は』中矢一義訳．中央公論社，1981. 09. 20.
外から見た日本文化．小学館文化講演会，1981. 10. 06／本の窓，1982 冬；no. 22.
　→『日本人の質問』1983
英雄たちの挫折と英光を描いた力作（推薦文）．『高貴なる敗北：日本史の悲劇の英雄たち』アヴァン・モリス著，齊藤和明訳（帯），中央公論社，1981. 12.
Japanese Culture Today: an ANU Convocation Luncheon address given on 11 December 1981 by Donald Keene (spoken word, audio cassette). Australian National University, 1981.
『日本細見 1：金沢・弘前・函館』（英文註解版）金谷利勝，八木橋洋一，松田就次註解．学生社，アトム現代英文双書818，1981-1982.
『日本細見 2：京都・宇治・下田』（英文註解版）横山昭永，木下誉註解．学生社，アトム現代英文双書819，1981-1982.
『日本細見 3：奈良・伊勢・桜井』（英文註解版）山田達之助，渡辺寛，福田八郎註解．学生社，アトム現代英文双書820，1981-1982.
『日本細見 4：福岡・長崎・萩』（英文註解版）野田雅夫，深牧邦彦，竹内通弘註解．学生社，アトム現代英文双書821，1981-1982.
『日本細見 5：信濃・佐渡』（英文註解版）北嶋藤郷註解．学生社，アトム現代英文双書822，1981-1982.
『日本細見 6：鎌倉・福島・会津』（英文註解版）武田元，瀬谷廣一註解．学生社，アトム現代英文双書 823，1981-1982.

1982（昭和57）年

ドッキリ電話．小説新潮, 1982. 02；36, 2.

谷崎源氏の思い出.『潤一郎訳 源氏物語 巻十』月報10，中央公論社，1980. 07. →『日本人の質問』1983

日本人の自然観 西洋人の自然観. 産業エコロジー（財団法人産業研究所），1980. 08；no. 1. →『日本人の質問』1983

ドミンゴあっての《ルイザ・ミラー》（ドミンゴの《ルイザ・ミラー》）. レコード芸術，1980. 08；29, 8（中矢一義訳）. →『ついさきの歌声は』1981

むかしの声：SP時代の偉大な歌手たちの備忘録. レコード芸術，1980. 09；29, 9（中矢一義訳）. →『ついさきの歌声は』1981

FM放送のなげかわしい現状. 音楽芸術，1980. 09；38, 9（中矢一義訳）.

非凡な眼識：『都市への回路』安部公房（内的亡命への共感：『都市への回路』）. 新潮，1980. 09；77, 9. →『私の日本文学逍遥』1981 →④

“ヘンな外人”と“ヘンな日本人”（ヘンな外人）. 本の窓（小学館），1980 秋；no. 10. →『二つの母国に生きて』1987

ヴェルディと十月. レコード芸術，1980. 10；29, 10. →『ついさきの歌声は』1981

日本との出会い：日本文学の特徴について（講演）. 佐賀龍谷短期大学文学講演会，1980. 10. 18／国文科論集（佐賀龍谷短期大学国語・国文学会），1981. 07. 15；no. 4.

日本近代文学の外国語訳. 文学，1980. 11；48, 11. →『私の日本文学逍遥』1981 →⑦

私とわらべうた：マフィットさん. 毎日新聞，1981. 11. 02.

北京の春. 中央公論，1980. 12；95, 15. →『私の日本文学逍遥』1981 →『私の大事な場所』2005 →⑩

二十二年前の三島由紀夫. 新潮，1980. 12；77, 12（金関寿夫訳）／Mishima in 1958. Paris Review, spring 1995；37, 134. →『私の日本文学逍遥』1981 →④

Notes on the Story. ***The Tale of the Shining Princess***（translated）. adapted by Sally Fisher. New York: Metropolitan Museum of Art & Viking Press, 1980.

Foreword. ***Tales of Yamato: A Tenth Century Pome-Tale.*** translated by Mildred M. Tahara. Honolulu: University Press of Hawaii, 1980.

Interview. ***Sprekend Gedacht.*** interviews van Frans Boenders met Ernst Bloch. Nederlands, Bussum: Het Wereldvenster, cop., 1980.

1981（昭和56）年

Preface.**『米英俗語辞典（*American and British Slang Dictionary*）』**ドナルド・キーン，藤井章雄共編. 朝日出版社，1981. 02. 25.

解説（不思議の国のアリス）.**『砂の女』**安部公房著. 新潮文庫，1981. 02. 25. →『私の日本文学逍遥』1981 →④

Travels in Japan（日本細見：英文版）. 学生社，1981. 04. 10.

翻訳賞の裏話. 波，1981. 05；no. 137.

『私の日本文学逍遥』新潮社，1981. 05. 20. →④⑥⑦

訳).
信州ざざ虫紀行（Shinano）. 中央公論, 1979. 11 ; 94, 11（中矢一義訳）. →『日本細見』1980 →*The Blue-Eyed Tarōkaja*. 1996 →⑧

Foreword. ***The Heart Remembers Home.*** by Shiba Ryōtarō. Tokyo: Japan Echo, 1979.

Foreword: Kyoto Then and Now. ***Introducing Kyoto.*** by Herbert E. Plutschow. Tokyo: Kodansha International, 1979.

1980（昭和55）年

世阿彌・その他（世阿彌と「その他先生」）. 国文学：解釈と教材の研究, 1980. 01 ; 25, 1. →『私の日本文学逍遥』1981 →⑥

翻訳語. 文藝春秋, 1980. 01 ; 58, 1. →『私の日本文学逍遥』1981 →⑦

名歌手つれづれ草. 音楽の友, 1980. 01-12 ; 38, 1-12（全12回, 中矢一義訳）. →『ついさきの歌声は』1981

①エリザベート・シュヴァルツコップ（神秘な“白熱”）. 1980. 01, ②キルステン・フラグスタート（尽きることなき歌唱）. 02, ③リーオンティン・プライス（あふれる情熱）. 03, ④エツィオ・ピンツァ（生命をふきこむ才能）. 04, ⑤デ・ロスアンヘレス（スペインの輝き）. 05, ⑥モンセラート・カバリエ（絶妙のピアニッシモ）. 06, ⑦プラシド・ドミンゴ（暖かさと熱烈さ）. 07, ⑧マリア・カラス（比類なき個性）. 08, ⑨ジョーン・サザーランド（並ぶものなき高音）. 09, ⑩ジャネット・ベイカー（威厳と知性と良き趣味）. 10, ⑪ディートリッヒ・F＝ディースカウ（完璧なるもの）. 11, ⑫ラウリッツ・メルヒオール（至高のヘンデルテノール）. 12.

『日本細見』中矢一義訳. 中央公論社, 1980. 01. 10／中公文庫, 1983. 06. 10. →*Travels in Japan*. 1981 →⑧

近松にみる悲劇性. **『現代語訳 日本の古典 17：女殺油地獄』**田中澄江著. 学習研究社, 1980. 01. 22. →『私の日本文学逍遥』1981 →⑥

解説（夢の循環連鎖）. **『燃えつきた地図』**安部公房著. 新潮文庫, 1980. 01. 25. →『私の日本文学逍遥』1981 →④

バッハと趣味の変遷. 『バッハ叢書 6：バッハのカンタータ』月報 7, 白水社, 1980. 06. 15（中矢一義訳）. →『ついさきの歌声は』1981

『音楽の出会いとよろこび：続音盤風刺花伝』中矢一義訳. 音楽之友社, 1980. 06. 20／中公文庫, 1992. 05. 10.

ニューヨーク音楽日記一九八〇. レコード芸術, 1980. 07 ; 29, 7（中矢一義訳）. →『ついさきの歌声は』1981

オペラ上演は原語か訳詞か. 二期会オペラ公演「トロヴァトーレ」プログラム, 1980. 07. 24. →『ついさきの歌声は』1981

日本語を訳す・読む・話す（訳す・読む・話す）．05，⑥国文学者たちの先入見（国文学者として）．06，⑦終りのないライフ・ワーク．07．

文学史の余白に（対談：野上彌生子）．海，1979. 01；11, 1／**『野上彌生子全集 別巻2』**岩波書店，1982. 07. 09.

吉田健一の書評．波，1979. 01；no. 109.　→『私の日本文学逍遥』1981

ドナルド・キーンの続音盤風刺花伝．レコード芸術，1979. 01-12；28, 1-12（中矢一義訳）．→『音楽の出会いとよろこび』1980

①なじみ深い音楽となじみのない音楽．1979, 01，③フランス音楽：その美しい思い出と顕著な特色まで．03，④西洋音楽にあらわれた東洋趣味（Music and Orientalism　→ *The Blue-Eyed Tarōkaja*. 1996）．04，⑤七九年ニューヨーク音楽日記：ニューヨーク早春1．05，⑥七九年ニューヨーク音楽日記2：ニューヨーク晩春．06，⑦編曲と歪曲．07，⑧原点に還る．08，⑨アメリカ人演奏家のために．09，⑩アメリカのオペラのために．10，⑪宗教音楽．11，⑫音楽と記憶．12．

ドナルド・キーンの続音盤風刺花伝②：庄司薫氏と音楽放談の一夜（対談：庄司薫）．レコード芸術，1979. 02；28, 2.

序文：伝統に迫る伊沢さんの情熱．**『古都点描』**伊沢元一画文集．京都：サンブライト出版，1979. 02. 20.

ある日の散歩（グラビア）．諸君！，1979. 03；11, 3.

『日本の魅力』（対談集）中央公論社，1979. 03. 20.

Meeting with Japan（日本との出会い：英文版）．学生社，1979. 03. 25.

『日本との出会い Ⅰ：生い立ちの記』（英文註解版）喜久秀人註解．学生社，アトム現代英文双書814，1979.

『日本との出会い Ⅱ：コロンビアからケンブリッジへ』（英文註解版）喜久秀人註解．学生社，アトム現代英文双書815，1979.

『日本との出会い Ⅲ：京都・東京・ニューヨーク』（英文註解版）北嶋藤郷註解．学生社，アトム現代英文双書816，1979.

『日本との出会い Ⅳ：日本の作家との語らい』（英文註解版）北嶋藤郷註解．学生社，アトム現代英文双書817，1979.

私小説と私．波，1979. 05；no. 113.

めぐりあい 奥村綾子さん．毎日新聞・夕刊，1979. 05. 14／**『追悼 オーテス・ケーリ：*Otis Cary and His Broad Vision 1921-2006*』**DAC同志社アーモストクラブ，2007. 05. 01.　→『黄犬交遊抄』2020

『日本を理解するまで』新潮社，1979. 05. 20.

「研究自叙伝」を終えて．諸君！，1979. 08；11, 8.　→『日本文学のなかへ』1979

〈週刊新潮掲示板〉（捕虜の消息）．週刊新潮，1979. 08. 02；24, 31.

『日本文学のなかへ』徳岡孝夫構成・文．文藝春秋，1979. 09. 30.

私とピアノ音楽：J・S・バッハのパルティータ．音楽の友，1979. 10；37, 10（中矢一義日本の詩歌と小説（座談会：古川清彦，村松定孝，ジェームス・森田，ほか）．詩界（日本詩人クラブ），1978. 04；no. 142.

女王の即位を迎えて．『有吉佐和子選集〈第二期〉10』月報10，新潮社，1978. 05. 25. →『日本を理解するまで』1979

Introduction. ***The Voices and Hands of Bunraku.*** by Barbara Adachi. Tokyo: Mobil Sekiyu，1978. 05.

挑戦する文学全集（対談：中村真一郎）．波，1978. 07；no. 102.

ニューヨーク冷涼の春：続・続・ニューヨーク音楽日記．レコード芸術，1978. 08；27, 8（中矢一義訳）． →『音楽の出会いとよろこび』1980

An Interview with Abe Kōbō，安部公房インタビュー．Japan Society Bulletin，1978. 08／安部公房：イメージの展覧会．波，1979. 07；no. 115『安部公房全集 26』新潮社，1999. 12. 10. → *The Blue-Eyed Tarōkaja*. 1996

私の文章修業．週刊朝日，1978. 08. 11；83, 35. →『日本を理解するまで』1979

菜穂子と圭介とモーリヤック．ユリイカ，1978. 09；10, 10. →『私の日本文学逍遥』1981 →④

ヴェルディ初期オペラの再発見：陶酔のメランコリー《二人のフォスカーリ》初の全曲盤．レコード芸術，1978. 10；27, 10（中矢一義訳）． →『音楽の出会いとよろこび』1980

福島紀行：もぢ摺り石を忍ぶ夏（福島しのぶ紀行，Fukushima）．中央公論，1978. 10；93, 10（中矢一義訳）． →『日本細見』1980 → *The Blue-Eyed Tarōkaja*. 1996 →⑧

吉田健一と英語（推薦文）．『吉田健一著作集』内容見本，集英社，1978. 10／**『吉田健一集成 別巻』**．新潮社，1994. 06. 10

開高さんの写真．面白半分 臨時増刊号，1978. 11；13, 7. →『日本を理解するまで』1979

日本古典文学の特質（講演）．第13回東北大学日本文化研究施設公開講演会，1978. 11. 04／日本文化研究所研究報告，1980. 03. 31；no. 16. →『日本人の質問』1983 →『古典を楽しむ』1990 →①

〈シンポジウム〉19世紀における日本文学：近世から近代へ（司会：長谷川泉，講師：前田愛，アンドレ・デルティユ）．第2回国際日本文学研究集会，1978. 11. 17／国際日本文学研究集会会議録，1979. 02；no. 2.

Mishima The Person，追想の三島由紀夫（Interviewer: William Wetherall）．English Journal（アルク），1978. 12；8, 14.

Some Japanese Portraits. Tokyo: Kodansha International，1978. ←『日本文学散歩』1975

1979（昭和54）年

研究自叙伝：日本文学のなかへ．諸君！，1979. 01-07；11, 1-7（全7回，執筆：徳岡孝夫）． →『日本文学のなかへ』1979

①日本文学のなかへⅠ（サクラガサイタ）．1979. 01，②世はさだめなきこそ（日本への開眼）．02，③奇人・ウェーリー先生．03，④わが心の三島、谷崎．04，⑤

海外LP試聴記（レコードのパラドックス）．レコード芸術，1977. 10；26, 10（中矢一義訳）．→『音楽の出会いとよろこび』1980
吉田健一の思い出．海，1977. 10；9, 10．→『日本を理解するまで』1979
忘れ得ぬ日本人（講演）．新潮社文化講演会，1977. 10．→『日本を理解するまで』1979
日本文学史について（講演）．国文学研究資料館公開講演会，東京・品川：国文学研究資料館，1977. 10. 01／国文学研究資料館報，1978. 03；no. 10．→⑯
日本人と文化の特質（講演：日本人と日本文化を概観する）．第54回全国労務管理者大会（高知市），1977. 10. 05／関西経協（関西経営者協会），1978. 01；32, 1．→⑯
悼惜マリア・カラス（マリア・カラスを偲ぶ）．レコード芸術，1977. 11；26, 11．→『音楽の出会いとよろこび』1980
過渡期の研究者（講演）．新潮社文化講演会，1977. 11．→『日本を理解するまで』1979
日本文学を読む（対談：山崎正和）．波，1977. 11；no. 94.
日本におけるモダニズム作家について（講演）．第1回国際日本文学研究集会，1977. 11. 10／国際日本文学研究集会会議録（国文学研究資料館），1978. 02；no. 1.
『日本文学を読む』新潮選書，1977. 11. 15．→④
吉田健一とケンブリッヂ大学．ユリイカ，1977. 12；9, 13．→『私の日本文学逍遥』1981
体験的日本旅館論．太陽（平凡社），1977. 12；no. 176．→『日本を理解するまで』1979
変った日本 変らぬ日本（講演）．新潮社文化講演会，1977. 12．→『日本を理解するまで』1979
無題（推薦文）．『密会』安部公房著（函），新潮社，1977. 12. 05.
『天皇の孤島：日本進駐記』オーテス・ケーリ編・訳．サイマル出版会，1977．→『昨日の戦地から』2006 →⑤

1978（昭和53）年

日本文学史：近代篇．海，1978. 01-1984. 04；10, 1-16, 4（徳岡孝夫訳）．→*Dawn to the West*. 1984 →『日本文学史：近代・現代篇』1984
①文明開化．1978. 01，②明治の漢詩文．02，③翻訳の時代．04，④明治政治小説．06，⑤坪内逍遙と二葉亭四迷．07，⑥硯友社．09，⑦北村透谷と浪漫派．11，⑧幸田露伴・泉鏡花．12，⑨自然主義．1979. 08，⑩夏目漱石．10, 12，⑪森鷗外．1980. 01，⑫白樺派．04-07，⑬プロレタリア文学．08-09，⑭芥川龍之介．10-11，⑮三島由紀夫：没後満十年に際して．12，⑯永井荷風．1981. 02-04, 06，⑰谷崎潤一郎．09-12，1982. 01-02，⑱モダニズムと外国の影響．03, 08-09，1983. 02-04，⑲堀辰雄．05-06, 08，⑳川端康成．11，1984. 01-04（終刊号）．
音楽とその周辺を語る：キーン氏の《音盤風刺花伝》をめぐって（対談：辻邦生）．レコード芸術，1978. 01；27, 1．→『日本の魅力』1979 →⑨
著者と読者．新潮，1978. 03；75, 3．→『日本を理解するまで』1979
The Barren Years: Japanese War Literature. Monumenta Nipponica, spring 1978；33, 1.

The Mozartian historian : essays on the works of Joseph R. Levenson. edited by Maurice Meisner and Rhoads Murphey. Berkeley : University of California Press, 1976. →『黄犬交遊抄』2020

1977（昭和52）年

年賀状．俳句とエッセイ（牧羊社），1977. 01 ; 5, 1. →『日本を理解するまで』1979
鎌倉紀行（鎌倉やぐら紀行）．中央公論，1977. 01 ; 92, 1（中矢一義訳）． →『日本細見』1980 →⑧
初録音オペラへの招待（聞き手：中矢一義）．レコード芸術，1977. 01 ; 26, 1.
日本語・日本文学・日本人（対談：安部公房）．朝日新聞，1977. 01. 03. →『日本の魅力』1979
洋学事始：新世界との出会い（対談：高橋磌一）．NHK 総合テレビ「新日本史探訪」，1977. 01. 25／**『新日本史探訪 1』**海音寺潮五郎ほか著．角川書店，1977. 10. 30.
好きな詩．俳句とエッセイ，1977. 02 ; 5, 2. →『私の日本文学逍遥』1981 →⑦
明治の日記．すばる，1977. 02 ; no. 27. →『日本人の質問』1983
讃岐紀行（讃岐たぬき紀行，Sanuki）．中央公論，1977. 03 ; 92, 3（中矢一義訳）． →『日本細見』1980 → *The Blue-Eyed Tarōkaja*. 1996 →⑧
『ドナルド・キーンの音盤風刺花伝』中矢一義訳．音楽之友社，1977. 05. 20／**『わたしの好きなレコード』**中公文庫，1987. 12. 10. →⑧
音楽と国際性．音楽芸術，1977. 06 ; 35, 6. →『音楽の出会いとよろこび』1980
煉獄の季節：続・ニューヨーク音楽日記．レコード芸術，1977. 06 ; 26, 6. →『音楽の出会いとよろこび』1980
日本を理解するまで（講演）．新潮社文化講演会，1977. 07. →『日本を理解するまで』1979
本と人：『ドナルド・キーンの音盤風刺花伝』のドナルド・キーンさん（インタビュー記事）．読売新聞，1977. 07. 04.
『日本文学史：近世篇 下』徳岡孝夫訳．中央公論社，1977. 07. 10.
Remembering Ivan Morris. Translation（Columbia University School of the Arts），spring-summer 1977 ; no. 4.
日本の発見（講演）．新潮社文化講演会，1977. 08. →『日本を理解するまで』1979 →⑨
江戸期の文学：『日本文学史・近世篇』夜話（対談：石川淳）．海，1977. 08 ; 9, 8.
現代日本文学の特徴とその背景（講演）．第 4 回九州国際文化会議，1977. 08. 01／FUKUOKA UNESCO，1978. 07 ; no. 13／**『戦後の日本：転換期を迎えて 国際シンポジウム』**福岡ユネスコ協会編．講談社現代新書，1978. 07. 20.
山ろく清談：日本の立場説明不足．信濃毎日新聞・夕刊，1977. 08. 18.
生涯を賭ける仕事（講演）．新潮社文化講演会，1977. 09. →『日本を理解するまで』1979
日本文学史の問題領域を語る（対談：吉田精一）．国文学：解釈と教材の研究，1977. 09 ; 22, 11.

The First Japanese Translations of European Literature. American Scholar（United Chapters of Phi Beta Kappa）, spring 1976；45, 2.　→ *The Blue-Eyed Tarōkaja.* 1996

アメリカ人と日本人と（対談：星新一）.**『アメリカ200：建国200年祭公式ガイド』**講談社, 1976. 04. 05.　→『日本の魅力』1979　→⑨

世界で最も新しく、身近な文学….「安部公房の本」（広告ちらし）, 新潮社, 1976. 06.

小町の生まれ変わり：三島由紀夫の『近代能楽集』オペラ化. 朝日新聞・夕刊, 1976. 06. 14.　→『日本を理解するまで』1979

Japanese Literature and Politics in the 1930s（転向文学）. Journal of Japanese Studies, summer 1976；2, 2.　→ *Dawn to the West.* 1984　→『日本文学史：近代・現代篇四』1987

プライベートニュース. 週刊朝日, 1976. 07. 09；81, 30.

“完全な友”モリスさん. サンデー毎日, 1976. 08. 15；55, 36.　→『日本を理解するまで』1979

人と文学：安部公房（安部公房の文学）.**『筑摩現代文学大系 77：安部公房・小島信夫集』**筑摩書房, 1976. 09. 15（中矢一義訳）.　→『日本を理解するまで』1979

日米相互理解はどこまで進んでいるか（講演）. 日米交流記念特別講演会, 1976. 09. 16-27／**『日米交流記念特別講演会』**国際交流基金, 1977. 06.　→『日本人の質問』1983

安部公房氏と音楽を語る：ドナルド・キーンの音盤風刺（姿）花伝 ⑩（対談：安部公房）. レコード芸術, 1976. 10；25, 10.　→『日本の魅力』1979

佐渡紀行（佐渡ぶんや紀行, Sado）. 中央公論, 1976. 10；91, 10（中矢一義訳）.　→『日本細見』1980　→ *The Blue-Eyed Tarōkaja.* 1996　→⑧

米国の日本研究家（聞き手：山崎正和）. 国際交流（国際交流基金）, 1976. 10. 30；no. 11.

型をやぶる（対談：安部公房）. NHK 総合テレビ, 1976. 11. 03／**『安部公房全集 25』**新潮社, 1999. 10. 10.

著者のことば.『日本文学史』カタログ, 中央公論社, 1976. 11.

私の日本文学史. 毎日新聞・夕刊, 1976. 11. 22.　→『日本を理解するまで』1979

In Memoriam: Ivan Morris, 1925-1976. Monumenta Nipponica, winter 1976；31, 4.

序：生きている文楽人形.**『文楽の人形』**文楽協会監修. 婦人画報社, 1976. 12. 01.　→『私の日本文学逍遥』1981　→⑥

ユッシ・ビョルリンク：テノール、若さの象徴.『ビョルリンクの芸術』付録, PVC, 1976.　→『ついさきの歌声は』1981

World Within Walls: Japanese Literature of the Pre-Modern Era, 1600-1867. New York: Holt, Rinehart and Winston, 1976.　→『日本文学史：近世篇』1976

『日本文学史：近世篇 上』徳岡孝夫訳. 中央公論社, 1976. 12. 20.

An Account of My Hut: The Hojoki of Kamo no Chōmei（translated）. Pawlet, Vt.: Banyan Press, 1976.　← *Anthology of Japanese Literature.* 1955

Remarks at the memorial service in Berkeley（1969. 04. 13, ジョセフ・レヴェンソン）.

シ・すみません・どうも（*Discover Japan*）』（対訳版）E・G・サイデンステッカーほか著，松本道弘訳．講談社，1983. 11. 01.

1976（昭和51）年

日本文学史．海，1976. 01-1977. 06；8, 1-9, 6（全15回，徳岡孝夫訳）．→ *World Within Walls*. 1976 →『日本文学史：近世篇』1976

①井原西鶴．1976. 01，②芭蕉以前：松永貞徳と初期の俳諧，談林俳諧．02，③芭蕉の門人．03，④仮名草子．04，⑤近松門左衛門．05，⑥近松前後：初期の歌舞伎と浄瑠璃，近松以後の浄瑠璃．07，⑦浮世草子．08，⑧国学と和歌．09，⑨俳諧の中興．10，⑩江戸後期の俳諧．11，⑪戯作．12，⑫十八世紀の歌舞伎．1977. 01，⑬十九世紀の歌舞伎．03，⑭徳川後期の和歌．04，⑮狂歌 川柳．06.

ドナルド・キーンの音盤風刺（姿）花伝．レコード芸術，1976. 01-12；25, 1-12（全12回，中矢一義訳）．→『ドナルド・キーンの音盤風刺花伝』1977 →⑧

①本場の音．1976. 01，②オペラは何語でうたうべきか．02，③男と女．03，④メロディーは死滅したのか．04，⑤ロシア音楽．05，⑥ニューヨーク音楽日記．06，⑦音楽批評あちらこちら．07，⑧古いレコードと新しいレコード．08，⑨百年目のバイロイト．09，⑪〈三大〉だけがモーツァルトではあるまいに．11，⑫音楽と文学（Music and Literature）．12 （→ *The Blue-Eyed Tarōkaja*. 1996）.

The Man Who Put Japan Together（Toyotomi Hideyoshi）．Horizon（American Heritage pub.），winter 1976；18, 1.

日本・その文化と人（対談：福田恆存）．日経連タイムス，1976. 01. 01. →『日本の魅力』1979

日本と世界：かよい合う心（鼎談：永井道雄，高根正昭）．東京新聞，1976. 01. 01. →『日本の魅力』1979

新春食譜（対談：丸谷才一，食べない・食べる・食べるとき）．風景（キアラの会），1976. 01；17, 1. →『日本の魅力』1979

短詩形の賛否．文学，1976. 01；44, 1. →『私の日本文学逍遥』1981 →⑥

Leisure：音楽．週刊新潮，1976. 01. 29；21, 4.

〈オペラ・レコード〉この10枚：それから、それから…できりがない．レコード芸術，1976. 02；25, 2.

三百年をへても、なぜこのように新鮮なのだ：栗田英男氏の蒐集哲学（鼎談：谷口吉郎，栗田英男）．月刊美術，1976. 02；2, 2.

Dramatic Elements in Japanese Literature. Comparative Drama, winter 1976；10, 4／日本文学における劇的要素．**『講座・比較文化 7：日本人の価値観』**伊東俊太郎ほか編．研究社出版，1976. 05. 15（中矢一義訳）．→『私の日本文学逍遥』1981 →⑥

英語の草書．風景，1976. 03；17, 3. →『私の日本文学逍遥』1981 →⑦

わが愛する鏡花（講演）．鏡花研究（石川近代文学館），1976. 03. 30；no. 2.

Japanese Books and Their Illustrations. Yearbook of Comparative and General Literature, 1975. 01 ; no. 24／Storia dell'Arte（La Nuova Italia), 1976. 01 ; no. 27.

三島由紀夫と『金閣寺』.『**美しい日本の旅 8：京都 I**』学習研究社, 1975. 01. 15. →『日本を理解するまで』1979

日本人の愛（対談：村松剛）. 浪曼, 1975. 02. →『日本の魅力』1979

江戸戯作から近代へ（対談：興津要）. すばる（集英社）, 1975. 03. 10 ; no. 19.

病みあがりの大国 51-55（対談：山崎正和, アメリカの中の日本）. 産経新聞, 1975. 03. 17-21. →『日本の魅力』1979

三島由紀夫『奔馬』と三輪山.『**美しい日本の旅 10：奈良**』学習研究社, 1975. 04. 15. →『日本を理解するまで』1979

東京の感想.『**The 東京**』読売新聞社, 1975. 04. 20. →『日本を理解するまで』1979

解説（正統と異端の対立）.『**内なる辺境**』安部公房著. 中公文庫, 1975. 07. 10. →『私の日本文学逍遥』1981 →④

日本史・日本語・日本人（対談：ロナルド・ドーア）. 週刊朝日, 1975. 08. 08 ; 80, 33.

不親切な本. 言語生活（筑摩書房）, 1975. 09 ; no. 288. →『日本を理解するまで』1979

ニッポン散策（対談：三国一朗）. 放送文化（日本放送協会）, 1975. 09 ; 30, 9.

井原西鶴のユーモア（松田修訳）, The Humor of Ihara Saikaku.『**西鶴論叢**』野間光辰編. 中央公論社, 1975. 09. 30.

アメリカにおける日本研究（講演）. 日本英学史学会第12回全国大会, 1975. 10. 03／英学史研究, 1976. 09 ; no. 9.

どういう幽霊がここにいるか. 第8回紀伊國屋演劇公演「幽霊はここにいる」上演プログラム, 1975. 11. 24. →『私の日本文学逍遥』1981 →④

人類を考える 12：「第二芸術」のすすめ（対談：梅棹忠夫）. 放送朝日, 1975. 12 ; no. 259／『**地球時代の人類学：対談集**』梅棹忠夫編. 中央公論社, 1978. 12. 20. →『日本の魅力』1979 →⑨

顔 44：ドナルド・キーン（インタビュー記事）. 読売新聞・夕刊, 1975. 12. 15.

『**日本文学散歩**』篠田一士訳. 朝日選書51, 1975. 12. 20. → *Some Japanese Portraits*. 1978 →①

Introduzione. ***L'incanto Sottile del Dramma No: La Principessa Aoi.*** by Gian Carlo Calza. Milano: Edizioni di Vanni. Scheiwiller, 1975.

The Man Who Turned into a Stick: three related plays. by Kōbō Abe（Introduction & translated）. Tokyo: University of Tokyo Press, 1975.

War-Wasted Asia: Letters, 1945-46. edited by Otis Cary. Tokyo: Kodansha International, 1975. →『天皇の孤島』1977 →『昨日の戦地から』2006 →⑤

Saijiki（歳時記）: A Reference Book of the Seasons. ***A Hundred Things Japanese.*** Tokyo: Japan Culture Institute, 1975／『**日本についての30章**（***30 Things Japanese***）』（英文註解版）小津次郎, 藤巻典子編注. 弓書房, 1978. 04. 01／『モシモ

01. 31，⑫菅茶山．02. 07，⑬橘曙覧．02. 14，⑭為永春水．02. 28，⑮平田篤胤．03. 07，⑯明治編：大沼枕山．08. 15，⑰仮名垣魯文．08. 22，⑱河竹黙阿彌．08. 29，⑲東海散士．09. 05，⑳樋口一葉．09. 19，㉑正岡子規．09. 26.

戯作の精神（対談：井上ひさし）．海，1974. 02；6, 2．→『日本の魅力』1979 →⑨

伊勢遷宮：私と日本の二十年．諸君！（文藝春秋），1974. 02；6, 2（徳岡孝夫訳）．→『日本を理解するまで』1979

擬装の対極：太宰治と三島由紀夫（対談：奥野健男）．国文学：解釈と教材の研究，1974. 02；19, 2／**『太宰治論集：作家論篇 5』**山内祥史編．ゆまに書房，1994. 03. 22.

Letter from Tokyo: The short, happy life of Japan as superpower. New York Times Magazine，1974. 03. 03／繁栄から苦境へ：超大国日本の転落．国際情勢資料，1974. 04. 06；no. 2000.

海外における日本現代詩の評価．出版ダイジェスト，1974. 03. 21．→『日本を理解するまで』1979

銀座サロン：異色風流一夕話（座談会：円地文子，戸板康二，車谷弘）．銀座百点，1974. 08；no. 237.

開高ケンか開高タケシか．『開高健全作品：エッセイ 1』付録11，新潮社，1974. 09. 20．→『私の日本文学逍遥』1981

伝統詩と現代詩（対談：大岡信）．国文学：解釈と教材の研究，1974. 10；19, 12.

Chikamatsu Monzaemon: Japan's First Professional Dramatist. ***An Invitation to Japan's Literature.*** edited by Tôhata Seiichi et al.. Tokyo: Japan Culture Institute，1974. 10／**『世界の中の日本文学 1（*Japanese Literature in the World. book 1*）』**（英文註解版）鈴木幸夫，照屋佳男，紺野耕一編注．弓書房，1977.

歌舞伎の衣裳（源了圓訳），Kabuki Costumes．**『歌舞伎の衣裳』**国立劇場監修．婦人画報社，1974. 11. 15.

幻想の国への紹介：ロラン・バルトの著作にふれて．朝日新聞・夕刊，1974. 12. 14．→『日本を理解するまで』1979

The Awaji Puppet Theatre of Japan: Essays on Asian Theater，Music and Dance. New York: Performing Arts Program of the Asia Society，1974.

Aspects of Japanese Civilization: Ⅻ Literature. ***An Introduction to Japanese Civilization.*** edited by Arthur E. Tiedemann. New York: Columbia University Press，1974.

Japanese Literature. ***Encyclopaedia Britannica: 15h edition, vol. 10.*** Chicago: Encyclopedia Britannica，1974. →①

1975（昭和50）年

私の好きなレコード 6：つれづれなるままにオペラのことども書きつくれば．レコード芸術，1975. 01；24, 1（中矢一義訳）．→『ドナルド・キーンの音盤風刺花伝』1977 →⑧

『生きている日本』江藤淳，足立康訳．朝日出版社，1973. 08. 30. ← *Living Japan.* 1959
→『果てしなく美しい日本』2002 →⑧

連歌における滑稽の伝統（報告）．日米合同会議「室町時代――その社会と文化」研究報告，京都：相国寺，1973. 08. 31／**『室町時代：その社会と文化』**豊田武，ジョン・ホール編．吉川弘文館，1976. 09. 20（徳岡孝夫訳）／The Comic Tradition in Renga. ***Japan in the Muromachi Age.*** edited by John Whitney Hall & Takeshi Toyoda. Berkeley: University of California Press, 1977. →『私の日本文学逍遥』1981 →⑥

三島由紀夫と海外の批評．『三島由紀夫全集 6』付録 5，新潮社，1973. 09. 25. →『日本を理解するまで』1979

Discover Japan（十二の印象）．英文版 OHZORA（日本航空広報部，外国人職員向け社内報），1973. 10-1974. 09（全12回）．→『日本細見』1980 → *Travels in Japan.* 1981 →⑧
① kyoto（京都）．1973. 10／和文版「おおぞら」（日本航空社内報，連載シリーズ〈今月の町〉）1974. 01 ; no. 121，② Kanazawa（金沢）．1973. 11，③ Ise（伊勢）．12／瑞垣，1985. 11. 10 ; no. 137，④ Hagi（萩）．1974. 01，⑤ Hirosaki（弘前）．02，⑥ Sakurai（桜井）．03，⑦ Uuji（宇治）．04，⑧ Nagasaki（長崎）．05，⑨ Fukuoka（福岡）．06，⑩ Nara（奈良）．07，⑪ Hakodate（函館）．08，⑫ Simoda（下田）．09.（①③④⑥⑦⑧⑩⑪→ *The Blue-Eyed Tarōkaja.* 1996）

私の体験した遷宮式：神秘的だった自然と人間の結合．週刊読売 臨時増刊号「伊勢と遷宮」，1973. 10. 05 ; 32, 44.

私の好きな書．出版ダイジェスト「特集 書をめぐって」，1973. 10. 11. →『私の日本文学逍遥』1981 →⑦

私のみた日本の大学．月刊エコノミスト，1973. 12 ; 4, 12. →『日本を理解するまで』1979

1974（昭和49）年

日本での旅．季刊おおぞら（日本航空広報室），1974. 01 ; no. 3. →『日本を理解するまで』1979

Joha, a Sixteenth-Century Poet of Linked Verse. The outcome of a seminar on Japan in the sixteenth century held at Carleton College during the winter and spring terms of 1974／***Warlords, Artists & Commoners: Japan in the Sixteenth Century.*** edited by George Elison, Bardwell L. Smith. Honolulu: University Press of Hawaii, 1981.

ドナルド・キーンの日本文学散歩．週刊朝日，1974. 01. 18-1975. 09. 26 ; 79, 2-80, 41（全 21 回，篠田一士訳）．→『日本文学散歩』1975 → *Some Japanese Portraits.* 1978 →①
①室町編：一休．01. 18，②宗長．02. 01，③世阿弥．02. 08，④正徹．02. 15，⑤戦国編：里村紹巴．07. 19，⑥大村由己．07. 26，⑦細川幽斎．08. 02，⑧木下長嘯子．08. 09，⑨松永貞徳．08. 16，⑩江戸編：宝井其角．1975. 01. 24，⑪紀海音．

上田秋成：『日本文学史』より．歴史と人物，1972. 09；2, 9（芳賀徹，池田美紀子訳）．
→ *World Within walls*. 1976　→『日本文学史：近世篇』1976

巨泉の真言勝負：日本研究の外国人に冷淡な政府（対談：大橋巨泉，大橋巨泉さんと日本文化を語る）．週刊朝日，1972. 09. 01；77, 36.　→『ドナルド・キーン：世界に誇る日本文学者の軌跡』2014

観光客としての安部公房．『安部公房全作品 9』付録 6，新潮社，1972. 10. 20.　→『日本を理解するまで』1979

エズラ・パウンドの復権：多言語的世界と二十世紀文学（鼎談：篠田一士，丸谷才一）．ユリイカ（青土社），1972. 11；4, 13.　→『日本の魅力』1979

Comparisons between Japanese and Chinese Literature（lecture）．日本文化研究国際会議，国立京都国際会館，1972. 11. 21／**『日本文化研究論集（*Studies on Japanese Culture*）1』**日本ペンクラブ，1973. 11. 15／中国文学との関係における日本文学．**『日本文化研究国際会議議事録 1』**日本ペンクラブ，1973. 11. 18.

逢うことと別れること．別冊太陽：日本のこころ「百人一首」，平凡社，1972. 12.
→『日本を理解するまで』1979

世界の中の日本研究．朝日新聞・夕刊，1972. 12. 18.　→『日本を理解するまで』1979

Yukio Mishima. ***Encyclopedia Britannica.*** Chicago: Encyclopedia Britannica，1972.

1973（昭和48）年

能の話（鼎談：小西甚一，芳賀徹）．歴史と人物，1973. 01；3, 1.　→『日本の魅力』1979
→⑨

西鶴の魅力（対談：暉峻康隆）．『日本古典文学全集 39：井原西鶴集（二）』月報 24，小学館，1973. 01. 31.

雑種文化の行くえ（対談：加藤周一）．World，1973. 03.（未確認）　→『日本の魅力』1979

『東と西のはざまで：近代日本文化を語る』（対談集：大岡昇平）朝日出版社，1973. 03. 20.

無題（推薦文）．『箱男』安部公房著（函），新潮社，1973. 03. 30.

『反劇的人間』（対談集：安部公房）中公新書 323，1973. 05. 25／中公文庫，1979. 03. 10.　→⑨

解説（転向と忠誠）．**『榎本武揚』**安部公房著．中公文庫，1973. 06. 10.　→『私の日本文学逍遥』1981　→④

『悼友紀行：三島由紀夫の作品風土』徳岡孝夫共著．中央公論社，1973. 07. 07／中公文庫，1981. 11. 10.

解説（変形のイメージ）．**『水中都市・デンドロカカリヤ』**安部公房著．新潮文庫，1973. 07. 30.　→『私の日本文学逍遥』1981　→④

下田の一夜．『三島由紀夫全集 19』付録 4，新潮社，1973. 08. 25.　→『私の日本文学逍遥』1981　→④

石. 11, 12, 1975. 01, ㊲㊳萩原朔太郎. 02, 03, ㊴㊵森鷗外. 04, 05, ㊶森鷗外と三島由紀夫（三島由紀夫　3）. 06, ㊷㊸芥川龍之介. 07, 08, ㊹開高健. 09, ㊺葉山茂樹. 10, ㊻安部公房（2）. 11, ㊼島木健作. 12, ㊽幸田露伴. 1976. 01, ㊾中原中也. 02, ㊿(51)宮本百合子. 03, 04, (52)北原白秋. 05, (53)大岡昇平. 06, (54)武田麟太郎. 07, (55)高見順. 08, (56)宇野千代. 09, (57)斎藤茂吉. 10, (58)梶井基次郎. 11, (59)火野葦平. 12, (60)井伏鱒二. 1977. 01, (61)横光利一. 02, (62)中島敦. 03, (63)与謝野晶子. 04, (64)永井荷風. 05, (65)お別れの辞／あとがきにかえて. 06.

文学と普遍（対談：安部公房）. 海（中央公論社）, 1972. 01；4, 1. →『反劇的人間』1973

日本文化の伝統（対談：山崎正和, 舞台の上の日本文化）. 国立劇場：第四十七回＝一月歌舞伎公演プログラム, 1972. 01. 05. →『日本の魅力』1979 →⑨

鬼怒鳴門文学道中記（執筆：徳岡孝夫）. サンデー毎日, 1972. 02. 13-05. 07；51, 8-51, 22,（全13回）. →『悼友紀行』1973

①三島文学 結末の尼寺に紅の山茶花が. 02. 13, ②大神のご神体の頂上に立って. 02. 20, ③春日山が見える旧志賀邸の静寂. 02. 27, ④古都の女子大での最初の質問は…. 03. 05, ⑤天平の仏の町にアジャンタの幻想. 03. 12, ⑥自らをほろぼした作家の系譜. 03. 19, ⑦ほんとうだろうか『太陽と鉄』の陶酔. 03. 26, ⑧「日本語の恋人」があこがれる鏡花の美学. 04. 02, ⑨「昭和維新」実行者の動機に触れて. 04. 09, ⑩「先生いつ死にますか」と聞いた若者. 04. 16, ⑪鷗外を育てた津和野の山紫水明. 04. 23, ⑫「渋江抽斎」の家系を貫くストイシズム. 04. 30, ⑬昔の芝居を追憶した旅のはて. 05. 07.

『日本の作家』中央公論社, 1972. 02. 18／中公文庫, 1978. 03. 10. →④

『日本人と日本文化』（対談集：司馬遼太郎）. 中公新書 285, 1972. 05. 25／中公文庫, 1984. 04. 10. →⑨

川端康成先生の死と美（The Death of Kawabata Sensei）. 海, 1972. 06；4, 6. →『日本との出会い』1972 → *The Blue-Eyed Tarōkaja*. 1996

Mishimi's Monument to a Distant Japan: *Spring Snow*. by Yukio Mishima, translated by Michael Gallagher（book review）. Saturday Review, 1972. 06. 10.

『日本との出会い』篠田一士訳. 中央公論社, 1972. 06. 30／中公文庫, 1975. 06. 10. → *Meeting with Japan*. 1979 →⑩

鄧石如の書.『書道芸術 10』月報20, 中央公論社, 1972. 07. 25. →『私の日本文学逍遥』1981 →⑦

日本学とは何か（講演）. 中央公論講演会, 1972. 7. 31／中央公論, 1972. 10；87, 10. →『黄犬交遊抄』2020

Revolution and Cosmopolitanism: The Western Stage and the Chinese Stages. by Joseph R. Levenson（book review）. The Journal of Asian Studies, 1972. 08；31, 4.

文学と音楽と（対談：大岡昇平）. 新刊ニュース, 1972. 09；no. 249. →『日本の魅力』1979

日本との出会い（Meeting with Japan）．東京新聞・夕刊，1971. 10. 26-12. 28（全40回，篠田一士訳）．→『日本との出会い』1972 →*Meeting with Japan.* 1979 →⑩

①フランスに夢中．10. 26，②高校時代．27，③大学にはいる．28，④中国語を学ぶ．29，⑤真珠湾攻撃．11. 04，⑥日本語を勉強．05，⑦海軍で解読作業．06，⑧アッツ島上陸．09，⑨次はキスカへ．10，⑩日本軍の捕虜．11，⑪西へ向かい出発．12，⑫沖縄の土を踏む．13，⑬腐臭の中で．16，⑭原爆投下を知る．17，⑮青島から厚木へ．18，⑯再びコロンビア大へ．19，⑰心おどるパリ．20，⑱三島由紀夫のこと．24，⑲三島さんの演技．25，⑳ケンブリッジ大で．26，㉑博士論文を盗まれる．27，㉒ケンブリッジを発つ．30，㉓京都に暮らす．12. 01，㉔永井道雄氏との交友．02，㉕京都から東京へ．03，㉖谷崎潤一郎氏と．04，㉗狂言に魅せられる．07，㉘東京の友人たち．08，㉙離日の送別会．09，㉚社交界での二年．10，㉛ペン大会で東京へ．11，㉜東南アの旅．14，㉝菊池寛賞を受賞．15，㉞アフリカ旅行．16，㉟大江健三郎氏と．17，㊱安部公房氏を知る．21，㊲フォルメントール賞．22，㊳戯曲の翻訳．23，㊴二十年間の経験．25，㊵私の仕事．28．

未曾有の芸術（安部公房作「棒になった男」と「ガイドブック」）．第3回紀伊國屋演劇公演「ガイドブック」上演プログラム，1971. 11. 04．→『日本の作家』1972 →④

日本文学はこう読まれている：尾崎紅葉『多情多恨』（尾崎紅葉）．波（新潮社），1971. 11･12；no. 24．→『日本文学を読む』1977 →④

イタリア・オペラは一流の芸術作品か．音楽芸術（音楽之友社），1971. 11；29, 11（中矢一義訳）．

松尾芭蕉：『日本文学史』より．歴史と人物（中央公論社），1971. 12；1, 4（芳賀徹，中村都志子訳）．→*World Within Walls.* 1976 →『日本文学史：近世篇』1976

飜訳について．教養学部報（東京大学），1971. 12. 13；no. 183／**『東京大学「教養学部報」精選集：「自分の才能が知りたい」ほか教養に関する論考』**東京大学教養学部教養学部報編集委員会編．東京大学出版会，2016. 04. 28．→⑯

1972（昭和47）年

日本文学を読む．波，1972. 01-1977. 06；no. 25-90（全65回）．→『日本文学を読む』1977 →④

①泉鏡花．1972. 01･02，②③樋口一葉．03, 04，④二葉亭四迷．05，⑤川端康成．06，⑥志賀直哉．07，⑦⑨安部公房．08, 10，⑧島崎藤村．09，⑩高村光太郎．11，⑪国木田独歩．12，⑫西脇順三郎．1973. 01，⑬堀辰雄．02，⑭三好達治．03，⑮正岡子規．04，⑯⑰三島由紀夫．05, 06，⑱現代の俳句．07，⑲正宗白鳥．08，⑳㉒谷崎潤一郎．09, 11，㉑田山花袋．10，㉓島崎藤村（2）．12，㉔岩野泡鳴．1974. 01，㉕大江健三郎．02，㉖石川啄木．03，㉗㉘太宰治．04, 05，㉙真山青果．06，㉚武者小路実篤．07，㉛徳田秋声．08，㉜㉝有島武郎．09, 10，㉞㉟㊱夏目漱

1971（昭和46）年

Mishima（Mishima Had Everything）. New York Times Book Review, 1971. 01. 03／三島由紀夫：その思想と死への歩み. 国際情勢資料（内閣調査室）, 1971. 02. 02 ; no. 1686, ／三島由紀夫における「菊と刀」. 中央公論, 1971. 03 ; 86, 3（高橋正訳）. →『日本の作家』1972 → *Blue-Eyed Tarōkaja*. 1996 →④

Mishima Yukio（lecture：三島由紀夫論）. Asian art and Asian books: catalogue of an exhibition drawn by the National Library from Australian collection to mark the 28 Congress of Orientalists in Canberra, January 6 to 12, 1971, Canberra: National Library of Australia, 1971／Yukio Mishima. ***Search for Identity: Modern Literature and the Creative Arts in Asia : Papers Presented to the 28 International Congress of Orientalists***（28th：1971：Canberra, Australia）. edited by Albert Richard Davis. Sydney: Angus & Robertson, 1974. → *Landscapes and Portraits*. 1971 →『日本の作家』1972 →④

三島由紀夫の埋れた戯曲. 中央公論, 1971. 04 ; 86, 4. →『日本の作家』1972 →④

三島由紀夫：その生活と作品と死. 時事評論（外交知識普及会）, 1971. 04. 01 ; no. 67・68.

Chūshingura*（*The Treasury of Loyal Retainers*）*: a puppet play（translated）. New York: Columbia University Press, 1971.

Introduction. *Chūshingura*（*The Treasury of Loyal Retainers*）. New York: Columbia University Press, 1971／『忠臣蔵』論. **『講座比較文学 3：近代日本の思想と芸術 I』**芳賀徹ほか編. 東京大学出版会, 1973. 08. 25（井田卓訳）. →『私の日本文学逍遥』1981 →⑥

『生きている日本（*Living Japan*）』（英文註解版）原沢正喜校注. 朝日出版社, 1971. 04. 01.

Kabuki: theatre with tradition and popular appeal. Times, 1971. 04. 29.

Letters: To the Editor（Octavio Paz）. New York Times Book Review, 1971. 05. 30.

Mishima and the Modern Scene. TLS（Times Literary Supplement）, 1971. 08. 20 ; no. 3625〈Japanese literature〉／三島由紀夫と日本の現況. **『戦後の文学』**小笠原克, 亀井秀雄編. 桜楓社, 1973. 04. 20（千葉宣一訳）. →『私の日本文学逍遥』1981 →④

Matsunaga Teitoku and the Beginnings of Haikai Poetry（松永貞徳と初期の俳諧）. ***Asien, Tradition und Fortschritt: Festschrift für Horst Hammitzsch zu seinem 60. Geburtstag.*** Wiesbaden: Otto Harrassowitz, 1971. → *Landscapes and Portraits*. 1971 → *World Within walls*. 1976 →『日本文学史：近世篇』1976

Landscapes and Portraits: Appreciations of Japanese Culture. Tokyo: Kodansha International, 1971. →『日本人の美意識』1990 →⑦

大江健三郎とワイセツ文学. 『現代の文学 28：大江健三郎』月報 2, 講談社, 1971. 09. 22. →『日本の作家』1972 →④

紀伊國屋演劇公演「棒になった男」上演プログラム，1969. 11. 01.　→『日本の作家』1972　→④

The Mirror of Love（Fujimoto Kizan and The Great Mirror of Love）. Columbia Forum: a quarterly journal of fact and opinion, winter 1969 ; 12, 4.　→ *Landscapes and Portraits.* 1971

The Japanese Discovery of Europe, 1720-1830. Stanford, California: Stanford University Press, 1969.　←『日本人の西洋発見』1968

La Literatura Japonesa entre Oriente y Occidente. México: El Colegio de México, 1969.

Friends. by Kōbō Abe（translated）. New York: Grove Press, 1969.

Introduction. ***Kabuki.*** by Masakatsu Gunji, translated by John Bester. Tokyo: Kodansha International, 1969.

Introduction. ***Thirst for Love.*** by Yukio Mishima, translated by Alfred H. Marks. New York: Alfred A. Knopf, 1969.

1970（昭和45）年

Conventions of the Nō Drama. Columbia Forum: a quarterly journal of fact and opinion, summer 1970 ; 13, 2.

In Your Distant Street Few Drums Were Heard（Arthur Waley, アーサー・ウエーリ）. ***Madly Singing in the Mountains: An Appreciation and Anthology of Arthur Waley.*** edited by Ivan Morris. London: George Allen & Unwin, 1970. 06.　→ *Landscapes and Portraits.* 1971　→『日本人の美意識』1990　→⑦

世阿弥の築いた世界（鼎談：三島由紀夫，小西甚一）.『日本の思想 8：世阿弥集』付録，筑摩書房，1970. 07. 25／**『三島由紀夫全集 補巻 I』**新潮社，1976. 06. 25.　→『日本の魅力』1979

日本語のむずかしさ. **『私の外国語』**梅棹忠夫，永井道雄編. 中公新書 225，1970. 07. 25.　→『私の日本文学逍遥』1981　→⑦

全集本と単行本（谷崎全集と単行本）.『谷崎潤一郎全集 24』月報 28，中央公論社，1970. 07. 30.　→『日本の作家』1972　→④

芭蕉の哲学（対談：小西甚一）. **『芭蕉の本 7：風雅のまこと』**小西甚一編. 角川書店，1970. 09. 10.

自らのフィクションに死ぬ（三島由紀夫の死）. 毎日新聞・夕刊，1970. 11. 26.　→『日本の作家』1972　→④

陽気の陰に虚無感：悪夢と聞いた三島の死. 朝日新聞・夕刊, 1970. 11. 26.

Twenty Plays of the Nō Theatre（edited & translated）. New York: Columbia University Press, 1970.

in Idleness)』講談社インターナショナル，1999. 11. 10.

Introduction. *Essays in Idleness: The Tsurezuregusa of Kenkō*. New York: Columbia University Press, 1967／『徒然草』と美の伝統. 国文学：解釈と教材の研究（学燈社），1969. 03；14, 4（武田勝彦訳）／**『古典と現代：西洋人の見た日本文学』**武田勝彦編著. 清水弘文堂書房，1970. 06. 20. → *La Literatura Japonesa entre Oriente y Occidente*. 1969

Madame de Sade. by Yukio Mishima（translated）. New York: Grove Press, 1967.

1968（昭和43）年

解説. 『**近代能楽集**』三島由紀夫著. 新潮文庫，1968. 03. 25／『近代能楽集』について. 新潮 臨時増刊号「三島由紀夫読本」，1971. 01；68, 2. →『日本の作家』1972 →④

吉川先生と私. 『吉川幸次郎全集 6』月報，筑摩書房，1968. 04. 10. →『私の日本文学逍遥』1981

Speaking of Books: Confessions of a Specialist（一専門家の告白）. New York Times Book Review, 1968. 06. 30. → *Landscapes and Portraits*. 1971 →『日本人の美意識』1990 →⑦

コロンビア大学のゼンガクレン. 中央公論，1968. 08；83, 8.

川端先生と日本の伝統（川端康成と日本の伝統）. **『川端康成作品選』**中央公論社，1968. 11. 30／中央公論，1968. 12；83, 13. →『日本の作家』1972 →④

Speaking of Books: Yasunari Kawabata. New York Times Book Review, 1968. 12. 08／川端康成論. 時事英語研究，1969. 05；24, 5（武田勝彦訳注）／川端とノーベル文学賞. **『川端文学：海外の評価』**長谷川泉，武田勝彦編著. 早稲田大学出版部，1969. 04. 03.

『日本人の西洋発見』（増補改訂版）芳賀徹訳. 中央公論社，1968. 12. 20／中公文庫，1982. 05. 10. → *The Japanese Discovery of Europe*. 1969 →⑪

1969（昭和44）年

団体と個人. 文藝春秋，1969. 02；47, 2.

On David Wieck's "Aesthetic symbols". Symposium on Aesthetics East and West, Philosophy East and West（Honolulu: University Press of Hawaii），1969. 07；19, 3,

Japanese Aesthetics（日本人の美意識）. Symposium on Aesthetics East and West, Philosophy East and West, 1969. 07；19, 3, → *Landscapes and Portraits*. 1971 →『日本人の美意識』1990 →⑦

大江健三郎氏の横顔. 『新潮日本文学 64：大江健三郎集』月報11，新潮社，1969. 07. 12／**『群像 日本の作家 23：大江健三郎』**マサオ・ミヨシほか著. 小学館，1992. 08. 10.

「棒になった男」と「松風」（安部公房作「棒になった男」と「ガイドブック」）. 第1回

（齋藤襄治訳）／Kabuki: An Appreciation. ***Kabuki: The Popular Theater.*** by Yasuji Toita. translated by Don Kenny. New York, Tokyo and Kyoto: Weatherhill, Tankosha, 1970.

近松と立体性. 国立劇場：第五回＝四月歌舞伎公演プログラム, 1967. 04. 06.

日本文化のために：海外進出に冷たすぎる政府. 読売新聞・夕刊, 1967. 04. 10.

人・その周辺：フォルメントール国際文学賞審査委員ドナルド・キーン氏（インタビュー）. 政経時潮, 1967. 05. 01.

日本文学の魅力（鼎談：円地文子, 佐伯彰一）. 群像, 1967. 06；22, 6.　→『日本の魅力』1979

華麗なる勇気の時代（談話）. NLT「鹿鳴館」上演プログラム, 1967. 06. 03；no. 6.

解説（子規と啄木, Shiki and Takuboku）. **『日本の文学 15：石川啄木・正岡子規・高浜虚子』**中央公論社, 1967. 06. 05（吉田健一訳）.　→ *Landscapes and Portraits.* 1971　→『日本の作家』1972　→④

啄木・子規・虚子の文学（対談：山本健吉）. 『日本の文学 15：石川啄木・正岡子規・高浜虚子』付録 41, 中央公論社, 1967. 06. 05／『対談 日本の文学』川端康成ほか著. 中央公論社, 1971. 09. 14.

国際文学賞奮闘記. 中央公論, 1967. 07；82, 8.　→『日本の作家』1972　→④

風俗史的おもしろさ：東京アートディレクターズクラブ編『日本の広告美術：明治・大正・昭和 1』朝日ジャーナル, 1967. 07. 09；9, 29.

La Obra de Tanizaki Junichirō（lecture：Tanizaki Junichirō, 谷崎潤一郎の文学）. El Colegio de México, 1967. 08／解説. **『日本の文学 25：谷崎潤一郎（三）』**中央公論社, 1967. 10. 05.　→ *La Literatura Japonesa entre Oriente y Occidente.* 1969　→ *Landscapes and Portraits.* 1971　→『日本の作家』1972　→④

El Renacimiento Literario Japonés del siglo XVII（lecture：Individuality and Pattern in Japanese Literature, 日本文学における個性と型）. El Colegio de México, 1967. 08. 10.　→ *La Literatura Japonesa entre Oriente y Occidente.* 1969　→ *Landscapes and Portraits.* 1971　→『日本人の美意識』1990　→⑦

La Sensibilidad Femenina en la Literatura Japonesa del siglo X（lecture：Feminine Sensibility in the Heian Era, 平安時代の女性的感性）. El Colegio de México, 1967. 08. 30.　→ *La Literatura Japonesa entre Oriente y Occidente.* 1969　→ *Landscapes and Portraits.* 1971　→『日本人の美意識』1990　→⑦

無題（推薦文）. 『燃えつきた地図』安部公房著（函）, 新潮社, 1967. 09. 30.

谷崎文学を語る（対談：三島由紀夫）. 『日本の文学 25：谷崎潤一郎（三）』付録 45, 中央公論社, 1967. 10. 05／谷崎文学について. 『対談 日本の文学』川端康成ほか著. 中央公論社, 1971. 09. 14.

Essays in Idleness: The Tsurezuregusa of Kenkō（Introduction & translated）. New York: Columbia University Press, 1967／**『よりぬき徒然草（*Selections from Essays***

Press, 1965.

Chûya Nakahara: Spring will come again, Bones（translated）. ***The Japanese Image.*** Tokyo, Philadelphia: Orient/West Incorporated, 1965.

1966（昭和41）年

The Sino-Japanese War of 1894-95 and Its Cultural Effects in Japan（The Sino-Japanese War of 1894-95 and Japanese Culture, 日清戦争と日本文化）. Papers from The fifth seminar of the Conference on Modern Japan, held in Puerto Rico, 1966. 01／***Tradition and Modernization in Japanese Culture.*** edited by Donald H. Shively. New Jersey: Princeton University Press, 1971. →*Landscapes and Portraits.* 1971 →『日本人の美意識』1990 →⑦

The Portrait of Ikkyu（一休頂相）. Archives of Asian Art, 1966. 01 ; no. 20. →*Landscapes and Portraits.* 1971 →『日本人の美意識』1990 →⑦

Complete With Setting: *The Art of Japan: Ancient and Medieval.* by Noma Seiroku, translated and adapted by John Rosenfield（book review）. New York Times Magazine, 1966. 03. 20.

Moving Snapshots: *Hopscotch.* by Julio Cortázar（book review）. New York Times Book Review, 1966. 04. 10.

Remembrances of Arthur Waley. KBS Bulletin on Japanese Culture, 1966. 06･07 ; no. 78／アーサー・ウェーレー氏を追悼して：栄光と孤独の天才. 国際文化（国際文化振興会）, 1966. 09 ; no. 147／アーサー・ウェーレーの回想. 位置, 1967. 10. 10 ; no. 8（千葉宣一訳）.

『文楽』吉田健一訳, 写真：金子弘. 講談社, 1966. 06. 30. ←*Bunraku.* 1965 →『能・文楽・歌舞伎』2001 →⑥

山ろく清談：20世紀に訴える日本の古典文化. 信濃毎日新聞・夕刊, 1966. 08. 16.

Nō: The Classical Theatre of Japan. Tokyo: Kodansha International, 1966. →『能・文楽・歌舞伎』2001 →⑥

能が渡米するまで. 宝生, 1966. 09. 15 ; 15, 8･9.

Introduction. ***Earless Ho-ichi: a classic Japanese tale of mystery.*** by Lafcadio Hearn. Tokyo: Kodansha International, 1966.

The Seven Bridges, Dōjōji, Onnagata（translated）. ***Death in Midsummer, and other stories.*** by Yukio Mishima. New York: New Directions, 1966.

1967（昭和42）年

The Early Japanese Puppet Drama. by C. J. Dunn（book review）. Bulletin of the School of Oriental and African Studies, 1967. 01 ; 30, 2.

役者と観客. **『日本の伝統 5：歌舞伎』**戸板康二共著. 京都：淡交新社, 1967. 02. 10

15／The Artistry of Dazai Osamu. The East-West Review（Kyoto: Doshisha University Press）, winter 1965；1, 3. →*Landscapes and Portraits.* 1971 →『日本の作家』1972 →④

太宰文学の周辺（対談：津島美知子）.『日本の文学 65：太宰治』付録 3, 中央公論社, 1964. 04. 15／太宰治のこと.『**対談 日本の文学**』川端康成ほか著. 中央公論社, 1971. 09. 14／『**太宰治・坂口安吾の世界：反逆のエチカ**』齋藤愼爾編. 柏書房, 1998. 05. 30.

日本の民家（ロビンソン治子訳）, Folk Houses of Japan.『**染 日本の民家**（***Japanese Folk Houses by Dyeing Art***）』皆川泰蔵著. 京都：京都書院, 1964. 04. 20.

Problems of Translating Decorative Language. The Journal-Newsletter of the Association of Teachers of Japanese, 1964. 05；2, 1･2.

A Famous Japanese Judges the U. S. Giant. by Yukio Mishima（translated, 三島由紀夫「わがアメリカの影《リフレクション》」）. Life, 1964. 09. 11.

A Reply to Joyce Ackroyd. The Journal-Newsletter of the Association of Teachers of Japanese, 1964. 12；2, 3.

1965（昭和40）年

解説.『**日本の文学 69：三島由紀夫**』中央公論社, 1965. 01. 05.

三島文学と国際性（対談：三島由紀夫）.『日本の文学 69：三島由紀夫』付録12, 中央公論社, 1965. 01. 05／『対談 日本の文学』川端康成ほか著. 中央公論社, 1971. 09. 14／『**決定版 三島由紀夫全集 39**』新潮社, 2004. 05. 10.

Problems of Translation from Japanese: A Symposium（Ivan Morris, Howard Hibbett, Edwin McClellan, Edward Seidensticker, James Araki）. Yearbook of Comparative and General Literature（Indiana University）, 1965. 01；no. 14.

Bunraku: The Art of the Japanese Puppet Theatre. Tokyo: Kodansha International, 1965. →『文楽』1966 →⑥

The Japanese Enlightenment: A Study of the Writings of Fukuzawa Yukichi. by Carmen Blacker（book review）. The Journal of Asian Studies, 1965. 05；24, 3.

Sir George Sansom: an appreciation. The Journal of Asian Studies, 1965. 08；24, 4.

Introduction. *Seami's Nishikigi.* a new translation by Cavin French. Drama Survey, summer 1965；4, 2.

Letters from France: *Paris Journal 1944-1965.* by Janet Flanner（book review）. New York Times Book Review, 1965. 11. 21.

Foreword. ***The Manyōsyū: The Nippon Gakujutsu Shinkōkai Translation of One Thousand Poems.*** New York: Columbia University Press, 1965.

Ma Chih-Yüan: Autumn in the Palace of Han（translated）. ***Anthology of Chinese Literature: From Early Times to the Fourteenth Century.*** New York: Grove

1963 →①

Native Voice in Foreign Tongue: *Modern Philippine Short Stories.* edited by Leonard Casper（book review）. Saturday Review, 1962. 10. 06.

The Hippolytus Triangle, East and West. Yearbook of Comparative and General Literature（Indiana University）, 1962 ; no. 11／文学主題としての継母の横恋慕：東洋及び西洋のヒッポリュトス的三角関係. 文学, 1963. 10 ; 31, 10（玉井乾介訳）. → *La Literatura Japonesa entre Oriente y Occidente.* 1969 →『私の日本文学逍遥』1981 →⑥

Jiro Osaragi: *The allure of Kyoto*（translated）. ***Kyoto.*** compiled by the city of Kyoto. Tokyo-Kyoto: Tanko-shinsha, 1962.

1963（昭和38）年

『日本の文学』筑摩書房, 1963. 02. 28／中公文庫, 1979. 11. 10. ← *Japanese Literature.* 1953 →①

Modern Japanese Poetry（lecture）. The Center for Japanese Studies of University of Michigan, 1963. 03. 07／***Modern Japanese Poetry: an essay.*** Ann Arbor: University of Michigan, 1964. → *La Literatura Japonesa entre Oriente y Occidente.* 1969 → *Landscapes and Portraits.* 1971

The End of the Affairs: *The Life of an Amorous Woman, and Other Writing.* by Ihara Saikaku, edited and translated by Ivan Morris（book review）. New York Times Book Review, 1963. 05. 12.

A Nostalgia for Tyranny: *The Subversive.* by José Rizal（book review）. Saturday Review, 1963. 06. 15.

アフリカの狂言師. 中央公論, 1963. 12 ; 78, 12. →『日本との出会い』1972

ベトナムの料理. **『世界の味：家庭料理』**井ノ本佳子著. 真珠書院, 1963. 12. 20.

After the Banquet. by Yukio Mishima（translated）. New York: Alfred A. Knopf, 1963.

1964（昭和39）年

閑談往来：東と西（座談会：小西甚一, 江島伊兵衛）. 宝生（わんや書店）, 1964. 01 ; 13, 1.

Realism and Unreality in Japanese Drama（日本演劇における写実性と非現実性）. Drama Survey（Minneapolis, Minnesota）, 1964. 02 ; 3, 3. → *La Literatura Japonesa entre Oriente y Occidente.* 1969 → *Landscapes and Portraits.* 1971 →『日本人の美意識』1990 →⑦

Japanese Writers and the Greater East Asia War. The Journal of Asian Studies, 1964. 02 ; 23, 2. → *Landscapes and Portraits.* 1971

外国文学者から. 日本近代文学館ニュース, 1964. 04. 15 ; no. 4.

解説（Dazai Osamu, 太宰治の文学）. **『日本の文学 65：太宰治』**中央公論社, 1964. 04.

review). New York Times Book Review, 1961. 02. 19.

Nippon: *Japanese Inn.* by Oliver Statler (book review). Saturday Review, 1961. 03. 04.

Modern Japanese Literature. University of Toronto Quarterly, 1961. 04 ; 30, 3.

アメリカの池田首相. 中央公論, 1961. 09 ; 76, 9.

Japan: The Cherished Myths. by Yukio Mishima (translated, 三島由紀夫「アメリカ人の日本神話」). Holiday, 1961. 10.

Hanako (花子). Mainichi Newspapers, 1961. 11. 15／***New Japan, vol. 14.*** Osaka: Mainichi Newspapers, 1962. →*Landscapes and Portraits.* 1971 →『日本人の美意識』1990 →⑦

外から見た日本文学：宗教・言語・美意識（対談：河上徹太郎). 週刊読書人, 1961. 12. 04. →『日本の魅力』1979

Major Plays of Chikamatsu (Introduction & translated). New York: Columbia University Press, 1961.

Introduction. *Major Plays of Chikamatsu.* Columbia University Press, 1961／近松劇について. 演劇研究会論文集 二：近松の研究と資料, 第二（神戸：松蔭短期大学日本文学科研究室, 演劇研究会), 1963. 08. 10 ; no. 2（金関寿夫訳).

The Old Woman, the Wife, and the Archer: Three Modern Japanese Short Novels (Introduction & translated). New York: Viking Press, 1961.

1962（昭和37）年

長崎の昔話. 婦人公論, 1962. 01 ; 47, 1. →『日本との出会い』1972

Japanese Court Poetry. by Robert H. Brower, Earl Miner (book review). Harvard Journal of Asiatic Studies, 1962. 01 ; no. 24.

ニューヨークの一人の日本人 角田柳作. 文藝春秋, 1962. 05 ; 40, 5／Remembrances of Tsunoda Sensei. ***Ryusaku Tsunoda Sensei 1877-1964.*** The Ryusaku Tsunoda Memorial Book Fund, 1966. →『日本との出会い』1972

わが春の記. 小説中央公論, 1962 初夏 ; 3, 5. →『日本との出会い』1972

日本大国論. 中央公論, 1962. 05 ; 77, 6. →『日本との出会い』1972

ドナルド・キーン氏に「日本文学の翻訳」をきく（座談会：吉田健一, 佐伯彰一ほか). 日米フォーラム（米国大使館文化交換局出版部), 1962. 05 ; 8, 4.

Japan Subdued: The Atomic Bomb and the End of the War in the Pacific. by Herbert Feis (book review). Social Research, summer 1962 ; 29, 2.

近松を英訳して. 図書（岩波書店), 1962. 07 ; no. 156／**『エッセイの贈りもの 2：『図書』1938-1998』**岩波書店編集部編. 岩波書店, 1999. 04. 23. →⑯

日本の作家たち. 朝日新聞, 1962. 09. 11, 12／**『昭和批評大系 4：昭和30年代』**番町書房, 1968. 08. 25. →『日本の作家』1972 →④

近松と欧米の読者. 文藝（河出書房新社), 1962. 10 ; 1, 8（吉田健一訳). →『日本の文学』

Presented by the Author's Guild. New York: Harper & Bros, 1959. → *Landscapes and Portraits.* 1971

1960（昭和35）年

花子後日譚. 聲, 1960. 01. 01 ; no. 6. →『日本の作家』1972 →④

West Goes East—East Goes West: A wide exchange between Japan and the U. S. is affecting everything from tradition to plumbing. New York Times Magazine, 1960. 03. 27.

Beauty Wasn't All in the Beholder's Eye: *The Bridge of the Brocade Sash: Travels and Observations in Japan.* by Sacheverell Sitwell（book review）. New York Times Book Review, 1960. 03. 27.

Early Nō Drama: Its Background, Character and Development 1300-1450. by P. G. O'Neill（book review）. The Journal of Asian Studies, 1960. 05 ; 19, 3.

Classic Spectacular From Japan: New Yorkers are about to witness Kabuki, the dramatic excitement that has fascinated Japanese audiences for over 350 years. New York Times, 1960. 05. 22.

アメリカにいる日本人たち. 中央公論, 1960. 08 ; 75, 9.

アメリカにおける日本語・日本文学教育の問題（聞き手：玉井乾介）. 文学, 1960. 09 ; 28, 9.

Ages Ago: Thirty-Seven Tales from the Konjaku Monogatari Collection. translated by S. W. Jones（book review）. The Journal of Asian Studies, 1960. 11 ; 20, 1.

The Man in the Japanese Mask: The changes in Japan since the war have been many. But do they include the Japanese character ? Here an expert ventures some answers. New York Times Magazine, 1960. 11. 06／日本の国民性は変わったか？. 国際情報資料（内閣情勢調査会）, 1960. 12. 09 ; no. 650.

近松とシェクスピア：比較情死論. 思想の科学, 1960. 12 ; no. 24. →『日本の文学』1963 →①

Letters to The Times: Analyzing Japan's Election. New York Times Book Review, 1960. 12. 01.

Views From the East: *The World of Zen. An East-West Anthology.* compiled, edited and with an Introduction by Nancy Wilson Ross（book review）. New York Times Book Review, 1960. 12. 18.

1961（昭和36）年

なじみにくい日本人（対談：伊藤整, New York：日本料理店「サイトウ」にて）. 北海道新聞ほか（時事通信配信）, 1961. 01. 04.

Recorded Passion: *The Key.* by Junichiro Tanizaki, translated by Howard Hibbett（book

Education (Pennsylvania State University Press), 1959. 01 ; 12, 1／***Approaches to the Oriental Classics: Asian Literature and Thought in General Education.*** edited by Wm. Theodore de Bary. New York: Columbia University Press, 1959. → *The Blue-Eyed Tarōkaja. 1996*

海外の万葉集.『万葉集注釈』澤瀉久孝著，巻第３付録，中央公論社，1958. 10. →『日本の文学』1963 →①

Sources of Japanese Tradition. compiled by Ryūsaku Tsunoda, Wm. Theodore de Bary, Donald Keene. New York: Columbia University Press, 1958.

No Longer Human. by Osamu Dazai (Introduction & translated). New York: New Directions, 1958.

1959（昭和34）年

Bashō's Journey of 1684 (Introduction & translated). Asia Major (Princeton University: A British Journal of Far Western Studies), 1959. 01 ; 7, 1･2. → *Landscapes and Portraits.* 1971

What is Japanese ?. Vintage Art News, 1959. 03 ; 58, 1.

With No Word to Spare: *An Introduction to Haiku: An Anthology of Poems and Poets from Bashō to Shiki.* by Harold G. Henderson (book review). New York Times Book Review, 1959. 03. 08.

Beauty Itself Became a Deadly Enemy: *The Temple of the Golden Pavilion.* by Yukio Mishima, translated by Ivan Morris (book review). New York Times Book Review, 1959. 05. 31.

From Rags to Riches, Japanese Style. Virginia Quarterly Review, summer 1959 ; 35, 3.

鷗外の『花子』をめぐって．聲（丸善），1959. 07. 01 ; no. 4. →『日本の作家』1972 →④

Speaking of Books. New York Times Book Review, 1959. 07. 26.

〈掲示板〉（「花子」の消息）．週刊新潮，1959. 07. 27 ; 4, 30.

アメリカの日本ブーム．読売新聞・夕刊，1959. 07. 28.

Modern Japanese Novels and the West (lecture). The Committee on the Rushton Seminars, 1959. 10. 30／***Modern Japanese Novels and the West.*** Charlottesville: University of Virginia Press, 1961／日本の近代小説と西洋．位置（藤女子大小笠原研究室），1966. 02. 20 ; no. 6（千葉宣一訳）／時事英語研究（研究社出版），1966. 05-07 ; 21, 5-7（池田拓朗訳）.

Living Japan. Garden City, New York: Doubleday & Company (Planned and produced by Chanticleer Press), 1959／ドナルド・キーンの日本芸術レポート《その創造者たち》．芸術新潮，1960. 01 ; 11, 1（松原正訳・編．*Living Japan.* X Japan the Creator よりの抜粋）．→『生きている日本』1973 →『果てしなく美しい日本』2002 →⑧

On Translation. ***Writer's Roundtable.*** edited by Helen Hull and Michael Drury,

and adapted by V. H. Vigliemo（book review）. Journal of the Royal Asian Society of Great Britain and Ireland, 1957. 10；89, 3･4.

四国さかさ巡礼記. 中央公論, 1957. 10；72, 12. →『碧い眼の太郎冠者』1957 →⑧

国際ペン大会立見席（筆名：佐藤和夫）. 中央公論, 1957. 10；72, 12. →『日本との出会い』1972

『碧い眼の太郎冠者』中央公論社, 1957. 10. 10／中公文庫, 1976. 03. 10. →⑧

これは痛い：日本語で書かれた日本拝見（インタビュー記事）. 週刊新潮, 1957. 10. 28；2, 43.

La Literatura Japonesa Moderna. Sur（Buenos Aires）, 1957. 11；2, 249.

The Charm of Old Nippon: *The Makioka Sisters.* by Junichiro Tanizaki, translated by Edward Seidensticker（book review）. Saturday Review, 1957. 11. 09／古き日本の魅力：谷崎『細雪』評. 国文学：解釈と鑑賞（至文堂）, 1970. 05；35, 5（松浦勝男訳）.

雑談空手道場：紅毛の教え（座談会：大宅壮一, 高木健夫, 中屋健一）. 中央公論, 1957. 11；72, 13.

Bashō's Journey to Sarashina. The Transactions of the Asiatic Society of Japan（日本アジア協会）, 1957. 12；3, 5／『芭蕉・更科紀行』論. 古典遺産（東京：金曜会）, 1959. 01；no. 5. → *Landscapes and Portraits.* 1971

Literary and Intelectual Currents in Postwar Japan and Their International Implications. ***Japan between East and West.*** New York: Harper and Brothers, 1957／戦後の文学的、知的動向と国際的意義. **『東西の谷間 日本』**米国外交協会著. 朝日新聞社, 1958. 10. 20.

"Ashizuri Point" by Tamiya Torahiko（translated）. 1957訳. → *The Blue-Eyed Tarōkaja.* 1996

1958（昭和33）年

『運命の卵』（堀川潭著）に寄せて. 文学生活（新文化社）, 1958. 03. 01；no. 40.

Japanese Writers Today. Commonweal（New York Commonweal Foundation）, 1958. 05. 09.

The Heart is Alone: A Selection of 20th Century Japanese Short Stories. edited by Richard N. McKinnon（book review）. The Journal of Asian Studies, 1958. 08；17, 4.

The Japanese Haiku. by Kenneth Yasuda（book review）. The Journal of Asian Studies, 1958. 08；17, 4.

高峰秀子茶の間対談："青い目"の見た日本さまざま（高峰秀子さんと語る日本さまざま）. サンデー毎日, 1958. 09. 07；37, 36. →『ドナルド・キーン：世界に誇る日本文学者の軌跡』2014

The Tale of Genji（lecture）. Proceedings of a conference held at Columbia University, 1958. 09. 13 ／ The Tale of Genji in a General Education. Journal of General

碧眼古寺巡禮（グラビア：構成）．中央公論，1956. 09；71, 10.

Japan: ‘Teddy Boys’ East（映画『太陽の季節』評，無署名）．Newsweek，1956. 10. 01; 48, 14

The Kabuki Theatre of Japan. by A. C. Scott（book review）．Pacific Affairs（Canada: University of British Columbia），1956. 12；29, 4.

Japanese Superman: *The Heike Story.* by Eiji Yoshikawa，translated by Fuki Wooyenaka Uramatsu（book review）．New York Times Book Review，1956. 12. 16.

Modern Japanese Literature: an anthology（Introduction & compiled & edited & translated）．New York: Grove Press，1956.

The Setting Sun. by Osamu Dazai（translated）．New York: New Directions，1956.

Translator’s Introduction. *The Setting Sun.* New Directions，1956／日本と太宰治と『斜陽』．文藝 臨時増刊号「太宰治読本」，1956. 12. 15. →『日本の文学』1963 →①

Japanese Music and Drama in the Meiji Era. compiled and edited by Komiyama Toyotaka，translated and adapted by Edwarad G. Seidensticker and Donald Keene. Tokyo: Obunsha, 1956.

1957（昭和32）年

Hanjo: A Play. by Yukio Mishima（translated）．Encounter（London），1957. 01. → *Five Modern Nō Plays.* 1957

Speaking of Books. New York Times Book Review，1957. 01. 20.

『日本人の西洋発見』藤田豊，大沼雅彦訳．錦正社，1957. 02. 10. ← *The Japanese Discovery of Europe.* 1952

Sotoba Komachi: A Modern Nō Play. by Yukio Mishima（translated）．Virginia Quarterly Review（University of Virginia），spring 1957；33, 2. → *Five Modern Nō Plays.* 1957

Five Modern Nō Plays. by Yukio Mishima（Introduction & translated）．New York: Alfred A. Knopf，1957.

日本文学教師の憂鬱．中央公論，1957. 04；72, 5. →『碧い眼の太郎冠者』1957 →⑧

Nightmare on Leyte: *Fires on the Plain.* by Shohei Ooka，translated by Ivan Morris（book review）．New York Times Book Review，1957. 07. 21.

幸四郎について．福田恆存作・演出「明智光秀」文学座上演プログラム，1957. 08. 02.

阿波踊り見たまま（文化人放談会：岡本太郎，宇野千代，ジョージ・岡，檜健次）．徳島新聞，1957. 08. 10.

東西文学の相互影響：翻訳のむずかしさ 話し合ったこと-その2（発言）．第29回国際ペンクラブ大会，シンポジウム，1957. 09. 05／図書新聞，1957. 09. 14；no. 416.

人：国際ペン大会アメリカ代表ドナルド・キーン（インタビュー）．週刊東京（東京新聞），1957. 09. 21；3, 38.

Japanese Literature in the Meiji Era. complied and edited by Okazaki Yoshie，translated

外人への先入観に抗議する．婦人公論，1955. 04；40, 4.　→『碧い眼の太郎冠者』1957　→⑧

紅毛文芸時評：舟橋聖一著『若いセールスマンの恋』と福田恆存著『崖のうへ』を読んで（純粋に日本的なもの）．中央公論，1955. 04；70, 4.　→『碧い眼の太郎冠者』1957　→⑧

日本の新劇と伝統．読売新聞，1955. 04. 18.

日本文化の理解を妨げるもの（日本文化の理解）．中央公論，1955. 05；70, 5.　→『碧い眼の太郎冠者』1957　→⑧

Letter: Editor, the Far Eastern Quarterly. The Far Eastern Quarterly, 1955. 05；14, 3.

As Two New Worlds Tug: at Old Japan. *Some Prefer Nettles.* by Junichirō Tanizaki, translated by Edward G. Seidensticker（book review）. New York Times Book Review, 1955. 05. 08.

紅毛奥の細道（紅毛おくのほそ道）．中央公論，1955. 06；70, 6.　→『碧い眼の太郎冠者』1957　→⑧

Tourists in Nagasaki. The Manchester Guardian, 1955. 08. 10.

ヨーロッパへの道．中央公論，1955. 09；70, 9.　→『碧い眼の太郎冠者』1957.　→⑧

Anthology of Japanese Literature: From the Earliest Era to the Mid-Nineteenth Century.（Introduction & compiled & edited & translated）. New York: Grove Press, 1955.

Villon's Wife. by Osamu Dazai（translated）. New Directions（New York）, 1955；no. 15.　→ *Modern Japanese Literature.* 1956

1956（昭和31）年

The Tale of the Bamboo Cutter（translated）. Monumenta Nipponica（Tokyo: Sophia University）, 1956. 01；11, 4／***The Tale of the Bamboo Cutter.*** Tokyo: Sophia University, 1956.

At a Japanese University. Twentieth Century, 1956. 01；no. 159.

The Kagerō Nikki. translated by Edward Seidensticker（book review）. Monumenta Nipponica, April・July 1956；12, 1・2.

Oriental Glory: *Theatre in the East.* by Faubion Bowers（book review）. Saturday Review（New York: Saturday Review Associates）, 1956. 06. 02.

夏と祇園祭．読売新聞・夕刊，1956. 07. 24.

Indiana University Conference on Oriental-Western Literary Relations. edited by Horst Frenz and G. L. Anderson（book review）. The Journal of Asian Studies, 1956. 08；15, 4.

ニューヨーク知識人の社交界．中央公論，1956. 08；71, 8.　→『碧い眼の太郎冠者』1957　→⑧

夏の京都・昔の旅路．中央公論，1956. 09；71, 10.　→『碧い眼の太郎冠者』1957　→⑧

1953. 08；12, 4.

New Life Korean-English Dictionary. edited by Hyungki J. Lew（book review）. The Far Eastern Quarterly, 1953. 08；12, 4.

Japanese Literature: An Introduction for Western Readers. London: John Murray, 1953. →『日本の文学』1963 →①

1954（昭和29）年

Hirata Atsutane and Western Learning（平田篤胤と洋学）. T'Oung Pao（通報, Netherlands, Leiden: Brill）, 1954. 01；no. 42. →『日本人の西洋発見』1968 → *The Japanese Discovery of Europe, 1720-1830.* 1969 →⑪

西欧人の源氏物語の観賞. 文学, 1954. 02；22, 2.

私と日本語. 文庫（岩波文庫の会）, 1954. 04；no. 30.

私と日本語（承前）. 文庫, 1954. 06；no. 32.

西郷信綱・永積安明・広末保著『日本文学の古典』（書評）. 文学, 1954. 06；22, 6.

三島由紀夫著『潮騒』. 文藝（河出書房）, 1954. 09；11, 10／『潮騒』評. **『三島由紀夫選集 14：潮騒』**新潮社, 1959. 01. 30.

私たちの見た日本文学（座談会：サイデンステッカー, V・H・ヴィリエルモ, 司会：中村真一郎）. 文藝, 1954. 11；11, 13.

1955（昭和30）年

紅毛文芸時評：伊藤整著『文学入門』を読んで（文学入門）. 中央公論, 1955. 01；70, 1. →『碧い眼の太郎冠者』1957 →⑧

この点がイヤなニッポンの新聞：振りあてられる道化役. 新聞協会報, 1955. 01. 01.

紅毛文芸時評：木下順二著『風浪』と三島由紀夫著『若人よ蘇れ』を読んで（一紅毛人の希望と意志）. 中央公論, 1955. 02；70, 2. →『碧い眼の太郎冠者』1957 →⑧

「夕鶴」「東は東」を見て. 演劇評論（大阪：演劇評論社）, 1955. 02；3, 2.

Kyoto Election Meeting: Cheers and Jeers in Japan. The Manchester Guardian, 1955. 02. 26.

私と狂言. サンケイ観世能プログラム, 1955. 02. 27／**『能楽百話：サンケイ観世能の二十五年』**サンケイ新聞社編. 京都：駸々堂出版, 1978. 03. 10.

啄木の日記と芸術. 文藝 臨時増刊号「石川啄木読本」, 1955. 03. 01. →『日本の文学』1963 →①

信頼できるテキスト. **『古典を読もう』**岩波書店, 1955. 03. 01.

外国人の見た日本人の道徳的心性：私的生活と公的生活の「矛盾」. **『現代道徳講座 3：日本人の道徳的心性』**古川哲史ほか編. 河出書房, 1955. 03. 31.

The Three Monstrosities of Kyoto. Japan Quarterly（Asahi-Shimbun-Sha）, 1955. 04；2, 2.

1930（昭和5）年

Sing a Song Sixpence（short novel）. Madison Hischool 卒業アルバム，1930. 01.

Death come to Biddledub（short novel）. Madison Hischool 卒業アルバム，1930. 06.

1946（昭和21）年

The Eroica Symphony（エロイカ・シンフォニー）. 1946 執筆. → *The Blue-Eyed Tarōkaja.* 1996 →『戦場のエロイカ・シンフォニー』2011

The Gentleman Cannibals. 1946執筆. → *The Blue-Eyed Tarōkaja.* 1996

Exile of an Assassin. 1946執筆. → *The Blue-Eyed Tarōkaja.* 1996

1951（昭和26）年

The Battles of Coxinga: Chikamatsu's Puppet Play, Its Background and Importance. London: Taylor's Foreign Press, June 1951.

1952（昭和27）年

The Japanese Discovery of Europe: Honda Toshiaki and Other Discoverers, 1720-1798. London: Routledge and Kegan Paul, 1952. →『日本人の西洋発見』1957

Tsurezure-gusa shinkō. by Sano Yasutaro（book review）. The Far Eastern Quarterly（遠東季刊，Ann Arbor: Association for Asian Studies），1952. 05；11, 3.

Jōdai bungaku shi: a history of ancient literature. by Sasaki Nobutsuna（book review）. The Far Eastern Quarterly, 1952. 08；11, 4／佐佐木信綱著『上代文学史』. 文学（岩波書店），1953. 05；21, 5（玉井乾介訳）.

『アジアの荒地から：アメリカ学徒兵の手記』オーテス・ケーリ編著. 要書房，1952. 12. 05. → *War-Wasted Asia.* 1975 →『昨日の戦地から』2006 →⑤

1953（昭和28）年

Shintei Heian-chō bungaku-shi. by Igarashi Chikara（book review）. The Far Eastern Quarterly, 1953. 05；12, 3／五十嵐力著『新訂 平安朝文学史』評. 日本文学（日本文学協会），1954. 01；3, 1（玉井乾介訳）.

On Appearing in Japanese Translation. Twentieth Century（London），1953. 07；no. 154.

To Ho shiki. vol. 1. by Yoshikawa Kōjirō（book review）. The Far Eastern Quarterly,

［凡例］

■ドナルド・キーンの著書・著作を、刊行・発表年月順に記載した。

■和文の著書は『　』で括り、欧文の著書はイタリック体で、それぞれ太字で表記した。
書名以下、出版地：出版元、刊行年を記す。

翻訳書の場合は（translated），編著の場合は（edited）などと註記した。

各著書の詳細は《著書目録》を参照されたい。

■雑誌・新聞に発表された著作は、表題以下、初出誌紙名、発行年月日（雑誌は月号）；巻数，号数（「no.」以下の表記は通巻号数）を記した。
図書に収録された著作は、表題以下、図書名、編著者名、出版地：出版元、刊行年を記した。

著作の内容が、対談・鼎談・座談会、インタビュー、講演、翻訳、book review などの場合、（　）内にその態様を記す。

その他（　）内には、複数の媒体に掲載・収録されるに際して改題・翻訳された表題や訳者名、初出誌紙の発行元、付帯事項などを記す。

講演や放送は、活字として残されたもののみを、実施年月日に記した。

■「／」以下には、表題著作（講演、放送）の収録誌、収録図書、翻訳書誌を記す。
「→」以下、小活字で示した書名は、著作が収録された和文版・欧文版の自著を示す（併記した「1979」などの4桁の数字は、初刊の西暦年）。

「→」以下の〇数字は、本著作集の収録巻を示す（⑯は別巻を指す）。

■本書誌作成に当たり、著者の著作や著書に記された情報や、インターネット、国立国会図書館のデジタルデータによって、内外の図書館の蔵書、主要雑誌・新聞の記事、日本文学研究機関の学術論文などを検索・コピー収集した。その他、早稲田大学中央図書館、国際交流基金ライブラリー、ドナルド・キーン・センター柏崎、東京都北区中央図書館などで調査・収集し、キーン誠己氏はじめ多くの方から資料の提供も受けた。御礼申し上げる。
なお初出を確認できないものがあるほか、地方紙や上演カタログ、海外の雑誌・新聞などに未確認の著作があると推察されるが、主要著作はほぼ網羅しているものと思量する。

（ドナルド・キーン著作集編集室）

■著作目録■

10月、『**黄犬《キーン》ダイアリー**』キーン誠己共著、平凡社刊。

2017（平成29）年　95歳

6月、古浄瑠璃「越後国：柏崎　弘知法印御伝記」ロンドン公演実行委員長。ケンブリッジ再訪。

『**ドナルド・キーン：知の巨人、日本美を語る！**』新居典子共著、小学館刊。

テッド・ドバリー死去（97歳）

9月、別冊太陽：日本のこころ254『**ドナルド・キーン：日本の伝統文化を想う**』平凡社刊。

11月15日、BSN新潟放送より「ドナルド・キーン95歳 心の旅」放映（26日、BS-TBS）。

2018（平成30）年　96歳

3月、ニューヨークで旧友と再会。

7月、瀬戸内寂聴との対談『**日本の美徳**』中公新書ラクレ。

2019（平成31－令和1）年

2月24日午前6時21分、上野・永寿総合病院にて心不全により逝去。

4月10日、青山葬儀所にてお別れの会。1500人が参列。

『**ドナルド・キーンのオペラへようこそ！：われらが人生の歓び**』文藝春秋刊。

9月、『**ドナルド・キーンの東京下町日記**』東京新聞刊。

27日、ドナルド・キーン・センターN.Y.にて追悼集会。教え子、関係者ら200人が参会。

2020（令和2）年

2月24日、新宿・紀伊國屋ホールにて一周忌シンポジウム。

『**黄犬《キーン》交遊録**』岩波書店刊。

『**ドナルド・キーン著作集　別巻　補遺：日本を訳す／書誌**』新潮社刊。

感銘を与えたことにより。

5月、『**私が日本人になった理由**』PHP研究所刊。

朝河寛一賞受賞（ダートマス大学）。

早稲田大学演劇博物館で「ドナルド・キーン展」開催（8月4日まで）。

7月、人形浄瑠璃文楽座（大阪）名誉顧問。

同志社大学より名誉博士号。

9月、新潟県柏崎市にブルボン吉田記念財団により「ドナルド・キーンセンター柏崎」開館。文部科学大臣賞受賞。

10月、伊勢神宮・遷御の儀に参列。

2014（平成26）年　92歳
2月、草加市文化賞受賞。

第13回現代俳句大賞受賞。

『**ドナルド・キーン：世界に誇る日本文学者の軌跡**』河出書房新社刊。

4月、北区：真言宗無量寺に「キーン家の墓」開眼供養。

6月、「石川啄木」を「新潮」に連載（2015年10月まで）。

9月、『**ドナルド・キーン　わたしの日本語修行**』（聞き書き：河路由佳）白水社刊。

11月、堤清二との対談『**うるわしき戦後日本**』PHP新書。

柏崎市名誉市民。京都名誉観光大使。

2015（平成27）年　93歳
1月、早稲田大学文学学術院に「角田柳作記念国際日本学研究所」開設。
10月10日、NHKスペシャル「私が愛する日本人へ：ドナルド・キーン　文豪との70年」放映。

2016（平成28）年　94歳
2月、『**石川啄木**』新潮社刊（英文版：***The First Modern Japanese: The Life of Ishikawa Takuboku***. New York: Columbia University Press, 2016）。

社より刊行開始。

東洋大学より名誉博士号。

2012（平成24）年　90歳

３月８日、日本国籍を取得、戸籍名「キーン ドナルド」、漢字表記「鬼怒鳴門」。

27日、上原誠己（62歳）と養子縁組。

瀬戸内寂聴との対談『**日本を、信じる**』中央公論新社刊。

４月30日、NHK-BSプレミアムで「100年インタビュー：日本文学研究者ドナルド・キーン」放映。

５月19日、東京都北区飛鳥山博物館で「ドナルド・キーン展：私の感動した日本」開催（６月24日まで）。

６月、第９回みなづき賞（件《くだん》の会）受賞。

８月、『**正岡子規**』新潮社刊（英文版：***The Winter Sun Shines In: A Life of Masaoka Shiki***. New York: Columbia University Press, 2013）。

９月、草加市により「ドナルド・キーン賞」創設。

９日、BS-TBSでドキュメント「日本人キーンドナルド『90歳を生きる』」放映。

早稲田大学より芸術功労者表彰。

10月、「ドナルド・キーンの東京下町日記」を東京新聞に連載（2019年３月まで70回）。

11月、トーストマスターズ・インターナショナル日本支部（District76）より第１回コミュニケーション・リーダーシップ賞受賞。

日本女子大学、二松学舎大学より名誉博士号。

2013（平成25）年　91歳

１月、東京：北区立中央図書館に蔵書788冊を寄贈、「ドナルド・キーン コレクションコーナー」開設。

2012年度日本ＰＲ大賞「パーソン・オブ・ザ・イヤー」賞受賞――東日本大震災を契機に多くの外国人が日本を離れる中、日本永住を決意し、震災で傷ついた多くの日本人に上演、三味線と語り：越後角太夫（上原誠己）。

7月、『**日本人の戦争：作家の日記を読む**』文藝春秋刊（英文版：***So Lovely a Country Will Never Perish: Wartime Diaries of Japanese Writers***. New York: Columbia University Press, 2010）。

2010（平成22）年　88歳

3月、ベルリン：ブランデンブルグ学士院での「三島由紀夫シンポジウム」に出席、「三島とラシーヌ」を講演。

10月、古浄瑠璃「越後国：柏崎　弘知法印御伝記」東京公演実行委員長。

第5回安吾賞（新潟市）受賞。

2011（平成23）年　89歳

1月、「正岡子規」を「新潮」に連載（12月まで）。

腎臓の機能低下による重症の痛風で築地の聖路加病院に3週間入院。

3月11日、東日本大震災のNHK配信映像を、ニューヨークの自宅テレビで終日見る。

東日本大震災、福島第一原発事故

4月22日、ニューヨークで日本国籍取得決意を表明。

26日、コロンビア大学名誉教授を退官、最終講義。

6月29日、NHK「クローズアップ現代」で「我が愛する日本へ：ドナルド・キーン89歳の決断」（聞き手：国谷裕子）放映。

8月、『**戦場のエロイカ・シンフォニー**』（聞き手：小池政行）藤原書店刊。

8月末、日本永住のためニューヨークの自宅マンションを引き払う。

9月1日、成田空港到着。11日、平泉：中尊寺、19日、仙台での東北復興シンポジウムで講演。

10月16日、BS-TBSでドキュメント「ドナルド・キーン先生日本人となる」放映。

12月、『**ドナルド・キーン著作集**』全15巻・別巻1、新潮会。コロンビア大学での教え子たちが参集。

10月、2006年度東京都名誉都民。東京都北区名誉区民。

11月、秋山虔、梅原猛、瀬戸内寂聴、千玄室らとともに「源氏物語千年紀」のよびかけ人となる。

「上方文化を遊ぶ」東京公演で浄瑠璃師：鶴澤淺造（本名：上原誠己）を知る。

オーティス・ケーリ死去（84歳）

2007（平成19）年　85歳

3月、『**渡辺崋山**』新潮社刊（英文版：***Frog in the Well: Portraits of Japan by Watanabe Kazan, 1793-1841***. New York: Columbia University Press, 2006)。

7月、『**私と20世紀のクロニクル**』中央公論新社刊（英文版：***Chronicles of My Life: An American in the Heart of Japan***. New York: Columbia University Press, 2008)。

12月、第1回重光葵国際親善賞受賞。

東洋大学客員教授。

杏林大学大学院国際協力研究科より名誉博士号。


エドワード・サイデンステッカー死去（86歳）

2008（平成20）年　86歳

3月、NARA万葉世界賞選考委員。

5月、日本ペンクラブ名誉会員。

11月、京都国際会議場での天皇、皇后臨席の「源氏物語千年紀記念式典」で「私の『源氏物語』」を講演。

文化勲章受章——日本の文学・文化を海外に紹介、欧米での日本文学研究の先導者として多くの研究者を育成したことにより。

リーマン・ショック

2009（平成21）年　87歳

5月、ロシア、スウェーデン、ノルウェイ、アイスランドを旅行。

6月、300年ぶりの復活上演を提案した古浄瑠璃「越後国：柏崎 弘知法印御伝記」が越後猿八座により柏崎で初

第56回毎日出版文化賞（人文・社会部門）受賞——『明治天皇』により。

Emperor of Japan が Los Angeles Times Book Review で ‘the Best Books of 2002’ に。

京都産業大学より名誉博士号。

2003（平成15）年　81歳

1月、丸の内：東京会館で「文化功労者と毎日出版文化賞をお祝いする会」。河合隼雄、丸谷才一、河野多恵子、山崎正和、庄司薫、徳岡孝夫ら120人が出席。

The Breaking Jewel（小田実『玉砕』）を New York: Columbia University Press より翻訳刊行。

『足利義政：日本美の発見』中央公論新社刊（英文版：***Yoshimasa and the Silver Pavilion: The Creation of the Soul of Japan***. New York: Columbia University Press, 2003）。

イラク戦争～

4月、**『明治天皇を語る』**新潮新書。

The PEN/Ralph Manheim Medal（for Translation）受賞。

2004（平成16）年　82歳

2月、瀬戸内寂聴＋鶴見俊輔との鼎談**『同時代を生きて：忘れえぬ人びと』**岩波書店刊。

2005（平成17）年　83歳

1月、「渡辺崋山」を「新潮」に連載（2006年2月まで）。

2月、**『私の大事な場所』**中央公論新社刊。

2006（平成18）年　84歳

1月、「私と20世紀のクロニクル」を読売新聞・土曜版に連載（12月まで）。

2月、ニューヨーク：ドナルド・キーン日本文化センターで、*Anthology of Japanese Literature* 出版50周年記念

1999（平成11）年　77歳

2-4月、コロンビア大学で、川端、谷崎、安部、三島について連続公開講座（英文版：***Five Modern Japanese Novelists***. New York: Columbia University Press, 2003／和訳版：**『思い出の作家たち』**新潮社、2005）。

コロンビア大学構内に日本文学研究学生のための奨学金機構「ドナルド・キーン財団」設立、理事長に。

3月、フィレンツェでの日本と東アジア：国際研究会議で、'The First Japanese Tourist in Italy' を講演。

徳島県宍喰町立図書館（現、海陽町立宍喰図書館）開館に合わせ蔵書2000冊を寄贈、「ドナルド・キーン文庫」開設。

11月、東京外国語大学より名誉博士号。

2000（平成12）年　78歳

10月、敬和学園大学（新潟）より名誉文化博士号。

永井道雄死去(77歳)

2001（平成13）年　79歳

4月、「足利義政と銀閣寺」を「中央公論」に連載（2002年3月まで、角地幸男訳）。

8月14日、NHKスペシャル「戦争を知らない君たちへ」シリーズで「沖縄・捕虜たちとの対話：ドナルド・キーンの問う日本」放映。

9月、九州龍谷短期大学（佐賀県鳥栖市）客員教授。

米同時多発テロ

10月、**『明治天皇』**上下巻、新潮社刊（英文版：***Emperor of Japan: Meiji and His World, 1852-1912***. New York: Columbia University Press, 2002）。

2002（平成14）年　80歳

3月、スペイン：サラマンカ大学日西センターで「世界の中の日本」をスペイン語で講演。

10月、文化功労者に選出――日本文学・文化の海外への伝道者として。

1996（平成8）年　74歳

４月、ニューヨーク：ドナルド・キーン日本文化センターで「安部公房シンポジウム」開催。日本から辻井喬（堤清二）、河野多恵子、井川比佐志、山口果林らが参加。

６月、***The Blue-Eyed Tarōkaja.*** New York: Columbia University Press 刊。

10月、松尾芭蕉『**対訳：おくのほそ道**（***The Narrow Road to Oku***）』を講談社インターナショナルより翻訳刊行（切り絵：宮田雅之）。

The Japan Society of Northern California より名誉賞。

東京都北区から「北区アンバサダー（PR大使）」に任命。

しずおか世界翻訳コンクール審査委員長（2009年まで）。

司馬遼太郎死去（72歳）

1997（平成9）年　75歳

５月、コロンビア大学より名誉博士号。

６月、大阪青山短期大学に「ドナルド・キーン日米学生日本文学研究奨励賞」創設、選考委員長に。

東北大学より名誉博士号。

嶋中鵬二死去（74歳）

1998（平成10）年　76歳

１月、1997年度朝日賞（人文科学部門）受賞──『日本文学の歴史』全18巻完結など多年の功績により。

３月、『**対訳：竹取物語**（***The Tale of the Bamboo Cutter***）』（現代語訳：川端康成、切り絵：宮田雅之）を講談社インターナショナルより翻訳刊行。

One Hundred Sacks of Rice（山本有三の戯曲『米百俵』）を長岡市米百俵財団より翻訳刊行。

長岡市国際親善名誉市民。

クルーズ客船「飛鳥」でニューヨークから西インド諸島、メキシコまで２週間乗船（以後、ほぼ毎年乗船）。

11月、早稲田大学演劇博物館フォーラムで「近松と私」を講演。早稲田大学より名誉博士号。

司馬遼太郎賞選考委員（2010年まで）。

化」を講演。

日本女子大学客員教授（1994年まで）。

草加市：奥の細道文学賞選考委員（2007年まで）。

11月、ニューヨーク日本商工会議所より日米特別功労賞。

12月、『**声の残り：私の文壇交遊録**』朝日新聞社刊。

1993（平成5）年　71歳

Three Plays. *by Kōbō Abe*（安部公房の戯曲『未必の故意』『緑色のストッキング』『幽霊はここにいる』）を New York: Columbia University Press より翻訳刊行。

２月、第44回（平成４年度）NHK放送文化賞受賞。

４月、勲二等旭日重光章受章。

６月、***Seeds in the Heart: Japanese Literature from Earliest Times to the Late Sixteenth Century.*** New York: Henry Holt and Company 刊（和訳版：『**日本文学の歴史：古代・中世篇**』全６巻、土屋政雄訳、中央公論社、1994-1995）。

10月、『**日本語の美**』中央公論社刊。

11月、『**このひとすじにつながりて**』朝日選書。

安部公房死去（68歳）

1994（平成6）年　72歳

１月、***On Familiar Terms: A Journey Across Cultures.*** Tokyo: Kodansha International 刊。

11月、第２回井上靖文化賞受賞。

大江健三郎、ノーベル文学賞受賞

1995（平成7）年　73歳

１月、「明治天皇」を「新潮45」に連載（2000年４月まで、角地幸男訳）。

４月、ヴェネチアでの谷崎潤一郎国際シンポジウムで「海外における谷崎文学」を講演。

ミドルベリー大学（Vermont）より名誉博士号。

東京アメリカンクラブより功労賞。

阪神・淡路大震災
地下鉄サリン事件

sunday edition に連載（92年２月まで）。

講演録集『**古典を楽しむ：私の日本文学**』朝日選書。

３月、『**日本人の美意識**』中央公論社刊。

６月、日本学士院客員に選出。

９月、外国人として初の谷崎賞選考委員（第26-33回）。

野間文芸翻訳賞（講談社）選考委員。

セント・アンドリューズ大学（North Carolina）より名誉博士号。

11月、パリ：コレージュ・ド・フランスで日本の日記文学について４回にわたりフランス語で講義。

エドウィン・ライシャワー死去（79歳）

1991（平成3）年　69歳

３月、1990年度全米批評協会（National Book Critics Circle）Ivan Sandrof 賞受賞――日本文学の魅力を英語圏読者に紹介した最功労者として。

学習院大学客員教授。朝日新聞社友。

９月、第２回福岡アジア文化賞（芸術・文化賞）受賞。

中国：杭州大学（現、浙江大学）で客員教授として４回にわたり日本語で「日本文学」を講義（『**日本文学は世界のかけ橋**』たちばな出版、2003. に収録）。

湾岸戦争
バブル経済崩壊

1992（平成4）年　70歳

３月、コロンビア大学を定年退官。ニューヨークでの退任記念パーティーに永井道雄、司馬遼太郎ら200人が出席。以後、名誉教授として無給で講義を持つ。

４月、司馬遼太郎との対談『**世界のなかの日本：十六世紀まで遡って見る**』中央公論社刊。

NHK人間大学（教育テレビ）で『日本の面影』と題し13回にわたり放送。

６月、有楽町：朝日スクエアで「ドナルド・キーンさんを励ます会」。司馬遼太郎、大江健三郎、大庭みな子、大岡信、辻邦生、小西甚一、北杜夫、梅原猛らが出席。

７月、富山県民生涯学習夏期講座で「世界のなかの日本文

８月、日本近代文学館主催「夏の文学教室」で「ローマ字でしか書けなかった啄木の真実」を講演。

10月、「続 百代の過客：日記にみる日本人」を朝日新聞・夕刊に連載（1987年10月まで）。

松山市立子規記念博物館開館５周年記念講演会で「外国人と俳句」を講演。

コロンビア大学に「ドナルド・キーン日本文化センター」設立（初代所長バーバラ・ルーシュ）。

1987（昭和62）年　65歳

１月、**『二つの母国に生きて』**朝日選書。

第３回東京都文化賞受賞。

５月、京都：国立国際日本文化研究センター発足、専任教授として共同研究「江戸時代の外国文化の受容と変容」を主宰（1988年まで）。

1988（昭和63）年　66歳

１、２月、**『続 百代の過客：日記にみる日本人』**上下巻、朝日選書（英文版：***Modern Japanese Diaries***. New York: Henry Holt and Company, 1995）。
10月、福井県武生市での第１回源氏物語アカデミーに出席、講演。瀬戸内寂聴を知る。

11月、埼玉県草加市での第１回奥の細道国際シンポジウムで「『おくのほそ道』の世界」を講演。

1989（昭和64－平成1）年　67歳

７月、コロンビア大学より最高教授職「ユニバーシティ・プロフェッサー」に任命。
昭和天皇崩御
11-12月、ローマ大学で客員教授として日本文学についてイタリア語で講義。
ベルリンの壁崩壊

1990（平成2）年　68歳

１月、'Invitation to Japan' を Asahi Evening News:

9月、中国シルクロード（トルファン、敦煌）旅行。
国際交流基金賞受賞——国際相互理解と文化交流における永年の貢献により。

1984（昭和59）年　62歳

4月、***Dawn to the West: Japanese Literature of the Modern Era.*** New York: Holt, Rinehart and Winston刊（和訳版：**『日本文学史：近代・現代篇』**全8巻、徳岡孝夫他訳、中央公論社、1984-1992）。
7、8月**『百代の過客：日記にみる日本人』**上下巻、朝日選書（英文版：***Travelers of a Hundred Ages.*** New York: Henry Holt and Company, 1989）。
9月、盛岡での「東北文化シンポジウム　平泉」で「ひらいずみ文化私観」を講演。

国立民族学博物館主催「日本文化研究に関する調査研究」研究会で「海外に於ける日本研究」を講演。

父ジョセフ、フロリダ州で死去（86歳）

1985（昭和60）年　63歳

第36回読売文学賞（評論・伝記部門）、第17回日本文学大賞（学芸部門）受賞——『百代の過客』により。

コロンビア大学大学院学部教授会より優秀賞（Award for Excellence）受賞。

11月、日本外国特派員協会で‘Cosmopolitans: The Japanese Way’について英語講演。

1986（昭和61）年　64歳

春、「日本の美学」などのテーマでニューヨーク市立図書館ほかで連続講演（英文版：***The Pleasures of Japanese Literature.*** New York: Columbia University Press, 1988／和訳版：**『古典の愉しみ』**大庭みな子訳、JICC出版局、1992）。

5月、アメリカン・アカデミー正会員（文学部門）に選出。

6月、**『少し耳の痛くなる話』**新潮社刊。

チェルノブイリ原発事故

５月、『**日本を理解するまで**』新潮社刊。

９月、『**日本文学のなかへ**』文藝春秋刊。

日米友好基金日本文学翻訳賞（ニューヨーク：ジャパンソサイティ）選考委員。

1980（昭和55）年　58歳
１月、紀行文集『**日本細見**』中央公論社刊。
６月、『**音楽の出会いとよろこび**』音楽之友社刊。
10月、北京国際倶楽部で「日本文学の特質」を講演。

イラン・イラク戦争～

1981（昭和56）年　59歳
コロンビア大学日本文学講座「新潮チェア」に任命。

国際交流基金の依頼により日本外務省主催のヨーロッパ講演旅行（イギリス、デンマーク、フィンランド、ポーランド、ソ連）。

５月、『**私の日本文学逍遥**』新潮社刊。

９月、『**ついさきの歌声は**』中央公論社刊。

1982（昭和57）年　60歳
５月、日本永住資格を取得。
７月、シンポジウム「緑と文明」で司馬遼太郎を知る。
９月、日本ペンクラブ入会。
10月、司馬遼太郎の推薦により朝日新聞社客員編集委員（1992年まで）。

1983（昭和58）年　61歳
２月、第１回山片蟠桃賞（大阪府）受賞――西鶴、近松を世界に紹介した功績により。

４月、「ドナルド・キーンの日本診断」をリーダーズ・ダイジェスト日本語版に連載（1986年２月まで、塩谷紘訳）。

６月、『**日本人の質問**』朝日選書。

７月、「百代の過客：日記にみる日本人」を朝日新聞・夕刊に連載（1984年４月まで、金関寿夫訳）。

大阪、金沢、仙台、札幌での日米交流委員会主催、日米フォーラムに出席、日米相互理解について講演。

10月、***World Within Walls: Japanese Literature of the Pre-Modern Era, 1600-1867***（『日本文学史：近世篇』）、New York: Holt, Rinehart and Winston 刊（和訳版：**『日本文学史：近世篇』**上下巻、徳岡孝夫訳、中央公論社、1976-1977）。

1977（昭和52）年　55歳

5月、**『ドナルド・キーンの音盤風刺花伝』**音楽之友社刊。

6月、国立国文学研究資料館・国際日本文学研究集会委員会委員（1987年まで）。

7月、新潮文化講演会で連続講演（12月まで6回）。

8月、第4回九州国際文化会議で「現代日本文学の特徴とその背景」を講演。

吉田健一死去（65歳）

10月、国文学研究資料館で「日本文学史について」講演。

11月、**『日本文学を読む』**新潮選書。

1978（昭和53）年　56歳

2月、コロンビア大学の教授アパート Riverside Drive 445に転居、コロンビア大学の教授になったサイデンステッカーと春・秋、交互に居住、授業も春・秋、交互に担当。

6月、東北大学文学部特別招聘教授として、谷崎、川端、三島、安部などについて公開講義（11月まで）。

日中平和友好条約

ケンブリッジ大学より文学博士（Doctor of Letters）号（授与式は1981年、同大学で）。

1979（昭和54）年　57歳

3月、対談集**『日本の魅力』**中央公論社刊（円地文子、河上徹太郎、山崎正和、加藤周一、井上ひさし、梅棹忠夫、福田恆存、永井道雄、安部公房、三島由紀夫、小西甚一、大岡昇平、篠田一士、丸谷才一、星新一、辻邦生らとの対談・鼎談を収録）。

士』中央公論社刊。

８月、伊勢「お白石持ち祭り」に参加。

『生きている日本』（***Living Japan***. 1959）朝日出版社刊。

京都・相国寺における日米合同会議「室町時代――その社会と文化」で「連歌における滑稽の伝統」を講演。

10月、日本航空外国人職員向け英文社内報「OHZORA」に、京都、金沢、伊勢、萩、弘前、桜井、宇治、長崎、福岡、奈良、函館、下田の紀行文を連載（1974年９月まで）。

オイルショック

1974（昭和49）年　52歳

１月、「ドナルド・キーンの日本文学散歩」を「週刊朝日」に連載（1975年９月まで、篠田一士訳）。

10月、東京都北区西ヶ原1-40-10-707に転居。

1975（昭和50）年　53歳

２月、勲三等旭日中綬章受章。

文部省の文明問題懇談会専門委員。

12月、**『日本文学散歩』**朝日選書（英文版：***Some Japanese Portraits***. Tokyo: Kodansha International, 1978）。

The Man Who Turned into a Stick（安部公房の戯曲『棒になった男』）を Tokyo: University of Tokyo Press より翻訳刊行。

オーティス・ケーリ編 ***War-Wasted Asia: Letters,1945-46***. Tokyo: Kodansha International 刊（和訳版：**『昨日の戦地から：米軍日本語将校が見た終戦直後のアジア』**中央公論新社、2006）。

1976（昭和51）年　54歳

１月、「ドナルド・キーンの音盤風刺（姿）花伝」を「レコード芸術」に連載（12月まで、中矢一義訳）。

９月６日より10日までNHKテレビ：女性手帳で「日本と文学とわたし」を語る。

アイヴァン・モリス死去（50歳）

Chūshingura: The Treasury of Loyal Retainers（竹田出雲ほか作『仮名手本忠臣蔵』）を New York: Columbia University Press より翻訳刊行。

６月、東京都文京区西片町1-13-6-901にマンション購入（日本滞在：６月－翌年１月期）。

８月、ロンドンの文芸紙‘Times Literary Supplement’の〈Japanese literature〉特集号に、‘Mishima and the Modern Scene（三島由紀夫と日本の現況）’を寄稿。

９月、***Landscapes and Portraits: Appreciations of Japanese Culture*** を、Tokyo: Kodansha International より刊行。14日、有楽町：アラスカで同書の出版記念会。川端康成、石川淳、宇野千代、大江健三郎らが出席、司会：篠田一士。

10月、「日本との出会い」を東京新聞に連載（12月28日まで、篠田一士訳）。

11月、徳岡孝夫とともに奈良、倉敷、松江、津和野と三島由紀夫追悼の旅。

司馬遼太郎と奈良、京都、大阪で対談（『**日本人と日本文化**』中公新書、1972)。

1972（昭和47）年　50歳

１月、「日本文学を読む」を「波」に日本語で連載（1977年６月まで）。

２月、『**日本の作家**』中央公論社刊。

６月、『**日本との出会い**』中央公論社刊。

11月、日本ペンクラブ主催「日本文化研究国際会議」で「中国文学との関係における日本文学」を講演。

川端康成死去（72歳）
沖縄返還

1973（昭和48）年　51歳

３月、大岡昇平との対談『**東と西のはざまで**』朝日出版社刊。

５月、安部公房との対談『**反劇的人間**』中公新書。

７月、徳岡孝夫との共著『**悼友紀行：三島由紀夫の作品風**

Madame de Sade（三島由紀夫の戯曲『サド侯爵夫人』）を New York: Grove Press より翻訳刊行。

1968（昭和43）年　46歳

4月、コロンビア大学で学生ストライキ。自宅で講義。
夏、増補版『日本人の西洋発見』のため「北方の探検者」を軽井沢で執筆（芳賀徹の訳で、12月、中公叢書）。

パリ五月革命

8月末、初めてソ連訪問。レニングラード（現、サンクト-ペテルブルク）で日本文学研究者イリーナ・リヴォーヴァと会う。

川端康成、ノーベル文学賞受賞

1969（昭和44）年　47歳

第2回国際出版文化賞（出版文化国際交流会）受賞――『文楽』により。
Friends（安部公房の戯曲『友達』）を New York: Grove Press より翻訳刊行。
アイヴァン・モリスをコロンビア大学日本語・日本文学教授に推挙。

司馬遼太郎『坂の上の雲』

1970（昭和45）年　48歳

6月、***Twenty Plays of the Nō Theatre***（『謡曲20選』）を New York: Columbia University Press より編集刊行（『道成寺』を翻訳収録。教え子のロイヤル・タイラー、スタンレー・H・ジョーンズ、ジャニーン・バイチマンらの翻訳を監修）。

大阪万博

11月25日、三島由紀夫の自決を、ニューヨークの自宅で深夜、日本人記者からの取材電話で知る。

三島由紀夫死去（45歳）

1971（昭和46）年　49歳

1月、New York Times Book Review に 'Mishima'（和訳「三島由紀夫における『菊と刀』」）を発表。
オーストラリア・キャンベラ国立大学での第28回国際東洋学会で 'Mishima Yukio' を講演。

（序文：谷崎潤一郎、写真：金子弘）、Tokyo: Kodansha International 刊（和訳版：『**文楽**』吉田健一訳、講談社、1966）。
フランス南部での'65フォルメントール国際文学賞選考会に嶋中鵬二と出席、三島由紀夫『宴のあと』を推挙。

谷崎潤一郎死去（79歳）

1966（昭和41）年　44歳

1月、プエリト・リコでの第5回日本近代化研究会議「日本文化における伝統と近代化」に出席。伊藤整、永井道雄、芳賀徹らと交流。

学園紛争～

夏、軽井沢の山荘で『徒然草』を翻訳。
Nō: The Classical Theatre of Japan（序文：石川淳、写真：金子弘）、Tokyo: Kodansha International 刊。

アーサー・ウエーリ死去（76歳）

宝生英雄を団長とする宝生流能楽団のアメリカ、メキシコ公演をプロデュース。9月24日より11月12日までの50日間、ハワイ大学、ヴァージニア大学、ハーヴァード大学、カリフォルニア大学など32カ所で『隅田川』『通小町』『清経』などを36回上演。延べ観客数30,000人。
Death in Midsummer, and other stories（三島由紀夫『真夏の死その他』、New York: New Directions）に『橋づくし』『道成寺』『女方』を翻訳収録。

1967（昭和42）年　45歳

4月、チュニジア・チュニスでの'67フォルメントール国際文学賞選考会に嶋中鵬二、佐伯彰一と出席。三島由紀夫『午後の曳航』『真夏の死その他』、安部公房『他人の顔』を推挙するが、『真夏の死その他』が次点に。
8月、メキシコシティ：コレヒオ・デ・メヒコで日本文学を連続講義。
Essays in Idleness: The Tsurezuregusa of Kenkō（『徒然草』）を New York: Columbia University Press より翻訳刊行。Van Ameringen Distinguished Book Award 受賞。

現代日本文学の翻訳による海外への紹介の功績により。アメリカ大使館でのライシャワー大使主催の祝宴に、嶋中鵬二、三島由紀夫、吉田健一、文藝春秋の佐佐木茂索、池島信平、德田雅彦が出席。

キューバ危機

1963（昭和38）年　41歳

２月、『**日本の文学**』（*Japanese Literature: An Introduction for Western Readers* の和訳版、吉田健一訳、解説：三島由紀夫）、筑摩書房刊。

３月、The Center for Japanese Studies of University of Michigan で ‘Modern Japanese Poetry’ について講演。

After the Banquet（三島由紀夫『宴のあと』）を New York: Alfred A. Knopf より翻訳刊行。

初夏、アフリカ・象牙海岸（コートジボアール）、ガーナ、ナイジェリア、マダガスカル、モーリシャスを講演旅行。ナイジェリア：イバダン大学で狂言を舞う。後のノーベル賞受賞作家、ウォレ・ショインカを知る。

７、８月、谷崎潤一郎、川端康成、伊藤整、高見順、三島由紀夫、大岡昇平らとともに中央公論社版『日本の文学』全80巻の編集委員会に出席。

ケネディ大統領暗殺

1964（昭和39）年　42歳

１月、インド・ニューデリーでの国際東洋学会に出席。

中央公論社主催の講演旅行で大江健三郎を知る。

５月、オーストリア・ザルツブルクでの’64フォルメントール国際文学賞選考会に出席、三島由紀夫『宴のあと』を推挙するが、次点に。

大江健三郎『個人的な体験』

７月、長野県北佐久郡軽井沢町大字長倉に別荘地を購入。

10月、『砂の女』英訳版出版でニューヨーク滞在中の安部公房を知る。

東京オリンピック
角田柳作死去（86歳）

1965（昭和40）年　43歳

Bunraku: The Art of the Japanese Puppet Theatre

ヴェトナム戦争激化

10月、火野葦平とニューヨークのレストランで会食。

1959（昭和34）年　37歳

Living Japan（『生きている日本』）、New York: Doubleday & Company 刊。
10月、ヴァージニア大学で、‘Modern Japanese Novels and the West’について講演。

1960（昭和35）年　38歳

コロンビア大学東洋学部日本語・日本文学教授に就任。
安保闘争
夏、京都で近松浄瑠璃の翻訳に専念。
秋、ニューヨーク滞在中の伊藤整と日本レストランで対談。

1961（昭和36）年　39歳

1月、***Major Plays of Chikamatsu***（『近松門左衛門傑作集』）をNew York: Columbia University Press より翻訳刊行（『曽根崎心中』『堀川波鼓』『丹波与作』『心中万年草』『冥途の飛脚』『国性爺合戦』『鑓の権三』『寿門松』『博多小女郎浪枕』『心中天網島』『女殺油地獄』11編を翻訳して収録）。
The Old Woman, the Wife, and the Archer: Three Modern Japanese Short Novels（深沢七郎『楢山節考』、宇野千代『おはん』、石川淳『紫苑物語』）を New York: Viking Press より翻訳刊行。
秋、東京・原宿に滞在。早稲田大学演劇科の鳥越文蔵とともに、金春流の桜間道雄に謡曲『橋弁慶』『熊野』を習う。
12月、フィリピン、ヴェトナム、カンボジア、ビルマ（現、ミャンマー）、インド、レバノン、キプロスを旅行。

1962（昭和37）年　40歳

2月、ロンドン着。アーサー・ウエーリと再会。
ニューヨークの母リナ、喘息により死去（63歳）。
安部公房『砂の女』
第10回菊池寛賞（日本文学振興会）受賞——古典ならびに

Japanese Music and Drama in the Meiji Era（小宮豊隆編『明治文化史』）を Tokyo: Obunsha よりサイデンステッカーと共訳刊行。

石川淳『紫苑物語』

1957（昭和32）年　35歳

2月、**『日本人の西洋発見』**東京：錦正社版刊。

深沢七郎『楢山節考』

4月、永井道雄と台湾旅行。

宇野千代『おはん』

7月、サラトガスプリングスの［ヤドー（Yaddo）］で小説を執筆。

Five Modern Nō Plays（三島由紀夫の戯曲『近代能楽集――卒塔婆小町、綾の鼓、邯鄲、葵上、班女』）を New York: Alfred A. Knopf より翻訳刊行。

ニューヨーク滞在中の三島由紀夫の『近代能楽集』上演に奔走。

9月、第29回国際ペンクラブ東京大会にジョン・スタインベック、ドス・パソスらアメリカ代表団の一員として参加、各国若手作家の日本留学を提言。

イタリアの作家アルベルト・モラヴィア、イギリスの文芸誌編集者スティーヴン・スペンダーらを京都案内。

10月、**『碧い眼の太郎冠者』**中央公論社刊（序文：谷崎潤一郎）。

11月、アルゼンチンの雑誌‘Sur’で主宰者：ビクトリア・オカンポ、オクタビオ・パス、日系二世のカズヤ・サカイと共に「日本文学特集」を編集。

1958（昭和33）年　36歳

Sources of Japanese Tradition（角田柳作の日本思想史の講義ノートを元にテッド・ドバリーとともに編集）を New York: Columbia University Press より刊行。

No Longer Human（太宰治『人間失格』）を New York: New Directions より翻訳刊行。

5月、ニューヨーク滞在の大佛次郎を、クノップ社編集長ハロルド・ストラウスとメトロポリタン美術館などに案内。

葉集』、空海『請来目録』、『古今集』、『新古今集』、鴨長明『方丈記』、世阿彌『花伝書』、宗祇・肖柏・宗長『水無瀬三吟』、松尾芭蕉『おくのほそ道』『幻住庵記』、向井去来『去来抄』、近松門左衛門『曽根崎心中』等を翻訳して収録)。初版2,000部。

12月、*Anthology of Japanese Literature*、重版(以後、現在まで版を重ねる)。

フォービアン・バワーズ夫妻の自宅パーティーに招かれ、メキシコの詩人、オクタビオ・パス(のちノーベル文学賞受賞)を知る。

日本ブーム

1956(昭和31)年　34歳

1月、『竹取物語』(*The Tale of Bamboo Cutter*)をMonumenta Nipponica(上智大学)、11巻4号に翻訳掲載。

6月、***Modern Japanese Literature: an anthology***(『日本文学選集:近現代篇』)をNew York: Grove Pressより編集刊行(河竹黙阿彌『島衛月白浪』、坪内逍遥『小説神髄』、二葉亭四迷『浮雲』、永井荷風『すみだ川』、島崎藤村「千曲川旅情の歌」、北原白秋「邪宗門秘曲」、高村光太郎「根付の国」、石川啄木『ローマ字日記』、横光利一『時間』、萩原朔太郎「夜汽車」「猫」「有害なる動物」「小出新道」、宮沢賢治「詩編1063」、中野重治「歌」、北川冬彦「春雪」「早春」、中原中也「朝の歌」「臨終」、太宰治『ヴィヨンの妻』等を翻訳して収録)。

三島由紀夫『近代能楽集』

夏、Newsweek誌の依嘱を受けて来日、第五福竜丸、石原慎太郎『太陽の季節』などの取材記事を執筆。

9月13日、品川:喜多能楽堂での「ドナルド・キーン氏歓送会」で狂言『千鳥』の太郎冠者を演じる。主:梅原楽狂、酒屋:武智鉄二。谷崎潤一郎、川端康成、三島由紀夫、吉田健一、伊藤整、安倍能成、山本健吉、舟橋聖一、丸岡明、森田たま、松本幸四郎(八代目)、野村万作らが観劇。

日ソ共同宣言調印

The Setting Sun(太宰治『斜陽』)をNew York: New Directionsより翻訳刊行。

12月、同志社大学徳昭館で日本語での初の講演。

1954（昭和29）年　32歳

2月、「西欧人の源氏物語の観賞」を日本語で執筆、「文学」に掲載。

5月、『蓼喰ふ虫』のサイデンステッカー訳稿を持参して下鴨の谷崎潤一郎を訪問。

8月、永井道雄の紹介で中央公論社社長の嶋中鵬二を知る。

日本ペンクラブ会長の川端康成に『日本文学選集：近現代篇』出版の助力を乞う。

11月、三島由紀夫（29歳）と東京：歌舞伎座で会う。

京都：金剛能楽堂で狂言『末広』の大名役を演じる。谷崎松子、茂山千之丞、武智鉄二らが観劇。楽屋を訪れたアイヴァン・モリスを知る。

1955（昭和30）年　33歳

1月、「中央公論」に「紅毛文芸時評」を日本語で連載。

2月、吉田健一の招きで「鉢の木会」に出席、石川淳、河上徹太郎、大岡昇平、福田恆存、中村光夫らを知る。

4月、日本ペンクラブ例会（東京・銀座）にサイデンステッカーとともに出席。ハワイでの捕虜、堀川潭の紹介で伊藤整を知る。

「おくのほそ道」を紀行。白河の関、多賀城、松島、中尊寺、鳴子、立石寺、大石田、象潟、金沢、小松を辿る。

長崎、博多を旅行、The Manchester Guardian 紙に取材記事を寄稿。

5月、嶋中鵬二と谷崎潤一郎を訪ね、志賀直哉と会う。

9月、ニューヨークに戻り、コロンビア大学助教授として日本文学を講義。コロンビア大学の教授アパートRiverside Drive 560に居住。

Anthology of Japanese Literature: From the Earliest Era to the Mid-Nineteenth Century（『日本文学選集：古典篇』）を New York: Grove Pressより編集刊行（『万

大佛次郎『帰郷』英訳版出版

The Japanese Discovery of Europe: Honda Toshiaki and Other Discoverers, 1720-1798（『日本人の西洋発見』）、London: Routledge and Kegan Paul 刊。

６月、コロンビア大学東アジア研究所初代所長ジョージ・サンソムの自宅訪問。

1953（昭和28）年　31歳

Japanese Literature: An Introduction for Western Readers（『日本の文学』）、London: John Murray 刊（以後、日本語版、スペイン語版、イタリア語版、ドイツ語版、ギリシャ語版、ルーマニア語版刊行）。

NHKテレビ本放送

５月、'The Far Eastern Quarterly'（「遠東季刊」）に発表した *Jōdai bungaku shi: a history of ancient literature.* by Sasaki Nobutsuna（「佐佐木信綱著『上代文学史』評」、1952.08）が、「文学」（岩波書店）に同誌編集者の玉井乾介訳で無断掲載（日本デビュー作）。

訪英中の皇太子（のち天皇明仁）の通訳としてケンブリッジ大学構内を案内。

６月、フォード財団の奨学金を得て（研究テーマ「現代日本に残る古典文学の伝統」）、エジプト、インド、セイロン（現、スリランカ）、シンガポール、インドネシア、タイ、カンボジアを旅行。

８月、京都着。青島での友人、横山正克宅に逗留。

９月、同志社大学教授オーティス・ケーリの紹介で京都市東山区今熊野南日吉町23の無賓主庵（奥村綾子管理）に下宿。この下宿で永井道雄（のち文部大臣）を知る。

10月、京都大学国文科大学院で野間光辰教授の講義を受講。

伊勢神宮式年遷宮に参列。

11月、金剛能楽堂で『船弁慶』、南座で250年ぶりに復活上演された歌舞伎『曽根崎心中』（お初：二代目中村扇雀）を観劇。

智積院の西崎照明に書を、大蔵流宗家の茂山千之丞に狂言を習う。

９月、ハーヴァード大学大学院へ転学。マサチューセッツ州ケンブリッジ市ファーウェル・プレスに居住。日本学者セルゲイ・エリセーエフ、エドウィン・ライシャワー（のち駐日大使）の講義を受ける。

太宰治『斜陽』

1948（昭和23）年　26歳

９月、ケンブリッジ大学へのヘンリー奨学基金を得、フランス、ベルギー、オランダを旅してイギリスへ渡る。

ケンブリッジ大学構内のコルプス・クリスティ・カレッジに居住、日本語・韓国語講師を務める。

バートランド・ラッセル、E.M.フォースターらと交流。

12月、イタリアを旅行。ミラノで、執筆中の博士論文を盗まれる。

谷崎潤一郎『細雪』

1949（昭和24）年　27歳

１月、アーサー・ウエーリに初めて会う。以後、親交。

メアリー・ディキンズの自宅に寄宿。スペイン旅行。

1951（昭和26）年　29歳

ケンブリッジ市パークプレイス19の集合住宅を、ハンガリー系フランス人デニス・シノーと共同購入。

The Battles of Coxinga: Chikamatsu's Puppet Play, Its Background and Importance（近松門左衛門『国性爺合戦』の研究）、London: Taylor's Foreign Press 刊。

これにより９月11日、コロンビア大学文学博士号を取得。

オランダ・ライデン大学でシーボルトらの東洋学資料を研究。国際東洋学会参加のためフランス、イタリア、ユーゴスラヴィア、ギリシャからトルコ・イスタンブールまで旅行。途次、谷崎潤一郎の『細雪』を耽読。

対日講和条約調印

1952（昭和27）年　30歳

春、ケンブリッジ大学で「日本の文学」を５回連続講義、聴講生10人余。

川端康成『千羽鶴』
大岡昇平『野火』

ベートーヴェン作曲「英雄交響曲（エロイカ）」のレコードを日本人捕虜と聴く。捕虜の中に小柳胖《ゆたか》（のち新潟日報社長）、同盟通信記者、高橋義樹（筆名：堀川潭）がいた。

1945（昭和20）年　23歳

3月、グアム、サモア、レイテ島を経て、沖縄近海で神風特攻機に遭遇。

東京大空襲

4月1日、沖縄に上陸、陸軍部隊司令部第96師団に所属、大尉に昇格。

砲撃戦下、普天間の兵舎でラシーヌの『フェードル』耽読。

7月27日、ホノルルへ帰還。

8月6日、広島への原爆投下を知る。

15日、グアム島で昭和天皇の玉音放送を聴く。

ポツダム宣言受諾

10月、海兵隊第6師団司令部情報局大尉として中国・青島《チンタオ》で日本兵の戦犯調査任務。一時、ナチス調査のため済南《ジーナン》に赴く。

11月、戦犯調査にいたたまれず除隊を申請。

12月、ハワイの原隊への帰路、焼け野原の東京に1週間滞在。戦地で親しくなった日本人捕虜たちから託された手紙を懐に、四谷、吉祥寺、鵠沼、鎌倉を訪れる。

離日前に日光東照宮を見物。

木更津から航路ハワイ経由、21日、サンフランシスコ着。

1946（昭和21）年　24歳

1月9日、ニューヨークに帰還。20日、海軍を除隊。

2月、退役軍人奨学金を得てコロンビア大学大学院に入学。角田柳作のもとで日本の歴史、思想、文学を学び、『源氏物語 須磨、明石の巻』『枕草子』『徒然草』『松風』『おくのほそ道』『国性爺合戦』『好色五人女』などを読む。

日本国憲法公布

1947（昭和22）年　25歳

2月26日、「本多利明論」で大学院修士号を取得。

6月、イエール大学夏期講座で中国語会話を学ぶ。

横浜生まれのポール・ブルーム（のちCIA初代東京支局長）とともに日系二世の猪俣忠から日本語を学習。

９月、角田柳作《つのだりゅうさく》のもとでたった一人の学生として日本思想史を受講。

12月７日、日本軍ハワイ真珠湾襲撃。角田柳作、「敵性外国人」として逮捕（翌年3月までエリス島に抑留）。

日米開戦

1942（昭和17）年　20歳

２月25日、コロンビア大学より学士号取得。

同２月、日米開戦に伴ってカリフォルニア大学（バークレー）に開設されたアメリカ海軍日本語学校に第２期生として入学、海軍寄宿舎に居住。海軍少尉に任官。

６月、コロラド大学（ボールダー）に移転。

長沼直兄編『標準日本語読本』をテキストに日本語を習得。教師はアメリカ人宣教師や坂井米夫ら日系人。クラスメートにオーティス・ケーリ（のち同志社大学名誉教授）、デヴィッド・オズボーン（のち駐日公使）、テッド・ドバリー（のちコロンビア大学教授）がいた。７カ月後、エドワード・サイデンステッカー入学。

1943（昭和18）年　21歳

１月15日、海軍日本語学校卒業。翌月、海軍中尉としてハワイ・ホノルルの太平洋艦隊司令部陸海軍情報局に配属、日本語文書の解読、日本兵捕虜の尋問、通訳官任務。

５月、日本軍が玉砕した直後のアッツ島に上陸。

８月、キスカ島に上陸。

９月、ホノルルに帰還。

1944（昭和19）年　22歳

週２日、ハワイ大学の上原征生教授に日本文学の講義を受け、菊池寛『勝敗』、夏目漱石『坊つちやん』、武者小路実篤『友情』、谷崎潤一郎『痴人の愛』、小林多喜二『蟹工船』、紫式部『源氏物語』などを原文で読む。

サイパン島玉砕

1934（昭和9）年　12歳
８月24日、妹ルシール、急性呼吸不全により死去（９歳）。

1936（昭和11）年　14歳
父がスペインにラジオの部品工場を建て、一家で移住を決めるが、スペイン内乱のため中止。
両親の別居によりニューヨーク市ブルックリン区東22丁目540番地のアパートに転居。母とふたりで生活。
９月、市立ジェームス・マディソン高校入学。

1937（昭和12）年　15歳
学内紙「マディソン・ハイウェイ」編集長として小説を発表、12月、オーソン・ウェルズにインタビュー。

1938（昭和13）年　16歳
６月、学業優秀により１年飛び級で高校卒業。９月、ピュリッツアー奨学助成金を受けニューヨークのコロンビア大学文学部入学、フランス文学とギリシア文学専攻。マーク・ヴァン・ドーレンにアリストテレス『詩学』など西洋古典を学ぶ。
11月、メトロポリタン歌劇場でオペラ『オルフェオとエウリディーチェ』に感動。

1939（昭和14）年　17歳
中国人学生、李《リー》と親しくなり、漢字に惹かれる。
第二次世界大戦～
12月、課題論文「フローベールにおける象徴性」執筆。

1940（昭和15）年　18歳
アーサー・ウエーリ訳 *The Tale of Genji*（『源氏物語』）をタイムズスクエアの書店で49セントで購入、耽読。

1941（昭和16）年　19歳
夏、ノースカロライナ州山中のジャック・ケーアの別荘で、

1922（大正11）年

６月18日、アメリカ合衆国ニューヨーク州ニューヨーク市ブルックリン区東48丁目1724番地に、父ジョセフ・フランク・キーン（24歳）、母リナ・バーバラ（24歳）の長男として生まれる。

父ジョセフは、祖父ウィリアム・キーン、祖母フランシス・ブランドとの間に、ロシア（リトアニア）で生まれ、1899年、一家でニューヨーク市ブロンクス区に移住。ドイツ語、スペイン語に堪能で、欧州で買い付けた古紙をアメリカの製紙工場に卸すなど貿易商を営む。

母リナは、祖父アイザック・グロンバーグ、祖母レイチェル・コーンとの間に、ニューヨーク市マンハッタン区で生まれる。フランス語を嗜み、フランス語で詩作した。

1924（大正13）年　2歳

ブルックリン区東26丁目1331番地に転居。

1928（昭和3）年　6歳

９月、ニューヨーク市立193小学校入学。

世界大恐慌

1931（昭和6）年　9歳

７月、父とともに航路大西洋をわたり、フランス、オーストリア、ドイツを旅行。

満州事変

1933（昭和8）年　11歳

９月、学業優秀により１年飛び級で市立セス・ロー中学校入学。フランス語を習得。

■ドナルド・キーン年譜■

Donald Lawrence Keene／鬼怒鳴門

書　誌

ドナルド・キーン著作集編集室

編集：堤　伸輔

書誌：宮西忠正

校閲：佐古田智代（1〜4巻）　石川芳立（4〜15巻）　矢野秀明（別巻補遺）

カバー：京型染め友禅の型紙より
表紙：馬麟「月波圖」（『國華』第二十五号／明治二十四年刊より）
シンボルマーク：碁子／正倉院御物（『東瀛珠光』第一輯／明治四十一年刊より）
装幀：新潮社装幀室

ドナルド・キーン著《ちょ》作《さく》集《しゅう》

別巻　補《ほ》遺《い》：日本《にほん》を訳《やく》す／書誌《しょし》

The Collected Works
of
Donald Keene

Supplement

発行
二〇二〇年 二 月二四日

著者
ドナルド・キーン

発行者
佐藤隆信

発行所
株式会社新潮社
〒一六二―八七一一 東京都新宿区矢来町七一
電話
編集部 〇三―三二六六―五六一一
読者係 〇三―三二六六―五一一一
https://www.shinchosha.co.jp

本文印刷所
大日本印刷株式会社

装幀印刷所
錦明印刷株式会社

製本所
大口製本印刷株式会社

乱丁・落丁本は、ご面倒ですが小社読者係宛お送り下さい。
送料小社負担にてお取替えいたします。
価格はカバーに表示してあります。

ISBN978-4-10-647116-2 C0395

ドナルド・キーン著作集

全十五巻・別巻の内容

第一巻　日本の文学　〈日本文学論〉　日本文学散歩、古典の愉しみ　ほか

第二巻　百代の過客　〈日記文学論〉　百代の過客―日記にみる日本人

第三巻　続 百代の過客　〈日記文学論〉　続 百代の過客―日記にみる日本人・近代篇

第四巻　思い出の作家たち　〈近現代作家論〉　日本の作家　ほか

第五巻　日本人の戦争　〈太平洋戦争と日本〉　日本人の戦争―作家の日記を読む　ほか

第六巻　能・文楽・歌舞伎　〈古典芸能論〉　能・文楽・歌舞伎　ほか

第七巻　足利義政と銀閣寺　〈文化・芸術論〉　日本人の美意識　ほか

第八巻　碧い眼の太郎冠者　〈随筆・紀行・音楽論〉　生きている日本、日本細見　ほか

第九巻　世界のなかの日本文化　〈講演・対談〉　日本人と日本文化、反劇的人間　ほか

第十巻　自叙伝 決定版　〈自伝〉　自叙伝 決定版、私の大事な場所

第十一巻　日本人の西洋発見　〈評伝〉　渡辺崋山　ほか

第十二巻　明治天皇〔上〕　嘉永五年―明治七年　〈評伝〉

第十三巻　明治天皇〔中〕　明治八年―二十八年　〈評伝〉

第十四巻　明治天皇〔下〕　明治二十八年―大正元年　〈評伝〉

第十五巻　正岡子規　石川啄木　〈評伝〉

別　巻　日本を訳す　〈補遺／総目次・総索引・書誌・年譜〉